Thomas Wirth

Missing Links
Über gutes Webdesign

Thomas Wirth

Missing Links
Über gutes Webdesign

HANSER

Der Autor: Dr. Thomas Wirth, Bensheim
Herausgegeben von Ralf Lankau, Darmstadt

http://www.hanser.de

Alle in diesem Buch enthaltenen Informationen wurden nach bestem Wissen zusammengestellt und mit Sorgfalt getestet. Dennoch sind Fehler nicht ganz auszuschließen. Aus diesem Grund sind die im vorliegenden Buch enthaltenen Informationen mit keiner Verpflichtung oder Garantie irgendeiner Art verbunden. Autor und Verlag übernehmen infolgedessen keine Verantwortung und werden keine daraus folgende oder sonstige Haftung übernehmen, die auf irgendeine Art aus der Benutzung dieser Informationen – oder Teilen davon – entsteht, auch nicht für die Verletzung von Patentrechten, die daraus resultieren können.

Ebenso wenig übernehmen Autor und Verlag die Gewähr dafür, dass die beschriebenen Verfahren usw. frei von Schutzrechten Dritter sind. Die Wiedergabe von Gebrauchsnamen, Handelsnamen, Warenbezeichnungen usw. in diesem Werk berechtigt also auch ohne besondere Kennzeichnung nicht zu der Annahme, dass solche Namen im Sinne der Warenzeichen- und Markenschutz-Gesetzgebung als frei zu betrachten wären und daher von jedermann benutzt werden dürften.

Bibliografische Information der Deutschen Bibliothek
Die Deutsche Bibliothek verzeichnet diese Publikation in der Deutschen Nationalbibliografie; detaillierte bibliografische Daten sind im Internet über http://dnb.ddb.de abrufbar

Dieses Werk ist urheberrechtlich geschützt.
Alle Rechte, auch die der Übersetzung, des Nachdruckes und der Vervielfältigung des Buches, oder Teilen daraus, vorbehalten. Kein Teil des Werkes darf ohne schriftliche Genehmigung des Verlages in irgendeiner Form (Fotokopie, Mikrofilm oder ein anderes Verfahren), auch nicht für Zwecke der Unterrichtsgestaltung, reproduziert oder unter Verwendung elektronischer Systeme verarbeitet, vervielfältigt oder verbreitet werden.

© 2002 Carl Hanser Verlag München Wien
Gesamtlektorat: Sieglinde Schärl
Copy-editing: Manfred Sommer, München
Herstellung: Monika Kraus
Umschlaggestaltung: +malsy kommunikation und gestaltung, Bremen
Datenbelichtung, Druck und Bindung: Kösel, Kempten
Printed in Germany

ISBN 3-446-22009-7

Mit auf den Weg gegeben...

"Das Internet ist die Antwort, doch was war die Frage?" (anonym)

Der Internethype ist vorbei, angeblich zukunftsträchtige Unternehmen des „new market" gehen reihenweise in die Insolvenz, an Stelle der rauschenden Feste werden „pink slip partys" gefeiert. Nach Hausse und Hype die Baisse: Die Blase ist geplatzt. Sind die Themen Internet und Web bzw. Webdesign damit nicht obsolet, zumindest für die nächste Zeit? Im Gegenteil. Denn was bei all der Euphorie und Begeisterung über das „Neue" der Neuen Medien in Vergessenheit geriet, sind die Grundlagen der Kommunikation *mit Hilfe von* Medien und – in gleichem Maße – die Grundlagen der Gestaltung von Medien *für die mediengestützte* Kommunikation.

Wie kommunizieren wir über und mit neuen Medien? Wie gehen wir mit medial aufbereiteten Informationen um, was nehmen wir von der Vielzahl des Angebots überhaupt wahr? Wie werten und bewerten wir die konkurrierenden und parallel verfügbaren Informationen? Was sehen und behalten wir von Bildern und z.B. Informationsgrafiken? Wie reagieren wir auf Texte, Bilder, Filme und Animationen? Was motiviert überhaupt zur (wiederholten) Nutzung von Online-Medien?

Diesen Fragen aus Anwendersicht sollten korrespondierende Fragen aus Anbietersicht gegenüberstehen: Was ist "neu" an den neuen Medien – an inhaltlichem, gestalterischem und interaktiven Potential? Was ist „mediengerechte" Gestaltung und Strukturierung von Information für den Bildschirm, wenn man die vollständige Digitalisierung der Inhalte, die Distribution und Präsentation am Monitor als gemeinsame Klammer der „neuen Medien" begreift? Nach welchen Kriterien wird zwischen konkurrierenden Angeboten gewählt? Wie lässt sich die Aufmerksamkeit des Nutzers steuern, der ja – anders als bei Fernsehen und Radio – bei Webseiten genau so wie im Inter- und Intranet bzw. multimedialen Angeboten aktiv handelt bzw. mit dem Medium „interagiert"? Oder kurz: Was sind Kriterien für gutes (Web-) Design?

Das sind keine technischen, sondern grundlegende Fragestellungen zu Kommunikation und Medienrezeption, zu Aufmerksamkeit und Motivation, zu elementaren Reaktionen und Verhaltensweisen bei der Mediennutzung und -gestaltung. Notwendige, vielmehr längst überfällige Fragen. Denn wenn man die bisherigen Erfahrungen im Einsatz von und im Umgang mit Websites – oder allgemeiner: Bildschirmmedien – zusammenfassen wollte, käme man zu dem ernüchternden Resultat: Kommunikation findet eher nicht statt oder zumindest unter meist schwierigen Bedingungen.

Ob inhaltliche Defizite oder nicht erfüllte Erwartungen, unnötige technische Hürden oder lange Wartezeiten, falsche (An-)Sprache oder abschreckende Gestaltung: die Kommunikation wird unterbrochen oder gar nicht erst begonnen. Man kann also getrost feststellen, dass der Einsatz neuer Medien für die – interne und externe, die kommerzielle und private – Kommunikation erst am Anfang steht, auch wenn die *technische* Infrastruktur bereits existiert.

Hier setzt Thomas Wirth an: mit der Analyse von realen Beispielen, der Identifikation von Stolpersteinen in der Kommunikation und der Entwicklung von benutzerfreundlichen Alternativen für z.B. Textformulierung, Bildaufbau und Navigation.

Zu anstrengend die Lektüre, zu eigensinnig der Autor, zu wenig „main stream" die Argumentation? In der Tat verlangt dieses Buch, dass Sie als Leserin oder Leser aktiv mitarbeiten, die Argumentation des Autors mitdenken, die Vergleiche und Ergebnisse nachvollziehen – und idealerweise selbst umdenken.

Dafür werden Sie mit Praxisbeispielen und Denkansätzen vertraut, die Ihnen in der täglichen Praxis des Entwerfens und Gestaltens, aber auch in der Beurteilung von Entwürfen ein sicheres Fundament vermitteln. Dieses Buch kann dabei weder alle Fragen beantworten noch für alles Lösungen bieten. Das ist weder Aufgabe noch Ziel. Dafür schulen Sie Ihren Blick und Ihre Urteilskraft und werden aufmerksam für gestalterische und inhaltliche Defizite. Sie werden sensibel für die Ansprüche und Bedürfnisse von Mediennutzern und lernen, wie sich durch den gezielten Einsatz von Sprache, Bildern und einer mediengerechten Gestaltung die Kommunikation über Medien aktivieren und steuern lässt.

Ralf Lankau, September 2002
Herausgeber

Inhaltsverzeichnis

Vorwort 5

Einleitung 13

Missing Links: Kommunikation

1	**Alles ist Kommunikation**	**17**
1.1	Eine kleine Fingerübung	21
1.2	Was ist Kommunikation?	24
1.3	Inhalt und Beziehung	25
1.4	Verschiedene Empfänger verstehen Unterschiedliches - oder gar nichts	26
1.5	Gesendet wird auf allen Kanälen	29
1.5.1	Schrift	30
1.5.2	Look and Feel	31
	<Nachdenkerei über Formen und Bedeutungen>	33
1.5.3	Sprachjargon	36
1.5.4	Reihenfolgen	38
1.5.5	Größenverhältnisse	39
1.5.6	Symbole	41
	<Fakten 1: Wunschbild und Realität im e-Commerce>	41
1.6	Die ungewollten Katastrophen	45
2	**Nichts ist auch Kommunikation**	**49**
2.1	E-Mails ohne Antwort	50
	<Fakten 2: Unternehmen antworten nicht auf E-Mails>	51
	Was kommuniziert eigentlich eine Baustellen-Seite? ..	52
2.2	Wir über uns und sonst nichts: Nicht-Kommunizieren durch Irrelevanz	54
2.3	Nicht-Kommunizieren durch Unverständlichkeit	56
	<Fakten 3: Ach wie gut, dass niemand weiß >	58

3	**Zum Verhältnis von sprachlicher und visueller Kommunikation**	**61**
3.1	Was unterscheidet Bilder von Texten?	61
	\<Exkurs 1: Die Macht der Bilder, oder: „Herr Benneton, Mein Pulli blutet!"\>	62
3.2	Das besondere Verhältnis von Sprache und Bildern im Web	66
	\<Nachdenkerei über ein Gedankenexperiment\>	69
4	**Über die Wörter**	**71**
4.1	Wie funktionieren eigentlich Wörter?	71
4.2	Der innere Monolog	74
4.3	Konnotationen und Denotationen	76
	\<Fakten 4: Möchten Sie Tipps oder brauchen Sie Hilfe? - Konnotationen im Interface-Design\>	80
4.4	Sprache zum Navigieren: Menüs und Moderation	81
4.4.1	Einige vorbereitende Überlegungen	81
4.4.2	Über Softsites und Webware	82
	\<Fakten 5: Unterschiede zwischen Gedrucktem und Text auf dem Bildschirm\>	87
5	**Über die Bilder**	**89**
5.1	Vorspann: Über die Größe und den Umfang von Grafiken	90
5.2	Bilder zum Navigieren	93
	Icons, Symbole, Vorschaubilder	93
	Ein kleines Ratespiel ...	95
	\<Fakten 6: Icons, Text oder „mixed modality"\>	95
	Landkarten, Blume, Gitter, Netze	99
	Key Visuals	102
	\<Exkurs 2: Die Duale Kodierungstheorie\>	104
5.3.	Bilder zum Lernen und Verstehen - und Einkaufen	106
5.3.1	Bilder mit Mehrwert: Produktbilder	107
5.3.2	Karten und Diagramme	109
5.4	Grafiken, Tabellen und das Prinzip der „funktionellen Kongruenz"	111
5.5	Bilder, die etwas aussagen - oder auch nicht	117

5.5.1	Wechselwirkungen von Bild und Sprache: Bildunterschriften	121
	<Exkurs 3: Über Verarbeitungstiefe oder: vom Mind Catching>	123
6	**Über Animationen**	**127**
6.1	Ein Ausflug in die Wahrnehmungspsychologie	128
6.2	Beispiele	130
6.3	Sinnvolle Animationen	134
	<Kleine Nachdenkerei über Fernsehen und das Web>	137

Missing Links: Aufmerksamkeit

7	**Über Aufmerksamkeit: Die Grundlagen**	**141**
7.1	Was ist Aufmerksamkeit?	142
7.2	Aufmerksamkeit im Web	143
7.3	Aufmerksamkeitsgesetze	144
7.3.1	Intensitäts- und Größengesetze	145
7.3.2	Farbgesetze	148
7.3.3	Reihenfolgen- und Positionsgesetze	156
	<Kurze Nachdenkerei über triviale Fehler>	160
	Lange oder kurze Seiten, Scrolling oder Paging?	161
	Mehr Positionsgesetze - vorn oder hinten, oben oder unten	166
	<Fakten 7: Die serielle Positionskurve>	166
	Zentrale oder periphere Position	168
	<Fakten 8: Wo erwarten Surfer welche Inhalte?>	170
7.3.4	Das Ausnahmegesetz	173
7.3.5	Das Dissonanzgesetz	175
	<Exkurs 4: Die MAYA-Regel>	176
	<Nachdenkerei: MAYA, KISS und der Krieg zwischen den Professionen>	179
7.3.6	Das Gewöhnungsgesetz	182
7.3.7	Das Kombinationsgesetz	185
	<Kurze Nachdenkerei über Werbung>	189

8	**Mehr über Aufmerksamkeit: Eye-Catcher** 191
8.1	Was ist ein Eye-catcher? 191
8.2	Bewegung 193
8.3	Farben 193
	Es ist alles so schön bunt hier! 195
8.4	Augen 198
8.5	Gesichter und Mimik 199
8.6	Erotische Signale 200
8.7	Das Kindchenschema 202
	<Nachdenkerei über Augenfängerei> 203

9	**Noch mehr über Aufmerksamkeit:** **Schweben oder Fokussieren** 205
9.1	Die schwebende Aufmerksamkeit 206
	<Exkurs 5: Über Lesen, Scannen und Skimmen> 206
9.2	Die fokussierte Aufmerksamkeit 210
	<Fakten 9: Das Rätsel um die Banner-Blindness> 211
9.3	Konsequenzen für die Praxis 213
	<Nachdenkerei über reichlich Hintergründiges> 216

Missing Links: Motivation und Handeln

10	**Über Motivationen** 219
10.1	Welche Motivationen gibt es? 220
10.1.1	Welche Angebote motivieren? 222
	Erotik 222
	Multimotivational: Preisvergleiche und Auktionen ... 224
	Communities, Chats, Foren 225
	Service, Unterstützung, Beratung 225
	<Fakten 10: Internet-Nutzer wollen Beratung> 228
	Spiel und Infotainment 230
	Zwischenbilanz 232
	<Fakten 11: Das Internet kann süchtig machen> 233
10.1.2	Unmotivierte Angebote 235

	Blabla 235
	Awards 236
	Grußworte 237
	Verpackungen und Werbung 238
	Noch einmal: Flash-Intros 239
	<Fakten 12: Psychologische Zeitkonstanten im Web> 242
	<Nachdenkerei: Waren wir bisher nicht auch ohne „Motivations-Taxonomien"…?> 245
10.2	Wie motiviert man eigentlich? 246
10.3	Viele viele unbekannte Wesen: Die Zielgruppe 248
	<Fakten 13: Eine kalkulierte Nutzer-Typologie> 253

11 Über das Entscheiden 255

11.1	Wir basteln uns eine Entscheidungtheorie 256
	<Nachdenkerei über Ablenkungen> 260
11.2	Entscheidungsfreundliches Webdesign 262
	Die Anzahl der Alternativen sollte für die Besucher überschaubar sein 263
	Die Besucher sollten Ziele erkennen und unterscheiden können 265
	Die Besucher sollten die Attraktivität der Ziele bewerten können 266
	Die Besucher sollten Distanzen schätzen können 270
	Die Besucher sollten Kosten bewerten können 271
	Die Distanz zum Ziel sollte minimiert werden 273
	Die Kosten für die Besucher sollten minimiert werden 274
	<Exkurs 6: Über Mikro-Kosten> 274
	<Nachdenkerei über Peanuts> 279
	Kosten und Nutzen sollten im Gleichgewicht sein ... 280
11.3	Ein Szenario zum Thema Entscheidungen im Web ... 282

12 Über das Handeln 287

	Und noch ein (kleines) Szenario... 287
12.1	Was ist eine Handlung? 288
12.2	Das Atom des Handelns: Die TOTE-Einheit 289
	<Fakten 14: Nutzerverhalten auf Suchmaschinen>... 291

12.3 Handlungsfreundliches Webdesign 292
Die Besucher sollten Handlungspläne
entwickeln können 293
Handlungen sollen natürlich strukturiert sein 294
Die Besucher sollten Auswirkungen Ihrer
Handlungen vorher verstehen 296
Handlungswege sollten möglichst kurz,
einfach und direkt sein 297
Die Besucher sollten nicht unterbrochen oder
abgelenkt werden 298
Die Besucher sollten über jeden Teilschritt eine
Rückmeldung erhalten 300
Die Besucher sollten den jeweils nächsten Schritt
verstehen 301
Die Besucher sollten Handlungen abschließen
können 302
<Fakten 15: Websites auf dem Besucher-Simulator> 304

13 Über das Problemlösen 307

Probleme beim Finden von Zielen 309
Probleme beim Finden von Operatoren 310
Probleme beim Anwenden von Operatoren 312

13.1 Handeln und Emotionen 317
<Fakten 16: Die Probleme der Internet-Benutzer> .. 318
<Exkurs 7: Über das Surfen
in einer idealen Welt: Flow> 324

Index 327

Die Grafiken an den Kapitelanfängen 333
Quellen- und Literaturverzeichnis 334

Einleitung

Von den fünf Weisen, die ergründen wollten, was eine Website ist

Es waren einmal fünf weise Gelehrte. Diese Gelehrten wurden von ihrem König auf eine Reise geschickt. Sie sollten herausfinden, was eine „Website" ist. Und so machten sie sich auf den Weg. Da sie die rätselhaften Objekte nicht selbst in Augenschein nehmen und ausprobieren konnten, suchten sie verschiedene Experten, Agenturen und Berater auf, um sich von diesen belehren zu lassen. Als sie zurück zu ihrem König kamen, sollten sie ihm berichten.

Der erste Gelehrte hatte seine Auskünfte bei einem E-Commerce-Beratungsunternehmen eingeholt, und er sprach: „Eine Website ist zugleich Frontend, zentrale technologische Plattform und Distributionskanal im Sektor Business-to-Consumer („bietußie") und Business-to-Business („bietubie"). Sie braucht unbedingt Shops, Malls, Supply Chain Management, Customer Relationships, Procurement… ähmm, den Rest habe ich vergessen. Entscheidend ist jedenfalls, dass sie eine hohe ‚Konversionsrate' aufweist". Er übergab seinem König eine Powerpoint-Präsentation, auf der eine beeindruckende Vielfalt bunter Kästchen, Klötzchen, Treppen und Ablaufdiagramme mit lustigen Pfeilen und Linien zu bewundern waren. Der zweite Gelehrte – er war an eine Großagentur geraten – widersprach heftig: „Aber nein, eine Website ist Interaktivität und Markendialog, eingebettet in eine ganzheitlich konzipierte Marketingstrategie und Corporate Communication. Und wichtig ist vor allem ein Cross-Media-Full-Service-Modell'". Er legte seinem König mehrere Demo-CD-ROMs und einen Packen Visitenkarten, Mappen und Broschüren auf den Tisch, die man ihm aufgedrängt hatte. Der dritte Gelehrte, der von einer echt progressiven Agentur aufgeklärt worden war, ergriff das Wort: „Alles Unsinn. Eine Website ist eine multimediale Erlebniswelt mit Sound, innovativen Trailern, animierter Benutzerführung und dynamisch aufbereitetem Content. Und sie kann eigentlich nur aus etwas gemacht sein, das man ‚Flash' nennt. Alles andere ist kalter Kaffee, hat man mir versichert." Er hatte zwar nur eine einzige Visitenkarte mitgebracht, doch die begann zu blinken, wenn man sie unter Wasser hielt, und sie blubberte sogar eine kleine Melodie. Der vierte Gelehrte berichtete seinem König wie folgt: „Das ist alles rundum falsch. Eine Website ist ein Bildschirmarbeitsplatz mit einem ‚Graphical User Interface', und absolut unabdingbar ist Konformität mit ‚ISO-Normen'. Was das ist, habe ich, ehrlich gesagt, nicht verstanden, aber man hat mich mit geeignetem Quellenmaterial ausgestattet." Er packte einen Stapel dicker Bücher und Ordner aus. „Außerdem hat man mir versichert, dass Requirement-Analysen und ein iterativer Design-Prozess obligatorisch seien." Er war an Usability-Berater geraten. Der fünfte Gelehrte hatte sich in einer IT-Abteilung informiert: „Nein, nein, das stimmt alles nicht. Eine Website ist eine Datenbank mit angeschlossenem Content-Management-System, und sie besteht hardwaremäßig aus einem Server mit möglichst hoher Konnektivität, softwaremäßig letzen Endes aus HTML und implementierten Skripten. Und man hat mir eingeschärft, das wichtigste sei, dass sie aus ‚möglichst reinem Code' besteht." Er hatte nur ein Paar alte Kekse aus dem Meeting mitgebracht, Info-Material hatte man ihm keines gegeben.

Nun brach eine leidenschaftliche Diskussion los, in der sich die fünf Weisen nicht nur gegenseitig mit interessanten Tiernamen anredeten, sie stellten auch ihr neu erworbenes Wissen unter Beweis, indem sie mit Abkürzungen wie „E-CRM", „PHP", „CI/CD" und Wörtern wie „Styleguide", „Look and Feel", „Firewall", „Usability-Testing" und „Personalisierung" herumjonglierten. Natürlich meinte jeder, er habe die schönsten Wörter und die besten Argumente gelernt, weshalb keiner so recht die Oberhand gewinnen konnte – was allerdings auch dadurch bedingt war, dass sie sich ohnehin gegenseitig nicht zuhörten.

Der König aber beschloss im Stillen für sich, dass er lieber keine „Website" haben wollte, denn eine derartige Narretei war ihm in all den Jahren seiner Regentschaft noch nie untergekommen.

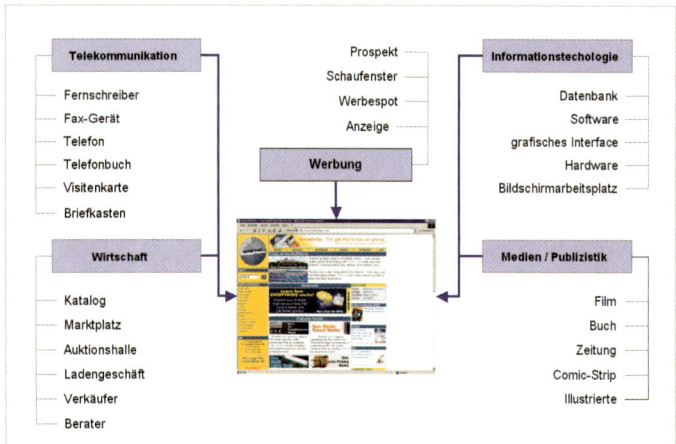

Abb. 1: Was ist eine Website? Keine Heureka-Erfindung, sondern eine Technologie, die aus der Synthese vieler unterschiedlicher Ideen entstanden ist. Keine von diesen ist vollständig, und keine ist überflüssig.

Es hat also den Anschein, als hätten wir es mit einem komplizierten Thema zu tun. Und man muss dazu sagen, dass unsere fünf Gelehrten nur an der Spitze des Eisbergs gekratzt haben. Abbildung 1 zeigt eine Auswahl der Metaphern, mit deren gemeinschaftlicher Hilfe man ansatzweise beschreiben kann, was Websites „sind", und aus welchen Technologien und Ideen sie sich entwickelt haben. Keine davon ist falsch, eine Website kann alles zugleich sein – und noch mehr, nämlich ein Kunstwerk, eine Bibliothek, ein Pförtner, eine Fassade, ein Treffpunkt, ein Schalter... (die Liste könnte man noch verlängern).

Und hier unsere hat Geschichte noch eine andere Moral: Ein Internet-Auftritt lässt sich nicht von Experten einer Disziplin herstellen – genauso, wie ein Haus nicht von Maurern, Installateuren, Schreinern, Zimmerleuten oder Architekten jeweils im Alleingang gebaut werden kann. Nach meiner Erfahrung entstehen die wirklich schwerwiegenden Probleme im Web eben dadurch, dass Auseinandersetzungen um Technik, Formen und Inhalte als Verdrängungswettbewerb oder Vernichtungsfeldzug geführt werden. Jeder versteht alles, und die anderen sind (bestenfalls) Banausen. Am Ende wird zur Wahrheit ernannt, was derjenige zu wissen glaubt, der im entscheidenden Meeting genügend (a) Macht, (b) Zähigkeit, (c) Aggressivität und (d) rhetorisches Geschick hatte, um seine Sicht der Dinge durchzusetzen. Berücksichtigt man die außerordentliche Komplexität der Aufgaben, vor denen man steht, wenn man Websites planen und herstellen möchte, ist das der pure Nonsens. Man bemerkt schnell, wenn ein Fliesenleger die Statik berechnet oder ein Bauingenieur sich als Fliesenleger versucht, es kommt nämlich erstens Unsinn dabei heraus, und man muss zweitens wieder von vorn anfangen. Allerdings haben wir im Web-Business ja schönere Wörter hierfür. „Website-Relaunch" klingt irgendwie besser als „Totalabriss einer Bauruine".

Was vorab gesagt werden muss

In diesem Buch geht es ebenfalls um die Frage, was eine Website – möglichst sogar eine *gute* Website – ist. Allerdings suche ich die Antwort gewissermaßen auf der anderen Seite des Spiegels, also nicht in Metaphern oder im Medium selbst, sondern in seinen Benutzern. Wenn Menschen auf eine bestimmte Weise wahrnehmen, denken, entscheiden oder handeln, muss eine Website bestimmte Eigenschaften aufweisen – und andere wiederum nicht. Das ist, vereinfacht ausgedrückt, der rote Faden, der sich durch die folgenden ca. 320 Seiten ziehen wird. Allerdings ist dies kein „Usability"-Buch. Das Thema Benutzerfreundlichkeit wird uns zwar oft begegnen, und es liegt mir auch sehr am Herzen, doch das eigentliche Thema ist weiter gefasst. Man könnte es vielleicht *Qualität* nennen. Eine leicht zu bedienende Website kann ja immer noch eine Katastrophe sein, beispielsweise deshalb, weil die Inhalte langweilig oder Texte ungelenk und an allen Zielgruppen vorbeigeschrieben sind.

Ich möchte auch vorbeugend darauf hinweisen, dass dies kein wissenschaftliches Buch ist (und demnach auch nicht so gelesen werden sollte). Hierfür fehlen gleich mehrere Merkmale, nämlich erstens das exzessive Wiedergeben der Einsichten anderer Menschen, zweitens der Anspruch auf Vollständigkeit, drittens das Bemühen, nur Dinge zu sagen, die sich „ordentlich" belegen lassen, und viertens die wissenschaftliche Ernsthaftigkeit (der Verzicht auf alles, was humorvoll ist oder dem Leser Spaß machen könnte). Ich nehme mir über weite Strecken die Freiheit, Gedanken, Argumente, Beobachtungen und Schlussfolgerungen einfach so zu entwickeln und zu demonstrieren. Dass es dabei nicht immer ernsthaft und gelegentlich etwas gewagt zugeht, ist Absicht. Ob die Begründungen plausibel sind, müssen meine Leser beurteilen, und sie sollen dabei keinesfalls immer meiner Meinung sein. Dies ist nämlich auch keine Kampfschrift – in dem Sinn, dass die darin enthaltenen Gedanken möglichst fest als Wahrheiten einbetoniert werden sollen – sondern eine Momentaufnahme, die den Stand meiner Recherchen und Denkspiele über gutes Webdesign wiedergibt. Es ist wahrscheinlich, dass irgendwann Teile neu geschrieben werden müssen, weil sich das Medium weiter entwickelt. Möglich ist auch, dass sich einzelne Thesen als unvollständig oder unrichtig erweisen. Ich hoffe sogar, dass dies der Fall sein wird, denn alles andere wäre langweilig.

Die Symbole in der Marginalspalte

Wer HTML (der Code aus dem Websites gemacht sind) kennt, wird relativ schnell verstehen, was die merkwürdigen Buchstaben und Zeichen in der Marginalspalte dieses Buches bedeuten. Für alle anderen sei es kurz erklärt: HTML-Befehle oder „Tags" werden in Winkelzeichen (< >) eingerahmt, z.B. bedeutet „": „von hier an Text fett, also ‚bold' auszeichnen". Tags werden beendet oder geschlossen, indem man sie mit einem eingefügten Schrägstrich wiederholt, also heißt „": „Fettdruck beenden". Die Tags in diesem Buch haben folgende Bedeutungen (siehe Marginalspalte).

Nicht zu vergessen...

... sind an dieser Stelle einige Menschen, denen ich besonderen Dank schulde, und ohne deren Toleranz oder Unterstützung dieses Buch nicht entstanden wäre. Ich bedanke mich zuallererst bei Brigitte, Annette, Clara und Marlene Wirth – dafür, dass sie es ertragen haben, dass ich monatelang an diesem Buch gearbeitet habe, ohne diesen Vorgang durch einen Gatten- oder Vatermord vorzeitig zu beenden (was verständlich gewesen wäre). Ihnen ist dieses Buch gewidmet. Außerdem bedanke ich mich bei Thomas Zolleis, der in einer frühen Phase Teile des Buchs lektoriert und ohne das geringste Mitleid kritisiert hat, bei Ralf Lankau für seine sehr angenehme Unterstützung, vor allem in der letzten Phase (wo man sehr angenehme Unterstützung besonders gut gebrauchen kann), und auch beim Hanser Verlag für das Wagnis, in der heutigen Zeit *noch* ein Webdesign-Buch zu produzieren. Schließlich gilt mein besonderer Dank den Lesern von „KommDesign.de", deren Rückmeldungen über die letzten Jahre ich die Courage verdanke, so ein merkwürdiges Buch überhaupt zu schreiben.

<e> ... </e>

Exkurse *sind zumeist Ausflüge in besondere Themen. Manche vertiefen, was davor oder danach gesagt wird, andere beleuchten ein Thema aus einer besonderen Perspektive, wieder andere greifen etwas auf, das nicht zum Kern des Geschehens gehört, aber trotzdem wissenswert und/oder unterhaltsam ist.*

<f> ... </f>

Fakten *sind empirische Studien zum Benutzerverhalten im Web und allgemeine Forschungsergebnisse aus der Ergonomie oder Psychologie. Dabei ist zu berücksichtigen, dass bei der Geschwindigkeit, mit der sich das Web entwickelt, ein Fakt schnell das Verfallsdatum erreichen kann.*

<n> ... </n>

Nachdenkereien *sind das, was das Wort ausdrückt: Hintergründiges oder Seitenlinien des zentralen Erzählstrangs. Den Begriff habe ich übrigens geborgt, er stammt aus dem Kinderbuch „Pünktchen und Anton" von Erich Kästner – Ehre, wem Ehre gebührt.*

1 Alles ist Kommunikation

Was in diesem Kapitel geschieht:

- Sie erhalten zwei fiktive E-Mails und müssen eine fiktive Entscheidung treffen.
- Sie erfahren, dass Kommunikation zu definieren nicht schwer, *gute* Kommunikation aber trotzdem nicht leicht ist.
- Sie sehen allerlei Dinge, die sich zwischen den Pixeln abspielen und lernen zwei interessante Persönlichkeiten, Herrn Takete und Frau Maluma, kennen.
- Jemand legt viel Wert darauf, dass Sie den richtigen Browser haben, obwohl Sie das eigentlich überhaupt nicht interessiert.
- Man wird mit verschiedenen Methoden und mehr oder weniger geschickt versuchen, Ihr Vertrauen zu gewinnen.
- Es keimt der Verdacht in Ihnen auf, dass die Krise in der New Economy vielleicht nicht nur ein ökonomisches, sondern auch ein Problem der Kommunikationskultur ist.
- Sie erkennen gewisse Gemeinsamkeiten zwischen Kräuterlikör und Querflöten einerseits sowie Großbanken und Multimedia-Produzenten andererseits – rein kommunikationstechnisch.
- Ich erkläre zum ersten, aber nicht zum letzten Mal in diesem Buch, dass die Größe der Dinge wichtig ist.
- Sie bekommen ungefragt den Rat, mit ganz besonders großen Schuhen auch ganz besonders vorsichtig aufzutreten.
- Wir betrachten einige der gar nicht leicht zu findenden Beispiele für gute Kommunikation im Web.

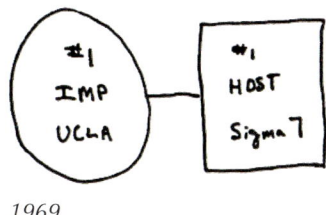

1969

Gelten eigentlich die alten Gesetze und Modelle der Kommunikation auch in den „neuen" Medien? Brauchen wir hier nicht neues Wissen, neue Begriffe und Theorien? Ist z.B. die Tatsache, dass es im Web von *„Connectivity"*, *„Pageviews"*, *„Plug-ins"* und eigenartigen Akronymen (URL, HTML, CSS) wimmelt, nicht ein deutliches Zeichen dafür, dass wir brandneue Konzepte brauchen - schnellere, coolere, irgendwie... „cybermäßigere" vielleicht? Ja und nein.

- *Nein*, wir brauchen keine neuen Konzepte, denn Menschen kommunizieren heute grundsätzlich nicht anders als vor 1000 Jahren. Sie haben die gleichen Bedürfnisse und benutzen auch beim Austausch von Botschaften die gleichen Verstehensregeln.
- *Ja*, wir brauchen neue Konzepte, neues Wissen, weil sich das Web als Medium und die Bedingungen der Internet-Kommunikation von tradierten Medien und natürlichen Situationen unterscheiden.

Wer ignoriert, was sich traditionell gehört, läuft also genauso in die Irre wie der, der meint, man könne nun, da ja alles neu ist, einfach drauflos gestalten, ohne sich sorgfältig über die Eigenschaften und die schon vorhandenen Regeln des Mediums zu informieren. Wenn man sich in irgendeiner Weise mit dem Inhalt und der Gestaltung von Websites beschäftigt, lohnt es sich also, über Kommunikation genauer und systematischer nachzudenken – was ich in diesem Kapitel tun möchte.

Denn trotz aller Kontroversen wird wohl jeder, der sich mit dem Internet beschäftigt, sei es als Benutzer, als Anbieter oder Gestalter, zustimmen müssen, dass es ein Kommunikationsmedium ist. Es werden bildhafte und sprachliche, möglicherweise sogar musikalische und animierte Informationen gesendet, gezeigt und ausgetauscht.

Wie in jeder Kommunikation gibt es auf beiden Seiten bestimmte Ziele, einen mehr oder weniger ausgefeilten Stil und natürlich ein *Gefühl*, sprich: Der Kontakt ist angenehm oder unangenehm. Gerade diese emotionale Komponente, die – wie wir noch genauer sehen werden – in der Kommunikation immer enthalten ist, wird im Web allzu oft vernachlässigt oder falsch gesteuert. Das ist merkwürdig genug, denn gerade von ihr hängt es ab, wie gut die Beziehung insgesamt funktioniert, wie dauerhaft der Kontakt ist und wie eng die Bindung zwischen Anbieter und Besucher.

> Und da fangen sie auch schon an, die Kommunikationsprobleme: Spreche ich von Lesern, Benutzern, Surfern, Besuchern oder – ganz chic – „*Usern*"? Jeder Begriff hat andere Nebenbedeutungen, und hinter jedem verbirgt sich eine andere Theorie darüber, was das Web „ist" und wofür seine Nutzer es gebrauchen. Oder sind es vielleicht „Bewohner"? Eine „Gemeinde"? Oder gar „Internauten"? „Netizens"? Mehr hierzu im Abschnitt Konnotationen und Denotationen, Seite 76.

Auch ohne allzu viel Tiefschürfendes über dieses Thema zutage gefördert zu haben, möchte ich zu Beginn schon einmal einige Dinge festhalten, die für die Kommunikation im Web – so wie sich das Medium heute darstellt – kennzeichnend sind.

Ich möchte hierzu einige Bewertungsdimensionen zu Hilfe nehmen, die für die Bewertung der Qualität von Kommunikation besonders wichtig sind (siehe Tabelle 1).

Tab. 1: Bewertungsdimensionen für Kommunikation und die Besonderheiten im Web.

Direkt oder **indirekt**	In einer natürlichen Gesprächssituation können wir dem Gegenüber Verblüffung, Verärgerung oder auch Freude fortlaufend am Gesicht ablesen und darauf reagieren. Im Web werden diese Reaktionen nur mittelbar und mit Verzögerung sichtbar - wenn überhaupt. Wer erfolgreich kommunizieren will, muss also mehr Ressourcen dafür investieren, die eigenen Botschaften aus verschiedenen Perspektiven zu deuten und Missverständnisse vorwegzunehmen.
Persönlich oder **unpersönlich**	Gute Kommunikation ist authentisch, hat Ecken und Kanten. Websites machen allerdings nur ungern persönliche Aussagen. "Jemand" schreibt in der dritten Person, sei es im Singular (die Anonym AG) oder Plural (wir), und dieser Jemand bleibt auch oft unsichtbar. Stattdessen gibt es reichlich Bilder von ebenso langweiligen wie schönen Menschen, denen man ansieht, dass sie ihre geschniegelte Existenz einer Bild-Datenbank verdanken.

Forts. Tab. 1: Bewertungsdimensionen für Kommunikation und die Besonderheiten im Web.

Fokussiert oder **unfokussiert**	Nur wenige vertrauen darauf, dass es sich lohnen könnte, Profil zu zeigen, also die Schrotflinte (Info-Häppchen für jedermann) mit dem Präzisionsgewehr (anspruchsvolle Angebote für ausgewählte Kunden und Leser) zu vertauschen. Inter- und Intranet werden als neue "Broadcasting"-Instrumente verstanden, über die man Informationen verhältnismäßig billig verteilen kann - vergleichbar mit einem Fernseher. Vor allem große Websites streuen ihre Informationen also mit Gießkannen unters Volk. "Das Volk" ist andererseits eine eher diffuse Zielgruppe, die man nicht gut - wenn überhaupt - direkt und gezielt ansprechen kann.
Symmetrisch oder **asymmetrisch**	Kommunikation beginnt eigentlich erst mit dem Austausch von Botschaften. Das Web ist aber ein eher einseitiges Medium, d.h. viele Anbieter liefern reichlich Informationen an. Der umgekehrte Weg ist aber nicht viel weiter entwickelt, als man dies von anderen typischen (Massen-)Medien kennt. Es gibt nur langsame, umständlich zu bedienende Feedback-Mechanismen, und die Verantwortlichen verschanzen sich mehr oder weniger tief hinter Formularen oder E-Mail-Links.
Verbindlich oder **unverbindlich**	Das Web bietet die Möglichkeit, sich völlig anonym zu informieren, um gegebenenfalls unbemerkt das Weite zu suchen. Unsere natürlichen Hemmungen, andere stehen zu lassen (oder ihnen ganz offen zu verstehen zu geben, sie mögen sich zum Teufel scheren) sind außer Kraft gesetzt. Genau dies macht es für die Benutzer so attraktiv und für Anbieter so diffizil: sie kommunizieren im Blindflug.
Selbstbezogen oder bezogen auf den anderen	Wirklich erfolgreiche Websites gehören den Besuchern genauso wie ihren Machern. Das Web war aber in seinen Anfängen ein Wir über uns-Medium, und an dieser Bürde trägt es auch heute noch schwer. Die Leitfragen bei der Gestaltung sind immer noch: "Was möchten wir über uns sagen, wie möchten wir aussehen, wie können wir attraktiv erscheinen, was sollen die Besucher über uns lesen oder für uns tun?" Der derzeit ganz allmählich einsetzende Perspektivwechsel auf die Benutzer des Mediums ist schon lange überfällig.
Humorvoll oder **humorlos**	Wer Humor hat, dem verzeiht man viel, und im Alltag ist er vielleicht der wichtigste Sympathiefaktor. Wenn man gute Kommunikation machen möchte, ist die Frage also nicht, *ob* man den Stil auflockert, sondern *wo* und *wie*. In einem Medium, das derart mit Haken und Ösen gespickt ist wie das Internet, gilt dies ganz besonders. Ungeachtet dessen ist das Web über weite Strecken eine fast humorfreie Zone. Humor - das ist doch unseriös und überhaupt nicht business-like?

1.1 Eine kleine Fingerübung

Um den Unterschied zwischen einem persönlich-kundenbezogenen und einem unpersönlich-selbstbezogenen Stil zu verdeutlichen und zu zeigen, wo überall Haken und Ösen verborgen sein können, möchte ich einleitend einmal ein Szenario aus dem Bereich des Kundenkontakts via E-Mail betrachten.

Nehmen wir an, ein fiktives Unternehmen mit dem einfallsreichen Namen „Firmaxy" möchte eine Umfrage zur Qualität seines Lieferservice im Web starten. Es versendet zu diesem Zweck eine E-Mail an eine große Zahl von Online-Kunden mit der Aufforderung, einen Link anzuklicken, der zu einem Fragebogen führt. Abbildung 2 zeigt zwei Möglichkeiten, wie diese Mail formuliert sein könnte.

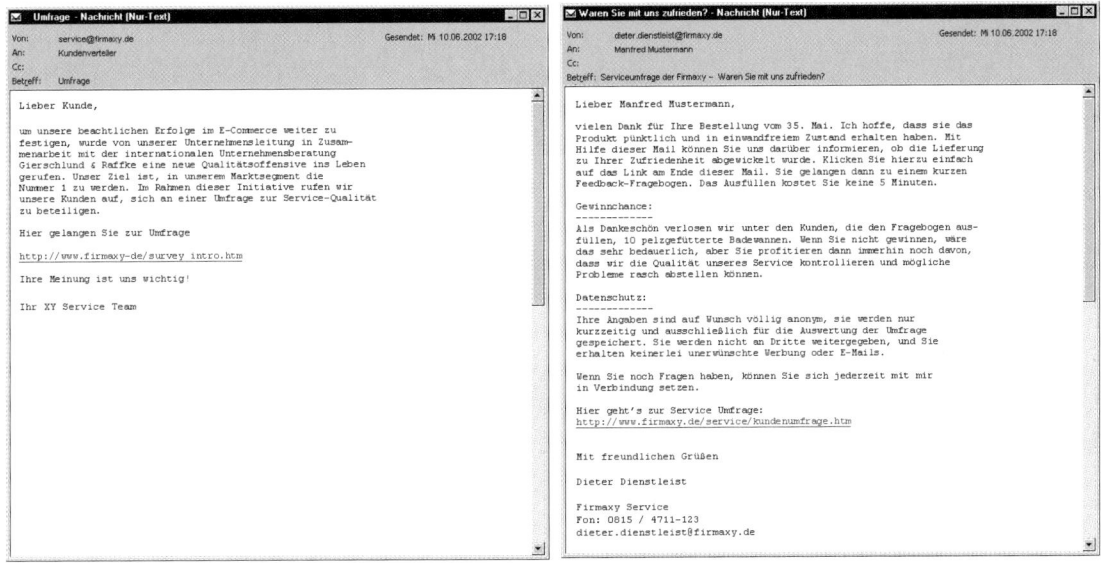

Abb. 2: Wie sag' ich's meinem Kunden? Gerade bei der Kommunikation via E-Mail macht der Ton die Musik.

Welche Alternative ist nun „besser"? Anders gesagt: Welche Umfrage würden Sie beantworten? Ich für meinen Teil würde auf Variante b) eher reagieren, und zwar gleich aus mehreren Gründen. Betrachten wir aber zunächst einmal genauer, in welchen Punkten sich die beiden Nachrichten überhaupt unterscheiden. In Tabelle 2 (S. 26) sind sie vollständig aufgelistet.

Tab. 2: Auch in einer E-Mail gilt: Alles ist Kommunikation – vom Betreff bis zur Signatur des Absenders.

Element:	Variante a)	Variante b)
Absender	Sammeladresse: service@firmaxy.de	Person: dieter.dienstleist@firmaxy.de
Betreff	Umfrage	Waren Sie mit uns zufrieden?
Adressat	anonymer Kundenverteiler	Herr Mustermann
Anlass des Kontakts	der eigene Erfolg (Qualitätsoffensive)	Möglichkeit zur bequemen Rückmeldung für den Kunden
Stil der Botschaft	selbstbezogen (beachtliche Erfolge im E-Commerce, Qualitätsoffensive)	persönlich, richtet sich auf den Adressaten
Aufwand für Kunden	nicht abzuschätzen	wird beziffert: keine 5 Minuten
Nutzen für Kunden	wird nicht explizit genannt	Gewinnspiel, auf Verbesserung des Services wird hingewiesen
Datenschutz	keine Angaben	sehr klare und harte Kriterien
URL der Umfrage	endet auf /kurzwertung.htm	endet auf /survey_intro.htm
Rückfragen	nicht möglich	direkt möglich
Signatur	anonyme Gruppe: "Service Team", ohne Kontaktinformation	Person: Dieter Dienstleist mit Kontaktinformation

Analysieren wir also: Da sind zunächst die Adressen. In Variante a) sind dies allesamt Sammeladressen bzw. anonyme Verteiler, in Variante b) Personen. Auch der Stil der Nachrichten selbst unterscheidet sich. Während Variante a) aus der Sicht des Absenders geschrieben ist, also z.B. die Wertschätzung des eigenen Unternehmens betont, die Kooperation mit einer großkotzigen Unternehmensberatung erwähnt und die Umfrage mit dem eigenen Nutzen begründet, rollt Variante b) den gesamten Vorgang aus Sicht des Empfängers auf: Er erfährt, wie viel Zeit er investieren muss, vor allem aber wird *sein* Nutzen in den Vordergrund gestellt.

Es gibt auch einen zusätzlichen Anreiz durch ein Gewinnspiel, und die Informationen zum Datenschutz machen deutlich, dass sich der Absender nicht klammheimlich über die gesammelten

Eine kleine Fingerübung

Informationen hermachen wird, um sie dann auf dunklen Kanälen weiter zu verwerten. Darüber hinaus legt Variante a) keinerlei Wert darauf, dass es zu einem direkten Kontakt mit dem Adressaten kommt, während sich der Absender in Variante b) als verbindlicher Ansprechpartner anbietet.

Betrachten wir zum Schluss noch einmal ein anscheinend ganz nebensächliches Detail, nämlich die URL der Umfrage. Wer sich öfter im Web bewegt und dabei auf Hunderte und Aberhunderte von Links klickt, entwickelt eine feine Nase für Details und kann irgendwann den Unterschied zwischen „.../survey_intro.htm" und „.../kurzwertung.htm" deuten. Ich persönlich würde das so verstehen: Wenn es eine „Intro" braucht, wird es wohl nicht so direkt zur Sache gehen.

Die Umfrage wird also wahrscheinlich von Werbung oder Marketing-Gewäsch eingeleitet – davon haben wir ja in der E-Mail gerade eine Kostprobe bekommen. Dann wird sie sich über eine unbekannte Zahl von Seiten erstrecken (aufwändig auszufüllen sein).

Und vielleicht wird man noch im Stil der E-Mail mit einer „Outro" beglückt, in der das Unternehmen noch mehr erbauliche Dinge über sich erzählt, die man genauso wenig lesen wollte wie die E-Mail selbst. Am Ende wird man dann beim Absenden des Formulars durch Wegklicken eines dienstfertigen Häkchens verhindern müssen, dass man unfreiwilliger Abonnent eines Newsletters wird. Diese Hypothesen hätte ich beim Lesen von „survey_intro".

Die Bilanz: Mit Variante a) disqualifiziert sich der Anbieter als selbstzufrieden und färbt sein Image deutlich ins Unsympathisch-Penetrante. Also bleibt der Link ungeklickt, die Mail wird gelöscht – aber nicht, ohne die Absenderadresse zuvor noch in die Liste der Spam-Mail-Versender aufzunehmen. Man wird sich möglicherweise sogar fragen, ob es nicht vielleicht charmantere Anbieter gibt... Mit Variante b) kann man als Anbieter darauf hoffen, dass die Kunden wirklich in der gewünschten Weise reagieren, also an der Umfrage teilnehmen (und wenn nicht, bleibt zumindest das Image undemoliert).

> Das Beispiel zeigt, dass der Begriff Kommunikation weiter gefasst werden muss als es zunächst den Anschein hat. Die Wirkung der Mail wird nicht nur vom Text, sondern von der Gesamtheit der übermittelten Informationen einschließlich der E-Mail Adressen und sogar der URL bestimmt. Bei Websites verhält es sich ganz genauso: Alles ist Kommunikation.

1.2 Was ist Kommunikation?

Das ist eine Frage, die sich einfacher beantworten lässt, als man vielleicht denken mag. Damit ein Vorgang als Kommunikation bezeichnet werden kann, braucht es folgende Zutaten:

- einen *Sender*, der anderen eine Botschaft übermitteln will;
- eine *Botschaft*;
- einen *Empfänger*;
- ein *Medium*, in dem die Information dargestellt wird;
- einen *Übertragungskanal*, der die Botschaft transportiert.

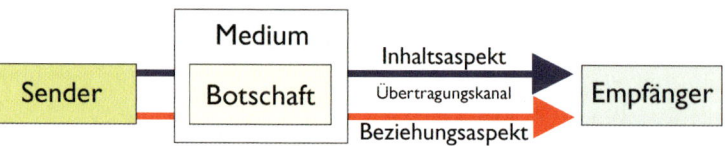

Abb. 3: Ein allgemeines Modell der Kommunikation. Der Einfachheit halber ist hier nur ein Weg gezeigt. In der Realität gibt es natürlich eine Rückkopplung vom Empfänger zum Sender – womit diese dann gleichzeitig die Rollen tauschen.

Tab. 3: Bestandteile des Kommunikationsmodells im Web

Sender	Die Person, das Unternehmen oder die Organisation, welche die Web-Seiten im Netz platziert.
Empfänger	Die Benutzer, welche die Seiten mit einem Browser auf den heimischen Computer oder den Arbeitsplatz-Rechner laden.
Medium	Ein komplexes Gebilde, das technisch gesehen aus Modem, Computer, Monitor und Browser, inhaltlich aus den auf den Web-Seiten dargestellten Grafiken und Texten besteht.
Botschaft	Die übertragenen Texte, Bilder oder multimedialen Zutaten, zusammen mit allen relevanten Kontextinformationen.
Übertragungskanal	Eine Telefonleitung mit einem mehr oder weniger starken Server auf der einen und einer ebenfalls mehr oder weniger leistungsfähigen Hardware auf der anderen Seite.

Wenden wir die Begriffe vielleicht zuerst einmal auf ein alltägliches Beispiel an: Wenn Sie in einer Kneipe ein Bier bestellen, dann sind Sie der Sender, die Bedienung ist der Empfänger, das Medium ist die Sprache, der Übertragungskanal ist die Luft (genauer: Schallwellen), und die Botschaft – die unterschiedlich formuliert sein kann – ist die Aufforderung oder Bitte, ein Bier zu servieren. Wenn auf Websites Kommunikationsprozesse stattfinden, müssen die genannten Elemente also auch hier zu finden sein, und tatsächlich ist dies auch nicht weiter schwierig (siehe Tab. 3).

1.3 Inhalt und Beziehung

So weit ist die Sache eigentlich nicht sehr aufregend. In unserem Modell auf Abbildung 3 wird allerdings zwischen einem (bezeichnenderweise dynamisch-roten) „Beziehungsaspekt" und einem (neutral-blauen) „Inhaltsaspekt" der Botschaft unterschieden. Dies ist ein ganz wesentlicher Gesichtspunkt, und er macht das Thema Kommunikation eigentlich erst interessant.

- Der *Inhaltsaspekt* ist das, was an sachlichen Informationen übermittelt wird, also gewissermaßen der objektive (in der sprachlichen Kommunikation könnte man sagen: wortwörtliche) Inhalt der Botschaft.
- Als *Beziehungsaspekt* bezeichnet man Bedeutungen, die etwas darüber aussagen, was man über den anderen denkt, wie man sich selbst bewertet und welche Qualität die Beziehung zu dem Gegenüber hat. Diese können direkt aus dem Inhalt folgen, häufig handelt es sich jedoch um Nebenbedeutungen, die nicht offen ausgesprochen, sondern zwischen den Zeilen gesendet werden.

Um auf unser Alltagsbeispiel zurückzukommen: Wenn Sie Ihre Bestellung mit einem herzhaften „Bier her!" aufgeben, fordern Sie die Bedienung nicht nur zum Servieren eines Bieres auf (Inhaltsaspekt), gleichzeitig machen Sie deutlich, dass Sie (a) keine gute Kinderstube haben, (b) die Arbeit der Bedienung nicht sonderlich wertschätzen und (c) die Beziehung als die zwischen einem „Boss" und einem Befehlsempfänger gestalten möchten.

Dies ist der Beziehungsaspekt der Botschaft. Man kann an diesem Beispiel leicht erkennen, warum man mit diesem Begriff arbeiten muss, wenn man die Situation vollständig verstehen will. Das „Ich bin der Boss" wird ja nicht hörbar ausgesprochen, trotzdem würde jeder zustimmen, dass es in der Botschaft mit gesendet wird. Da es diese Zwischentöne *immer* gibt (mehr oder weniger deutlich zu hören oder zu lesen), sollte man auch im Web über sie nachdenken. Und unser einleitendes E-Mail-Szenario hat ja schon gezeigt, dass man dabei sehr weit gehen, also auch die Wirkung ganz unverfänglicher Randfaktoren bewerten muss (s. S. 21).

1.4 Verschiedene Empfänger verstehen Unterschiedliches – oder gar nichts

Beziehungsbotschaften sind sehr schwer zu kontrollieren, weil sie gewissermaßen instabil sind. In Abhängigkeit von der Situation und dem Empfänger variieren sie in ihrer Bedeutung. Die Beziehungsbotschaft des Ausrufs „Bier her" könnte gegenüber einer Person, die man sehr gut kennt, als – nicht sonderlich origineller – Scherz verstanden werden, gegenüber Unbekannten ist sie ein eindeutiger Affront.

Dieses Prinzip lässt sich sehr schön anhand der beliebten „Best-viewed"-Meldungen zeigen, die immer noch viele Startseiten im Web verunstalten (Abbildungen 4-6). Natürlich haben sie einen realen sachlichen Hintergrund – die fehlenden technologischen Standards im Web – und sind also durchaus begründbar und sinnvoll. Trotzdem: Was mag sich in einem harmlosen Internet-Neuling abspielen, der eine Website betritt und gleich zu Beginn verständnislos liest, er müsse nun unbedingt Java enabled, JavaScript installed, Shockwave ingepluggt und über eine Auflösung von mindestens 800x600 Pixeln sowie einen Version-4.-Browser verfügen? Er wäre schon alleine von der Frage überfordert, ob diese Bedingungen für seine Ausrüstung zutreffen (... und was sind überhaupt „Pixel"?).

Abb. 4: Wollten Sie nicht gerade eben eine andere Browser-Version installieren? Dann sind Sie hier richtig.

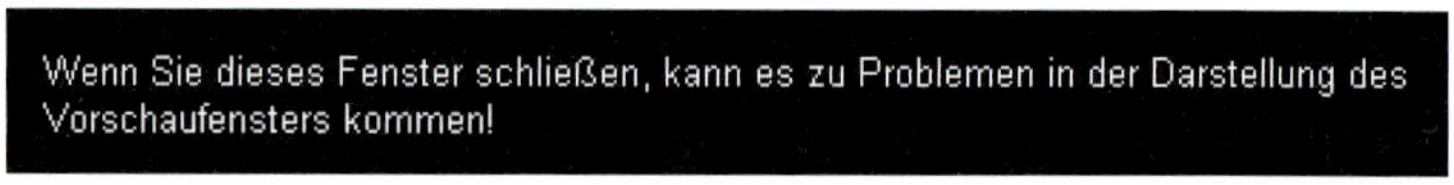

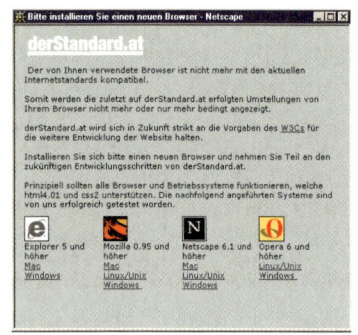

Abb. 5: Ruft man die Website von derStandard mit einem Netscape-Browser in der Version 4.73 auf, wird man nicht eben freundlich begrüßt: „Um an unseren zukünftigen Entwicklungsschritten teilnehmen zu können, sollten Sie wissen, was W3C, html4.01 und css2 bedeutet."

www.formel1.de/sorry.htm
www.derstandard.at
www.autostadt.de

Abb. 6: Wenn es gelungen ist, den Leser zu verwirren, kann man ihm noch ein wenig Angst machen: Muss ich das Fenster geöffnet lassen? Und was ist überhaupt ein „Vorschaufenster"?

Wo ist jetzt hier der Inhalts- und der Beziehungsaspekt? Inhaltlich ist eine Best-viewed-Meldung ja eigentlich unverfänglich. Vielleicht erzielt man wirklich die „besten Ergebnisse", wenn man das geforderte Equipment besitzt? Da wäre es doch sinnvoll, den Besuchern entsprechende Hinweise zu geben? Das mag sein, und ich habe ja bereits erwähnt, dass es einen sachlichen Hintergrund gibt. Wenn man aber die Technik (von der die meisten Internet-Benutzer eben rein gar nichts verstehen) außer Acht lässt, wird auf der Beziehungsebene leicht eine für den technisch naiven Empfänger sehr unangenehme Asymmetrie im Wissen zelebriert: „Wir wissen Bescheid, was das alles bedeutet. Sie nicht? Dann merken Sie jetzt vielleicht, dass unsere Website nicht nur für den Netscape Navigator 4.73 nichts taugt, sondern auch für *Sie* nicht optimiert ist." Der Besucher schaut sich die Sache an, fühlt sich verunsichert, versteht nichts und bekommt ganz beiläufig das Gefühl vermittelt, daran quasi noch selbst schuld zu sein.

Somit stoßen wir auch schon zum ersten Mal auf das Thema Zielgruppen. Für erfahrene Internauten sind Best-viewed-Meldungen nämlich ebenso verständlich wie uninteressant. Sie haben gelernt, dass es in Wahrheit eher unerheblich ist, welchen Browser sie benutzen, und wissen außerdem, dass es absurd wäre, die Browserversion, die Bildschirmauflösung und die Schriftgröße auf jeder Website neu zu justieren.

> Wer Wissen bei anderen kurzerhand voraussetzt, nur weil er selbst darüber verfügt, sendet unter Umständen ganz ungewollt wenig erquickliche Beziehungsbotschaften.

Abb. 7: Webdesign-Kundige werden wahrscheinlich dadurch in Harnisch gebracht, dass ungeachtet des verlautbarten Anspruchs die Qualität der Grafik geradezu erbärmlich ist. Der Schriftzug ist keine gut lesbare, scharfe, Bandbreiten sparende Bildschirmschrift, sondern das Bild einer Schrift. In jedem HTML-Anfängerbuch findet man den Rat, solches nicht zu tun.

www.adc.de

Auch die auf den ersten Blick eher harmlos anmutende Begrüßung (Abbildung 7, rechts) kann man auf der Beziehungsebene ganz unterschiedlich verstehen. Ich meine damit vor allem die Information, dass der ADC (Art Directors Club Deutschland) *hohe Ansprüche* stellt und das gleich zu Beginn verkündet. Ein Mitglied des ADC wird sich vielleicht hier innerlich straffen und verhalten schmunzeln. Nichtmitglieder und Laien werden möglicherweise bestehende Vorurteile gegenüber Art Direktoren (als arrogante Schnösel und in Web-Belangen verhältnismäßig unbedarft) bestätigt finden.

Was einem Besucher humorvoll erscheint, wirkt auf den anderen geschmacklos, was einer als angenehm-sachlichen Stil empfindet, ist für den anderen nüchtern, distanziert und langweilig. Es gibt also leider keine präzisen, sicheren Standards, an denen man sich beim Senden von Beziehungsbotschaften orientieren könnte (obwohl es das Leben ja nun *wirklich* einfacher machen würde). Beziehungsbotschaften sind fast immer vage und mehrdeutig, deshalb gehen sie eben sehr leicht daneben – doch selbst dies unter Umständen nicht einmal auf eindeutige Weise.

Auch hierzu ein Beispiel: Der Stil der Intro-Seite der Fa. Jägermeister in Abbildung 8 ist für die anvisierte Zielgruppe (jugendliches Publikum und Business-to-Consumer-Kontakte) völlig in Ordnung. Andere Besucher, seien es Zulieferer, Jobsuchende, Investoren, Vertriebspartner, Presseleute oder die eigene Belegschaft (die ja allesamt als potenzielles Publikum genauso in Frage kommen) werden sich aber eher hilflos fühlen. Die Beziehungsbotschaften stimmen für diese Zielgruppen ganz und gar nicht. Man duzt sich nicht im deutschen Geschäftsleben, und schon gar nicht macht man zur Begrüßung lockere Scherze über Friseure mit Damenkleidern. Andererseits: Der jugendliche Konsument würde seine Neugier sofort merklich drosseln, wenn er mit Pressemeldungen oder Geschäftsberichten konfrontiert würde.

Abb. 8: Alles eine Frage der Zielgruppe: Diese Website ist vor allem für das breite Publikum der Jägermeistertrinker gemacht – was keine versteckte Anspielung auf die Wirkung des Getränks sein soll (Erläuterungen im Text).

Das Dilemma ist durchaus charakteristisch für das Web. Websites wenden sich ja in der Regel an ein möglichst großes (und das bedeutet: meist auch heterogenes) Publikum. Da kann es durchaus vorkommen, dass Beziehungsbotschaften, die man an verschiedene Zielgruppen senden möchte, um wirklich gute Kommunikation machen zu können, *inkompatibel* sind.

Und wie kann man diesem Problem begegnen? Nun, es kann ja neben dem hippen „Planet Orange" für das Kultgetränk an dieser Stelle noch einen zweiten, etwas weniger hippen Planeten für andere Zielgruppen und die etwas ernsten Dinge im Leben geben. Genau hierfür – das Trennen inkompatibler Zielgruppen – kann eine Splash-Seite ja gut sein. Nicht sinnvoll ist eine Splash-Seite, die einfach nur splasht.

Wenn man verhindern möchte, dass Beziehungsbotschaften durcheinander geraten oder falsch beim Empfänger ankommen, müssen Zielgruppen also frühzeitig sortiert und in eigene Korridore gelenkt werden. Beispiele für diese Technik finden Sie auf den Seiten 56 (Abb. 37), 116 (Abb. 101) und 309 (Abb. 300).

www.jaegermeister.de

1.5 Gesendet wird auf allen Kanälen

Der Beziehungsaspekt der Kommunikation kann mit dem Inhalt eng verbunden sein, oft wird er jedoch über andere Medien oder Kanäle vermittelt. In einer Gesprächssituation werden z.B. durch die Wortwahl, die Mimik, die Sprachbetonung und die Gestik Dinge ausgedrückt, die mit der primären Bedeutung des Gesagten nichts zu tun haben müssen. Nonverbal gesendete Informationen können die eigentlichen Inhalte sogar in ihr Gegenteil verkehren. Nehmen wir z.B. an, die Bedienung in unserem Kneipenbeispiel zeigt sich zickig und reagiert nicht auf Ihren forschen Zuruf. Sie spornen sie also erneut an, diesmal aber betont langsam und mit zuckersüßer Stimme: „Würden Sie bitte die außerordentliche Liebenswürdigkeit besitzen und mir ein Bier bringen?" Der wortwörtliche Inhalt ist diesmal eigentlich frei von negativen Beziehungsbotschaften. Im Gegenteil: die Sache klingt nun ausgesprochen freundlich. Aber die Wortwahl und die Betonung sorgen dafür, dass Sie der Bedienung jetzt *noch* unsympathischer werden – nicht sehr geschickt, wenn man Durst hat.

Nun hat eine Website in Sachen nonverbaler Kommunikation mehr zu bieten, als man auf den ersten Blick meinen könnte. Es gibt eine ganze Reihe von Informationen, die auf nonverbalen Kanälen mehr oder weniger subtile Beziehungsbotschaften senden. Fassen wir die wichtigsten einmal zusammen:

- Das *Look and Feel*, also die visuelle Ausgestaltung, z.B. Schriften, Farben.
- Die *Grafiken* und darauf dargestellte Inhalte.
- Der *Jargon* (Sprachstil und Wortwahl).
- Die *Anordnung* von Informationen (was kommt zuerst, was zuletzt?).
- Die *Hervorhebung* von Informationen (was ist groß / klein? wichtig / unwichtig?).

Im Folgenden möchte ich diese „Modi" der nonverbalen Kommunikation im Web etwas genauer unter die Lupe nehmen und ihre Wirkung an einigen Beispielen demonstrieren.

1.5.1 Schrift

Schriftarten können kommunizieren? Sie können. Es ist beispielsweise gar nicht so abwegig, Schriftgrößen und -typen mit dem Sprachausdruck in Verbindung zu bringen. Ein einfaches und sehr anschauliches Beispiel hierfür sind Versalien (Großbuchstaben).

WENN SIE DIES LESEN, WERDEN SIE UNVERMITTELT DEN EINDRUCK HABEN, ANGESCHRIEEN ZU WERDEN.

Ich bitte vielmals um Entschuldigung. Aber Sie sehen: Man kann sich dieser Wirkung kaum entziehen, und genauso, wie das Schreien in der Wirklichkeit nur in Not- und Ausnahmefällen als akzeptable Ausdrucksform gilt, ist es z.B. in Web-Foren oder Newsgroups unschicklich, in Versalien zu schreiben. In seinem Screen-Design-Handbuch zeigt Frank Thissen [1] ein schönes Beispiel, wie die „Anmutung" von Schriften zu den geschriebenen Inhalten passen kann oder auch nicht (Abbildung 9). Mehr als 90% der Betrachter werden die in der linken Spalte dargestellten Schrifttypen als unpassend für den Inhalt, die auf der rechten Seite als passend einstufen.

Abb. 9: Form und Inhalt von Schriften können stimmig oder widersprüchlich sein.

Wie kommt es eigentlich, dass bestimmte Schriften passender erscheinen als andere? Dies mag mit verschiedenen Faktoren zusammenhängen, an erster Stelle natürlich mit Assoziationen, also gelernten Verbindungen von Schrifttypen mit Inhalten, z.B. mit bestimmten Epochen ganz allgemein oder auch mit Gegenständen oder Produkten. Die typische Saloon-Schrift kommt ja in jedem Western vor, der etwas auf sich hält, und auch eine Jugendstilschrift erkennt man sofort und assoziiert sie mit Gegenständen und Publikationen aus der Zeit der Jahrhundertwende vom 19. zum 20. Jahrhundert.

Auf der anderen Seite gibt es da natürlich noch die formalen Eigenschaften der Schriften, also den Ausdruck der Linienführung (elegant geschwungen oder unregelmäßig-krakelig), der mehr oder weniger stimmig zu einem Inhalt sein kann. Hierfür gibt es eine schöne Demonstration (Abbildung 10), die ich in Ralf Turtschis Buch „Mediendesign" gefunden habe [2]. Eine praktische Umsetzung zum Thema Kommunikation mit Schriftarten aus dem Web sehen Sie auf Abbildung 11.

Abb. 10: Kongruenz oder Inkongruenz von Form und Inhalt: Welche Schrift ist hier besonders schurwollig?

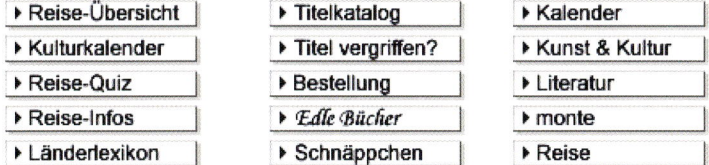

Abb. 11: Edle Bücher in edler Schrift? Die Botschaft kommt zwar an – doch mir wäre die sachliche Variante lieber.

1.5.2 Look and Feel

Es ist nicht ganz leicht, die Begriffe „Look and Feel" oder auch die deutsche „Anmutung" präzise zu definieren. Das ist schon ein erstes Anzeichen dafür, dass es sich um einen Faktor handelt, der zum Bereich der Beziehungsbotschaften bzw. der nonverbalen Kommunikation gehört. Am prägnantesten ist der Vergleich mit einem Gesicht und darauf aufbauend einer „Mimik" der Gestaltung. Das Gesicht und die Mimik eines Kommunikationspartners senden genauso wie das Design eines Produkts oder einer Verpackung (oder eben einer Website) Signale, die uns sehr schnell und außerdem meistens unwillkürlich und unbewusst auf seine Eigenschaften schließen lassen. Diese spontanen Eindrücke sind nicht unbedingt rational erklärbar, aber wenn sie sich einmal gebildet haben, ist es nicht leicht, sie wieder zu revidieren. Sie werden auch in der Regel nicht von einzelnen Merkmalen bestimmt, sondern ergeben sich aus dem Gesamteindruck, dem Zusammenwirken aller Teile. Und ihr wichtigster Inhalt ist emotional: Sympathie oder Antipathie.

Da ich kein Design-Profi oder Künstler bin, werde ich mich nun hüten, mein Halbwissen über die Gesetze der Ästhetik, Stimmigkeit von Formen, Farben usw. zu verbreiten. Das ist eine Aufgabe für Fachleute, und denen sollte man auch das Planen und Gestalten des Look and Feel einer Website überlassen – so man es sich leisten kann. Trotzdem möchte ich kurz darauf eingehen, wo sich das Thema mit unserem, nämlich Kommunikation, überschneidet.

Zunächst: Wie kann man das Look and Feel einer Website sichtbar machen? Natürlich ist das eine etwas befremdliche Frage, denn ist es ja „da": Schauen wir doch einfach hin! Kein Pro-

---

Der Begriff „Look and Feel" ist kein Zufall. In der Wortwahl ist der wesentliche Aspekt der deutschen „Anmutung" sehr direkt ausgedrückt, nämlich die *emotionale* Bedeutung.

www.dumont-verlag.de

blem, wären da nicht immer zugleich die Inhalte, die uns ablenken und unser Urteil beeinflussen. Man kann dem mit verschiedenen Verfremdungs- und Verzerrungstechniken begegnen. Nach meiner Erfahrung ist die *Verkleinerung* der Seiten das einfachste Mittel, um die Mimik einer Website zu bewerten, also nonverbale Signale, die im Layout und in der Farbgebung enthalten sind, zu erkennen. Der Inhaltsaspekt der Kommunikation geht durch Verkleinerung verloren, Beziehungsaspekte, die in den Farben und der gesamten Anmutung enthalten sind, können aber weiter wahrgenommen werden. Zu beachten ist dabei allerdings, dass die Flächenwirkung von Farben verloren geht. Es macht ja einen gewaltigen Unterschied, ob ich ein rotes Bildchen oder einen roten Bildschirm vor mir sehe. Trotzdem ist die Technik durchaus sinnvoll. In einem Buch entsteht dieser Effekt fast zwangsläufig, da Screenshots hier immer mehr oder weniger verkleinert sind.

Abb. 12 : Durch Verkleinerung von Seiten lässt sich das Look and Feel unabhängig von Inhalten bewerten. (Nein, ich lasse Sie nicht raten, zu welchem Screenshot das Thema „mp3" und welchem das Thema „Kinder" gehört. Es wäre zu einfach.)

www.watersounds-media.de;
www.kika.de;
www.mytoys.de;
www.discoforce.com;
www.die-maus.de;
www.jokernews.net

< Nachdenkerei über Formen und Bedeutungen >

Können die doch eher abstrakt erscheinenden Merkmale, die das Look and Feel einer Website definieren, also Formen, Farben oder Schrifttypen, „Bedeutungen" tragen? (Wenn wir sie als Kommunikation definieren, muss dem ja so sein.) Es gibt ein klassisches Beispiel, das dies sehr eindrucksvoll belegt. Es stammt aus dem Jahr 1929, von dem Psychologen Wolfgang Köhler [3]. Betrachten Sie einmal die Figuren, in Abbildung 13, und überlegen Sie, welche „Maluma" und welche „Takete" heißen könnte.

Mit Sicherheit werden Sie die Frage ohne Zögern beantworten: Die Figur links heißt „Maluma", die rechte „Takete". Man kann es nicht genau begründen, aber ganz eindeutig passen die beiden Wörter aufgrund ihres Klangs zu jeweils einer der beiden Formen. Man könnte auch so fragen: Welche ist weiblich, welche ist männlich? Die Antwort ist einfach: Maluma ist weiblich, Takete männlich. Lassen wir nun einmal die Formen beiseite und versuchen es mit Farben. Die Zuordnung ist dann nicht mehr ganz so präzise, aber sicherlich würde man Braun eher dem Begriff „Maluma" zuordnen, während im Vergleich hierzu ein grelles Rot sicherlich eine „Takete"-Farbe ist.

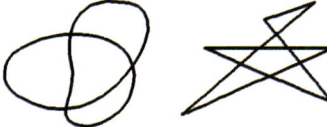

Abb. 13: Welche dieser Figuren heißt Maluma, welche Takete?

Abb. 14: Welche Website heißt „Maluma", welche „Takete"?

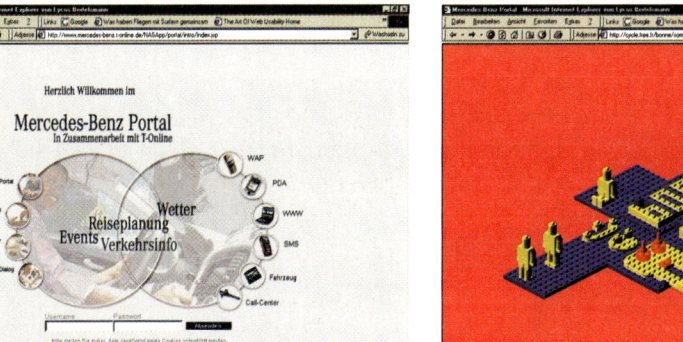

Was kann man aus dieser kleinen Spielerei schlussfolgern? Anscheinend haben Farben, völlig abstrakte Formen und sinnlose Wörter untereinander gewisse Ähnlichkeitsbeziehungen, die durchaus sehr präzise sein können. Auch ihre Verbindungen zu

www.mercedes-benz.t-online.de/
NASApp/portal/intro/index.jsp;
cycle.free.fr/bonne/
sommaire.html

realen Dingen bzw. Begriffen sind nicht beliebig. Um noch einmal auf das Beispiel aus Abbildung 12 zurückzukommen: Kunterbunte Farben passen zu den Begriffen „Kindheit" oder „Kinder" besser als schwarze Düsternis. Gleichermaßen ist eine geschwungene (Maluma-)Schrift zu einem Begriff wie „Schurwolle" kongruent (vgl. Abbildung 10). Dass dies auch für das Look and Feel von Websites gilt, zeigt das Beispiel in Abbildung 15. Solche eigenartig präzise-unpräzisen Bedeutungen gibt es übrigens nicht nur im Visuellen, sondern auch in der Sprache – ein Thema, mit dem wir uns später noch einmal beschäftigen werden (s. Kap. 4, S. 76).

Doch warum hat all dies etwas mit Beziehungsbotschaften zu tun? Nun, durch die Gestaltung wird ein sehr wichtiges Signal an die Besucher gesendet, nämlich, dass sie hier richtig (oder auch falsch) liegen. Die Sites auf Abbildung 12 bekennen sich gewissermaßen nonverbal zu ihrem Thema. Durch cool-düsteren Neonlook versus freundlich-kunterbuntes Erscheinungsbild wird eine Grundstimmung unterlegt, die mit den Inhalten und den Erwartungen der Zielgruppen konform ist. Dabei möchte ich dahingestellt sein lassen, ob das Erfüllen von Erwartungen und Gestaltungsstandards in allen Fällen die optimale Strategie ist (s.S. 175, „Das Dissonanzgesetz"). Immerhin kann man aber wohl voraussetzen, dass eine gewisse Übereinstimmung zwischen der Atmosphäre und dem Thema einer Website von den Besuchern erwartet wird. Und Erwartungen sollten nicht ohne guten Grund strapaziert werden. Abbildung 15 zeigt an einem anderen Beispiel, wie der Inhalt von Websites durch Look and Feel zwin-

Abb. 15: Man muss weder die Schrift lesen noch die Bilder erkennen, um verstehen zu können, welche „Microsite" Orchesterinstrumente oder elektronische Keyboards feilbietet.

orchester.yamaha.de;
keyboards.yamaha.de

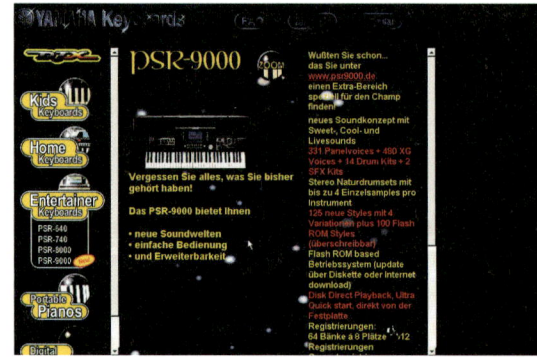

gend kodiert wird. Und der Paarvergleich auf Abbildung 16 verdeutlicht, dass es in der visuellen Ausgestaltung um mehr als reine Stimmigkeit mit einem Thema geht. Die Farb- und Formenwelt, die sich uns auf einer Website darbietet, kann *Erwartungen* steuern, das *Image* des Anbieters formen, *Gefühle* von Vertrauen oder Misstrauen, Respekt oder Irritation auslösen und sogar ganz weltliche Dinge wie die *Exklusivität* (den zu vermutenden Preis) von Produkten kommunizieren.

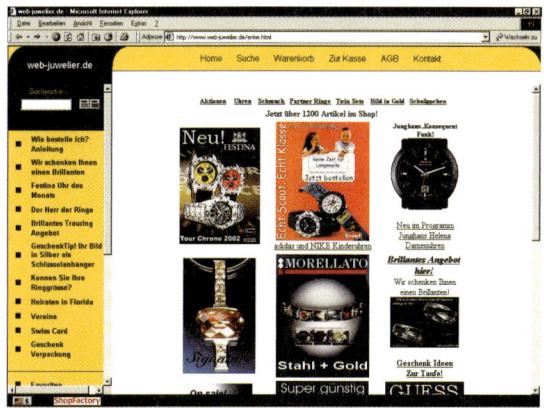 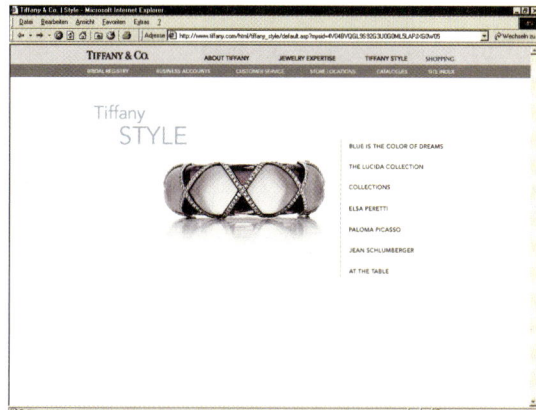

Abb. 16: Die Websites von zwei Schmuck- und Juwelenanbietern im Vergleich. Wer ist seriöser? Wer renommierter? Wem würden Sie eher vertrauen? Last not least: Welcher mag die höheren Preise haben?

Diese Bewertungen mögen – wie schon erwähnt – oft nur halb bewusst oder unbewusst ablaufen, sie bestimmen unser Verhalten im Web aber genauso wie in der wirklichen Welt (was eine etwas abenteuerliche Wort- und Gedankenkonstruktion ist, denn natürlich ist auch das Web „wirklich"). Wer in der Ästhetik, Farb- und Formgebung also missverständliche Signale sendet, läuft schlimmstenfalls Gefahr, dass die irritierten Besucher das Angebot verschmähen, weil es beispielsweise zu bieder oder zu avantgardistisch ist.

Es kann daher sehr problematisch sein, wenn Agenturen die eigenen ästhetischen Standards in völlig fremde Themenbereiche hineintragen. Was dem auf die Verwirklichung seiner selbst und seiner Ideen hin arbeitenden Gestalter gefällt, muss nicht für jedes Publikum attraktiv sein. Und hyperprofessionelles Design muss nicht automatisch Vertrauen erwecken. Auch hier gibt es

www.web-juwelier.de;
www.tiffany.com

keine ästhetischen Normen im Sinn der Gleichung „schön = gut". Es geht immer um die Erwartungen von Zielgruppen, ihre Gewohnheiten, ihren Geschmack und natürlich den Kontext.

1.5.3 Sprachjargon

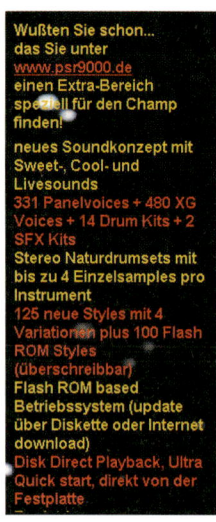

Abb. 17: Ein Text, der hoffentlich genau weiß, von welchem Publikum er gelesen wird

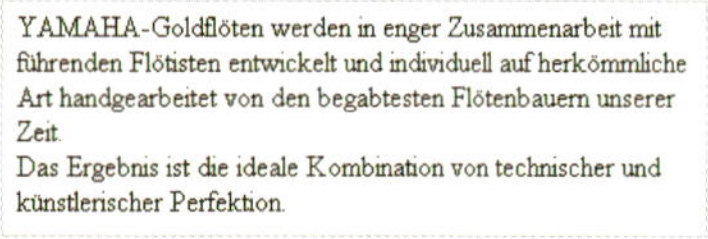
YAMAHA-Goldflöten werden in enger Zusammenarbeit mit führenden Flötisten entwickelt und individuell auf herkömmliche Art handgearbeitet von den begabtesten Flötenbauern unserer Zeit.
Das Ergebnis ist die ideale Kombination von technischer und künstlerischer Perfektion.

Abb. 18: Der Wert des Produkts wird sozusagen mit einer gediegenen, wertvollen Sprache symbolisiert.

keyboards.yamaha.de
orchester.yamaha.de

In Zusammenhang mit der Splash-Seite für jugendliche Kräuterlikörtrinker haben wir schon ein anschauliches Beispiel für die Wirkung von Sprachjargon kennen gelernt (Abbildung 8, S. 28). Betrachten wir noch ein anderes: Vergleichen Sie doch einmal die Texte in den Abbildungen 17 und 18. Sie stammen aus den Produktseiten für Musikinstrumente, die weiter oben schon einmal hinsichtlich ihres Look and Feel gegenüberstellt wurden: Einer der Texte gehört zum Bereich elektronische Keyboards, der andere zur Sektion klassische Instrumente. Und die Sprachgestaltung könnte kaum unterschiedlicher sein.

Die Produktbeschreibung für das Keyboard (Abbildung 17) besteht aus einer Reihe von unvollständigen Sätzen und Slogans, die sehr dicht mit englischem Produkt-Jargon durchsetzt sind. Die Sprache klingt sehr nach „Techie", wirkt aber auch offensiv und laut. Der Texter geht von der Voraussetzung aus, dass dies von Insidern gelesen wird, die an coolen technischen Details interessiert sind und auf sprachliche Formen keinen großen Wert legen – und wahrscheinlich hat er Recht. Der Text für die Goldflöten (Abbildung 18) ist in vollständigen, wohlgeformten Sätzen formuliert und versucht, die sprachlichen Erwartungen zu erfüllen, die der Autor offensichtlich bei Liebhabern klassischer Musik voraussetzt. Man könnte diese vielleicht mit den Schlagworten „Niveau, Tradition und Bildung" beschreiben.

Unabhängig davon, ob diese Vorannahmen stimmen, kann man erkennen, wie über einen zweiten, neben dem Inhalt verlaufenden Sendekanal durch Satzlänge, Satzbau, Wortwahl (kurzum: den sprachlichen Jargon) Beziehungsbotschaften gesendet werden. Natürlich beruhen die Strategien, die hier verfolgt werden, auf Klischees und Konventionen, trotzdem: Ein klassischer Flötist ist sicherlich in hohem Maß beunruhigt, wenn sein Instrument urplötzlich mit „krassen Mega-Klappen" versehen wird.

Allerdings ist die Sache nicht so einfach, wie es auf den ersten Blick erscheint. Tatsächlich lässt sich an diesem Beispiel sogar

zeigen, dass sich in der Kommunikation unversehens Zielgruppenfallen öffnen und beträchtliche Anteile des Publikums verschlucken können. Gediegenes Deutsch Marke „Clemens von Brentano" mag für klassische Flötisten stimmig sein. Nur: Möchte auch ein Jazz-Flötist so angesprochen werden? Ich habe Zweifel. Allerdings weiß ich, dass auch Jazz-Flötisten Instrumente kaufen. Und für diese Zielgruppe ist die Sprache eben *nicht* stimmig.

Natürlich werden Kaufentscheidungen beim Erwerb relativ teurer Produkte nicht vom Sprachjargon auf der Website des Herstellers bestimmt. Faktoren wie der Preis und die Merkmale des Produkts sind hier sehr viel wichtiger. Andererseits: Nuancen in der Kommunikation, die durch richtigen oder falschen Sprachjargon entstehen, können Einstellungen zum Hersteller oder zum Produkt durchaus beeinflussen und so als einer von vielen „weichen" Hintergrundfaktoren bei der Entscheidung mitwirken. Gibt es ansonsten keine Unterschiede zwischen konkurrierenden Angeboten, können sie am Ende das Zünglein an der Waage sein.

Selbstverständlich spielen die Qualität der Sprache und der richtige Ton auch bei der Gestaltung von Applikationen eine wichtige Rolle. Auch hier gibt es nonverbale Kommunikation – und nicht nur dann, wenn es um die Hilfe-Texte geht. Wird die in Abbildung 19 dargestellte Registrierungsprozedur mit eingebauter Sprachbarriere erfolgreich absolviert, liegt dies mit Sicherheit nicht an der zielgruppengerechten Sprache, sondern an der Tatsache, dass das Publikum zu allem entschlossen ist und Papi oder Mami als Coach vor den Monitor gezerrt werden können.

> Eine im Jargon gut gestaltete Sprache passt sich also dem Thema und dem Leser an. Sie schafft eine Atmosphäre, in der sich die anvisierten Zielgruppen zu Hause fühlen. Die Botschaft: „Wir denken wie Sie. Wir sprechen Ihre Sprache". Und weiter – weniger offensichtlich, doch trotzdem sehr subtil vorhanden –: *„Wir kennen Ihre Wünsche."*

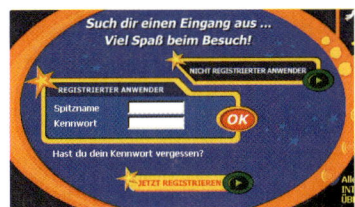 

Abb. 19: Original und Fälschung: Die Botschaft der linken Abbildung (das Original): „Hallo! Gleich geht der Spaß los! Sag uns doch vorher einfach noch schnell, ob Du ein REGISTRIERTER ANWENDER oder ein NICHT REGISTRIERTER ANWENDER bist!" Auf der rechten Abbildung ist eine etwas kindgerechtere – und freundlichere – Alternative mit „Gästen" und „Mitgliedern" dargestellt.

www.magic-kinder.com

1.5.4 Reihenfolgen

Dass der erste Eindruck der wichtigste sei, ist eine Binsenweisheit – was allerdings nichts an ihrem Wahrheitsgehalt ändert. Die erste Information, die in einer Botschaft gesendet wird, prägt nicht nur das spontane Erleben, sie beeinflusst ganz wesentlich nachfolgende Urteilsprozesse. Sie ermöglicht es dem Empfänger auch, zu erkennen, was für den Sender einer Botschaft die höchste Priorität besitzt – was wiederum einiges über sein Verständnis der Situation verrät.

Identische Informationen können also je nachdem, in welcher Reihenfolge sie gesendet werden, ganz unterschiedliche Beziehungsbotschaften enthalten. Auf Abbildung 20 wird dies an einem einfachen Beispiel demonstriert. Zunächst ist schon einmal bezeichnend, dass die Bank meint, uns gleich auf der Startseite mit ihren *„Mission Statements"* belästigen zu müssen. Dessen Inhalte sind klar, wenn auch nicht sonderlich packend. Interessant sind auch hier die Fragen: In welcher Reihenfolge werden welche Dinge gesagt und welche Botschaften hierdurch gesendet? Das Beispiel zeigt auch, wie ein einfacher Wechsel der Reihenfolge Bedeutungen ganz entscheidend verändern kann.

Abb. 20: Original (oben) und Fälschung (unten). Wie lauten die Botschaften? Oben: „Wir sind eine große, große Bank, die sich sehr für sich selbst und ihren Erfolg interessiert – und dann für ihre Kunden." Unten: „Für den ehrgeizigsten Finanzdienstleister der Welt stehen die Kunden an erster Stelle."

www.deutsche-bank.de

Dieses „Zuerst kommen wir", besser: „Wir kommen zuerst", noch besser: „WIR kommen zuerst" ist eine der meistgetexteten Unschicklichkeiten im Netz. Man begegnet ihr vor allem auf Seiten, wo die Unternehmen im Kampf um eine mediengerechte Selbstdarstellung unterliegen.

Das Problem sind hier weniger die Texte als solche, als wiederum ein fehlendes Fingerspitzengefühl für Zielgruppen. Als Eintrittskarte für die Website genügt ja oft schon die simple Tatsache, dass ein Text überhaupt existiert. So entwickeln dann Aussagen, die irgendwann einmal als Parole zum Ansporn der eigenen Mitarbeiter geschrieben wurden, ein Eigenleben und drängeln sich in die Außendarstellung – mit fatalen Folgen.

Manchmal machen sogar einfache Menüs recht subtile Aussagen. Das Eexemplar in Abbildung 22 (links) sagt uns z.B. zweierlei, nämlich erstens: „Wir denken hierarchisch" und zweitens: „Wenn Sie auf unseren Job-Seiten lesen, die Mitarbeiter stünden bei uns an erster Stelle, dann glauben Sie es nicht." Zugegebenermaßen muss man schon genau hinsehen und nachdenken, um solches zu erkennen, trotzdem bin ich überzeugt, dass solche Signale auch dann ankommen, wenn man nicht bewusst darauf achtet. Das haben Beziehungsbotschaften so an sich.

Abb. 21: Auch hier kommt der Gewinn für die Kunden ganz am Ende, die eigene Spitzenposition ganz zu Beginn des Textes. Durch Vertauschen der Absätze könnte die Beziehungsbotschaft ganz leicht in Richtung auf eine höhere Kundenorientierung verwandelt werden.

Abb. 22: Original (links) und Fälschung (rechts). Alles ist Kommunikation? Dann sind die Vorstände und der Aufsichtsrat wahrscheinlich auch in der Realität durch mehrere Stockwerke von ihren Mitarbeitern getrennt. Die rechte Variante ist nicht nur übersichtlicher, weil die Links thematisch gruppiert sind, sie sendet auch keine zweideutigen Signale mehr. Vorstände und Mitarbeiter sind eng zusammengerückt, da stört es auch nicht weiter, wenn die Bosse zuerst kommen.

1.5.5 Größenverhältnisse

Schon in der Größe bestimmter Elemente auf einer Seite können Botschaften verborgen sein. Besonders aufschlussreich finde ich persönlich hier Kontakt-Formulare. Sie öffnen ja den umgekehrten Übertragungskanal vom Besucher zum Betreiber einer Website und ermöglichen deshalb Rückschlüsse über die Motive des Betreibers, sein Verständnis vom Internet als Medium, sein Verhältnis zu den Besuchern und den von ihnen verfassten Nach-

www.atucate.de
www.huk.de

richten. Abbildung 23 zeigt ein aufschlussreiches Beispiel zu diesem Thema. Zunächst ist ganz offensichtlich, dass die Formularvariante a) dem von den Benutzern verfolgten Zweck, nämlich dem Verfassen und Absenden einer Nachricht, einen höheren Stellenwert einräumt. Dies erkennt man durch einen Vergleich der grünen Flächen auf den Screenshots, die markieren, welche Felder für die Zwecke der Besucher reserviert sind.

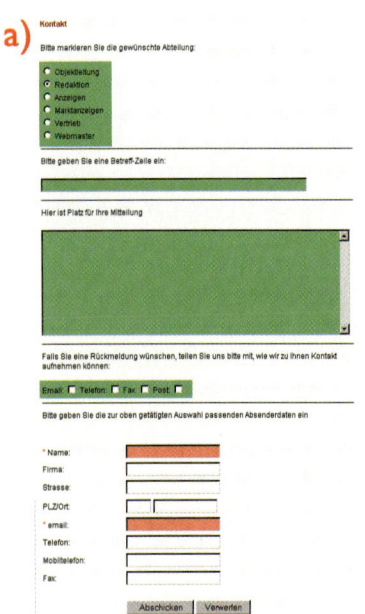 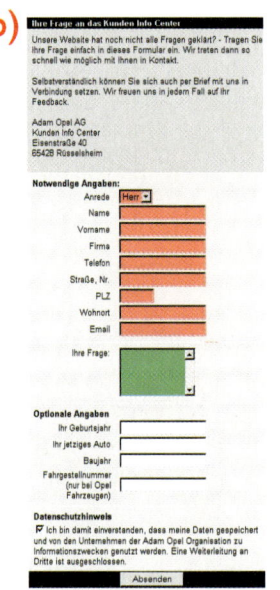

Das Fensterlein, das in der Variante b) für das Eingeben einer Nachricht zur Verfügung steht, ist so klein, dass es kaum glückt, e. läng. vollst. Satz einzug. In der Variante a) lässt sich dagegen eine stattliche Nachricht unterbringen. Die roten Flächenanteile verhalten sich umgekehrt. Während in a) nur zwei Pflichtangaben verlangt werden, sind es in b) insgesamt 8 Felder, die *über* dem Feld für die Nachricht positioniert – also in der Reihenfolge der Information als wichtiger gekennzeichnet sind. Ein weiteres Beispiel für Kommunikation durch Reihenfolgen: „Jetzt erzählen Sie uns bitteschön zuerst einmal, wer *Sie* sind." In a) gibt es auch noch zusätzliche Felder, die einen Betreff, einen Adressaten und den gewünschten Rückmeldungsweg (Fax, Telefon, E-Mail, Post) betreffen. Die Pflichtfelder stehen hier *unter* dem Nachrichtenfenster, d.h. die Ziele des Benutzers stehen an erster Stelle.

Abb. 23: Kontakt-Formulare senden Beziehungsbotschaften? Natürlich tun sie das. Die grünen Bereiche stehen für den Benutzer zur Verfügung, um die Nachricht zu verfassen und an den richtigen Ansprechpartner zu adressieren. Die Pflicht-Felder, in welchen der Betreiber der Website Informationen über den Besucher abfragt, sind rot unterlegt. (Weitere Erklärungen im Text.)

www.autocad-magazin.de;
www.opel.de

Und wieder die Frage: Was hat dies mit Beziehungsbotschaften zu tun? Durch die Gestaltung der Formulare signalisieren uns die Betreiber ganz unterschiedliche Haltungen in bezug auf das Empfangen und Beantworten von Anfragen durch Besucher. Wenn man es auf einen einfachen Nenner bringen möchte, könnte man sagen: Formular b) möchte eigentlich keine Nachrichten von uns – und wenn ja, sollten sie zumindest einen Eigennutzen in Form von Informationen über die Besucher abwerfen. Formular a) stellt uns dagegen eine Schnittstelle zur Verfügung, die als gleichwertiger Ersatz für ein E-Mail Programm funktioniert. Hierdurch sammelt es nicht nur einen Pluspunkt in der Ergonomie, es *lädt zum Schreiben ein* und signalisiert auch eine *Wertschätzung* der möglichen Mitteilungen, die von Besuchern eingegeben werden. Obwohl die wenigsten Benutzer hierüber bewusst nachdenken werden, wird im Ergebnis das eine Formular seine Funktion und seinen kommunikativen Zweck sehr viel besser erfüllen als das andere. Man kann an diesem Beispiel erkennen, dass die Kommunikation sich im Web in Bereiche erstreckt, wo sie normalerweise nicht mehr vermutet wird. Design von Formularen ist eine technische Sache, bestenfalls ein Thema für die Usability-Front! Dem ist aber nicht so, Ich würde mich sogar zu folgender Aussage hinreißen lassen: Alle Gestaltungselemente oder -merkmale einer Website, welche das Verhalten der Benutzer / Kunden beeinflussen, sind Kommunikation.

1.5.6 Symbole

Ich möchte an dieser Stelle nicht auf das Funktionieren von Symbolen als Zeichen oder die Kommunikation über „Eye-catcher" und biologische Signale eingehen (diese Themen werden in Kap. 5 und 7 behandelt). Nonverbale Kommunikation mit Hilfe von Symbolen lässt sich an einem sehr viel handfesteren Beispiel erklären: Online-Shopping.

< Fakten 1:
Wunschbild und Realität im e-Commerce >

Viele Shops werden fleißig besucht, die Kataloge werden durchpflügt und sogar Produkte in den Warenkorb gelegt, nur: Beim Kaufen und Bezahlen bekommen die Kunden dann kalte Füße. Der letzte Klick auf den Bestellbutton bleibt in vielen Fällen aus. Dies fördern Studien zum Konsumentenverhalten mit schöner Regelmäßigkeit zu Tage. Natürlich sendet dieses Verhalten eine Beziehungsbotschaft. (Sie wissen ja: Alles ist Kommunikation.) Man kann diese sehr direkt formulieren: „Ich traue der Sache nicht!" Abbildung 24 (Seite 42) zeigt, wo genau die Hemmnisse in den Köpfen der Verbraucher liegen.

Online-Käufer wünschen sich kurze Lieferzeiten, Bezahlung gegen Rechnung, sichere Transaktionen, eine rasche Bestätigung von Bestellungen, Preisgarantien, präzise Informationen zu Lie-

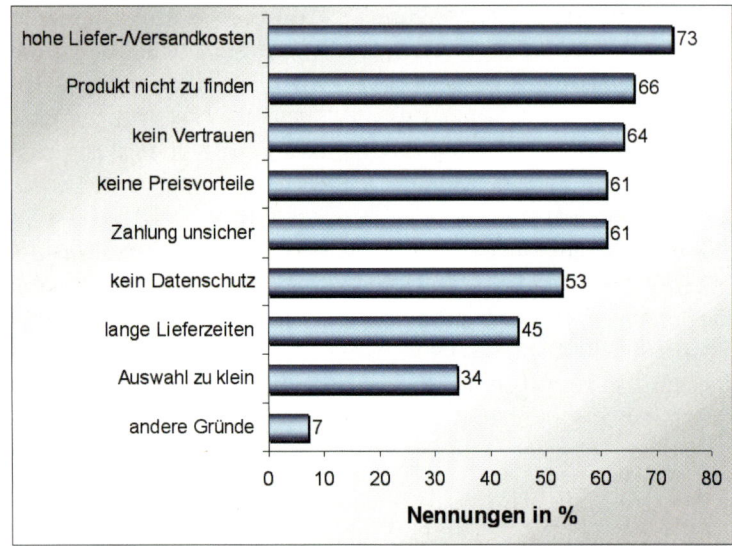

Abb. 24: Der Einkaufswagen bleibt stehen. Die häufigsten Gründe, einen Online-Einkauf abzubrechen [4].

Tab. 4: An einer Stichprobe von 100 deutschen Online-Shops zeigte sich folgendes Verhalten in Bezug auf die Sicherheitswünsche der Kunden:

97 %	belehren ihre Kunden nicht zum Datenschutz
86 %	verlangen nicht ausdrücklich das Einverständnis zur Verwendung persönlicher Daten
93 %	garantieren nicht die Löschung der Daten nach Auftragsende
63 %	belehren nicht zum Vertragsrecht
43 %	geben nicht den Zweck der Datenerhebung an
68 %	übernehmen bei Rücksendung nicht die Kosten
81 %	geben keine Gültigkeit für ihre Preise an
82 %	verlangen keine explizite Zustimmung der AGBs durch den Kunden (sodass diese nicht wirksam werden)

ferbedingungen etc. Und natürlich haben sie nicht ganz Unrecht. Bei der derzeitigen Lage im New Business kann man durchaus Befürchtungen hegen, dass das schöne Geld irgendwo sang- und klanglos im schwarzen Loch einer Konkursmasse untergeht, bevor ausgeliefert wird. Damit ergeben sich nicht nur Pflichten für die inhaltliche und formale Gestaltung des Angebots, sondern auch klare Prioritäten für die Kommunikation. Und obwohl diese Wünsche weder neu, noch sonderlich geheim sind – entsprechende Studien liefern wie gesagt schon seit der frühen Kreidezeit des E-Commerce immer wieder die gleichen Ergebnisse – haben sich viele Anbieter nicht darauf eingestellt. Tabelle 4 zeigt die Realität, in einer Studie des TÜV Nord aus dem Jahr 2001 [5]. Ich vermute, dass viele der dort erfassten Angebote mittlerweile der Krise in der New Economy zum Opfer gefallen sind (wenn sie sie nicht sogar mit verursacht haben).

Da bleibt dann am Ende die Überraschung nicht aus, wenn die schönen und teuren Shops zwar Page-Impressions und Visits, aber auch schlimme Deficits produzieren. Und mit Sicherheit sind es vielfach Sünden in der Kommunikation, die – neben Mängeln der Benutzerfreundlichkeit – den Shop-Betreibern zu schaffen machen. Oftmals wird das nicht einmal richtig bemerkt, denn die aufwändige Technik frisst so viel Aufmerksamkeit (und Geld), dass alles andere leicht zur Nebensache wird.

<　/…　>

Halten wir also fest, dass das Vertrauen der Kunden einer der wichtigsten Faktoren ist, wenn man im Web erfolgreich Produkte verkaufen möchte. Die kaufwilligen Internet-Benutzer suchen nach Hinweisen, welche die Seriosität des Anbieters unter Beweis stellen. In Bezug auf die Gestaltung der Kommunikation lautet damit die Schlüsselfrage: Welche (Beziehungs-) Botschaften und – noch spezieller – welche Symbole sind geeignet, Vertrauenswürdigkeit zu signalisieren?

Für die Giganten in Handel und Industrie kann es genügen, sich auf den eigenen Markennamen oder das allseits bekannte Logo zu verlassen, denn natürlich erfüllt dieses den Zweck, Vertrauen zu schaffen, ganz ausgezeichnet (s. Abbildung 25). Logos werden ja gerade aus dem Grund entworfen (und teuer bezahlt), weil sie Beständigkeit und eine Identität signalisieren.

Wer neu im Netz ist, muss allerdings nach anderen Wegen für die vertrauensbildende Kommunikation suchen. Die Beziehungsbotschaft, die gesendet werden sollte, lautet etwa so: „Sie können uns vertrauen, denn wir kennen Ihre Wünsche und Bedenken und haben vorgesorgt, dass alles sicher, bequem, schnell und reibungslos vonstatten geht." Die erste und einfachste Möglichkeit, dies zu bewerkstelligen: Man borgt die vertrauensstiftenden (Bild-)Botschaften von anderen.

Eine Möglichkeit hierfür ist die Anbindung an Kreditkarten-Systeme (Abbildung 26, siehe Seite 44). Mit diesen Icons wird dem Besucher signalisiert, dass man am ordentlichen Wirtschaftsleben teilnimmt. Die Seriosität der großen Kartensysteme kann also genutzt werden, um vertrauensstiftende visuelle Botschaften

Abb. 25: Im Misstrauensfall kaufen wir lieber unter den vertrauten Zeichen.

www.basf.de;
www.amazon.de;
www.toysrus.de;
www.lufthansa.de;
www.mercedes-benz.de

Abb. 26: Das Vertrauen in etablierte Zahlungssysteme färbt ab. Natürlich muss ein Einkauf dann auch tatsächlich über diese Karten abgewickelt werden können, alles andere wäre ja Betrug.

Abb. 27: Mein persönlicher Favorit ist das BONITRUS Siegel (ganz oben), das sich kurzerhand als polierter Sheriffstern darstellt. Eine überzeugende Idee: John Wayne wacht über uns, und er hat nicht 3, nicht 4, sondern 5 Sterne! Was soll da noch schief gehen?

www.dinersclub.de;
www.visa.de;
www.eurocard.de;
www.bonitrus.com;
www.shopinfo.net;
www.trustedshops.de;
www.webtrust.com;
www.verisign.com;
www.computercompany.de

zu senden. „Wenn Sie bei uns mit Visa und MasterCard bezahlen können, werden wir doch keine Verbrecher sein..."

Andere Vertrauen signalisierende Symbole sind erst vor vergleichsweise kurzer Zeit entstanden. Ich meine damit die mittlerweile recht zahlreichen Initiativen, die sich mit dem Herstellen von Gütesiegeln – und der Weiterverwendung der daraus erwachsenden Profite – beschäftigen (Abbildung 27).

Mit Hilfe der Gestaltung der Logos versuchen einige Anbieter, Punkte für ihre Kunden zu sammeln. Die Ausführung in beständigem Schein-Edelmetall signalisiert dem misstrauischen Kunden (und dessen Kunden), wie wertvoll, beständig und seriös die vergebenen Plaketten sind. Man kann – und sollte – allerdings mehr tun, als sich mit bunten Stickern zu schmücken. Deren Wirkung ist nämlich nur gewährleistet, wenn der Kunde sie kennt und ihnen vertraut – was eben wegen der mittlerweile doch recht unübersichtlichen Situation auf dem Stickermarkt nicht selbstverständlich ist.

Der Shop, dessen Startseite auf Abb. 28 zu sehen ist, kann sich nach meiner Meinung die TÜV-Plakette sparen, denn er schafft es auf dem direkten Weg, indem er mit sachlichen Informationen Vertrauen gewinnt. Wie man sieht, geht das auch mit Text.

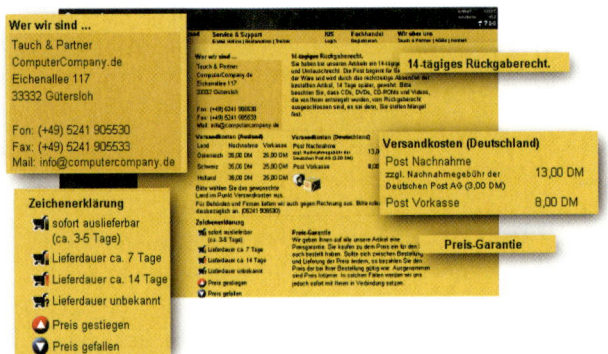

Abb. 28: Vertrauen stiftende Kommunikation: Man stellt sich (a) dem Kunden vor, nennt (b) die Versandkosten, gibt (c) eine Preisgarantie, erklärt (d), die Ware innerhalb von 2 Wochen zurückzunehmen – und macht obendrein noch (f) deutlich, dass man hier Lieferfristen sehen kann, bevor man sich registriert und drei fensterfüllende Formulare bearbeitet hat. Was fehlt, wäre noch (g) ein Hinweis zum Thema Sicherheit beim Bezahlen, dann wären keine Fragen mehr offen.

1.6 Die ungewollten Katastrophen

Bei allen im vorigen Abschnitt gezeigten Beispielen handelt es sich um Verstehensvorgänge, die zwischen den Pixeln ablaufen, Beziehungsaspekte einer Botschaft werden dem Empfänger oft nicht bewusst. Trotzdem: In vielen Fällen sind sie sicherlich das Zünglein am Mauszeiger, das darüber entscheidet, ob ein Link geklickt, ein Formular ausgefüllt, ein Produkt gekauft und eine Startseite gelesen oder spontan verlassen wird. Und die Besucher werten dabei alle zur Verfügung stehenden Informationen aus. Gestalterischer Minimalismus sendet also ebenso eine Beziehungsbotschaft wie überästhetische Design-Wucherungen, Popup-Windows mit Werbung des eigenen Webspace-Providers oder virtuos programmierte Java-Menüs. Wir nehmen all diese Dinge wahr, und zusammen formen sie eine Gesamtbotschaft, die man vielleicht als die Identität oder den „Fingerabdruck" einer Website bezeichnen könnte.

Was für die Wahrnehmung gilt, gilt auch für das *Senden*. Die alltägliche Erfahrung lehrt, dass wir das, was wir inhaltlich sagen möchten, meist sehr viel besser im Griff haben als den Beziehungsaspekt der Kommunikation – hinterlistigerweise. Beziehungsinformationen werden also oft nicht bewusst gesendet, und gerade deshalb sind sie ja so interessant: weil sie mehr über die Gefühle oder Motive des Senders verraten als die sachliche Information selbst, und eventuell auch mehr, als er von sich aus preisgeben will. Ein Beispiel hierfür sind die dröhnenden Internet-Auftritte multinationaler Konzerne, die ihre Besucher mit einer Weltkarte nebst Nennung mehrerer Geschäftsfelder nebst Hinweis auf die Existenz Hunderter Filialen in Dutzenden von Ländern zur Erzeugung höchst börsenschwerer Milliardenumsätze begrüßen (Abbildung 29). Dies ist mit Sicherheit inhaltlich so gewollt und für eine kleine Zielgruppe, die eben im Moment genau diese Zahlen wissen möchte, sogar richtig. „Da geben wir unseren Besuchern als Erstes eine kurze Orientierung über die allerwichtigsten Fakten zum Konzern." Ob der Beziehungsaspekt dieser Botschaft, der bei den anderen Besuchern ankommt, auch gewollt ist? „So. Wir sind jetzt zuerst einmal damit beschäftigt, uns darzustellen. Und wir sind groß, das könnt Ihr glauben, Ihr kleinen Menschlein!" Ich bezweifle es, ich würde sogar meinen, dass man vielfach daran einfach nicht denkt.

Abb. 29: Auf diesen Startseiten wird mit allen zur Verfügung stehenden Mitteln eine wichtige Kernbotschaft gesendet. Man könnte sie folgendermaßen zusammenfassen: „Wir sind global und intergalaktisch! Wir sind Giganten!"

www.t-systems.de;
www.linde.de

Wenn man 9,076 Milliarden EUR erwirtschaftet, wird aus der verbreiteten Willkommensverlegenheit also leicht eine Machtgeste. Welcher der 46.400 Mitarbeiter mag wohl jetzt für unser Anliegen zuständig sein? Ich bezweifle, ob man Aktionäre und Mitbewerber durch eine solche Imponiergeste wirklich beeindrucken kann. Für alle anderen Besucher könnte man sich Besseres einfallen lassen. Natürlich: Es muss gar nicht so gemeint sein. Aber es kann so *verstanden* werden, und in der Kommunikation geht es immer um beides: Meinen und Verstehen. Genau das ist dann auch der springende Punkt. Niemand möchte harmlose Besucher verschüchtern und sich selbst als unpersönlicher, distanzierter, unbeholfener Koloss darstellen. Ein multinationaler Konzern, der meint, Größe sei das Erste (also das Wichtigste), was es im Web zu demonstrieren gilt, und dem hierzu nicht mehr einfällt, als uns seine Umsätze und die Anzahl der Mitarbeiter und Standorte entgegenzuposaunen, hat seine Kommunikation nicht recht im Griff. Natürlich können diese Informationen durchaus interessant sein, nur: Eignen sie sich als Top 1 für einen Erstkontakt? Ich zweifle daran.

Bleibt natürlich die Frage, was man stattdessen tun könnte. Wie wäre es mit etwas, das mit den Zielen und Bedürfnissen der Besucher in Zusammenhang steht? Die Startseite der Stadt Düsseldorf (Abbildung 30) orgelt z.B. nicht die üblichen Hochglanz-

Die ungewollten Katastrophen 47

texte von einer modernen Stadt mit jeder Menge Visionen und Bürgernähe für Hunderttausende Einwohner in einem Industriestandort der Zukunft (was sie ja tun könnte). Sie hält sich auch mit bürgermeisterlichen Grußworten zurück und führt stattdessen wichtige Zielgruppen zu attraktiven Angeboten.

Abb. 30: Gute Kommunikation betont nicht die vorteilhaften Eigenschaften des Senders, sondern den Nutzen für den Empfänger.

Auch die folgenden Texte (Abbildung 31) aus der Startseite eines Maschinenbau-Marktplatzes (allocation.net) sind ein Beispiel für gute Online-Kommunikation. Die Zielgruppen werden nach ihren Rollen auf dem Marktplatz (Einkauf – Verkauf) angesprochen. Die Texte erklären diesen Zielgruppen, was man hier tun, welche Ziele man erreichen kann. Es kann kein Zweifel daran bestehen, dass dies genau die Fragen sind, die sich ein Besucher dieses Angebots mehr oder weniger heimlich stellt: Was kann ich hier tun? Warum sollte ich es tun? Und der Anbieter versucht gleich auf der Startseite, plausible Antworten zu geben.

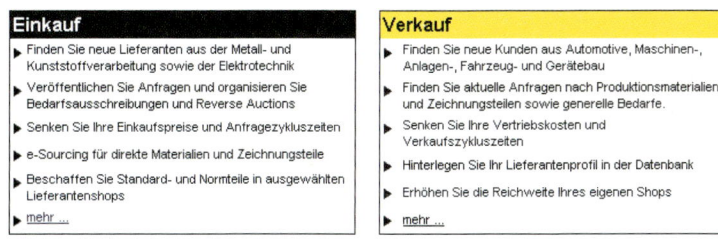

Abb. 31: Gute Kommunikation: Sage, für wen Dein Angebot gedacht ist, und welche Ziele man erreichen kann.

www.duesseldorf.de;
www.allocation.net

Das ist gute Kommunikation, und der direkte, handlungsorientierte Stil der Seite gefällt mir so gut, dass ich im Interesse des Anbieters hoffe, seine Zielgruppe möge wissen, was die Begriffe „Reverse Auctions" und „E-Sourcing" bedeuten.

Damit haben wir ganz nebenbei einen der vielleicht wichtigsten Punkte gefunden:

> Wenn man Ideen für gute Inhalte und Dienstleistungen hat, ist gute Kommunikation ganz einfach. Sie ergibt sich fast von selbst. Viele Kommunikationssünden werden aus schierer Hilflosigkeit begangen, weil es an attraktivem Inhalt mangelt.

2   Nichts ist auch Kommunikation

> **Was in diesem Kapitel geschieht:**
>
> - Sie werden darauf aufmerksam, dass man im Wunderreich der Kommunikation etwas tun kann, ohne etwas zu tun.
> - Sie entdecken, dass Sie mit Ihrer merkwürdigen Erfahrung, dass manche Ihrer wichtigen E-Mails nicht beantwortet werden, nicht alleine sind.
> - Sie besuchen einige Baustellen, auf denen man sich die Füße nicht schmutzig machen kann.
> - Sie wundern sich über die dürftigen Sprachkenntnisse der Internet-Gemeinde.
> - Sie werden beim automatischen Setzen permanenter Cookies von einer Checkbox unterstützt.
> - Sie erblicken allerlei Dinge, die mit viel Mühe und Geld hergestellt wurden, obwohl niemand sie wirklich sehen will.
> - Zur Förderung Ihrer politischen Meinungsbildung werden Sie von einer Lampe beleuchtet und sehr offensiv zum Spenden aufgefordert.
> - Sie lernen garantiert nicht, wie ein Bausparvertrag funktioniert, bekommen aber andererseits eine Anregung für das Hypertexten.
> - Sie sehen, welche Folgen das Eingeben einer falschen Antragskennung haben kann, und suchen in diesem Zusammenhang etwas auf Ihrer Tastatur.
> - Sie erleben den „Deus ex machina" bei der Arbeit.

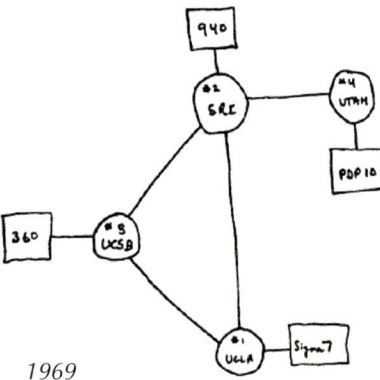

1969

Wie Fehler entstehen, wenn allgemein gültiges Wissen über menschliche Kommunikation ignoriert wird, kann am Beispiel der Regel vom „Nicht-Kommunizieren" verdeutlicht werden. Das klingt mysteriös, ist aber eigentlich ganz einfach: Nicht-Senden, Stille oder Leere im Ablauf einer Kommunikation ist nicht etwa „nichts", sondern immer „etwas" – und auf der Beziehungsebene sogar etwas höchst Bedeutungsvolles. Eines der wenigen Beispiele, in welchen eine Leer-Botschaft eine positive Bedeutung hat, ist dieses: Wenn ein Säugling mit dem Brüllen *aufhört*. Obwohl buchstäblich „Nichts" gesendet wird, ist die Botschaft überdeutlich: „Jetzt bin ich zufrieden. Ihr seid entlassen." In der Regel hat Nicht-Kommunizieren aber negative Bedeutungen und ist ein wirksames Mittel, sich unbeliebt zu machen. Ein Tipp: Wenn Sie einmal das Ziel haben sollten, sich unsympathisch, arrogant, unhöflich, feindselig darzustellen, dann kommunizieren Sie einfach nicht, reagieren Sie nicht, tun Sie gar nichts. Das genügt vollauf – und strengt überhaupt nicht an.

Dieses uralte, einfache Gesetz gilt nun auch im Web. Es gibt keine magische Grenze zwischen der realen und der Online-Welt, die das Nicht-Kommunizieren hier zu einem Affront, dort zur Belanglosigkeit werden lässt. Das ist allerdings vielerorts nicht klar, und so entstehen dann tödliche (Nicht-)Kommunikationsfehler.

2.1 E-Mails ohne Antwort

> Internet-Benutzer bewerten E-Mail zusammen mit dem World-Wide-Web als wichtigsten Dienst des Internet [6].

Die eigentlich nicht (aber dann eben doch) vorhandene Botschaft einer *unbeantworteten E-Mail* ist ebenso komplex wie rundum negativ. Wenn man sie vollständig ausformuliert, gelangt man ungefähr zu folgender Übersetzung:

> Jetzt haben Sie Zeit und Mühe investiert, um uns eine Nachricht zukommen zu lassen. Das war nicht klug, denn wir interessieren uns nicht dafür. Nachrichten, die uns über E-Mail erreichen, sind für uns wertlos, wie Sie und Ihr Anliegen übrigens auch. Warum wir nicht antworten, verraten wir Ihnen nicht, vielleicht...
>
> - ...war es zu zeitraubend oder zu mühsam;
> - ...löschen wir E-Mails grundsätzlich;
> - ...gibt es bei uns niemanden, der für eine Antwort zuständig ist;

- ...haben wir nicht damit gerechnet, dass uns wirklich jemand schreiben könnte und deshalb auch nicht dafür gesorgt, dass sie jemand liest;
- ...hat jemand die Mail gelesen, aber einer Antwort nicht für Wert befunden;
- ...antworten wir nur den anderen, aber Ihnen nicht;
- ...beantworten wir nur E-Mails, von denen wir uns einen Nutzen versprechen.
- Es ist uns aber gleichgültig, was Sie darüber denken, machen Sie sich Ihren eigenen Reim darauf."

Und sie ist keinesfalls unüblich, diese Botschaft.

< Fakten 2: Unternehmen antworten nicht auf E-Mails>

In Studien, welche die Reaktionen von großen Firmen oder Institutionen auf E-Mails testen, wird regelmäßig von Ausfallquoten zwischen 30 und 50% berichtet, und zwar unabhängig davon, ob es sich um Online-Bewerbungen, Feedback-Mails oder Informationswünsche handelt.

- Nach Ergebnissen der „E-Mail-Economy"-Studie der WELT aus dem Jahr 1999 [7], in der mehr als 500 Firmen zu verschiedensten Anlässen angeschrieben wurden, antworteten 54% der Unternehmen überhaupt nicht auf die Anfragen.
- In einer späteren Studie aus dem Jahr 2000 [8] wurden Firmen mit einer Anfrage nach Rekrutierungsveranstaltungen für Bewerber belästigt. 38% blieben unbeantwortet.
- Im Frühjahr 2001 fand die Unternehmensberatung „Mummert & Partner" [9] bei einem entsprechenden Test an 99 Banken folgende Ergebnisse:
  - 29% der Banken reagierten überhaupt nicht.
  - 1% der Antworten wurden als „gut", 62% wurden als „unzureichend" bewertet.

– Im Durchschnitt dauerte es 2,9 Tage, bis eine Antwort erfolgte.
– Von Fragen zu technischen Problemen wurden 34% nicht beantwortet.

< /...>

Was kommuniziert eigentlich eine Baustellen-Seite?

Im August 2001 lieferte die Suchmaschine Altavista für eine Anfrage nach dem Suchbegriff „under construction" mehr als 2 Millionen Treffer (die genaue Zahl: 2.119.562). Bei „Google" ergab eine systematische Recherche nach Suchbegriffen rund um die Internet-Baustelle („under construction, noch in bearbeitung, in kürze finden sie, hier entsteht, leider noch eine baustelle" usw.) im deutschsprachigen Web immerhin 241.948 Treffer. Sicherlich kommen auf einzelnen Seiten mehrere der gelisteten Formulierungen vor, sodass eine Zahl von 120.000 vielleicht eine realistischere Schätzung des Baustellenaufkommens wäre.

Die Gesamtzahl der Websites in Deutschland zum Zeitpunkt meiner Messung im Jahr 2001 wird auf ca. 2,4 Millionen beziffert [10]. In diesem Fall würde also statistisch gesehen jede 20. Website für ihre Besucher eine Baustellenseite bereithalten.

Natürlich kann man an der Gültigkeit solcher Zahlenspielereien zweifeln (zumal sie ihr Verfallsdatum nach einem halben Jahr erreicht haben), ich will mich in dieser Hinsicht auch gar nicht festlegen. Sicher ist aber: Es gibt sie noch zahlreich, die ärgerlichen, völlig überflüssigen „Under-construction"-Seiten. Wir alle stolpern gelegentlich darüber – und ich persönlich liebe sie nur aus einem Grund: weil man mit ihrer Hilfe ganz ausgezeichnet das Gesetz vom Nicht-Kommunizieren erklären kann. Am leichtesten gelingt dies mit Hilfe eines kleinen, selbst erlebten Szenarios:

Ich besuche die Site eines Fremdenverkehrsverbands, um Informationen über die aktuellen Fahrpläne des Nahverkehrs abzurufen. Tatsächlich finde ich auch einen Link, der vielsagend mit „Fahrpläne" bezeichnet ist. In freudiger Erwartung klicke ich es an - und gerate auf eine Seite, in der angekündigt wird, dass hier „in

Abb. 32: Was sagen Baustellen? Jedenfalls nichts Gutes.

Kürze" die Fahrpläne des Nahverkehrs abrufbar sein werden. Das Ganze ist mit der schmissigen Grafik einer Baustelle garniert, die mir und auch dem letzten hoffnungsvollen Besucher klarmacht, dass er das, was er erwartet hat, hier eben gerade *nicht* findet. Obwohl ich nicht im wörtlichen Sinn „nichts", sondern eine Art Stellvertreterinformation gefunden habe, würde ich diesen Fall als Beispiel für ungewolltes (d.h. Nicht-) Kommunizieren bewerten. Die Beziehungsbotschaft ist ganz eindeutig: „Aus unerfindlichen Gründen interessieren wir uns mehr für unsere nicht existierenden Angebote als für Ihr Anliegen".

Und jeder verunglückte Erklärungsversuch, jede Entschuldigung, jede Bitte um Kontaktaufnahme, jede in Aussicht gestellte „Jetzt-ist-unser-Angebot-endlich-fertig"-E-Mail macht die Sache eigentlich nur noch schlimmer. Wer seinem Publikum nichts zu bieten hat, entzieht ja damit einer Kontaktaufnahme jeden Sinn.

Wenn es denn schon sein muss – auch welchen Gründen auch immer –, würde ich im eigenen Interesse zumindest ein minimales Angebot präsentieren, das dem Besucher gewisse Rückschlüsse auf den Anbieter und vielleicht eine Kontaktaufnahme erlaubt. (Besonders interessant wäre natürlich auch ein Fertigstellungsdatum.) Abb. 33 zeigt eine einigermaßen informative und eine ungenügende Baustellenseite in der Gegenüberstellung.

> Einfach und direkt gesagt: Verschwenden Sie die Zeit Ihrer Besucher nicht mit Informationen, die Sie ihnen nicht geben.

Abb. 33: Auch eine Baustellenseite ist zweifelsfrei immer noch eine Seite. Man kann sie also nutzen, z.B. um Kontaktinformationen anzuzeigen, das Schreiben einer Mail zu ermöglichen und dem Besucher Aufschluss darüber zu geben, wer sich hier wann präsentieren wird (links). Das rechte Beispiel hat das schönere Logo, aber das ist im Vergleich dann auch schon der einzige Pluspunkt.

www.mueller-und-wolf-bau.de;
www.finden.de

2.2 Wir über uns und sonst nichts: Nicht-Kommunizieren durch Irrelevanz

Es gibt noch abgeschwächte und subtilere Formen des Nicht-Kommunizierens, bei denen man den Begriff „nichts" durch „nichts Relevantes" ersetzen kann. Das Ergebnis ist nicht minder schlecht, denn am Ende nehmen die Besucher von den mit viel Aufwand aufbereiteten Informationen eben genau das auf: nichts. Die Mühe war – für alle Beteiligten – umsonst. Irrelevante Kommunikation baut z.B. oft auf der Theorie auf, dass das Internet vorrangig ein Medium zur *Eigendarstellung* von Firmen, Organisationen oder Personen sei. „Unsere Besucher suchen vordringlich solche Informationen, und es ist deshalb zulässig und wünschenswert, Botschaften zu senden, deren Gegenstand wir selbst sind." Das ist grundfalsch, denn natürlich ist den Besuchern völlig gleichgültig, welche Ziele die Anbieter verfolgen, sie haben mit ihren eigenen vollauf zu tun. Und von diesen bildet das Lesen aufwändig zusammengejubelter Informationen über ein Unternehmen oder seine Produkte bzw. Dienstleistungen nur einen sehr kleinen und meist nebensächlichen Ausschnitt.

Abb. 34: Das Web ist ein auf die Besucher gerichtetes Medium, kein Endoskop. Dem entsprechend sollte man bei der Planung von Websites nicht aus der eigenen (Innen-)Ansicht heraus denken.

www.spd.de;
www.guidomobil.de;
www.gruene.de;
rechts: www.tamedia.ch/d/unternehmen/home.html
www.wuestenrot.de

Wenn man schon von Eigenbespiegelung spricht, darf man die Rekordhalter in dieser Disziplin nicht vergessen: die ewig um sich selbst und ihre eigene Weltsicht kreisenden politischen Parteien. Deren Internet-Angebote werden mit all dem Zeug vollgestopft, für das die Wähler auch schon auf Flugblättern, Plakaten und Wahl-Trailern ein brennendes Desinteresse verspürt haben. Ich konnte mich aufgrund der parteiübergreifenden Fülle des Angebots nur schwer für Beispiele entscheiden. Stellvertretend seien drei genannt (s. Abbildung 34): Der Popup-Spendenaufruf zur

Begrüßung auf der Startseite der Grünen (da erübrigt sich ein Kommentar), die ebenfalls in einem eigenen Popup-Fenster vergrößerbare, geschmacklose und wirklich (pardon) unglaublich dämlich aussehende 18%-Lampe aus dem „Guidomobil" (ein Mausklick, den man noch lange Zeit bereut) und die üppige Leiste der Parteitags-Flugblatts-Regierungs-Programms-Wahlkampf-Banner aus der Website der Sozialdemokraten.

Nebenbei bemerkt möchte ich dies nicht als verstecktes politisches Bekenntnis missinterpretiert wissen (Aha! Er wählt CDU oder PDS!), mir ist lediglich der Raum zu schade, den es kosten würde, alle zu Wort kommen zu lassen.

Wenn sich eine Site in ihrem Angebot auf sterbenslangweilige Infos über die eigene Leistungsfähigkeit, Seriosität und Kundenfreundlichkeit oder – im Fall der Parteien – Attacken auf Mitbewerber verlässt, um ihren Besuchern etwas zu bieten, ist das also ein Fehler: Nicht-Kommunizieren durch Irrelevanz. Am Ende wird gar nichts kommuniziert, weil das verstockte Publikum das Zeug einfach nicht liest. Und ein zusätzlicher Fehler liegt darin, dass Eigenlob stinkt und dass ein Kommunikationspartner, der nur über sich selbst spricht und nicht zuhört, gemieden wird. Das war schon immer so.

Natürlich ist *keine* Selbstdarstellung auch keine Lösung, denn Websites werden ja gerade auch deshalb aufgesucht, weil man sich ein Bild von einem Unternehmen oder einer Organisation machen möchte. Der Bereich „Wir über uns" oder „das Unternehmen" gehört also zu den Pflichtübungen. Meiner Ansicht nach stellt man sich dabei vorteilhaft dar, indem man sachlich dokumentierend und glaubwürdig *Fakten* zusammenträgt, z.B. über Alleinstellungsmerkmale, Nutzen von Produkten und Dienstleistungen, Forschungsaktivitäten und Produktinnovationen, Geschäftsdaten, Historisches, Organisationsstrukturen mit den Besonderheiten der Untereinheiten, wichtige Mitarbeiter und Ansprechpartner. Und es sollte dabei schnell und ohne verkrampften Schwulst zur Sache gehen. Das Beispiel auf Abbildung 35 zeigt, wie man dabei sinnvoll einleiten kann.

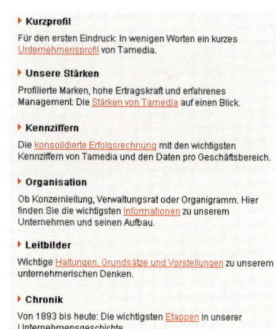

Abb. 35: Kein Endoskop, sondern eine „Wir über uns"-Seite, die für den Leser gemacht ist. Die Inhalte werden sinnvoll gegliedert und das sachliche Informieren steht im Vordergrund.

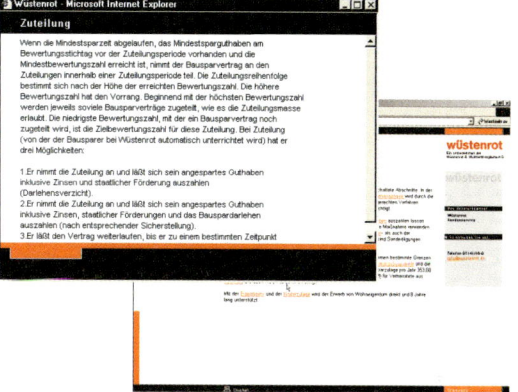

Abb. 36: Ein Text, der potenziellen Kunden das Prinzip und die Bedingungen eines Bausparvertrags erklären soll. Wer sich nach der Lektüre gut informiert fühlt, muss Anwalt oder Angestellter einer Bank oder Versicherung sein. Der Jargon ist eigentlich nur für diese Zielgruppe geeignet, alle anderen streichen nach dem ersten 27 Wörter umfassenden Satz die Segel.

2.3 Nicht-Kommunizieren durch Unverständlichkeit

In anderen Fällen des Nicht-Kommunizierens werden Inhalte gesendet, sie sind auch relevant, passen also zu den Zielen des Publikums, aber: sie sind nicht zu entschlüsseln. Dies kann verschiedene Gründe haben, in den meisten Fällen ist es eine Folge von unübersetztem Expertenjargon. In dem Ausschnitt auf Abbildung 36 (s. Seite 55) wird z.B. das Funktionieren eines Bausparvertrags erklärt. Man erkennt unmittelbar, dass hier die Rechtsabteilung die Kommunikation in die Hand genommen hat – mit verheerenden Konsequenzen für die Lesbarkeit und Verständlichkeit des Textes. Für alle unbedarften Neukunden lautet die Beziehungsbotschaft hier (frei übersetzt): „Wir sind ganz schön bürokratisch und können unsere Produkte nicht erklären – außerdem ist so ein Bausparvertrag eine komplizierte Angelegenheit." Die Schrift kommuniziert sehr unrühmlich in die gleiche Richtung, denn unsere angestrengten Augen melden uns, dass es sich hierbei zweifellos um Kleingedrucktes handelt – dessen Ruf ja sprichwörtlich schlecht ist.

Wie man es anders und besser machen kann, zeigt das Beispiel in Abbildung 37.

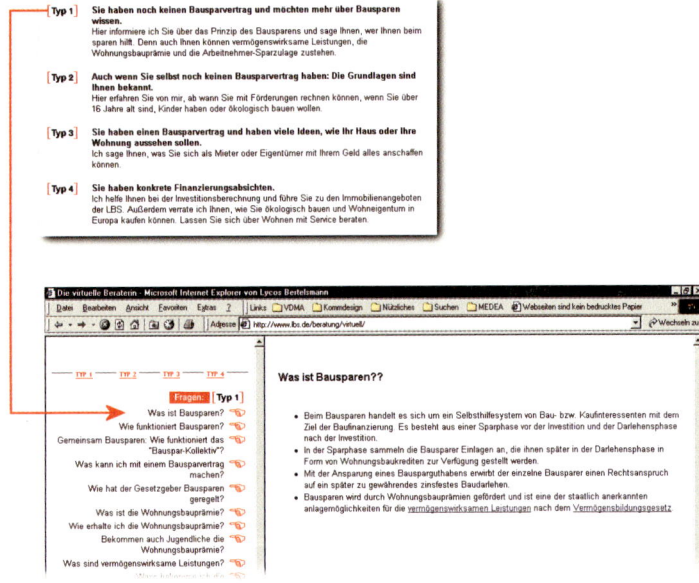

Abb. 37: Auch hier geht es um Bausparverträge. Auf der 1. Stufe (eher noch zur Navigation zu zählen) werden Vorkenntnisse und Ziele abgefragt, um Zielgruppen mit unterschiedlichen Informationsbedürfnissen zu trennen. Auf der zweiten Stufe werden dann einfach formulierte Fragen und Antworten angezeigt.

www.lbs.de/beratung/virtuell/

Hier werden die Leser auf einer vorgeschalteten Seite nach ihren Vorkenntnissen in Typen eingeteilt (das Wort „Typ" ist natürlich im Kontakt mit Kunden nicht ganz so schön). Auf der folgenden werden dann Fragen gestellt und beantwortet, welche die jeweiligen Zielgruppen wahrscheinlich im Sinn haben, wenn sie sich über das komplexe Produkt informieren möchten (das Prinzip der „Frequently Asked Questions"). Einerseits wird also verhindert, dass man sich mit Inhalten und Formulierungen beschäftigen muss, die für die eigenen Zwecke nicht interessant oder ungeeignet sind. Andererseits ist der Text in einer Sprache abgefasst, die nicht nur für Außendienstmitarbeiter, sondern auch für potenzielle Kunden geeignet ist. Die Beziehungsbotschaft: „Wir bemühen uns darum, Sie individuell und verständlich zu informieren."

Gerade technisch ausgebildete Autoren tun sich oft besonders schwer, sich in die Denk- und Sprachwelt von Benutzern oder Kunden einzufühlen. Dies haben wir schon im Zusammenhang mit dem Problem der „Best-viewed"-Meldungen (s. Seite 26) angesprochen. Und manchmal können es sogar nur einzelne Wörter sein, die dann eben mehr als nicht-kommunizieren: Sie stiften Verwirrung (und signalisieren unterschwellig, man sei vielleicht ein wenig inkompetent...?). Abb. 38 zeigt ein Beispiel.

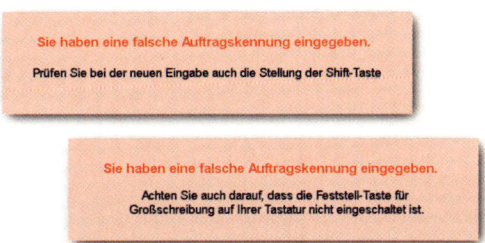

Abb. 38: Original (oben) und Fälschung (unten): Der Kunde weiß im oberen Beispiel nicht nur nicht, was eine Shift-Taste ist, er wird auch darüber im Unklaren gelassen, welche „Stellung" sie haben soll. Der untere Vorschlag ist eindeutiger und verständlicher.

Mein Vorschlag hierzu: Suchen Sie bei Gelegenheit doch einmal eine „Shift-Taste" auf Ihrer Tastatur. Meine hat zwar eine, aber es steht natürlich nicht „Shift" darauf. Oder prüfen Sie doch einmal die „Stellung" einer Taste auf der Tastatur. Meine sehen immer gleich aus, ich kann keine Stellungen erkennen.

Nebenbei bemerkt, ist dies ebenfalls ein gutes Beispiel dafür, wie ungeschickte nonverbale Botschaften durch den Sprachstil gesendet werden können. Was bedeutet das denn: „Sie haben eine falsche Auftragskennung eingegeben", habe *ich* etwa einen

Abb. 39: Noch eine Variation zum Thema. Diesmal erklärt sich die Datenbank bereit, schuld an der Misere zu sein, die Erklärungen für den Benutzer werden noch genauer und die Alarmstufe rosa wird durch ein neutraleres Grau ersetzt. Jetzt nähern wir uns dem, was man von einer Systemmeldung an kommunikativer Kompetenz erwarten muss.

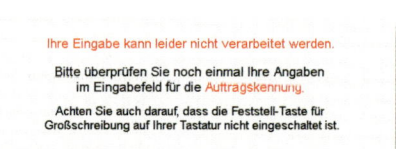

Fehler gemacht? Der rosagesichtige Polizist ist ganz offenkundig dieser Meinung, und er hält diese auch nicht hinterm Berg: „Seien Sie froh, dass Sie jetzt noch einmal davonkommen sind." Abbildung 39 zeigt eine freundlichere Alternative.

< Fakten 3:
Ach wie gut, dass niemand weiß ...>

Man mag es nicht glauben, aber: Wer über die Sitemap die FAQs findet, ist bereits ein Experte. In einer Umfrage mit 1051 Teilnehmern, die mit den statistischen Eigenschaften der gesamten Internet-Gemeinde vergleichbar waren [11], zeigte sich Erschütterndes. 45% des Publikums können mit dem Begriff „Sitemap" nichts anfangen oder verstehen ihn falsch. Und um den Begriff Cookie (Unkenntnis 40%) verstehen zu können, was ja dem Personalisieren (Unkenntnis 43%) dient, müssten viele die FAQs aufsuchen – was die 26% der Besucher, für die auch dieses Akronym ein Böhmisches Dorf ist, aber wahrscheinlich nicht tun werden. Besonders tragisch: 39% der Internet-Gemeinde wissen mit „Skip Intro" nichts Rechtes anzufangen – und sehen sich wahrscheinlich todlangweilige Flash-Trailer an, ohne sie abzubrechen, wie sich das gehört.

Abb. 40: Wo beginnt das Nicht-Kommunizieren durch Unverständlichkeit? Die folgende Grafik zeigt, wie hoch der Prozentsatz der Internet-Nutzer ist, welche die gelisteten Begriffe gar nicht oder falsch verstehen.

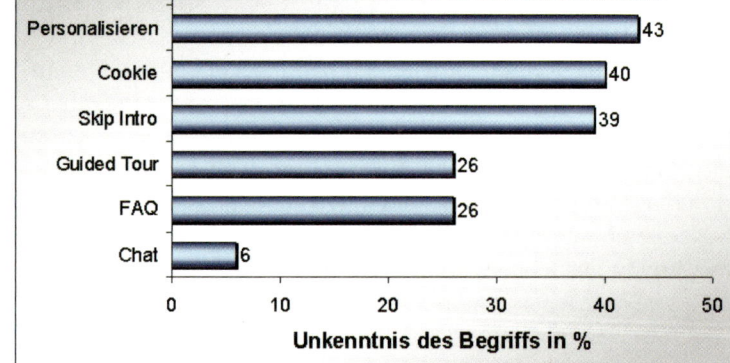

Nun kann man natürlich den Standpunkt einnehmen, dass dies eigentlich ein Problem des Publikums ist: „Wer ein neues Medium nutzt, muss sich eben mit neuen Begriffen vertraut machen." Ich bin immer versucht, dem von Herzen zuzustimmen – bis ich mir dann überlege, dass der Anteil der sprachkundigen Nutzer alleine dadurch, dass ich diese erzieherisch-wertvolle Haltung einnehme, ja keinesfalls wächst. Die Beziehungsbotschaft („Sie kennen das nicht? Ihr Problem, machen Sie sich schlau – oder gehen Sie wieder!") bleibt also bestehen, völlig unabhängig davon, welche Qualifikationen man als Sender von seinen Besuchern fordert.

Und das ist kein Spaß, denn wer die Denkwelt der so genannten Laien ignoriert, kann sich wirksame Vollbremsen in den teuren Auftritt bauen. Auf Abbildung 41 hat sich beispielsweise der Browser eben mal kurz in die Kommunikation eingeschaltet, um dem Programmierer Anhaltspunkte für eine Fehlersuche in irgendwelchen Skripten zu geben – mit verheerender Wirkung für alle anderen Zielgruppen. Wenn es irgendein Argument dafür gibt, Websites auch im laufenden Betrieb immer wieder einmal mit verschiedenen Ausrüstungen zu testen, dann solche Kommunikations-GAUs.

Mein Favorit in dieser Hinsicht ist die Information, eine Website enthalte „sichere und nicht sichere Objekte", gefolgt von der Frage, ob man sich die „nicht sicheren" auch anzeigen lassen wolle. Natürlich nicht! Ein unsicheres Objekt im Web, das ist doch ein Virus, oder?

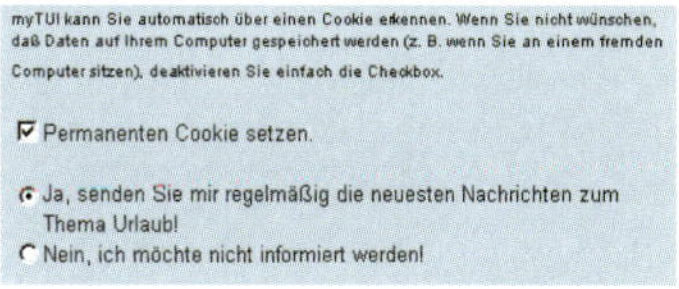

Während man den Deus ex machina, der sich bei technischen Unregelmäßigkeiten zu Wort meldet, bei aller Sorgfalt nur bedingt unter Kontrolle haben kann, zeigt Abbildung 42 ein gänzlich hausgemachtes Beispiel. „Deaktivieren Sie einfach die Checkbox", um zu verhindern, dass ein „permanenter Cookie" gesetzt wird. Das ist für ca. 40% der potenziellen Käufer die Aufforderung, etwas, das man nicht versteht (nämlich eine Checkbox), zu benutzen, um etwas anderes zu beeinflussen, das man auch nicht versteht (nämlich einen Cookie). Interface-Denglisch mag geeignet sein, um Kollegen oder Arbeitgeber zu beeindrucken, für Kunden ist es nichts.

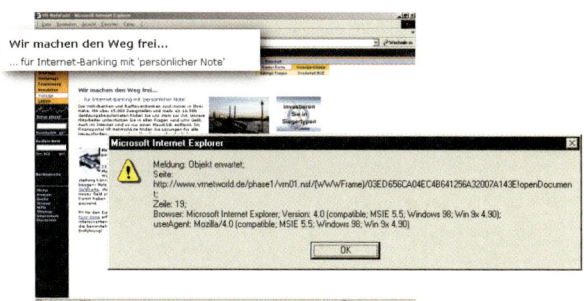

Abb. 41: Was mögen Besucher, die nicht einmal einen Begriff wie „Sitemap" oder „Skip Intro" verstehen, hier denken? Jedenfalls nicht, dass ihnen der Weg frei gemacht wird.

Abb. 42: Hier soll die 45-jährige Frau Friederike Müller-Thurgau, ihres Zeichens Buchhändlerin, verheiratet, zwei Kinder und seit einem Vierteljahr online, eine Checkbox deaktivieren, um keinen permanenten Cookie zu setzen. Um ihre Verwirrung komplett zu machen, könnte man noch ergänzen: „... und wählen Sie dann eine der Options mit den Radio Buttons."

www.vrnetworld.de;
www.tui.de/TUI (Ausschnitt)

Fassen wir die Fakten noch einmal kurz zusammen: Beziehungsbotschaften...

- ... werden oft zwischen den Zeilen oder über nonverbale Kanäle gesendet;
- ... werden oft nicht bewusst wahrgenommen und nicht bewusst gesendet ;
- ... variieren in ihrer Bedeutung in Abhängigkeit vom Empfänger, der Situation und dem Kontext, in dem die Botschaft steht;
- ... können die Qualität einer Kommunikation entscheidend beeinflussen – und tun dies in aller Regel auch.

3 Zum Verhältnis von sprachlicher und visueller Kommunikation

Was in diesem Kapitel geschieht:

- Sie erfahren, wozu Bilder besonders geeignet sind und wofür sie eher nicht taugen.
- Sie werfen einen Blick auf einige eher unappetitliche aber sehr wirkungsvolle Dinge.
- Sie haben die Möglichkeit zu lernen, wie man eine Krawatte bindet.
- Sie versuchen, eine geheimnisvolle Schrift zu enträtseln und kommen zu dem Schluss, dass ein Bild unter Umständen nicht einmal mehr als *ein* Wort sagen kann – gar nicht zu reden von tausend Wörtern.
- Wir vergleichen Bilder und Wörter ganz systematisch.
- Sie beobachten zwei unechte Viren bei der Arbeit und sehen danach möglicherweise das Web in einem anderen Licht.

1977

3.1 Was unterscheidet Bilder von Texten?

Das ist eine interessante und wichtige Frage, für die man zumindest näherungsweise eine Antwort parat haben sollte, bevor man sich daran macht, viel Zeit und/oder Geld zu investieren, um ein Internet-Angebot aufzubauen. Bevor ich im folgenden Abschnitt auf die speziellen Voraussetzungen der bildlichen und sprachlichen Kommunikation im Web zu sprechen komme, möchte ich hier ganz kurz auf allgemeine psychologische Unterschiede zwischen den beiden Medien eingehen.

Der wahrscheinlich wichtigste Unterschied zwischen Bildern und Text ist folgender: Einfache Bilder werden in der Regel unmittelbar verstanden, ihre Bedeutung erschließt sich auf einen Blick (komplexe Info-Grafiken seien hier ausgenommen). Text muss hingegen immer zuerst entschlüsselt (gelesen) werden. Zwischen dem Wahrnehmen und dem Verstehen liegen beim Text also Denkvorgänge, die Zeit kosten und die Wirkung der

Abb. 43: Einfache Bilder und Symbole werden unmittelbar entschlüsselt. Bis der Autofahrer den Text im linken Schild gelesen hat, kann ihm der Airbag schon die freie Sicht nehmen.

Botschaft verzögern. Dies bedeutet zugleich, dass Bilder in der Regel *schneller verstanden* werden als Wörter. Wenn Bilder zum sekundenschnellen Blickfangen und Verstehen optimiert wurden, wird dies besonders deutlich (Abbildung 43).

<Exkurs 1: Die Macht der Bilder, oder: „Herr Benetton, Mein Pulli blutet!">

Bilder können im Vergleich zu Wörtern auch emotional intensivere Botschaften senden. Anfang der 90er Jahre des vergangenen Jahrhunderts betrieb der italienische Fotograf Oliviero Toscani das Spiel mit der emotionalen Wirkung von Bildern mit hoher Virtuosität. Für eine Werbe- und Imagekampagne im Auftrag des Wollwarenherstellers Benetton gestaltete er Anzeigen, auf denen er für Produkte aus dem heimischen Kleiderschrank Bildwelten zeigte, für die der Begriff „extrem" noch eine freundliche Untertreibung wäre.

Wie auch immer man über diese Kampagne denken mag, sie erfüllte den Zweck, die Marke Benetton ins Gespräch zu bringen und geraume Zeit dort zu halten, ganz vortrefflich. Und dies gelang ausschließlich über die Kommunikation mit Bildern – und anschließend von verschiedenen Seiten angestrengte Versuche, dies als sittenwidrig verbieten zu lassen. Die deutschen Gerichte waren über lange Zeit damit beschäftigt, und sie konnten sich nicht einigen, ob es sich hier um schützenswerte Meinungsfreiheit oder etwas Illegales handelt.

1995 hatte der Bundesgerichtshof drei im „STERN" abgedruckte Motive als sittenwidrig beurteilt. Im Jahr 2001 wurde das Ur-

Abb. 44: Eine Auswahl der umstrittenen Motive aus der Image-Kampagne von Benetton. Wahrscheinlich der prominenteste Beleg für die emotionale Wirkung von Bildern in der jüngeren Mediengeschichte.

http://www.benetton.com/press/

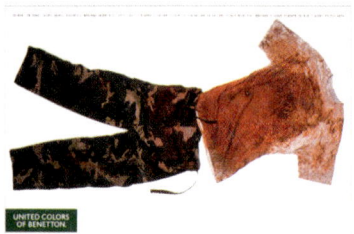  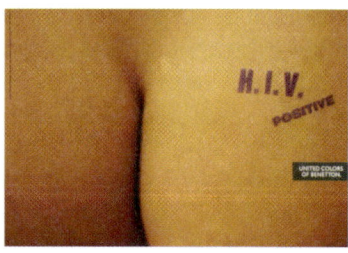

teil dann vom Bundesverfassungsgericht im Namen der Pressefreiheit aufgehoben und an den BGH zurückverwiesen. Ende 2001 folgte dann ein erneutes Verbot durch den Bundesgerichtshof wegen Wettbewerbswidrigkeit. Dieses Urteil bezog sich auf das Gesäß mit HIV-Stempel (Abbildung 44).

Natürlich ist die Wirkung hier gerade deswegen so drastisch, weil die schockierenden Bilder in einem völlig harmlosen – und abwegigen – Kontext gezeigt werden. Toscani hatte also sehr wohl verstanden, dass emotionale Bedeutungen durch *Kontraste* verstärkt werden und die Aufmerksamkeit besonders anziehen. Damit soll nun natürlich nicht gesagt sein, dass Sprache nicht ebenfalls eine starke emotionale Wirkung haben kann. Trotzdem gilt: Wo aufgewühlt werden soll, sind Bilder im Vergleich zu Wörtern effektiver und wirken direkter. Das Wort „schwer blutende Schnittwunde" kann ein reales Bild im Ekel-Effekt niemals erreichen.

< /...>

Eine besondere Stärke von Bildern in der sachlichen Informationsdarstellung ist ihre Effizienz für das Gedächtnis. Man weiß aus vielen Studien, dass unsere Merkfähigkeit für Bilder leistungsfähiger ist als für Wörter. Dieser Überlegenheitseffekt ist vor allem dann sehr deutlich, wenn die dargestellten Gegenstände konkret sind (also sozusagen eine dingliche Bedeutung haben). Weiter haben Bilder die Fähigkeit, komplexe *räumliche Sachverhalte* im wahrsten Sinn des Wortes unmittelbar anschaulich zu machen. Viele Informationen könnte man verbal nur mit großer Mühe erklären, manche wären ohne bildliche Unterstützung überhaupt nicht darstellbar.

Abbildung 45 zeigt ein Beispiel: die Verschaltung der Netzhaut mit den visuellen Zentren der rechten und linken Hirnhälfte [12]. Die Bahnen der jeweils gegenüberliegenden ... Nein, ich gebe es besser gleich auf. Man müsste einen sehr langen, umständlichen Text schreiben, um diese Konfiguration genau zu erklären.

Eine weitere Stärke von Bildern liegt darin, dass sie *dynamische Abläufe* darstellen können. Wenn man Bewegungen erklären soll, versagen die Möglichkeiten der Sprache schnell – oder zumindest wird es langwierig und kompliziert (siehe Abb. 46).

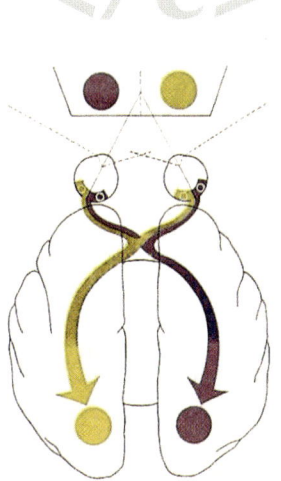

Abb. 45: Die Überkreuz-Verschaltung der Netzhaut mit den visuellen Zentren der rechten und linken Hirnhälfte. Sie bewirkt, dass Dinge, die rechts (links) von uns sind, von unserer linken (rechten) Hirnhälfte wahrgenommen werden. Solche räumlichen Informationen lassen sich verbal kaum vermitteln

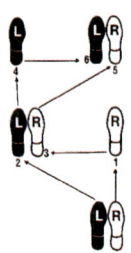

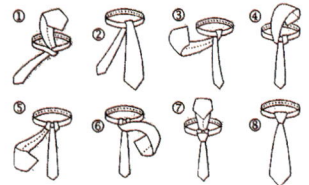

Abb. 46: Mit Worten wäre wohl kaum zu erklären, wie man Walzer tanzt [13] oder eine Krawatte bindet. Eine bildliche Darstellung ist hier haushoch überlegen. Noch besser wäre natürlich eine Animation.

www.hemdenhaus.de/krawattenbinden.html
www.gehe.de
www.iab.de

Die besondere Fähigkeit unserer visuellen (Bild-)Wahrnehmung, Konfigurationen und *logisch-räumliche Strukturen* zu verstehen, wird im Web sinnvoll genutzt, wenn komplexe Informationsräume in komprimierter Form abgebildet werden, z.B. bei der Darstellung von Sitemaps oder Organigrammen (Abb. 47).

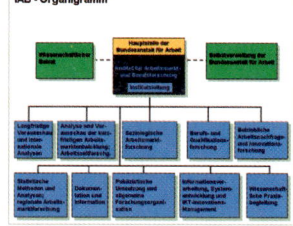

Abb. 47: Sitemaps und Organigramme: Obwohl eine Tabelle mit Überschriften und Links die gleiche Information enthält, ist eine grafische Lösung nicht nur gefälliger, sondern auch verständlicher und übersichtlicher.

Jetzt war viel von der Stärke der Bilder die Rede. Natürlich hat die Sprache auch besondere positive Eigenschaften. Ihre Stärken liegen einerseits in ihrer Präzision bei der Kodierung von Inhalten und andererseits in ihrer Fähigkeit, Unanschauliches für unseren Verstand zugänglich zu machen. Nehmen wir einmal eine Auswahl von Wörtern, die sich auf besonders wichtige Inhalte beziehen. Könnten Sie Bilder finden, die die folgenden Wörter ersetzen?

praktisch – nützlich – einfach – bequem – aktuell – neu – interessant – preiswert – Kommunikation – Sicherheit – Service – Unterhaltung – Beratung – Qualität – Vertrauen – Gewinn...

Ich meine keine atmosphärischen Illustrationen, wie z.B. zwei sich unterhaltende Menschen für Kommunikation oder den notorischen Händedruck für Kundenorientierung. Nein: Gibt es visuelle Symbole oder Metaphern, welche die Bedeutungen *eindeutig und unverwechselbar* darstellen - ohne Kontext oder sprachliche Unterstützung? So präzise, dass sie sich z.B. für Navigations-Elemente eignen würden? Ich würde sagen: Nein.
Bilder und Sprache sind in ihrem Wesen also grundsätzlich ver-

schieden, die beiden „Modi" der Information lassen sich nicht ineinander überführen, das eine kann das andere ohne erhebliche Qualitätsverluste nicht ersetzen. Ein Versuch, dies *doch* zu tun – speziell: eine präzise Sprache mit Bildern zu bewerkstelligen –, ist auf Abbildung 48 zu sehen [14]. So beeindruckend das Beispiel ist, so deutlich werden aber auch die Grenzen des Möglichen sichtbar.

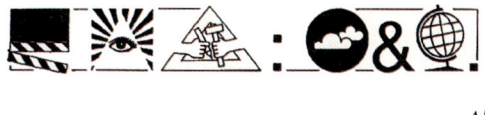

Abb. 48: Eine Bild-Schrift. Falls Sie das Beispiel nicht kennen, können Sie ja einmal versuchen herauszufinden, was die Bildsequenzen bedeuten. Ich verrate Ihnen nur so viel, dass es sich um einen sehr prominenten Text handelt. Die Auflösung finden Sie in dem Text unten auf der Abbildung.

Am Anfang schuf Gott Himmel und Erde.
Und die Erde war wüst und leer,
und es war finster auf der Tiefe;
und der Geist Gottes schwebte auf dem Wasser.
Und Gott sprach: Es werde Licht!
Und es ward Licht.

Tab. 5: Fassen wir die wichtigsten Punkte zur Unterscheidung der Eigenschaften visueller und textbasierter Information noch einmal zusammen:

Bilder...	Texte ...
... werden parallel, also auf einen Blick verstanden und wirken deshalb sehr schnell und unmittelbar.	... müssen seriell, Wort für Wort, gelesen werden und wirken deshalb eher verzögert und indirekt.
... haben eine hohe automatische Aufmerksamkeitswirkung.	... sind typischerweise kein Blickfänger.
... können komplexe logisch-räumliche Beziehungen und dynamische Prozesse verdeutlichen.	... können Inhalte, die in abstrakten begrifflichen Bedeutungen kodiert sind, darstellen.
... wirken emotional sehr intensiv und direkt.	... wirken emotional weniger intensiv.
... werden sehr gut erinnert, haben also eine sehr hohe Effizienz für das Gedächtnis.	... werden ohne wiederholtes Lesen oder die Zuhilfenahme spezieller Techniken nicht gut erinnert.

Natürlich kann man für alle genannten Punkte leicht Fälle konstruieren, in welchen sich die Verhältnisse umkehren. Ein kleines Bildchen, auf dem eine schlafende Hauskatze zu sehen ist, wirkt im Vergleich zu einem in riesigen fetten Lettern gesetzten Schriftzug...

„Lebensgefahr!"

...emotional eher harmlos. Gleichermaßen könnte ein Kochrezept – das ja einen dynamischen Handlungsvorgang beschreibt – bildlich nur schwer dargestellt werden. Trotzdem: Der Unterschied zwischen bildhafter und sprachlicher Information wird durch die in der Tabelle genannten Punkte recht gut charakterisiert.

3.2 Das besondere Verhältnis von Sprache und Bildern im Web

Was kann man über die Rolle und die Wichtigkeit visueller und sprachlicher (d.h. textbasierter) Kommunikation im Web sagen? Zunächst: Es wird viel in Look and Feel und Bilder investiert. Es gibt allenthalben Grafiken, Buttons, Icons, Animationen, Farben und Symbole. Begriffe wie „grafisches Interface" oder „multimedial" dominieren das Denken der Gestalter. Entsprechend viel Zeit und Mühe wird darauf verwendet, Bildwelten immer professioneller und schöner und aufwändiger zu gestalten. Auch der Begriff „interaktiv" wird oft mit der Anwesenheit bewegter Bilder verwechselt. Jeder sehnt den Zeitpunkt herbei, wenn die geringen Bandbreiten, die derzeit noch verhindern, dass die letzten Hemmungen fallen, sich endlich weitern. Und die Wünsche scheinen in Erfüllung zu gehen: Flash als stark grafik- und animationsorientierte Technologie gewinnt gegenüber dem drögen Sprach-Text-HTML immer mehr an Boden, die DSL-Technologie hält Einzug in die Haushalte, die Zukunft ist nah...

Im Gegensatz dazu sind die Wörter ein Thema, das mit weniger Schwung diskutiert wird. Ich behaupte aber: Vieles liegt im Argen, weil gerade sie vernachlässigt werden. Vielleicht liegt es daran, dass sie gar so einfach herzustellen sind. Man braucht ja nur auf einige Tasten zu klappern. Oft kann man sie sogar aus schon vorhandenem Material übernehmen, kein Konvertieren, kein Komprimieren, kein Vergrößern oder Verkleinern, kein

Scannen, keine Farbtiefe, keine Ästhetik, alles ist ganz einfach. Aber das ist natürlich grundfalsch.

Versuche, Websites vorrangig als visuelle Botschaft zu gestalten und nur minimal mit Text zu verunzieren, sind „nicht mediengerecht", manchmal wirken sie unfreiwillig komisch – spätestens, wenn man versucht, sie zu bedienen. Betrachten wir uns einmal ein Beispiel, das diesen Punkt verdeutlicht. Die Website des World Wildlife Fund (Abbildung 49 links) folgt einem klassischen Broschürenkonzept. Wenn man die Seite öffnet, findet man eine Art „Deckblatt", das den Betrachter mit ausgewogenem Farbenspiel verwöhnt und visuellen Reizen anteasert. Und wo ist die Navigation? Sie verbirgt sich unter den winzigkleinen farbigen Blätterchen in der oberen rechten Ecke des zentralen Rahmens, und sie gibt sich nur als solche zu erkennen, wenn man mit der Maus auf Entdeckungsreise geht. Natürlich führt der völlige Verzicht auf alles Bildhafte – sei es schmückend oder informativ – genauso in die Katastrophe. Das „Dienstleistungsportal des Bundes" mit dem Charme eines Steuererklärungsformulars und einer Link-Dichte von 195 Links auf einer Fläche von 768 x 1024 Pixeln (Abbildung 49 rechts) führt uns das deutlich vor Augen.

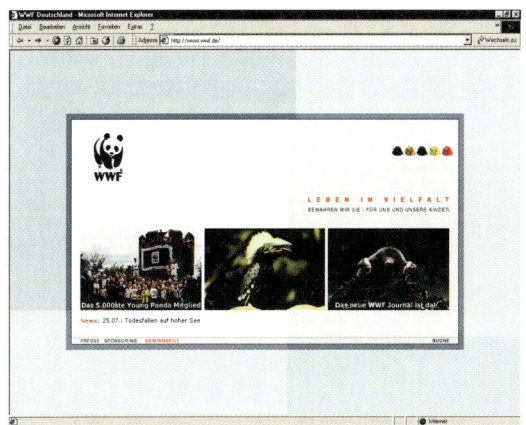 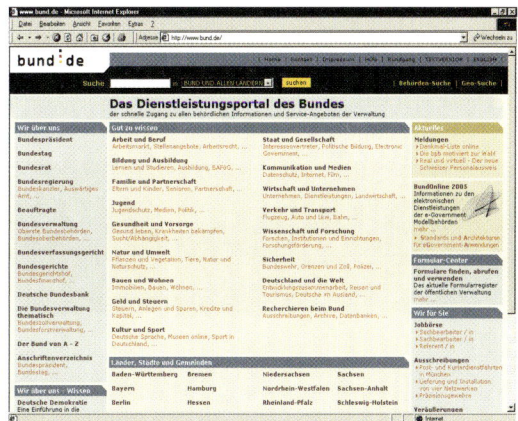

Abb. 49: Zwei extreme Pole auf der Skala Bild- vs. Textkommunikation.

www.wwf.de;
www.bund.de

Andererseits enthüllt dieses Portal – so abschreckend es sein mag – mehr über seine Inhalte, seinen möglichen Nutzen und seine Funktion als die schöne, aber wortkarge Variante des WWF.

Auch die Elemente, die das Web überhaupt erst zu dem machen, was es ist, eben einem Informations*netz*, sind Wörter. Gemeint sind – natürlich – Links, Buttons und Menüleisten. Sie haben zwei Funktionen, nämlich…

- …die Erwartungen der Besucher präzise zu steuern: „Wenn Du auf mich klickst, wirst Du genau dorthin gelangen!";
- …die Besucher zum Klicken zu motivieren: „Wenn Du auf mich klickst, wird es Dir nützen!"

Wenn ein Bedienelement auch nur eine dieser Funktionen nicht erfüllt, bleibt es möglicherweise ungeklickt – und somit die Information ungesehen, der Text ungelesen, das Produkt ungekauft, die Mail ungesendet, der Kontakt ungeknüpft. Bilder können hier Text-Elemente unterstützen, z.B. indem sie Bedeutungen präzisieren, visuelle Aufforderungsreize senden, größere (angenehmer zu bedienende) Hot-Spots für die Mäuse der Benutzer abstecken. Sie können aber eine – möglichst präzise – sprachliche Kennzeichnung niemals ersetzen. Begeben Sie sich einmal auf einige Websites, und denken Sie sich die sprachlichen Informationen aus der Hauptnavigation einfach weg. Das führt in den meisten Fällen zum totalen Kollaps, denn die meisten Sites stützen sich bei der Gestaltung von Navigationsleisten fast ausschließlich auf die sprachliche Benutzerführung. Wenn eine Navigation keine Wörter enthält, werden wir in den meisten Fällen völlig orientierungslos vor den bunten Restgebilden sitzen (Abbildung 50).

Abb. 50: Wenn man diese lustigen kunterbunten Icons ihrer Sprache beraubt (rechts), verändert das Navigieren seine Qualität: aus Vermutungen wird ein kunterbuntes – und überhaupt nicht lustiges – Ratespiel.

www.burda.com

In Zusammenhang mit dem Thema Icons und Symbole (s. Seite 93) werden noch weitere derartige Beispiele besprochen. In diesem Abschnitt geht es jedoch um die Frage nach der Gewichtung von Sprache und Bildern im Web ganz allgemein. Und hier zeigt sich eben, dass beim Navigieren in Inhalten räumlich-bildhafter Information eher eine unterstützende als eine wirklich handlungs- und entscheidungsleitende Funktion zukommt. Wissen über Inhalte (in der Gedächtnispsychologie spricht man von „deklarativem Wissen"), z.B. die Rubriken eines redaktionellen Angebots wie auf Abbildung 50, ist in den Köpfen der Benutzer eben nicht in Form von Vorstellungsbildern abgelegt.

<Nachdenkerei über ein Gedankenexperiment>

Die Gewichtung von Texten und Bildern für das Funktionieren von Websites kann man mit Hilfe einer einfachen Simulation verdeutlichen: Ein speziell ausgebildeter Virus zerstört alle Bilder, die es im gesamten Web gibt, alle GIFs und JPEGs verschwinden auf einen Schlag von der Bildfläche. Würde der Rest nun noch funktionieren?

Ich würde sagen: ja. Vieles wäre hässlicher, Bedienungselemente, die alleine auf Grafiken aufbauen, wären ausgeschaltet, das Fehlen erklärender Grafiken würde Lücken in die Inhalte reißen, doch die meisten Informationen und das Netz selbst wären noch vorhanden – mit Sinn und Zweck. Die Abbildung rechts (Abb. 51) zeigt ein Beispiel.

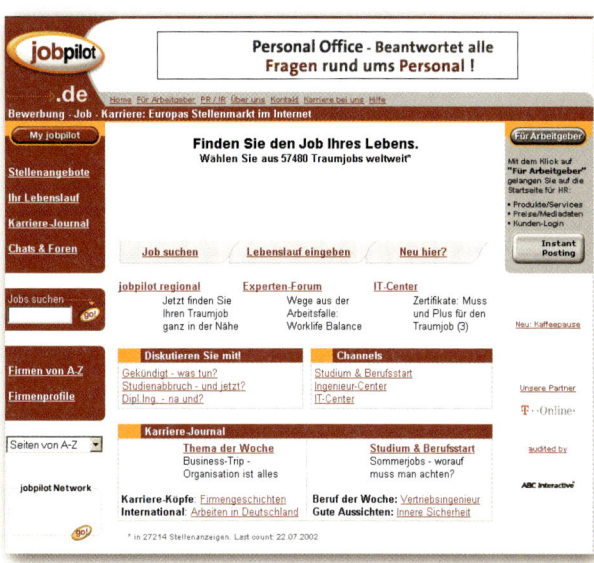

Abb. 51: Die Startseite von „jobpilot.de" ohne Bilder. Die Seite wirkt etwas kahl und nüchtern, die Inhalte sind aber noch vorhanden. Es wäre kein Problem, auf dieser Seite zu navigieren und die Inhalte zu nutzen.

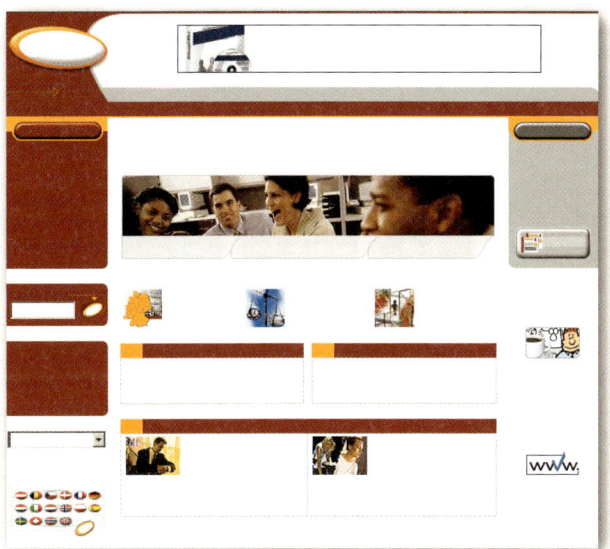

Abb. 52: Die Startseite von „jobpilot.de" ohne Text. Wenn man von den Flaggen in der Navigationsspalte links absieht, die auch nicht 100% selbsterklärend sind, ist die Seite völlig inhaltslos. Sie wäre in dieser Form unbenutzbar.
www.jobpilot.de

Und die Umkehrung? Könnte das Web *ohne Wörter* auskommen? Kehren wir noch einmal zum Ausgangszustand unseres Experiments zurück und entfesseln einen neuen Virus, der diesmal die Texte aus dem Internet frisst und nur GIFs und JPEGs übrig lässt (Abbildung 52). Und nun wieder die Frage: Würde der Rest noch funktionieren? Nein, das ist völlig unmöglich, ausgeschlossen. Zu diesem Schluss kommt man bei 9 von 10 Websites.

Um Missverständnissen vorzubeugen: Es gibt viele Zusammenhänge, in denen Bilder unverzichtbar sind – wann und warum, das werden wir später noch ausführlich besprechen (s. Kap. 5, S. 89). Eine simple Wertung im Sinne von „Wort – gut, Bild – pfui" ist kompletter Nonsens. Unser Experiment ist also kein Argument für Bilderstürmerei. Trotzdem finde ich es aufschlussreich, denn man erkennt, dass die eigentliche Substanz von Websites oft aus Sprache gemacht wird. Es ist kein Zufall, dass man in Web-Browsern nur die Bilder ausblenden, nicht aber die Anzeige von Text ausschalten kann.

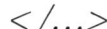

4 Über die Wörter

Was in diesem Kapitel geschieht:

- Sie bekommen einen Eindruck davon, was Wörter ausdrücken.
- Sie lernen, dass Schreiben und Sprechen enge Verwandte sind – und wie man das im Web nutzen kann.
- Sie erfahren, dass Benutzer auch Kunden oder Gäste sein könnten und dass Hilfe nicht immer gewünscht wird.
- Sie begegnen einem Menü mit eingebautem Weichspüler und sehen bei dieser Gelegenheit den Unterschied zwischen Freundlichkeit und Benutzerfreundlichkeit.
- Sie lassen sich Ihren schon lange gehegten Verdacht bestätigen, dass Experten als Lehrer eher ungeeignet sind.
- Sie betrachten den Mond – aus drei verschiedenen Blickwinkeln.
- Ich versuche Sie davon zu überzeugen, dass Moderation nicht nur eine Aufgabe für Moderatoren ist.
- Sie ahnen, warum Rot die Farbe der Liebe ist.
- Sie sehen Unterschiede zwischen Papier und Pixeln, die Ihnen bisher vielleicht entgangen sind.

1980

4.1 Wie funktionieren eigentlich Wörter?

Das Wesen der Wortbedeutungen ist von dem Sprachphilosophen Karl Bühler in einem sehr prägnanten Modell, dem „Organon Modell" beschrieben worden [15] (siehe Abbildung 53).

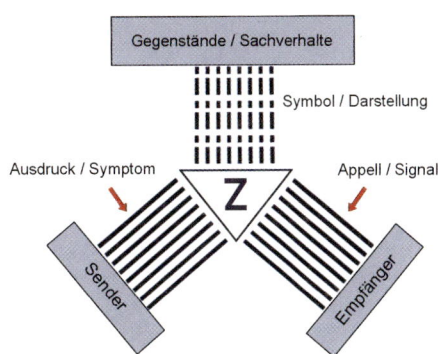

*Abb. 53: Bühler hat das Modell sprachlich in den einfachen Satz „**Einer** (sagt) **dem** Anderen (etwas) **über die** Ding**e**" gefasst. Wir erkennen darin Bestandteile unseres Kommunikationsmodells von Seite 24, z.B. den Sender und den Empfänger, allerdings wird hier die Botschaft in verschiedene Komponenten aufgeschlüsselt. Es muss sich dabei übrigens nicht um Wörter handeln, es geht vielmehr um Zeichen (symbolisiert durch das „Z" im zentralen Dreieck). Und als „Zeichen" können alle Informationen (Melodien, Bilder, Wörter, Symbole, Gesten) dienen, auf deren Bedeutung sich Sender und Empfänger geeinigt haben. Die folgende Tabelle erklärt die Begriffe des Modells.*

Tab. 6: Die Komponenten des Organon-Modells.

Symptom	Der Aspekt in der Bedeutung des Zeichens, der die Absichten des Senders ausdrückt.
Signal	Das, was im Empfänger durch das Zeichen ausgelöst werden soll, also sozusagen sein Aufforderungscharakter.
Symbol	Die eigentliche Wortbedeutung, also der Gegenstand, Sachverhalt oder Vorgang, der durch das Wort symbolisiert wird.

Zum besseren Verständnis möchte ich ein typisches Zeichen aus dem Web in seine verschiedenen Bedeutungsaspekte zerlegen. Der Link mit der Aufschrift „*Kontakt*" bedeutet

a) Als *Symptom*: „Wir sind bereit, eine Nachricht von Ihnen zu empfangen und zu beantworten."
b) Als *Appell* bzw. Signal: „Schreiben Sie uns eine Nachricht!"
c) Als *Symbol*: „1. Verbindung, In-Verbindung-Treten, Treffen, Gespräch; 2. Verbindung, Beziehung zu einem Menschen; 3. Berührung." [16].

Vielleicht mag dem einen oder anderen Leser der Sinn und Zweck dieser abstrakten Übungen nicht recht einleuchten. Wozu soll das denn gut sein, und: Ist es nicht etwas spitzfindig? Ich denke: Nein. Man sollte mehr als nur eine intuitive Vorstellung vom Funktionieren von Sprache haben, wenn man Angebote im Web gestaltet. Eine der wichtigsten praktischen Schlussfolgerungen aus dem Modell ist folgende: Kommunikation funktioniert nur, wenn Sender und Empfänger alle Bedeutungskomponenten eines Zeichens gleich verstehen. Die Benutzeroberfläche einer Website muss die Sprache der Benutzers sprechen, sonst versteht dieser das Falsche (die Folge sind Missverständnisse) und / oder überhaupt nichts (die Folge ist Frustration). Darüber hinaus muss ein Empfänger den Symbol-Aspekt eines Zeichens kennen und präzise verstehen, wenn der Appell- und Signal-Aspekt in der vom Sender gewünschten Weise wirken sollen.

Das klingt trivial? Es ist alles andere als das. Das Wissen, wie die Benutzer denken und in welchen Begriffen sie welche Bedeutungen (Symbol, Signal und Appell) verbinden, ist die Voraussetzung für die Fähigkeit zur Perspektivübernahme. Und es ist bekannt, dass diese umso geringer ausgeprägt ist, je mehr man sich dem Status eines Experten in einem bestimmten Sachgebiet nähert. Es ist dies ein geradezu klassisches Ergebnis der Forschung im Bereich der Verständlichkeit und Ergonomie von Texten [17].

Es handelt sich hier um eine Art Naturgesetz, an dessen Folgen wir alle in der einen oder anderen Form schon gelitten haben, sei es beim Lesen von Installationsanleitungen, kleingedruckten Geschäftsbedingungen, der Steuererklärung oder beim Navigieren im Web. Und es ist auch überaus plausibel: Experten verfügen über sehr umfangreiche, engmaschig vernetzte und stabile Wissensstrukturen – genau deshalb sind sie ja Experten. Laien haben hingegen im wahrsten Sinn des Wortes noch keine rechten „Begriffe". Sie sind in ihrem Verstehen also ganz abhängig von den Wortbedeutungen, die sie aus ihrem Laien-Alltag kennen. Und das können oder wollen Experten in vielen Fällen eben partout nicht einsehen.

Das betrifft nicht nur die typischen technischen Experten-Themen wie Autos oder Computer, sondern alle Inhaltsbereiche, die den Aufbau umfangreicher vernetzter Wissensstrukturen erfordern. Ein Beispiel sind die Produkt- und Tarifwelten der Telekommunikation. Wissen Sie, liebe Leserinnen und Leser, was ein „ATM" ist? Oder „Frame Relay, Internet Connect, Homepage Kit"? Kennen Sie den Unterschied zwischen „Internet-Business" und „Internet Connect"? Wenn nicht, wird es Ihnen kaum gelingen, in der auf Abbildung 54 dargestellten Auswahl eine Navigationsentscheidung zu treffen. Wenn Sie nicht navigieren können, werden Sie sich ärgern und dann ziemlich schnell wieder damit aufhören. Und wenn Sie nicht mehr navigieren? Dann ist das dynamische Menü und alles, was es zugänglich machen soll, völlig umsonst gewesen.

Wie man sieht, spielt das Einstellen auf die Sprachwelt der Benutzer auch für die Informationsarchitektur einer Website (die Abfolge, Anordnung und Einteilung der Inhalte innerhalb der Hypertext-Struktur) eine gewichtige Rolle. „Creative Factory" und „Frame Relay" oder „Company Net" sind Begriffe, die zum Wissensnetz der ARCOR Mitarbeiter gehören. Da ihre Bedeutungen und ihre Beziehungen zueinander nur für Insider nachvollziehbar sind, eignen sie sich absolut nicht, um Informationen für Kunden zu ordnen.

> Je wissender und erfahrener die Autoren, desto schlechter werden ihre Texte von Laien verstanden.

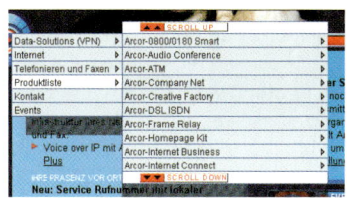

Abb. 54: Besonders gravierend wird Expertendeutsch, wenn es um Produkte geht, für die eigene Sprachwelten kreiert werden mussten. Unter einem Rasierapparat oder einer Tütensuppe können wir uns etwas vorstellen. Aber: Was ist ein „Frame Relay" oder eine „Creative Factory"?

www.arcor.de

Abbildung 55 zeigt zu diesem Thema noch einmal einen Vergleich zweier Websites. Der Vogel Verlag (Beispiel rechts) bietet Begriffe als Navigationskategorien an, die ein Kunde auf der Suche nach Fachbüchern wahrscheinlich im Sinn hat: Elektronik, Management, Multimedia usw. – für die ersten Navigationsschritte in einem Katalog ist das sehr einfach und wirkungsvoll. Der Suhrkamp Verlag (links) ist der völlig irrigen Ansicht, wir könnten uns in seinem Organigramm oder innerhalb seiner Programme und Publikationsreihen orientieren. Das ist im wahrsten Sinn des Wortes Unsinn, denn der Besucher möchte etwas anderes: Bücher zu einem bestimmten Thema oder von einem bestimmten Autor. Er weiss natürlich nicht, ob sie als „Suhrkamp Taschenbuch", im „literarischen Programm" des Insel Verlags, der „Insel Bücherei" oder der „edition suhrkamp" erschienen sind. Man muss hinzufügen: Es interessiert ihn auch nicht, denn dies sind *nicht seine Denkstrukturen* – und er wird den Teufel tun, die Unterschiede zwischen den angebotenen Kategorien mühselig auszukundschaften (nur dann könnte er hier gezielt navigieren).

Abb. 55: Eine bedienbare Website (rechts) fordert uns auf, das Thema zu wählen, das uns interessiert. Ein Exemplar, bei dessen Gestaltung sich jemand in den eigenen Denkstrukturen verheddert (links), geht so vor: „Wählen Sie, welche unser Verlagshäuser oder internen Publikationsreihen Sie interessiert."

www.vogel-buchverlag.de/asp/kategorien.asp;
www.suhrkamp.de

4.2 Der innere Monolog

Beim bewussten Denken entsteht eine Stimme in unserem Kopf, die man „innerer Monolog" nennt. Diese Stimme, die uns Anweisungen gibt und unser Handeln kommentiert (und gelegentlich auch ganz schön penetrant sein kann), ist irgendwo im Inneren unseres Kopfes lokalisiert, zwischen unseren Ohren, hinter der Nasenwurzel. Beim Lesen „hören" wir diese innere Stimme ebenfalls (z.B. hören Sie als Leserin oder Leser gerade jetzt die Wörter dieses Buchs), und auf einer Website *spricht sie für den oder die Betreiber*. Es entsteht sozusagen ein lautlos gesprochener Text. Dieser ist als Dialog zwar einseitig, denn natürlich kann ein Leser den Autor eines Textes nicht unterbrechen oder das Gelesene unmittelbar kommentieren. Trotzdem wird die Qualität der Beziehung im Kontakt mit einer Website ganz entscheidend dadurch bestimmt, *was* die Stimme in unserem Kopf als Stellvertreter des Betreibers zu uns sagt, und *wie* sie es sagt. Falls die sprachliche Gestaltung Ihrer Site also z.B. trocken, unpersönlich, humorlos ist, sprechen Sie in Ihrer Rolle als Autor eben so im Kopf Ihrer Besucher: trocken, unpersönlich und humorlos. Eine lebendige, persönliche, abwechslungsreiche Sprache wirkt im wahrsten Sinn des Wortes ansprechend. Tabelle 7 zeigt hierzu ein kleines Beispiel: Die gleichen Aussagen einmal unpersönlich, einmal in einer Formulierung, die einem natürlichen Dialog entspricht. Dabei geht es mir nicht um die Inhalte (die werden natürlich nicht alleine dadurch prickelnd, dass man den Stil etwas persönlicher macht), sondern um die Sprach-Anmutung.

Tab. 7: Der Unterschied zwischen einer sachlichen und einer dialog-ähnlichen Sprache.

Beschreibend	Dialog-ähnlich
Das Produktangebot der Firma X zeichnet sich durch eine hohe Anwenderfreundlichkeit aus.	Unsere Produkte sind kinderleicht zu bedienen.
Die Firma X begrüßt ihre Kunden auf ihrer Website.	Wir begrüßen Sie auf unserer Website.
Das Internet-Team hofft, den Kunden der Firma X interessante Informationen und optimalen Service bieten zu können.	Wir bieten Ihnen interessante Informationen und optimalen Service.
Unser Workflow ist auf kritisches Timing optimiert und durch flache Hierarchien gekennzeichnet.	Unsere Mitarbeiter können schnell entscheiden, ohne drei Chefs fragen zu müssen.

Die in vielen Unternehmen heiß diskutierte Frage, ob man im „Corporate Wording" vom eigenen Unternehmen in der dritten oder zweiten Person sprechen sollte, ist aus dieser Perspektive relativ eindeutig zu beantworten: Wenn man Sprache an natürliche Dialogformen angleicht, sprechen natürlich „wir mit Ihnen" oder auch „ich mit Dir".

Das Beispiel in Abbildung 56 zeigt den Unterschied zwischen amtlich-gestelzter und natürlicher Sprache einmal in der Praxis.

Abb. 56: Welchen Text würden Sie weiterlesen?

Quellen: Installationsroutine des Real Time Players; Installationsroutine der „Google Tool Bar", toolbar.google.com

Das mausgraue Installationsfenster des „Real Players" (in der Abbildung links) signalisiert mit kleinem Bildschirmausschnitt und winziger Schrift, dass man hier halbwegs überflüssiges und langweiliges Zeug lesen wird. Jeder erfahrene Computerbenutzer wird sich weiterklicken, ohne auch nur ein Wort der „WICHTIGEN INFORMA-" zu lesen. Im Grunde ist das auch nicht weiter tragisch, denn es handelt sich um eine juristische Pflichtübung, die hauptsächlich der Absicherung des Anbieters dient. Als Leser spüren wir das sofort: Das stört, also weg damit! Daneben eine ähnliche Situation bei der Installation der „Google Toolbar". Den hier angekündigten Text habe ich ganz gegen meine Gewohnheit gelesen. Wenn ich verhindern wollte, dass man das „Readme" einer Installation mit juristischem Sermon verwechselt, würde ich es genau so sagen: „... nicht das übliche Bla Bla Bla."

Die Regel „Schreibe, wie Du sprichst" ist auch vom Standpunkt der Textverständlichkeit sinnvoll. Die wichtigsten Bedingungen für Verständlichkeit sind kurze Sätze und im Verhältnis hierzu relativ wenige mehrsilbige Wörter. Ein an einem natürlichem Dialog orientierter Text schneidet hier wie von selbst gut ab. Dabei muss man allerdings – wie immer – Zielgruppen und deren Jargons, Erwartungen und Fähigkeiten im Hinterkopf haben. Um es an einem (bewusst) plakativen Beispiel deutlich zu machen: „hi!" und „cu!" („see you later") sind zwar enorm kurz und knackig, doch gibt es viele Zusammenhänge, in denen die umständlicheren Varianten „Meine sehr geehrten Damen und Herren" und „mit freundlichen Grüßen" eindeutig vorzuziehen sind.

4.3 Über Konnotationen und Denotationen

Im Abschnitt „Inhalt und Beziehung" (s. S. 25) wurde erklärt, dass man zwischen einem Inhalts- und einem Beziehungsaspekt von Botschaften unterscheiden muss, wenn man verstehen möchte, wie Kommunikation funktioniert – oder möglicherweise auch misslingt. Für einzelne Wörter gilt etwas Ähnliches. Auch hier gibt es zwei Aspekte, die zusammenwirken, um Bedeutungen zu definieren.

Der erste ist die „*Denotation*" oder auch „denotative Bedeutung". Sie entspricht der Symbolfunktion in Bühlers Modell aus dem vorigen Abschnitt, also sozusagen der lexikalischen Definition eines Begriffs. Die Denotation des Wortes „Mond" ist z.B.:

„Ein Himmelskörper, der sich in einer Entfernung von soundsoviel Kilometern als Trabant um die Erde bewegt." Die Denotation ist neutral-sachlich und auf den Inhalt des Begriffs gerichtet. Sie entspricht in etwa der Erklärung, die wir in einem Lexikon oder Wörterbuch finden.

Der zweite Aspekt, die *Konnotation* oder konnotative Bedeutung, ist schwieriger zu fassen. Ich möchte ein kleines Gedankenexperiment machen, um sie zu erklären: Wir suchen uns drei Gruppen von Versuchspersonen und legen jeder jeweils einen unterschiedlichen Satz vor, in dem das Wort „Mond" vorkommt. Nachdem die Personen den Satz gelesen haben, bitten wir sie, auf das Wort zu assoziieren, also: die Begriffe zu nennen, die ihnen als erstes in den Sinn kommen, wenn sie an „Mond" denken. Auf diese Weise werden Gedankenverbindungen erfasst, also Bedeutungen, die im Gedächtnis mit dem Wort „verlinkt" sind. Danach sollen sie bewerten, ob der Begriff „Mond" für sie eine positive, negative oder neutrale Bedeutung hat. Die folgende Tabelle zeigt, wie das Ergebnis aussehen könnte.

Tab. 8: Verschiedene konnotative Bedeutungen des Wortes „Mond".

Satz	Assoziationen	Bewertung
1: "Der **Mond** stand hoch über der kahlen Landschaft und tauchte alles in ein fahles, kaltes Licht."	Nacht, Kälte, Einsamkeit, unheimlich, Angst	negativ
2: "Der **Mond** spiegelte sich silbern im See, als die Baronin schmachtend aus dem Fenster des Kaminzimmers blickte."	sentimental, Romantik, Sehnsucht	positiv
3: "Der **Mond** wurde erstmals 1965 von der Sonde Lunar 4 kartographisch vermessen."	NASA, Astronomie, Fortschritt, Technik	neutral

Wir sehen also: Der gleiche Begriff kann je nachdem, in welchem Kontext er steht, verschiedene Nebenbedeutungen anregen und emotional unterschiedlich bewertet werden. *Diese zwischen den Zeilen gesendete Bedeutungen sind seine Konnotationen.* Und obwohl sie dem nüchternen Verstand eher unpräzise und dubios erscheinen, machen Konnotationen einen wichtigen Teil des Ausdrucksreichtums unserer Sprache aus. Sie ermöglichen uns, die gleiche denotative Botschaft mit verschiedenen Bedeutungen aufzuladen.

In der folgenden Tabelle werden die beiden Aspekte der Bedeutung noch einmal zusammenfassend einander gegenübergestellt.

Tab. 9: Bedeutungen in der Sprache bestehen aus Denotation und Konnotation.

Denotation	Konnotationen
Die wortwörtliche Bedeutung eines Begriffs, seine sachliche Definition.	"Atmosphärische" Bedeutungen eines Begriffs, Gedankenverbindungen, die beim Hören oder Lesen assoziativ mitschwingen.
Relativ präzise, eindeutig, kann genau definiert werden.	Vage, mehrdeutig, schwer zu definieren.
Konstant, wird nicht von dem Kontext beeinflusst, in dem ein Wort steht.	Variiert in Abhängigkeit vom Kontext.
Bestimmt, was primär, bewusst an Inhalten wahrgenommen bzw. verstanden wird.	Oftmals nur unbewusst wahrgenommen, wirkt im Hintergrund, "zwischen den Zeilen."
Auf das Sachliche in der Kommunikation orientiert.	Vermittelt emotionale Bedeutungen, den Beziehungsaspekt der Kommunikation.
Beispiel: Eis = gefrorenes Wasser.	Eis = Erfrischung, Abkühlung, auch: Kälte, Frost, Starre.

Auf den ersten Blick sind Konnotationen vielleicht etwas für den Besinnungsaufsatz oder eine Novelle. Mitnichten. Unser Sprachverständnis und -gefühl funktioniert natürlich immer gleich, unabhängig von dem Medium, in dem gesendet wird. Jeder Begriff, jeder Link oder Schriftzug, der auf Websites oder Benutzeroberflächen gebraucht wird, hat also neben seiner Denotation – die möglichst präzise auf einen Inhalt oder eine Funktion hinweisen sollte – auch Konnotationen. Im Web sind Konnotationen sogar besonders wichtig, weil häufig im Telegrammstil, d.h. nur mit wenigen Worten, oft sogar nur mit einzelnen Stichwörtern (Hypertext-Links, Navigationsleisten) kommuniziert wird. Da können konnotative Nebenbedeutungen eine entscheidende Wirkung haben, und in der Regel gibt es selbst für relativ einfache Sachverhalte ein breites Spektrum an sprachlichen Variationen. Die Tabellen 10 und 11 zeigen Beispiele aus dem Web.

Tab. 10: Überlegen Sie einmal: Wie würden Sie die verschiedenen Formulierungen bewerten? Klingen sie einladend oder abschreckend? Persönlich oder unpersönlich? Einfach oder umständlich? Interessant oder langweilig?

Denotation: "Kontaktschnittstelle"	Denotation: "Unternehmensdarstellung"
Kontakt	Wir über uns
Dialog	Der Konzern
Ansprechpartner	Das Unternehmen
Kontaktformular	Über unsere Organisation
Ihre Nachricht an uns	Daten und Fakten
Feedback	Wer wir sind
Schreiben Sie uns!	Selbstdarstellung

Tab. 11: Es ist nicht unwichtig, wie man die Nutzer einer Website bezeichnet. Nachfolgend habe ich einige Möglichkeiten der Ansprache aufgeführt, zusammen mit einigen Assoziationen, die sie bei mir – und wahrscheinlich auch bei vielen anderen Lesern – auslösen.

Formulierung	Assoziationen (Konnotation)
für unsere Benutzer	Werkzeug, Bedienung, Funktionieren
für unsere Gäste	Einladung, Gastfreundschaft, Bedienen
für unsere Leser	Zeitung, Text, Schreiben, Informieren, Lesen
für unsere Kunden	Kaufen und Verkaufen, Geld ausgeben
für unsere Freunde	Nettigkeit, freundlich, intim, vertraut, enge Beziehung
für unsere User	"Denglisch", Software, graphisches Interface

Welche der genannten Begriffe oder Formulierungen „richtig" sind, hängt natürlich vom Kontext und von der Zielgruppe ab. Ein Konzernriese, der seine „Freunde" begrüßt, wirkt in seinem Auftreten distanzlos und anbiedernd. Eine hippe Website für Jugendliche, die ihre Besucher als „werte Gäste" anspricht, tritt ebenso tief ins sprachliche Fettnäpfchen. Was in Kapitel 1 (Seite 36) gesagt wurde, bestätigt sich also auch hier: Die Wortwahl

‹Fakten 4: Möchten Sie Tipps oder brauchen Sie Hilfe? – Konnotationen im Interface-Design›

Scheinbar diffizile Unterschiede in der Wortwahl auf einem Interface können sich drastisch auf das Benutzerverhalten auswirken. Der US-amerikanische Usability Experte Jared Spool [18] berichtet von Erfahrungen beim Vergleich verschiedener Text-Etiketten für Instruktionen und Hilfe-Texte. Man kann die Ergebnisse auf einen einfachen Nenner bringen: Instruktionen und Erklärungen, die als „Hilfe" tituliert werden, finden weniger Anklang als „Tipps", d.h. sie werden weniger häufig genutzt. Mit Sicherheit liegt dies nicht – oder nicht in erste Linie – an der wörtlichen Bedeutung dieser beiden Begriffe, sondern an deren unterschiedlichen Konnotationen. Betrachten wir einmal 3 Möglichkeiten etwas genauer:

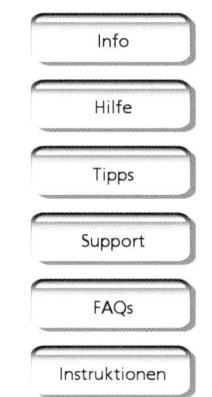

Abb. 57: Text-Etiketten.

- *Tipps:* Das Wort klingt nach: kurz und knapp, schnell. Wer Tipps abruft, wird kontextabhängig mit einfachen Informationen versorgt. Das Arbeiten wird nur kurz unterbrochen, das Verhältnis von Aufwand und Gewinn (in Form von Wissenszuwachs) erscheint günstig.

- *Hilfe:* Das Wort klingt nach: viel Information, zeitaufwändige und möglicherweise auch umständliche Bedienung. Das Konsultieren einer Hilfe unterbricht die laufende Arbeit, eigene Anwendungs-Fenster werden geöffnet, und oft muss ein Hilfe-System erst durchsucht werden, bevor man die rettende Information findet. Schließlich braucht man Hilfe natürlich nur, wenn man „hilflos" ist oder Fehler gemacht hat – beides sind nicht eben angenehme Konnotationen.

- *Instruktionen:* Noch schlimmer. Dinge, die sich mit dem Titel „Instruktionen" schmücken, sind komplex und unverständlich, Instruktionen müssen gelernt werden. Sie werden von Experten geschrieben und signalisieren, dass Anstrengung vonnöten sein wird, um die Information verstehen zu können. Und die Wahrscheinlichkeit, dass man „Instruktionen" *nicht* versteht, ist sehr groß. Nein, Instruktionen wollen wir lieber nicht lesen.

Diese Bedeutungsunterschiede erscheinen zwar vage, man kann sie aber durchaus genauer definieren und messen. Eine Methode, das Auswerten von Assoziationen, haben wir schon kennen gelernt. Mit Hilfe eines „semantischen Differentials" [19, 20] kann man Konnotationen richtiggehend sichtbar machen. Bei dieser Technik werden gegensätzliche Adjektive mit einer Bewertungsskala verbunden, und dann wird z.B. ein Begriff durch eine Gruppe von Urteilern auf diesen Skalen eingeschätzt. Man erhält ein Profil, das sozusagen den atmosphärischen Aspekt der Konnotation wiedergibt. Dieses Verfahren kann nicht nur für Wörter, sondern auch für Bilder, Klänge, Farben oder sogar komplette Websites eingesetzt werden. Das Maluma-Takete-Phänomen (s. S. 33) beruht eben auf solchen Ähnlichkeiten in den Konnotationsprofilen von Informationen.

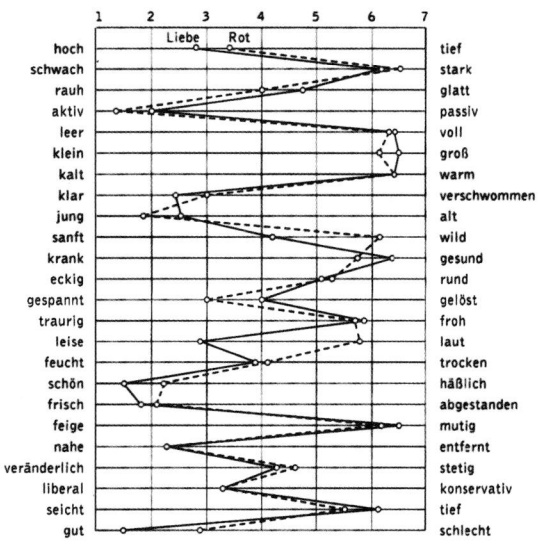

Abb. 58: Eine größere Gruppe von Versuchspersonen hat die Begriffe „rot" und „Liebe" anhand eines semantischen Differentials bewertet [21]. Man sieht, dass die beiden Begriffe ähnliche Profile (also Konnotationen) haben. Diese Übereinstimmung ist die Grundlage für die Verwendung der Farbe Rot als „Symbol" für Liebe.

< /...>

4.4 Sprache zum Navigieren: Menüs und Moderation

4.4.1 Einige vorbereitende Überlegungen

Was tun Sie, um einen Bekannten treffen, oder auch einen Kunden zu begrüßen? Wahrscheinlich strecken Sie ihm die Hand hin, räuspern sich und sagen dann laut und vernehmlich: „Kontakt!" Nein? „Feedback!" oder vielleicht „Dialog!"? Natürlich nicht, man bellt im zwischenmenschlichen Kontakt keine einzelnen Wörter. Kommunikation braucht normalerweise mehr Sprachsubstanz, und das ist auch verständlich, denn in den meisten Fällen sind unsere Botschaften zu komplex, um im Kasernenhofstil gesendet zu werden.

Ich werde gleich darauf eingehen, was das mit Kommunikation und Websites zu tun hat, zuvor möchte ich aber noch einen anderen Fall betrachten: die Menüleiste eines Programms. Abbildung 59 zeigt ein ganz typisches Beispiel, wie sich das in einer Anwendung (MS Word) unter Windows darstellt. Man kann

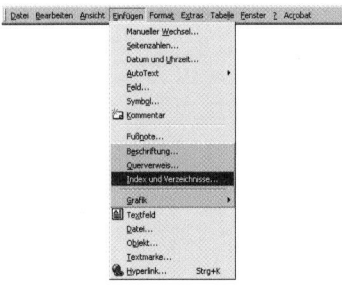

Abb. 59: Ein ganz gewöhnliches Menü.

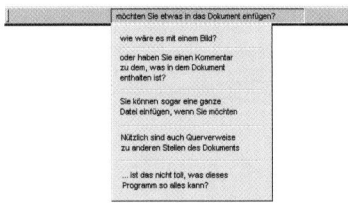

Abb. 60: Ein Menü mit eingebautem Weichspüler

leicht sehen, dass hier Ein-Wort-Kommunikation betrieben wird: *„Einfügen – Grafik"*. Hier funktioniert es mit dem Kasernenhofton, es kann auch gar nicht anders sein.

Abbildung 60 zeigt ein Menü, das den Benutzer mit wortreichen Erklärungen versorgt. Das ist zwar auf den ersten Blick ganz nett, aber es wäre kompletter Unsinn, und zwar aus zwei Gründen: Erstens ist der zur Verfügung stehende Raum auf dem Bildschirm begrenzt. Eine Kaskade von 9 Optionen mit jeweils 17 Unteroptionen und dann noch einmal 5 Unter-Unter-Optionen kann man nur dann ökonomisch auf einem Interface platzieren, wenn Abkürzungen (also einzelne Wörter) zur Kodierung der Inhalte verwendet werden. Zweitens wäre jeder Anwender innerhalb kürzester Zeit durch die wortreichen Erklärungen völlig *entnervt*. Wer einen Vorgang einmal verstanden hat, braucht keine Erklärung mehr und keine Ich-zu-Du-Kommunikation (woran man übrigens sehr schön sehen kann, dass Benutzerfreundlichkeit und Freundlichkeit zwei völlig unterschiedliche Dinge sind). Im Gegenteil: Wenn man eine Anwendung einmal gelernt hat, sind Hilfestellungen und Erklärungen unnützer und zeitraubender Ballast, mit dem man sich nicht belasten möchte.

Halten wir also fest:

- Kommunikation braucht komplexere Sprache, während Software-Anwendungen mit Abkürzungen, also einzelnen Wörtern, Icons oder Tastaturkürzeln arbeiten können – und müssen.

- Trainierte und untrainierte Benutzer haben unterschiedliche Bedürfnisse. Erstere können Abkürzungen (noch) nicht verstehen, brauchen also auf Anforderung Hilfestellung in Form von Texten oder Infografiken. Letztere sind nicht mehr auf Erklärungen angewiesen. Unter Umständen brauchen sie nicht einmal mehr Wörter und können ihre Ziele ausschließlich mit Tastaturkürzeln oder unbeschrifteten Icons erreichen.

4.4.2 Über Softsites und Webware

Was bringen uns diese Erkenntnisse im Web? Nun, eine Website hat letztlich *beide* Anforderungen zu erfüllen. Für erfahrene Benutzer braucht es ergonomische Menüs und „Shortcuts", die sie schnell zu ihren Zielen führen, unter Umständen über mehrere

Navigationsebenen hinweg. Das Konzept des Menüs stammt allerdings aus der Welt der trainierten, willigen Benutzer von Anwendungs-Software. Eine Menüleiste funktioniert nur, wenn man mit ihr vertraut ist. Sie kann sich nicht selbst erklären, keine Zielgruppen ansprechen, keine Erläuterungen zu Auswahlmöglichkeiten liefern, nicht zum Klicken motivieren und den Nutzen ihrer Auswahlmöglichkeiten nicht verdeutlichen. Kurzum: Sie kann die Kommunikationspflichten für die Erstnutzer einer Website nicht erfüllen.

Ungeachtet dessen müssen Menüleisten natürlich gut sein, und bevor wir uns weiter um „Softsites und Webware" kümmern, möchte ich die Kriterien für gute sprachliche Gestaltung in einem Menü kurz zusammenfassen (s. Tabelle 12). Sie gelten übrigens zugleich auch für die Formulierung von Hypertext-Links.

Tab. 12: Woran erkennt man gute Sprache in einem Web-Menü?

Sie ist...	das bedeutet...
eindeutig	Die Option verweist von Ihrer Bezeichnung her unmissverständlich auf einen Inhalt oder ein Angebot (nicht "Info", sondern "Wir über uns").
erwartungstreu	Wenn die Benutzer die Option anklicken, gelangen sie zu dem Angebot, das sie erwartet haben (...versteht sich von selbst).
konkrekt	Das Wort, mit dem die Option bezeichnet wird, ist leicht zu visualisieren, eher gegenständlich (nicht "Ressourcen", sondern "Artikel").
überschneidungsfrei	Die Option ist klar von den anderen zu unterscheiden, es gibt keine Verwechslungen (nicht "Anmeldung" und "Login", sondern "neu Registrieren" und "Einloggen").
handlungsbezogen	An der Bezeichnung der Option ist abzulesen, was als nächstes getan wird (nicht "weiter" oder "mehr", sondern "lesen" oder "Lieferbarkeit prüfen").
vertraut	Eingebürgerte Standards für Bezeichnungen werden eingehalten (nicht "Kleingedrucktes", sondern "Geschäftsbedingungen", nicht "Preisparadies", sondern "Online-Shop").
nutzerorientiert	Die Option ist in der Sprache gehalten, die für die Zielgruppe verständlich ist (für breites Publikum keine Abkürzungen wie "FAQs" und "Sitemap" sondern "Fragen zu..." und "Inhaltsverzeichnis").

Abb. 61: Eine Website, die die Software-Metapher in Reinform umsetzt. Die Maxime: Kein überflüssiger Schnickschnack, bitte!

www.ilb.de

Trotzdem bleibt es dabei: Auch gute Menüs sind in ihrer Fähigkeit, zu kommunizieren, eng begrenzt. Wenn sich Websites zu sehr an den Richtlinien der Software-Gestaltung orientieren und es damit bewenden lassen, ist das Ergebnis in der Regel also nicht befriedigend. Abbildung 61 zeigt einen solchen Fall: eine Startseite, die sich alle Mühe gibt, Software zu sein. Sicherlich ist dieses System für diejenigen, die es gestaltet haben (ich könnte wetten, dass es sich dabei um Leute handelt, die von anderen als „gestandene Techniker" charakterisiert werden), kinderleicht zu bedienen – alle anderen stehen vor der unangenehmen, anstrengenden und zeitraubenden Aufgabe, die Bedienung zu erlernen.

Für den Betreiber ist ein solches Design hoch riskant, denn die psychologische Situation beim ersten Besuch einer Website unterscheidet sich fundamental von jener beim ersten Ausprobieren einer Software. Während man im zuletzt genannten Fall mit nur einem Produkt konfrontiert ist und in der Regel auch ein beträchtliches Zeitbudget für das Lernen bereit gestellt hat, gibt es im Web Dutzende von Konkurrenzprodukten in sehr geringer Distanz, und die zur Verfügung stehende Zeit ist sehr beschränkt.

Websites müssen also erstens ihren Nutzen schnell und offensiv mitteilen und zweitens mit minimalem Training bedienbar sein. Hieraus ergibt sich die hohe Priorität der Themen Kommunikation und Ergonomie im Web.

Was ist die Konsequenz? Für neue Besucher einer Website benötigt man eine spezielle Ebene der sprachlichen Kommunikation, für die ich den Begriff „*Moderation*" verwenden möchte. Sie ist durch folgende Merkmale definiert:

- Sie ist *an die Person* adressiert, simuliert also einen Dialog.
- Sie ist einfach und eher *umgangssprachlich* (wobei hier natürlich Zielgruppen und Jargons zu berücksichtigen sind).

Sprache zum Navigieren: Menüs und Moderation

- Sie ist *handlungsorientiert*, d.h. es geht weniger um die Darstellung von Inhalten als um die Beschreibung der alternativen Wege und Ziele für die Besucher.
- Sie hilft, *Navigationsentscheidungen* zu treffen, erklärt dem Besucher also, was er auf welchen Wegen erreichen kann.
- Für den Anbieter hat sie auch einen *werblichen Charakter*, der allerdings nicht in den Vordergrund projiziert wird, sondern sich in den Dienst des Besuchers stellt.
- Sie ist *relevant*, indem sie die 6 wichtigen *Web-Leitfragen* beantwortet: Wo bin ich? Für wen ist das gedacht? Warum sollte ich das nutzen? Was muss ich jetzt tun? Wie lange wird das dauern? Wo finde ich was?
- Sie erklärt die *Struktur* und das *Mengengerüst* einer Website.

> Moderation schaltet sich also immer ein, wenn Entscheidungen getroffen werden, wenn Navigation beginnt oder ins Stocken gerät, wenn zwischen den Bedürfnissen der Besucher und den Angeboten der Website vermittelt werden muss.

Abbildung 62 zeigt eine gelungene Moderation. Der Text spricht den Leser persönlich an und folgt einem Frage-Antwort-Dialog. Die wichtigsten Inhalte werden unter der Perspektive erklärt, welchen Nutzen sie enthalten bzw. welche Ziele erreicht werden können. Die Links bezeichnen die Rubriken, vermitteln also ein Verständnis von der Gliederung der Website. Insgesamt gesehen wird natürlich auch eine unterschwellige Botschaft gesendet: „Diese Website ist für Sie gemacht. Wir denken zunächst einmal mehr an Sie als an uns selbst."

Abb. 62: Eine gute Moderation auf einer Startseite.

Um deutlich zu machen, dass moderierendes Texten ein Konzept ist, das nicht nur auf Startseiten funktioniert, habe ich in Abbildung 63 einmal einen typischen Web-Text aus den Seiten einer Bank vollständig (sowohl im Text als auch im Layout) überarbeitet. Die Veränderungen des Layouts (Zeilenbreite, Hervorhebung von Schlüsselwörtern, Einfügen einer Aufzählung) sollen hier nicht im Detail besprochen werden. Sie sollen dazu dienen, den Text für den flüchtigen Lesestil im Web leichter zugänglich zu machen. Entscheidend für den Begriff der Moderation sind die Veränderungen auf der Ebene der Sprache und Inhalte.

Abbildung 63: Auch das ist Moderation: Hypertext-Links werden durch kurze Kommentare verständlich gemacht. Die meisten Web-Menüs kann man nur durch solche Zusatzinformationen wirklich verstehen.

www.webagency.de

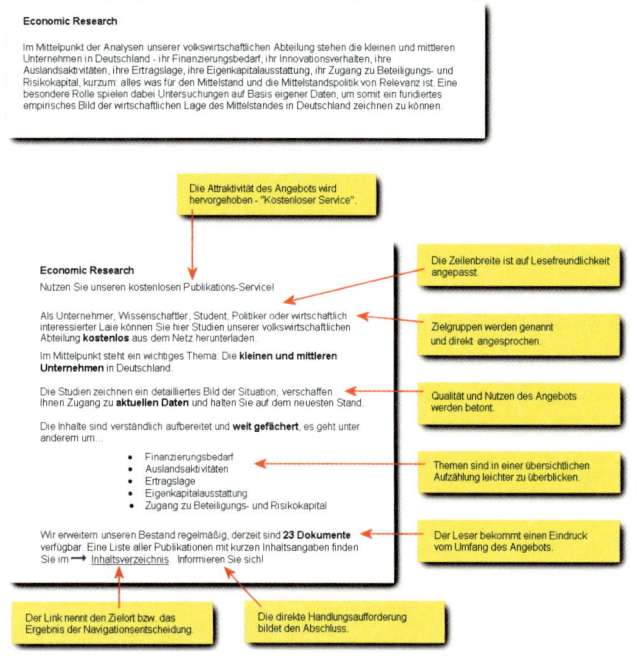

Abb. 64: Original und Fälschung: Wie man einen beschreibenden Text in einen moderierenden Text verwandelt. Oben das Original, unten der Text nach Bearbeitung.

Natürlich ist Moderation keine neue und schon gar nicht meine Erfindung. Wenn man sich mit offenen Augen durchs Web bewegt, findet man sie an vielen Stellen. Wir sind ihr auch in diesem Buch schon wiederholt begegnet, und zwar nicht ganz zufällig bei Beispielen für gute Kommunikation. Betrachten Sie sich die Abbildungen 30, 31, 35 oder 37 noch einmal unter diesem Aspekt. Es sind alles Beispiele für moderierende Websites. Allerdings gibt es derzeit kein systematisches Verständnis davon, dass es sich hierbei um eine neue, medienspezifische Textsorte mit besonderen Anforderungen handelt.

In Tabelle 13 werden die beiden komplementären Sprach- und Kommunikationsebenen, die durch Menüs und Moderation entstehen, noch einmal einander gegenübergestellt.

Tab. 13: Menü und Moderation: Zwei Ebenen navigationsunterstützender Sprache auf Websites.

Menü	Moderation
Auf einzelne Keywords komprimiert.	Als Text formuliert, der den Benutzer direkt persönlich anspricht.
Die zugrunde liegende Metapher ist Software.	Die zugrunde liegende Metapher ist ein Gespräch.
Der Fokus liegt auf dem schnellen Erreichen von Zielen.	Es geht eher um das Finden von Zielen und das Verstehen von Zusammenhängen.
Die effiziente Bedienung setzt Erfahrung voraus.	Richtet sich (nicht nur, aber vorrangig) an unerfahrene Benutzer.
Kommunikation, Erklärungen oder Hilfestellungen werden nur auf Anforderung gegeben.	Besteht in der Substanz aus Kommunikation, Erklärungen und Hilfestellung.

<Fakten 5: Unterschiede zwischen Gedrucktem und Text auf dem Bildschirm<

Dass Bildschirmtexte schwieriger zu lesen sind, ist eine bekannte Tatsache. Lesen am Bildschirm dauert im Vergleich ca. 25% länger, ist anstrengender für die Augen, und wer einmal versucht hat, ein Dokument am Bildschirm korrekturzulesen, wird schnell bemerken, dass das ein eher nutzloses Unterfangen ist. Millionen Rechtschreibfehler im Web legen ein beredtes Zeugnis davon ab, dass in vielen Projekten die Zeit für das Ausdrucken und Korrekturlesen der Dokumente eingespart wird.

Aber es scheint noch weiter gehende Unterschiede zwischen Pixeln und Druckerschwärze zu geben. Dies haben die sprichwörtlich-amerikanischen Wissenschaftler in einer Studie festgestellt [20]. 131 Studenten lasen dabei Artikel aus dem *Time* Magazin. Die Themen waren integrative Schulmodelle und Sterbehilfe für unheilbar kranke Patienten. Ein Teil der Versuchspersonen las die Texte am Bildschirm, der andere die gleichen (also im Wortlaut völlig identischen) Texte auf Papier. Nach dem Lesen wurde die Gedächtnisleistung für die Inhalte gemessen, die Einstellung zu den dargestellten Themen wurde erfragt, und es wurden auch verschiedene Urteile zu dem Text selbst abgegeben. Die Ergebnisse lassen sich folgendermaßen zusammenfassen: Die am Bildschirm gelesenen Texte...

- waren schlechter zu *lesen*,
- wurden vergleichsweise schlecht *erinnert*,
- erschienen weniger *interessant*,
- wirkten weniger *glaubwürdig*,
- hatten auch einen geringeren Einfluss auf die *Meinungen* der Probanden.

Letzteres könnte natürlich durch die schlechtere Lesbarkeit erklärt werden – was man nicht gut versteht, ist natürlich weniger wirksam. Im Ergebnis bleibt es sich jedoch gleich. Natürlich lassen sich solche Ergebnisse immer nur sehr bedingt auf die gesamte Menschheit übertragen. Immerhin kann man gewisse Zweifel hegen, ob der Rechner als Lehr- und Lernumgebung wirklich eine so revolutionäre Verbesserung darstellt.

Abb. 64: www.kfw.de

Und was bedeutet das genau für das Schreiben im Web? Ich würde mit einer gewissen Vorsicht (die natürlich bei der Interpretation einzelner Untersuchungen immer angebracht ist) folgende Schlussfolgerung ziehen:

Wer Print-Texte einfach unbearbeitet online stellt, muss mit Einbußen in der Effektivität seiner Kommunikation rechnen. Darüber hinaus muss ein Web-Text leichter zu lesen, verständlicher und überzeugender sein, um den gleichen Wirkungsgrad zu erreichen wie ein gedruckter Text.

</…>

5   Über die Bilder

Was in diesem Kapitel passiert:

- Sie erfahren, dass sich Kilobyte nicht so verhalten wie Kilogramm, vor allem weil man bei Ersteren nicht unbedingt sieht, wenn sie mehr werden.
- Sie sehen, dass zwei Bilder mehr bewirken können als sechs – und bewerten die verbreitete Web-Doktrin, dass Grafiken immer klein sein sollten, vielleicht anders.
- Sie nehmen an mehreren heiteren Ratespielen teil und scheitern dabei wahrscheinlich kläglich.
- Ich falle durch meine mangelhaften Französischkenntnisse auf, kann kein Hebräisch und versuche es mit Türkisch – letzteres allerdings nur in übertragendem Sinn.
- Sie betrachten merkwürdige Netze, Gitter und Bäume (und Aktienkurse).
- Sie fliegen über das Ruhrgebiet.
- Sie finden Schlüsselbilder, die mehr oder weniger gut schließen.
- Sie klappen einen PC auf.
- Wir planen eine Reiseroute.
- Sie begegnen einer Sammlung von schönen und ziemlich langweiligen Menschen (... und einigen kleinen Engelchen).
- Sie sehen ganz gewöhnliche und ganz merkwürdige Bilder.
- Sie sehen ganz gewöhnliche Bilder mit ganz merkwürdigen Unterschriften.
- Außerdem langweilen Sie sich hoffentlich nicht, wenn Sie gleich drei Theorien kennen lernen und dabei etwas über „Duale Kodierung", „Funktionelle Kongruenz" und „Verarbeitungstiefe" erfahren.

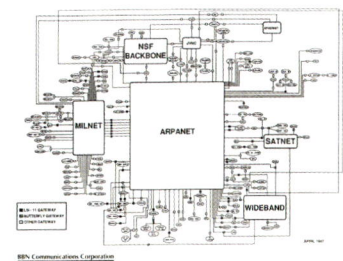

1987

Weder im Web noch in anderen Medien ist es besonders sinnvoll, in einer ganz allgemeinen Form von „Bildern" zu sprechen. Es gibt vielförmige Typen bildlicher Darstellungen mit ganz verschiedenen Eigenschaften, und deren Nutzen oder Funktion ist in Abhängigkeit vom Medium und vom Kontext, in dem sie stehen, ganz unterschiedlich zu bewerten. Ich kann gleich vorausschicken, dass es hier nicht möglich sein wird, das Thema vollständig zu behandeln. Allerdings macht der Sachverhalt, dass uns das Web mittlerweile immer mehr Bilderfluten zu den Textwüsten liefert, eine Auseinandersetzung mit der Frage, wann und wofür Bildinformationen sinnvoll oder sinnlos sind, sehr wichtig.

5.1 Vorspann: Über die Größe und den Umfang von Grafiken

Wer Grafiken ins Netz stellt oder hierüber Entscheidungen zu treffen hat, sollte sich zumindest minimal mit den technischen Voraussetzungen der Optimierung von Bildern auskennen. Insofern möchte ich diesem Pflicht-Thema auch einige Zeilen widmen. Mich interessiert dabei in erster Linie die Frage, welche Folgen es hat, wenn die Dateigröße von Grafiken und/oder ihre Ausdehnung am Monitor falsch dimensioniert ist.

Hierzu ist zunächst zu sagen, dass die Besucher einer Website natürlich davon ausgehen, dass die Information für den Gebrauch im Web komprimiert und professionell aufbereitet wurde. Man muss die technischen Hintergründe gar nicht kennen, um verstehen zu können, dass an einem kleinen Bildchen, das sich im Zeitlupentempo aufbaut, irgendetwas faul ist (s. Abbildung 65).

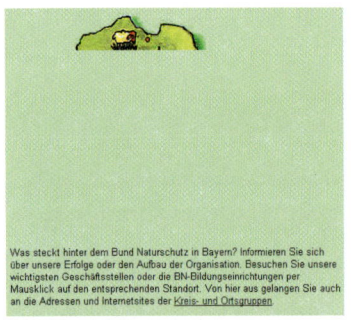

Abb. 65: Eine Grafik, von der nach 20 Sekunden Wartezeit erst ein Zipfelchen zu sehen ist, mag nützlich und schön sein, aber erstens wird niemand sie sehen wollen und zweitens macht das Lesen des Textes darunter nur halb so viel Spaß.

www.bund.de

Da bei einer langsamen Internet-Verbindung der Unterschied zwischen einer gesehenen und einer ungeduldig weggeklickten Grafik – und eventuell sogar gleich der ganzen daran hängenden Website – schon wenige Kilobyte betragen kann, dann ist das Beispiel auf Abbildung 66 im Hintergrund eine Art Design-GAU. Die Karte hat mit 347 KB den Umfang einer respektablen Video-Einspielung. Für Eingeweihte wird klar: Hier hat jemand eine Print-Vorlage eingescannt und die hoch auflösende Bescherung dann in aller Unschuld ins Netz gelegt. Das ist nicht nur eine Zeitbombe für die Besucher, sondern auch ein ganz deutliches Signal, dass es an Know-how mangelt.

Berücksichtigt man, dass die durchschnittliche Wartetoleranz der Internet-Benutzer ca. 10 Sekunden beträgt (s. Seite 242), wären 347 Kilobyte nur für einen Besucher mit einer völlig klümpchenfreien DSL-Verbindung einigermaßen erträglich.

Vorspann: Über die Größe und den Umfang von Grafiken

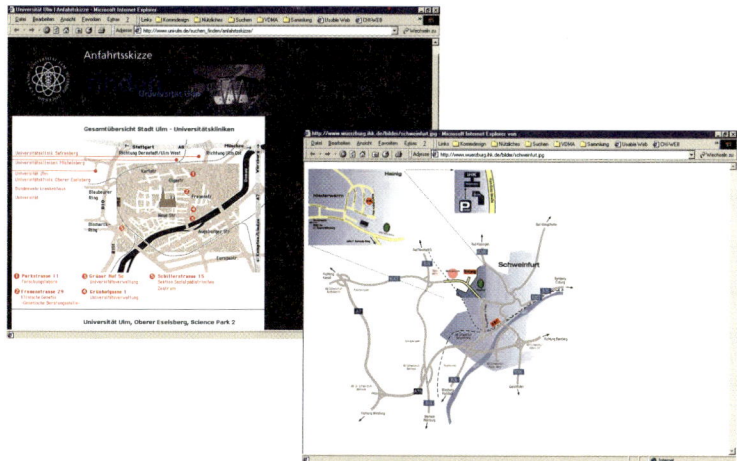

Abb. 66: Was Sie hier nicht sehen können: Die Karte im Hintergrund wiegt ganze 347 Kilobyte. Dem Exemplar im Vordergrund gelingt es, die gleiche Menge an Information mit einem um den Faktor zehn kleineren Dateiumfang (34 KB) zu übertragen.

Das Hinterhältige an der professionellen Bildbearbeitung ist allerdings, dass man sie am statischen Bild nicht sehen kann. In der Bildbearbeitung sieht die Grafik-Bombe mit unbewaffnetem Auge (fast) genau so aus wie das schlanke, web-optimierte Bild. Genau deshalb geht es ja eben oft schief.

JPEG unkomprimiert, 35 KB   JPEG 40% komprimiert, 17 KB   CompuserveGIF-Format, 77 KB

Abb. 67: Auch hier könnten Sie den Unterschied in der Größe der Dateien nicht sehen. Das rechte Bild würde aber im Browser mindestens dreimal langsamer lächeln als das in der Mitte. Und das würde Ihnen sofort auffallen.

Drei Dinge möchte ich an dieser Stelle nun *nicht* tun. Erstens möchte ich keine technische Anleitung zum Komprimieren von Grafiken geben, denn diese findet man im Web an jeder Ecke und auch in jedem gestandenen Webdesign-Buch, das sich um technische Themen kümmert [z.B. 23]. Da dies kein technisches Buch ist, hoffe ich hierfür auf das Verständnis meiner Leserinnen und Leser. Zweitens möchte ich keine „eine-Grafik-soll-höchstens-so-viele-Kilobyte-haben"-Daumenregel propagieren und

www.uni-ulm.de/suchen_finden/
anfahrtskizze;
www.wuerzburg.ihk.de/bilder/
schweinfurt.jpg

drittens auch nicht behaupten, dass Grafiken im Interesse eines schnellen Ladevorgangs immer möglichst klein sein sollten. Komprimiert? Ja, aber eben nicht immer *klein*. Die bis zur Unkenntlichkeit vorangetriebene Miniaturisierung von Grafiken ist nämlich eine Sünde, die im Web mindestens so verbreitet ist wie das Präsentieren von Gebäudefassaden und ähnlichem Plunder im Panavisions-Breitwandformat.

Das Beispiel auf Abbildung 68 zeigt typische Bild-Häppchen, wie sie unseren Augen auf vielen Portalseiten gereicht werden. Sicherlich genügt man so der Pflicht, Grafiken zu zeigen (von wegen dem Eye-Catching und der optischen Auflockerung), und auch die verbrauchte Bandbreite für die nicht einmal kaulquappengroßen Bildchen ist vernachlässigbar. Schön! Nur: *Wirken* können sie nicht - Kunststück, wenn man vielfach nicht einmal erkennen kann, was überhaupt zu sehen sein soll. In Zusammenhang mit dem Thema Aufmerksamkeit werde ich auf die Frage, welche Objekte auf dem Bildschirm wie groß sein sollten noch einmal ausführlich eingehen (s. Seite 145), an dieser Stelle möchte ich in Bezug auf Bilder Folgendes festhalten:

Abbildung 68: Original (oben) und Fälschung (unten): Der obere Ausschnitt zeigt ein Set der für Web-Portale typischen Kleinstbilder. Auf dem unteren ist zu sehen, dass man mit weniger Bildern, die richtig sichtbar sind, mehr erreicht. Auch Wechselwirkungen zwischen Bildern durch Spannungen oder Kontraste (hier z.B. der Vergleich der Jubelgesten eines Sportlers und eines Politikers) funktionieren nur, wenn man sie schnell und mühelos entziffert. Im oberen Format wäre das schlechterdings unmöglich.

www.web.de

> Bilder brauchen ausreichend Fläche, um wirken zu können. Bei der Entscheidung, wie viele Bilder in welcher Ausdehnung auf einer Seite platziert werden, sollte man also daran denken, dass wenige größer dimensionierte Bilder stärker wirken können als viele kleine.

Die optimale Größe von Bildern festzulegen, ist aber letztlich eine komplizierte Kosten-Nutzen-Rechnung. Die folgenden Regeln sollen abschließend einige Anhaltspunkte dafür geben, worauf zu achten ist:

- Grafiken sollten grundsätzlich professionell bearbeitet und komprimiert sein. Wer nicht weiß, wie man das bewerkstelligt, sollte sich unbedingt entsprechend informieren, bevor er seine Website bebildert.
- Je größer Grafiken sind, desto relevanter sollte die Information sein, die sie zeigen, und umgekehrt.
- Wenn es die Situation erlaubt, sollte der Benutzer die Entscheidung treffen können, ob er eine große Grafik sehen möchte oder nicht, z.B. durch anklickbare Vorschaubilder.
- Grafiken sollten in der Ausdehnung so groß sein, dass sie optisch leicht zu entziffern sind und für den verfolgten Zweck gut funktionieren. Sie sollten andererseits kein Pixelchen größer sein, als zur Erreichung dieser Ziele nötig ist.
- Das Optimum der Kosten-Nutzen-Kurve (Wartezeit und Verbrauch von Bildschirmfläche vs. Mehrwert an Information) ist immer im Einzelfall zu bestimmen. Eine Landkarte zum Ausdrucken muss genauso selbstverständlich groß sein, wie ein Icon oder ein Vorschaubild in der Tabelle eines Katalogs klein sein muss.

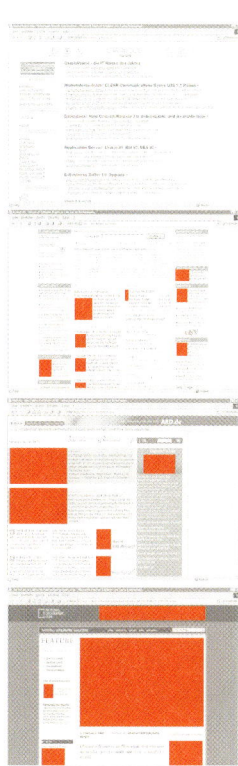

Abbildung 69: Das richtige Maß der Dinge für die Größe von Grafiken im Vergleich von vier Websites. Die Screenshots links zeigen die Originale, rechts ist der Anteil der Grafik im gesamten Bildschirm rot markiert. Das Kontinuum reicht von der reinen Textwüste (a) bis zum fast browserfüllenden JPEG-Schinken (d). Der beste Kompromiss zwischen Wirksamkeit und Sparsamkeit ist nach meinem Urteil Variante (c).

5.2 Bilder zum Navigieren

Icons, Symbole, Vorschaubilder

Symbole und Icons sind Bilder, die in ihrem Wesen am ehesten der Sprache ähneln, d.h. es gibt ein „Zeichen" (das Icon) und einen einzelnen „Sachverhalt", auf den es als Stellvertreter hinweist.

Allerdings wird der Nutzen von Icons für die Kommunikation und das Erstellen ergonomischer Websites oft überschätzt. Ich möchte an einem Beispiel zeigen, wie unpräzise scheinbar präzise Icons sein können.

www.oracle.com;
www.freenet.de;
www.ard.de;
www.nationalgeographic.com

Abb. 70: Menüleiste des Grafikprogramms Paint Shop Pro 7.0

Abb. 71: Das Original

Abb. 72: Ohne Text

Abb. 73: Alternativtext

Abb.74: Icons aus der Website von Coca Cola

www.altavista.de;
www.coca-cola.de;
rechte Seite:
www.wordtracker.com;
guide-du-gourmet.com/guide;
www.bankisrael.gov.il/
firsteng.htm;
www.bankisrael.gov.il/
firstheb.htm

Die Bilder in Abbildung 71 stammen aus einem Banner, mit dessen Hilfe Amazon Books Kunden anlockt. Dass es sich um Werbung handelt, soll uns hier nicht stören, sie könnten ohne weiteres als Icons einer Navigation gelten.

Ist dies nicht geradezu ein Paradebeispiel für die präzise kommunikative Wirkung von Bildern? In der Tat hat es den Anschein, als seien die Icons wie geschaffen dafür, Produkt-Kategorien darzustellen. Betrachten wir die Sache noch einmal ohne Text (Abbildung 72).

Na also. Da bräuchte es doch eigentlich keine Wörter, um die Message an den Kunden zu bringen. Aber: Ginge es denn *wirklich* ohne die Wörter? Sind die Bilder so eindeutig, dass Verwechslungen mit anderen Inhalten ausgeschlossen sind? Es hat vielleicht den Anschein, trifft aber mitnichten zu, wie Abbildung 73 zeigt. Hier wurden die Etiketten durch andere ersetzt, die nicht weniger gut zu den Bildern passen, obwohl sie sich im Inhalt deutlich unterscheiden. Und das ist nicht weniger sinnvoll als das Original.

Das Beispiel verdeutlicht zwei wichtige Dinge:

- Bilder können inhaltliche Bedeutungen (hier: Produktkategorien) nur schwer präzise wiedergeben. Auf diesen Aspekt habe ich bei der Darstellung der Unterschiede zwischen Bildern und Wörtern (s.S. 61) ja schon einmal hingewiesen.
- Bilder können in Abhängigkeit von ihrer sprachlichen Etikettierung auf ganz unterschiedliche Dinge verweisen.

Das eben gezeigte Beispiel ist sogar noch relativ präzise. Könnten Sie ohne Assistenz eines kommentierenden Textes verstehen, was die Icons aus der Website von Coca-Cola (Abb. 74) bedeuten? Betrachten wir zunächst einmal die ersten drei (in der Reihenfolge von oben). Es ist schlicht unmöglich, hier eine Vorhersage zu machen, welche Inhalte sich hinter den Bildern verbergen. Sie sind zu vage. Das vierte Icon scheint allerdings eine relativ präzise Bedeutung zu haben. Dies liegt jedoch bezeichnenderweise nicht an der bildlichen Information, sondern daran, dass man einen *Schriftzug* erkennt. Und die blasse, unvollständige Andeutung „Histo.." genügt bereits, um uns schlussfolgern zu lassen, dass hier die Historie des Unternehmens oder des Produkts dargestellt wird.

Ein kleines Ratespiel zum Thema Eindeutigkeit von Icons:

Die Begriffe, die zu diesen Icons gehören, lauten: „Keyword Report", „Affiliate Program", „Website-Statistics" und „Your free trial". Die Preisfrage: Welches Text-Etikett gehört zu welchem Icon?

Wenn Sie nun meinen, das sei alles einfach schlecht gemacht, stimme ich Ihnen zu. Die Beispiele sollen aber das grundsätzliche Problem veranschaulichen. Bilder können als emotionale Reize wirken, für ästhetische Eindrücke sorgen, komplexe Beziehungen sichtbar machen, die Aufmerksamkeit steuern und vieles mehr. Sie sind aber – mit einigen Ausnahmen, auf die ich gleich noch zu sprechen komme – nicht dazu geeignet, abstrakte inhaltliche Bedeutungen präzise zu kodieren. Man sieht dies am besten, wenn man sich durch fremdsprachige Websites bewegt (vgl. Abbildung 76 und 77).

Abb. 75: Ratespiel!

Auflösung:
A = Your free trial,
B = Keyword-Report,
C = Affiliate Program,
D = Website-Statistics

Abb. 76: Meine Französischkenntnisse sind minimal. Die Icons, die sich als sichelförmige Navigation um das leckere Arrangement in der Mitte gruppieren, sind nun zwar nicht französisch, helfen mir dafür aber keinen Deut weiter.

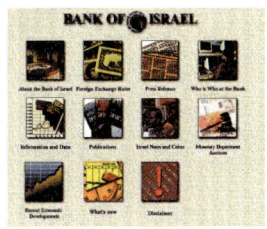

Abb. 77: Auch hier erkannt man die Sinnlosigkeit des Unterfangens, eine größere Zahl komplexer, abstrakter Inhalte visuell eindeutig zu kodieren (links). Das System ist nur navigierbar, wenn man die Bezeichnungen der Icons kennt (rechts).

<Fakten 6: Icons, Text oder „mixed modality">

Es gibt buchstäblich Dutzende von Studien zur Frage, wie gut Benutzeroberflächen nur mit Icons, nur mit Text („*single modality*") oder mit einer Kombination von Icons und Text („*mixed modality*") funktionieren. Dabei wurden verschiedene Fragen untersucht: Wie schnell werden Bedeutungen von Buttons gelernt?

Wie schnell werden sie wiedererkannt? Wie viele Fehler werden in der Bedienung gemacht? Was geben die Benutzer als persönliche Präferenz an? Die Ergebnisse sind komplex und leider nicht immer frei von Widersprüchen. Wenn man die Studien mit einer gewissen Vorsicht zusammenfasst, kommt man zu folgendem Ergebnis [24]:

- Im Durchschnitt (wenn man spezielle Randbedingungen unberücksichtigt lässt) liefert die Kombination von Icon und Text die besten Ergebnisse und wird von den Benutzern präferiert.
- Studien, in welchen eine klare Überlegenheit von Icons ohne Text gefunden wurde, sind eher selten. Allerdings werden in einzelnen Fällen Bedienungselemente ohne Icons präferiert.
- Die unterstützende Wirkung von Text ist beim Erlernen von „Mixed Modality"-Bedeutungen besonders wichtig. In gut trainierten Anwendungen kann evtl. auf Text verzichtet werden.
- Stilisierte, visuell sparsame Icons, die sich auf die wesentlichen Merkmale des darzustellenden Gegenstands beschränken, sind leichter zu lernen und besser zu bedienen als Icons, die Gegenstände sehr detailliert, in einer quasi-realen Weise darstellen [25].

Was sind die Schlussfolgerungen? Für das Erstellen einer Web-Navigation sollte eher eine „Mixed Modality"-Strategie verfolgt werden. Wenn eine Entscheidung im Sinne von entweder-oder zu treffen ist, wären Wörter zu bevorzugen. Abzuraten ist davon, sich ausschließlich auf visuelle Informationen zu verlassen. Hiermit stösst man Web ohnehin – einfach aufgrund der Menge der Information, die kodiert werden muss – schnell an die Grenzen des Möglichen (s. Seite 95, Abb. 76 und 77). Am ehesten kann man sich dies vorstellen, wenn es eine *stabile Nutzergemeinde* gibt, die ein System mit einer *überschaubaren Anzahl* an Funktionen *häufig* bedient (also z.B. in Intranets oder auch in häufig genutzten Web-Applikationen, wie Online-Banking). Ein Verzicht auf Sprache ist auch möglich, wenn es eine *weitläufig bekannte*, Symbolsprache mit fixierten Bedeutungen gibt, also etwa in Online-Shops.

Bilder zum Navigieren

Es gibt nun allerdings eine Klasse von speziellen Bildern, die sozusagen per Konvention bestimmte feste Bedeutungen tragen. Sie haben sich im Web als „Zeichen" etabliert und funktionieren deshalb auch ohne sprachliche Unterstützung. Beispiele für die wenigen – nach meinem Dafürhalten - einigermaßen präzisen Symbole sind in der folgenden Tabelle gelistet.

Tab. 14: Standard-Symbole im Web

🏠	Icons eines Hauses - in welcher Variation auch immer - verlinken zur Startseite einer Website.
🇩🇪🇫🇷🇺🇸	Flaggen dienen in fast allen Fällen zum Wechseln der Sprache auf mehrsprachigen Websites (könnten allerdings auch zur Landesvertretung eines Unternehmens führen).
⚠️	Baustellenschilder signalisieren auch ohne Beschriftung, dass hier etwas "under construction" ist.
🖨️	Der Klick auf einen Drucker führt in der Regel zur Druckversion einer Seite.
🔍	Lupen führen einigermaßen zuverlässig zu Suchfunktionen.
🛒	Icons eines Einkaufswagens öffnen den Warenkorb in Online-Shops.
📫	Briefkästen dienen zum Öffnen des E-Mail-Programms, oder sie verlinken zum Kontakt-Formular.

Abb. 78: Sicherlich wird dieses Menü eines Online-Shops, aus dem ich den Text entfernt habe, für einigermaßen erfahrene Online-Nutzer kein Problem darstellen (ausgenommen das Fragezeichen, das für sich betrachtet ziemlich mehrdeutig ist). Aber auch die Bedeutungen dieser Icons müssen erlernt werden.

Die Zahl der allgemein gültigen und anerkannten Web-Verkehrszeichen ist jedoch im Vergleich zu den Milliarden von Wörtern, welche die Surfer zu den Inhalten im Web führen, vergleichsweise gering. Sie funktionieren auch nur, weil sie sozusagen „eingeschliffen", also durch gewohnheitsmäßigen Gebrauch mit festen Bedeutungen belegt sind. Damit sind sie also fast schon zu einem Sprachersatz geworden. Für die meisten Icons oder Bilder zur Navigation auf Websites muss man feststellen, dass sie ohne ein unterstützendes Text-Etikett oder einen zusätzlichen Kommentar nicht eindeutig zu verstehen sind. In diesem Zusammen-

Quelle Abb. Tab. 14::
Diverse Clipart-Bibliotheken;
www.schreibtisch.com

hang möchte ich noch einmal wiederholen: Es wäre sehr wagemutig, vorauszusetzen, dass die Besucher einer Website bereit sind, deren Bedienung so ausgiebig zu trainieren, dass sie die zunächst einmal eher sinnlosen Symbole lernen. Andererseits möchte ich noch einmal betonen, dass Icons – natürlich – nicht „schlecht" sind. Die Frage, welche Form der Darstellung zu bevorzugen ist, hängt davon ab, welche Zielgruppen ein System mit welchen Zielen bedienen (mehr hierzu im Kapitel über „funktionelle Kongruenz", S. 111). Es gibt Fälle, in denen Icons einer sprachlichen Kodierung ganz eindeutig überlegen sind. Einen solchen zeigt Abbildung 79.

Angelegenheiten türkischer Mitbürger

Abb. 79: Mit welchem Link mag ein deutsch radebrechender türkischer Mitbürger sich besser zurechtfinden?

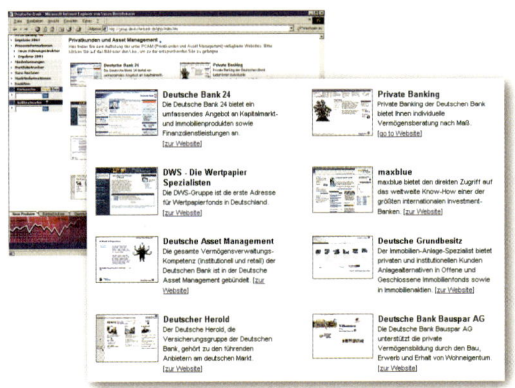

Abb. 80: Vorschaubilder ermöglichen es dem Besucher, sich genaue Erwartungen über die Folgen des nächsten Mausklicks zu bilden.

www.deutsche-bank.de

Abschließend möchte ich noch kurz auf eine besondere Art von Icons eingehen, die ich in Ermangelung eines feststehenden Terminus technicus „Vorschaubilder" nennen möchte („preview thumbnails" ginge auch, klingt aber irgendwie überkandidelt). Abbildung 80 zeigt ein Beispiel: Eine Leitseite führt zu verschiedenen Teilwebsites eines großen, lose zusammenhängenden Netzes von Auftritten des gleichen Anbieters. Als Icons werden Screenshots der Seiten angezeigt, auf die die Besucher geleitet werden.

Vorschaubilder sind ein positives Beispiel für den Einsatz von Grafiken für die Unterstützung der Navigation auf Websites. Man findet sie in der Regel, wenn auf externe Auftritte verlinkt wird, merkwürdigerweise aber relativ selten für Navigationszwecke innerhalb einer Website. Das liegt natürlich zum Teil daran, dass sich die Seiten eines Auftritts oftmals visuell so stark ähneln, dass es keinen Sinn ergeben würde, sie als Vorschaubilder anzubieten: Man würde keinen Unterschied sehen. Andererseits kann man immer dann, wenn sich das Design der Seiten verändert – z.B. bei eingebetteten Applikationen und Formularen – daran denken, sie mit Vorschaubildern anzukündigen.

Landkarten, Bäume, Gitter, Netze

Mit dem zunehmenden „*Information Overload*" in den neuen Medien und den damit einhergehenden Gefühlen von Beliebigkeit und Konfusion werden neue, ordnende Visualisierungen in Zukunft mit Sicherheit wichtiger werden. Es mangelt auch nicht an avantgardistischen Ideen zur Darstellung komplexer Informationsräume (vgl. Abbildung 81). Im Internet-Alltag findet man sie merkwürdigerweise nur selten – oder haben Sie schon einmal einen Online-Katalog gesehen, der sich als dynamisch-quasiräumliches Netz darstellt? Allerdings wird die Rettung erst mit der Entwicklung von einigermaßen stabilen Standards möglich sein. So lange Studios, Agenturen und Forschungsgruppen an Dutzenden von Konzepten stricken und sich in der Entwicklung revolutionärer visueller Ideen überbieten, sind wir hiervon noch weit entfernt.

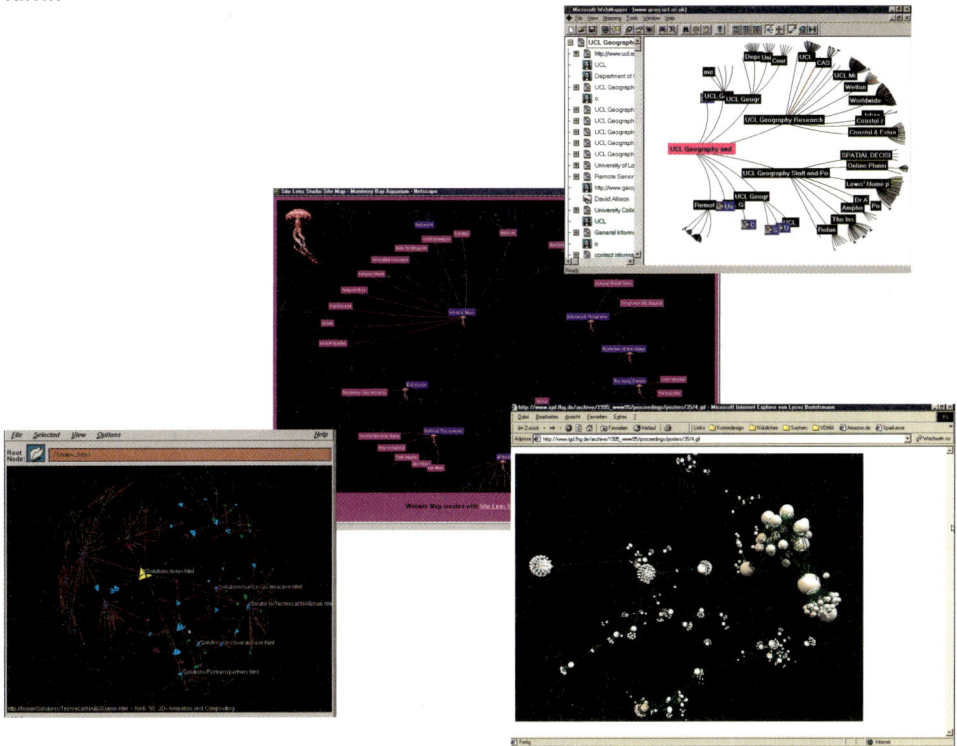

Abb. 81: Neue Karten braucht das Land? Visualisierung von Informationsnetzen in Baumstrukturen und Maps.

www.cybergeography.com

Die grundsätzliche Schwierigkeit bei solchen Systemen ist, dass sie auf keinem schon bestehenden räumlichen Wissen aufbauen, sie versuchen vielmehr – mit mehr oder weniger Geschick – solches zu erzeugen. Das unterscheidet sie von dem Konzept eines Stadtplans, der ja topographische Räume der Realität sozusagen spiegelt (hierzu gleich noch Beispiele). Die „Map of the Market" von smartmoney.com ist eines der wenigen Exemplare dieser Spezies, das in der rauen Wirklichkeit des Netzes anzutreffen ist.

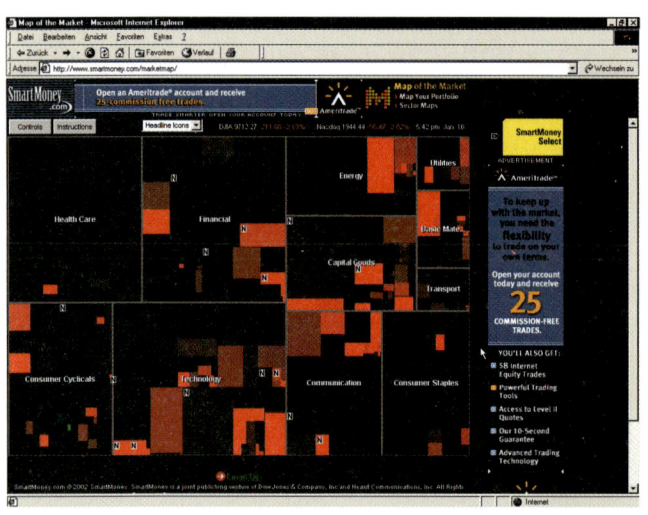

Sie verdeutlicht zugleich die Stärken einer visuellen Informationsverarbeitung sehr eindrucksvoll (s. Abbildung 82).

Die Richtung von Aktienkursen wird hier durch Farben (steigend = grün, fallend = rot), die Intensität des Steigens / Fallens durch die Farbsättigung, und Marktanteile werden durch Flächenanteile kodiert. Den tatsächlichen Nutzen des Konzepts für Börsianer möchte ich allerdings nicht beurteilen. Immerhin spricht der Sachverhalt, dass das Angebot mittlerweile kostenpflichtig ist, dafür, dass es genutzt wird.

Abb. 82: Ein genial einfaches Konzept zur Darstellung komplexer quantitativer Informationen (Börsennotierungen). Was hier auf einen Blick erfasst werden kann, müsste ansonsten umständlich in Zahlen, Tabellen und Text verpackt werden.

Vor einer anderen Situation stehen wir, wie schon erwähnt, wenn Navigationsräume nicht künstlich erzeugt werden, sondern die Realität abbilden. In diesem Fall wird bereits vorhandenes Wissen angesprochen, denn wir haben alle ein mehr oder weniger präzises geographisches Gedächtnis. Navigation mit oder „in" Karten kann deshalb sehr natürlich, also sinnvoll sein. Abbildung 83 zeigt als Beispiel eine Landkarte, die als Navigations-Tool dazu dient, eine bestimmte Region in einem Telefonverzeichnis zu finden.

Natürlich könnte man den Benutzer die gesuchte Information auch in ein Formular eintippen lassen, aber das ausschnittsweise Vergrößern einer Karte hat eine intuitive Logik, der man sich nur schwer entziehen kann. Die topographische Information wird in diesen Fällen also ganz selbstverständlich genutzt, um eine symbolische Information (eine Zahl) zu finden.

www.smartmoney.com/marketmap

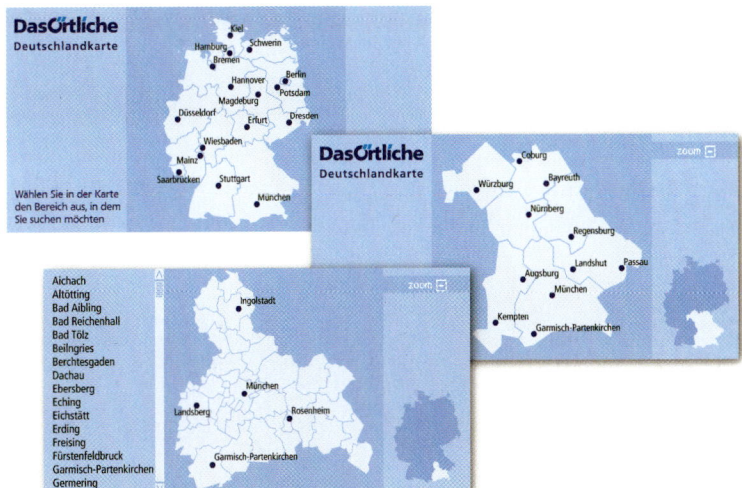

Abb. 83: Eine Landkarte, in die man hineinzoomen kann, um einen bestimmten Vorwahlbereich des Telefonverzeichnisses zu finden. Wenn die Ladezeit stimmt, ist ein solches System ein sinnvolles Navigations-Tool – wenn nicht, dann nicht.

Ein besonders interessantes Beispiel zum Thema „Navigieren in Karten" ist der Geodatenserver des Kommunalverbands Ruhrgebiet (Abbildung 84). In diesem System wird der gesamte Großraum des Ruhrgebiets als schematische Karte und parallel in Form von Luftbildern in einer Datenbank vorgehalten. Mit Hilfe einer Java-Applikation kann man sich in dieser virtuellen Welt (ein Ausdruck, der mir in diesem Zusammenhang ausnahmsweise einmal gefällt) bewegen, also buchstäblich über das Ruhrgebiet hinwegfliegen, Ausschnitte vergrößern und verkleinern und sogar Längen- oder Flächenberechnungen durchführen.

Wirklich interessant wird es allerdings auch hier erst dann, wenn die Topographie mit Inhalten gekoppelt wird. Damit eröffnen sich ganz neue Möglichkeiten für eine Navigation im Web. So ist es beispielsweise möglich, Symbole für Sehenswürdigkeiten oder „Points of Interest" einzublenden. Kommt dann z.B. zu dem Icon, das dem Benutzer die Lage eines Kinos zeigt, der Link auf dessen Website hinzu, und kann man außerdem umliegende U-Bahnhöfe einblenden und deren Fahrplan abrufen, und ist Ähnliches für alle wichtigen Branchen und Themen in einer Region möglich, würde für viele Zwecke der Besuch bei der Suchmaschine überflüssig. Ich wage mich ja ansonsten nur höchst ungern an Prognosen, doch ich vermute, dass sich solche Navigationsräume oder Themenkarten, die an unserem natürlichen topographischen Wissen anknüpfen, längerfristig gesehen eine feste Nische im Web erobern werden. (Wenn nicht, habe

http://195.145.119.215/DB4Web/es/oetb2ort/oetb_1.htm

ich aber nichts gesagt!). Derzeit ist allerdings der Aufwand für Betreiber und Benutzer aufgrund des Preises und der für eine wirklich komfortable Benutzung erforderlichen Bandbreiten noch relativ groß.

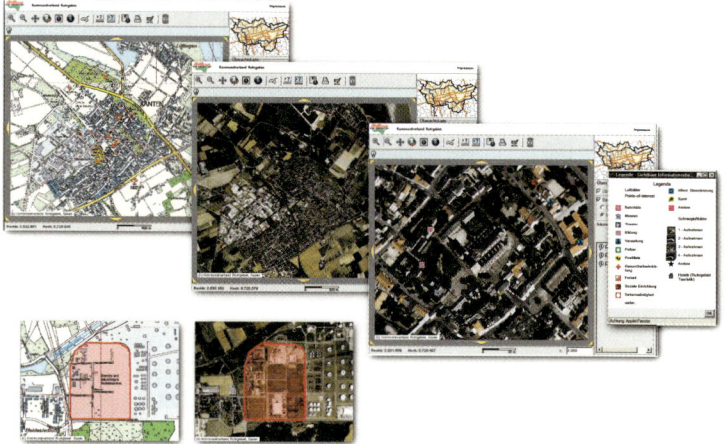

Abb. 84: Luftbilder und Kartenmaterial aus einem „Geodatenserver". Die obere Bildreihe zeigt die Stadt Xanten als Karte, als Luftbild und einen vergrößerten Ausschnitt, in dem der Dom und umliegende Points of Interest (öffentliche Gebäude etc.) eingeblendet sind. Die beiden kleineren Bilder zeigen ein ausgewiesenes Gewerbegebiet in der schematischen Ansicht und als Luftbild.

Geodatenserver des Kommunalverbands Ruhrgebie, www.kvr.de

Key Visuals

Eine verbreitete – und sinnvolle – Anwendung von Bildern auf Websites ist die Verwendung von „Key Visuals" (Schlüsselbildern). Hiermit sind nun aber nicht Bilder im Sinn von biologischen Auslösereizen, sondern fixierte Symbole für verschiedene Inhaltsbereiche einer Website gemeint. Sie dienen dazu, inhaltliche Segmente abzugrenzen und die Orientierung zu erleichtern. Sie erfüllen damit eine ähnliche Funktion wie ein Etikett auf einer Verpackung.

Dies ist vor allem sinnvoll – fast könnte man sagen: erforderlich –, wenn man es mit großen Systemen mit mehreren Schichten und Hunderten oder gar Tausenden von Seiten zu tun hat. Abbildung 85 zeigt hierzu ein gutes (links) und ein problematisches Beispiel (rechts). Letzteres kodiert Inhalte mit Gesichtern, was zunächst einmal durchaus interessant erscheint, denn das menschliche Gedächtnis für Gesichter ist außerordentlich gut – tatsächlich gibt es keine andere Information, die wir uns so gut merken können. Andererseits sollten jedoch zwischen einem visuellen Zeichen und dem Inhalt, den es als Symbol vertritt, möglichst enge und direkte Ähnlichkeitsbeziehungen bestehen. Und die Verbindungen der Gesichter auf Abbildung 85 zu Themen wie „Enterprise" (hier zu übersetzen als „Unternehmen, Betrieb"), „Customers" (Kunden) oder „Suppliers" (Lieferanten) sind völlig willkürlich.

Der nachdenkliche „Customer" sieht nicht mehr oder weniger kundenartig aus als die asiatische Dame ganz unten, und diese ist wiederum mindestens so lieferantig wie die Dame in der Mitte.

Ich muss gestehen, dass dieses Urteil auf Plausibilitätsüberlegungen beruht. Leider ist mir keine Studie bekannt, in welcher der Nutzen von Gesichtern als Symbolsystem für die Kodierung von Inhalten empirisch geprüft wurde. Allerdings erscheint mir das System des SPIEGEL auch aus der Anschauung heraus wesentlich plausibler.

Wenn man sie geschickt gestaltet, können Key-Visuals nicht nur die Rubrik, sondern auch die *Ebene* eines Hypertext-Systems für den Benutzer anzeigen. Hierzu ein Beispiel: In der Abbildung 86 oben ist die zweite Ebene der Website des Magazins GEO, die Rubrik „Medizin und Psychologie" zu sehen. Als Key-Visuals dienen das grüne Oval und der purpurfarbene Kreis. Der blaue Pfeil auf der Abbildung zeigt, wie es auf der Website weitergeht, wenn man einen Artikel innerhalb der Rubrik anklickt. Der gesamte Kopfbereich der Seite bleibt konstant, lediglich der Text-Bereich wird ausgetauscht.

Der rote Pfeil zeigt eine Alternative an. Das Key-Visual ist hier um 50% verkleinert, und der schwarze Querbalken (der den Rubrikentitel und eine Standard-Navigation enthält) etwas schmaler gestaltet. Der grüne Farbverlauf wird gegenüber der ersten Ebene ebenfalls um ca. 30% schmaler. Der Unterschied zur Mutterseite ist nicht gravierend (das darf er auch nicht sein, da der Themenbereich konstant bleibt), doch deutlich genug, um dem Leser anzuzeigen, dass er sich eine Ebene „nach unten", in den Hypertext hinein bewegt hat.

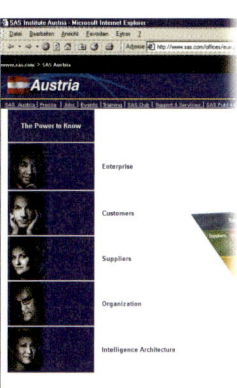

Abb. 85: Auf „SPIEGEL Online" (links) werden Key-Visuals zusammen mit einer Farbkodierung eingesetzt, um die verschiedenen Sektionen des Auftritts zu markieren. Sinnvollerweise sind die Bilder „Mixed Modality", d.h. die Namen der Rubriken sind ebenfalls lesbar. Das Beispiel rechts erscheint nicht optimal, denn der Zusammenhang zwischen den Gesichtern und den Rubriken ist nicht nachvollziehbar.

www.spiegel.de

Abb. 86: Original und Fälschung: Zwei Varianten der Darstellung von Key-Visuals auf verschiedenen Hierarchie-Ebenen einer Website (Erklärung im Text).

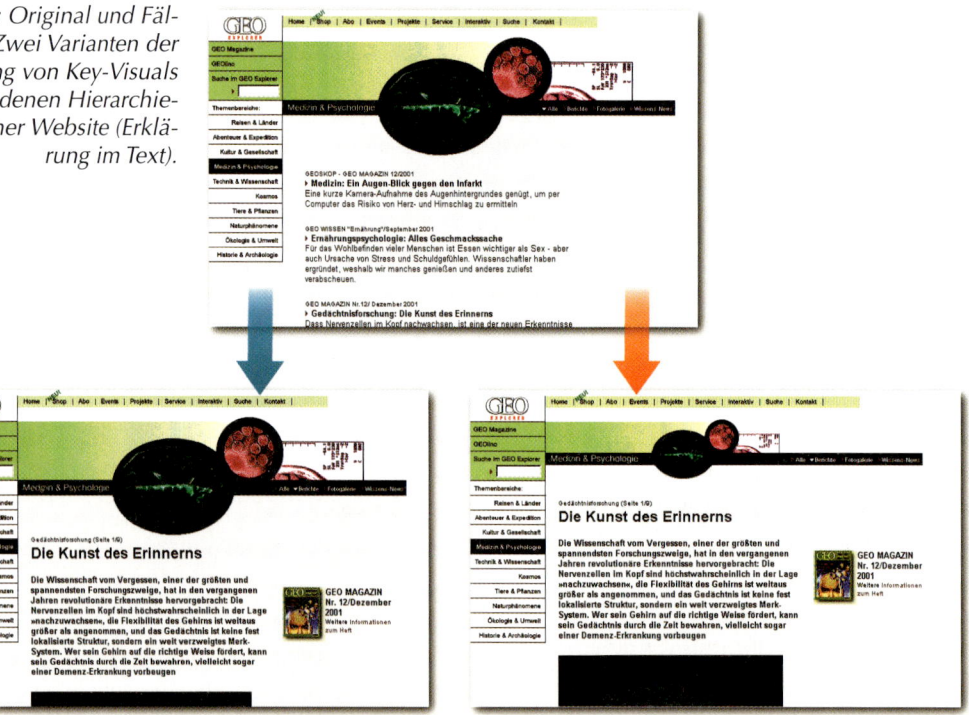

> Je umfangreicher eine Website ist, desto mehr muss man sich darum kümmern, dass die Besucher Hinweisreize vorfinden, die Ihnen ein Gefühl für ihre vertikale Position im Hypertext vermitteln.

<Exkurs 2: Die Duale Kodierungstheorie>

Zusammenhänge zwischen Bild- und Wortbedeutungen sind ein klassisches Thema der Denk- und Gedächtnispsychologie. Der kanadische Psychologe Allan Paivio entwickelte zu Beginn der 70er Jahre des 20. Jahrhunderts eine Theorie, die in der Gedächtnispsychologie und auch in der Medienpsychologie rasch einen großen Einfluss gewonnen hat [26].

Obwohl sie im Detail nicht unumstritten geblieben ist, liefert sie ein sehr plausibles Modell für das Zusammenwirken von verbalen und visuellen Prozessen in der Verarbeitung von Information. Paivio stützte sich auf verschiedene experimentelle Ergebnis-

www.geo.de/themen/medizin_psychologie/gedaechtnis/index.html

se der Gedächtnisforschung, die er z.T. in eigenen Versuchsreihen gefunden hatte.

- Die gemeinsame Darbietung von Wörtern und Bildern steigert die Erinnerungsleistung gegenüber einer Nur-Wort oder Nur-Bild-Bedingung.
- Konkrete Begriffe (also Wörter, die man sich leicht bildhaft vorstellen kann) sind leichter zu lernen als abstrakte.
- Wenn man Versuchspersonen in einem Lernexperiment auffordert, sich die zu lernenden Dinge bildhaft vorzustellen, verbessert dies die Gedächtnisleistung.

Wir können in diesem Zusammenhang auch den Befund zitieren, dass die „Mixed Modality"-Darstellung von Menü-Optionen (Bild *und* Wort) „Single Modality"-Varianten (nur Bild oder nur Wort) überlegen ist (s. Seite 95).

Zusammenfassend besagt die Theorie folgendes: Wir verfügen in unserem Gedächtnis über zwei getrennte Speichersysteme: Im *verbalen Gedächtnis* sind Inhalte abgespeichert (die entsprechenden Informationseinheiten bezeichnet Paivio als „Logogens"). Das *bildhafte Gedächtnis* enthält Vorstellungsbilder („Imagens"). Man kann sich das durchaus analog zur Festplatte eines Computers vorstellen, auf der es getrennte Verzeichnisse für Grafiken und Text-Dateien gibt.

„Duale Kodierung" bedeutet nun, dass viele Inhalte in *beiden* Speicher-Systemen enthalten sind. Zwischen den Bild- und Text-Dateien gibt es also Hyperlinks. Um es an einem typischen Web-Begriff zu verdeutlichen: „Banner" sind in unserem Gedächtnis sowohl in Form von Wörtern mit verschiedenen Bedeutungsvarianten („Popup-Banner", „animierte Banner") als auch in Form von mentalen Vorstellungsbildern gespeichert.

Die Inhalte des einen Speicher-Systems sind mit den Inhalten des jeweils anderen verbunden. Wenn wir das Wort „Banner" lesen, erinnern wir uns automatisch an Bilder von Bannern, die wir schon gesehen haben, und umgekehrt geschieht das Gleiche. (Eben aus diesem Grund erschien mir die auf Abbildung 85 rechts gezeigte Lösung mit Gesichtern als Key Visuals so verdächtig.) Abbildung 87 fasst das Modell der Dualen Kodierung noch einmal schematisch zusammen.

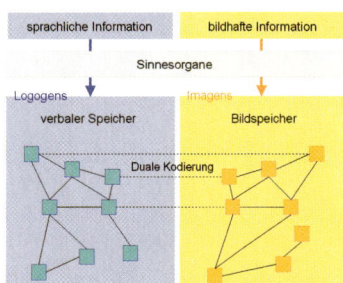

Abb. 87: Das Gedächtnismodell der Dualen Kodierung: Für bildhafte und sprachliche Informationen gibt es zwei getrennte Speicher-Systeme.

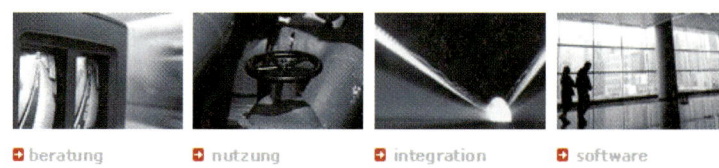

▸ beratung   ▸ nutzung   ▸ integration   ▸ software

Abb. 88: Absurde Welt. Können Sie hier einen Zusammenhang zwischen Text und Bild herstellen? Ich auch nicht. Die Logogens und Imagens sind überhaupt nicht aufeinander bezogen, sie arbeiten nicht zusammen und können also keine synergetischen Effekte für das Lernen erzeugen.

Die Inhalte einer Website sind also optimal aufbereitet, wenn sie sowohl „Logogens" als auch „Imagens" in unserem Gedächtnis ansprechen. Das könnte eine Erklärung dafür sein, dass eine „Mixed Modality" Navigation mit Bildern und Wörtern so effizient ist. Doch eine gewisse Vorsicht sollte man dabei schon walten lassen. Damit ist nämlich nicht gemeint, dass zu jedem Textabschnitt „einfach so" ein passendes Bild zu suchen sei („Wir schreiben über Kühe. Also passt das Bild einer Kuh hier doch prima!"). Im Gegenteil: Wie wir später noch genauer sehen werden, ist der förderliche Effekt der dualen Kodierung besonders stark, wenn Bild und Text eben *nicht* vollständig synonym sind, wenn sich Bild und Sprache ergänzen oder sogar eine „Spannung", z.B. ein Widerspruch in den Aussagen liegt (mehr hierzu im Abschnitt über Wechselwirkungen von Bild und Sprache, Seite 121).

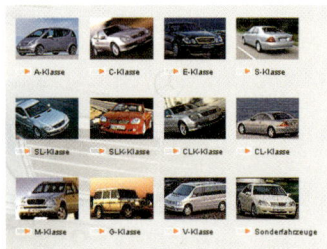

Abb. 89: Hier stimmt das Prinzip der dualen Kodierung: Begriffe (Logogens) wie „C-Klasse", „M-Klasse", „G-Klasse" oder „V-Klasse" werden leichter unterschieden, verstanden und behalten, wenn das entsprechende Bild (bzw. Imagen) gezeigt wird.

< /... >

5.3 Bilder zum Lernen und Verstehen – und Einkaufen

Weiter oben (Seite 66) habe ich schon einmal argumentiert, dass die eigentliche Substanz des Mediums World-Wide-Web aus Sprache bzw. Text besteht. Trotzdem sind Grafiken oder Bilder natürlich nicht nur in Hinblick auf ihre Wirkung bei der Unterstützung der Navigation zu sehen. Sie bilden auch einen wesentlichen Bestandteil dessen, was heute so schön als „Content" bezeichnet wird. Und richtig eingesetzt, können sie sowohl für die Besucher als auch für Autoren oder Designer nützlich sein. Wer sich heute immer noch als puristischer Bilderstürmer gebärdet,

www.newtron.net;
www.mercedes-benz.de

hat nicht verstanden, dass Bilder – trotz verlängerter Wartezeiten, die sie mit sich bringen – enorm Zeit sparen können. Jede Entscheidung für oder gegen das Einbauen von Bildern in Websites sollte allerdings bewusst getroffen und der Nutzen von Ästhetik, Inhalten und Aussagen gegen die Kosten einer verlängerten Ladezeit und einem irgendwann entstehenden visuellen Gedrängel abgewogen werden. Ich denke, man kann voraussetzen, dass das Publikum den Unterschied zwischen dem Nutzen des Konterfeis einer hoch auflösenden JPEG-Gebäudefassade (nämlich nahe Null) und z.B. einem Produktbild sehr gut kennt.

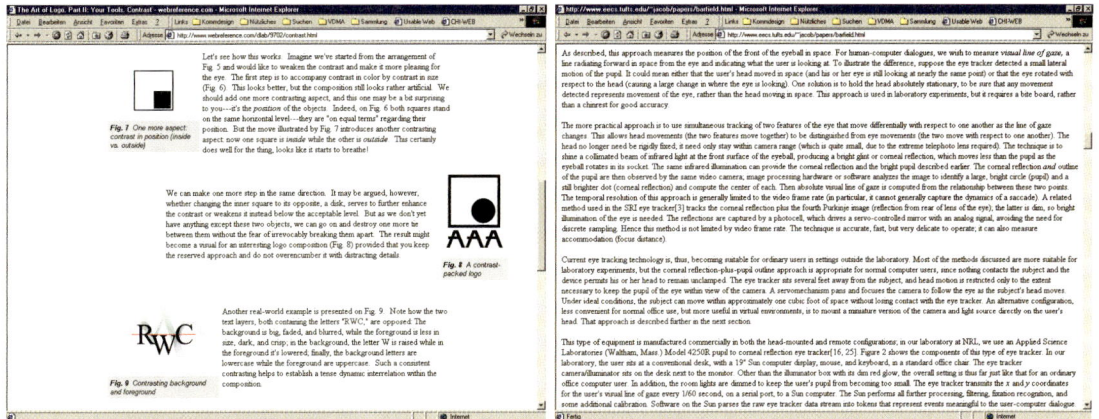

Abb. 90: Bilder helfen dabei, Bleiwüsten, die bei unformatiertem Text im Browser leicht entstehen, in übersichtliche Formen zu bringen: Welchen Text würden Sie lieber lesen?

Instruktive Bilder können sachlich-informative, kommentierende (den Text ergänzende) oder auch nur schmückende Aufgaben haben, und im Verlauf dieses Abschnitts möchte ich auf ihren Gebrauch im Web näher eingehen. Vorab sei noch kurz eine andere nicht zu vernachlässigende Funktion von Grafiken erwähnt, die davon völlig unabhängig ist: Sie strukturieren das Layout und sind ein Gestaltungsmittel, um Inhalte zu gruppieren und Informationen aufzulockern (vgl. Abbildung 90).

Bilder mit Mehrwert: Produktbilder

Die einfachste und unverfänglichste Form der Illustration sind Bilder von Produkten. Das Auge kauft und urteilt mit, seien es Autos, Bleistifte, Computer oder Unterwäsche. Gerade im berüh-

www.webreference.com/dlab/9702/contrast.html
www.cs.tufts.edu/~jacob/papers/barfield.html

Abb. 91: Nicht sehr aufregend, aber nützlich: Produktbilder in Katalogen.

rungslosen Web, wo der direkte Kontakt zum Produkt nicht möglich ist, möchte ein Verbraucher zumindest sehen, wofür er sein Geld ausgibt. Deshalb sind diese Grafiken gute Grafiken. Die in Abbildung 91 zu sehenden Beispiele sind – wie sich das für einen guten Katalog gehört – als „Thumbnails" ausgeführt, die bei Bedarf vergrößert werden können. So übergibt man die Kontrolle an den Besucher. Er darf selbst entscheiden, ob er die Wartezeit für eine große Darstellung investieren möchte.

Wirklich wichtig und funktionell werden Bilder, wenn man mit ihrer Hilfe das Web so gestalten kann, dass Abläufe entstehen, die natürlichen, realen Handlungsabläufen nahe kommen. Hierzu wird im zwölften Kapitel dieses Buches („Über das Handeln", s. Seite 287) noch einiges zu sagen sein.

Ein Beispiel: Was macht man, wenn man Software kauft? Natürlich informiert man sich möglichst umfassend über das Produkt. Und was macht man dann im Ladengeschäft? Man betrachtet sich die Verpackung von allen Seiten, bevor man damit zur Kasse geht.

Also benötigt man auch im Web ein gutes Produktbild – besser gesagt: es sind *unbedingt* gute Bilder erforderlich, denn viele Sinne, die uns in der Realität unterstützen (z.B. der Tastsinn oder das Gefühl für Gewichte), lassen uns hier im Stich. Wer also z.B. in einem Online-Shop Produkte im Wert von 716 Euro verkauft und nicht mehr zu bieten hat als eine Platzhaltergrafik mit der erhellenden Information, es sei kein Originalfoto vorhanden, bietet seinen Kunden eine peinliche Vorstellung (Abbildung 92). So kann man das vielleicht eben mühsam erworbene Vertrauen gleich wieder verlieren.

Abb. 92: Kein Originalfoto vorhanden, nur ein schlecht gestalteter Platzhalter? Schade. Und was sagen uns defekte Grafiken im Katalog (alles ist Kommunikation)?: „Hier wird nicht gerade sorgfältig gearbeitet."

www.esprit-online-shop.com/index_de.html
www.netonnet.de;
www.allago.de

Und das Web kann in dieser Hinsicht manchmal sogar etwas mehr als ein reales Ladengeschäft, denn es lassen sich beliebige Schemazeichnungen, Vergrößerungen und Schnitte darstellen (Abbildung 94). Fragen Sie einmal einen Verkäufer in einem Computerladen, ob er eben einmal so nett sein könnte, den Rechner aufzuschrauben, damit Sie sich das Innenleben betrachten können, dann wissen Sie, was ich meine.

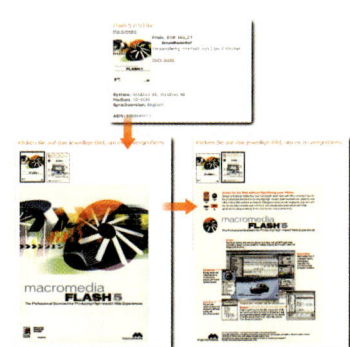

Abb. 93: Fast wie im richtigen Leben: Vorder- und Rückseite der Verpackung können – auf Wunsch – von der Produktseite aus in großen, hoch auflösenden Grafiken betrachtet werden.

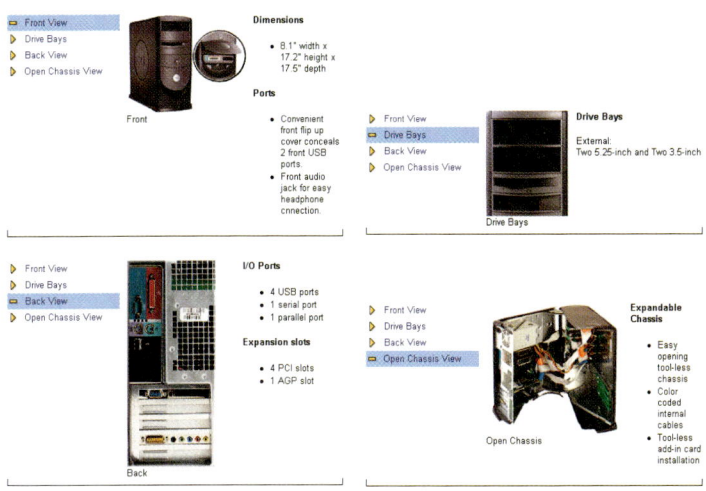

Abb. 94: Wenn uns Bilder im Web neue, informative An- und Einsichten zeigen, ist kein Byte verschwendet.

Im Unterschied zu den redaktionellen Teilen einer Website oder auch Menüs und Online-Formularen trifft man in Shops auch Entscheidungen häufig – unter anderem – anhand der gezeigten Bilder. Sie sind im Fokus des Bewusstseins. Informationen wie „Ein breites, langärmliges Sweatshirt mit Kapuze, einer amerikanischen Flagge auf der Brust und einem kleinen roten Streifen im Kragen" ohne das entsprechende Bild findet man deshalb nicht im Web. Solches käme den Shop-Betreiber teuer zu stehen und würde die Kundschaft an seinem Verstand zweifeln lassen.

Karten und Diagramme

Ich hatte schon erwähnt, dass sich Bilder gegenüber der sprachlichen Kommunikation in zwei Aspekten unterscheiden: Sie wirken emotional sehr stark und können sehr komplexe Sachverhal-

www.amazon.de;
www.dell.com

te darstellen. Der zuletzt genannte Punkt ist immer dann wichtig, wenn man es eilig hat und sich nicht mit dem Lesen von Fließtexten aufhalten möchte (eine Situation, die im Web eher die Regel als die Ausnahme ist). Was man mit einer gut gemachten Infografik sagen kann, kommt also beim Leser wahrscheinlich an. Eine gute Grafik kann Zeit sparen, und dies ist der Lieblingssport der Internet-Gemeinde. Nun gibt es Hunderte Varianten lehrreicher Bilder, von Landkarten über Schemazeichnungen bis hin zu Organisationsdiagrammen. Wenn man an ihren Gebrauch im Web denkt haben sie immerhin eines miteinander gemeinsam: Sie stellen genauso wie Produktbilder einen spürbaren „Mehrwert" dar, z.B. indem sie Sachverhalte komprimiert darstellen oder Zusammenhänge sichtbar machen, die durch verbale Beschreibungen nicht so leicht zu erfassen wären.

Abb. 95: In manchen Fällen wäre der Verzicht auf Grafik der reine Unsinn. Wenn Sie Zweifel haben, versuchen Sie einmal, anhand eines beschreibenden Textes die Anatomie des Gehirns oder einen Stadtplan zu verstehen.

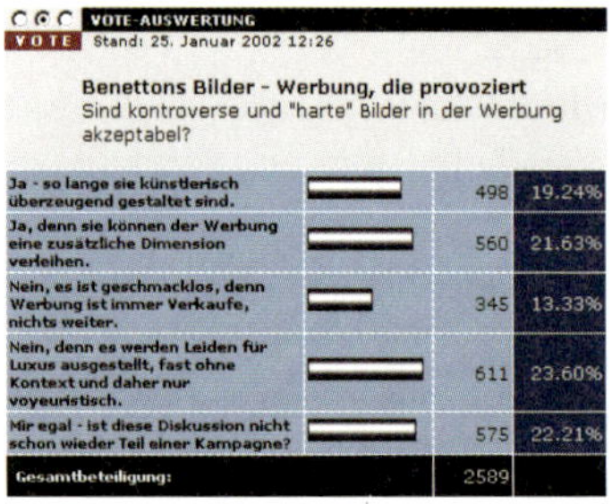

Abb. 96: Das Arbeitspferd der Statistiker: eine Balkengrafik. Das Thema ist übrigens auch nicht uninteressant: Es geht um die weiter oben (S. 62) zitierten Benetton-Bilder. Sind kontroverse Bilder in der Werbung akzeptabel? Die Meinungen sind geteilt [27].

Die Entscheidung für eine Grafik fällt dabei besonders leicht, wenn die Information, die übermittelt werden soll, per se bildhaft ist. Hierzu gehört z.B. alles, was man unter die Oberbegriffe „Kartographie" fassen kann. Dabei ist der Begriff sehr allgemein zu fassen, von Landkarten über Internet-spezifische topographische Orientierungshilfen (z.B. Sitemaps) bis zu anatomischen Abbildungen. In diesen Fällen sind Bilder immer suggestiver oder leichter verständlich, als es ein dazu gehöriges Wort oder ein Text jemals sein kann. Einfacher ausgedrückt: Wer im Web nach Landkarten recherchiert, eine Nachhilfe in Anatomie oder nach statistischem Zahlenmaterial sucht, *will ein Bild sehen*. Und das ist die beste Begründung

www.med.harvard.edu/AALLIB/
cases/caseM/mrtc1_t/024.html;
www.stadtpla.net/brd/berlin/berlin/home.html

für den Einsatz einer Grafik, und eben durchaus auch einer größeren Grafik. Gute Bilder zeigen also genau das, was wir sehen möchten oder müssen, um unsere Ziele zu erreichen.

Mit dem Thema Diagramme tut sich ein besonders weites Feld auf, ich will das Thema aber nicht weiter vertiefen, denn es würde uns vom eigentlichen roten Faden zu weit weg führen. Interessierten Lesern möchte ich ein sehr praxisorientiertes Buch von Gene Zelatzny mit dem Titel „Wie aus Zahlen Bilder werden" [29] ans Herz legen. Allerdings gibt es ein besonderes Ergebnis aus der Forschung zur Visualisierung von Zahlen, das so aufschlussreich ist, dass sich sogar ein etwas längerer Umweg lohnt. Der Zusammenhang mit unserem Thema mag sich vielleicht auf den ersten Blick nicht erschließen, doch ich verspreche, dass wir am Ende wieder mitten im Web landen werden.

5.4 Grafiken, Tabellen und das Prinzip der „funktionellen Kongruenz"

Grob gesagt, gibt es zwei Möglichkeiten, Zahlenmaterial wie etwa die Ergebnisse von Umfragen darzustellen: Man listet die Werte in Tabellen auf oder erstellt Linien-, Balken- und Tortengrafiken (wobei man unprofessionelle Arbeit bei Letzteren leicht daran erkennt, dass an der 3D-Schraube gedreht wird, bis jeder Konditor blass wird). Die Frage, die sich dann spontan ergibt: Welcher Darstellungsmodus ist besser?

Gehen wir zunächst einmal von dem aus, was wir wahrscheinlich alle als spontane Überzeugung verinnerlicht haben: *Natürlich* sind bunte, lustige Grafiken den langweiligen Tabellenwerken didaktisch haushoch überlegen! Sicherlich haben nicht wenige Wissenschaftler in den 70er Jahren des zwanzigsten Jahrhunderts auch so gedacht und die Konsequenz gezogen. Sie machten sich also daran, es zu beweisen, um dann Fördermittel beantragen zu können, von denen sie bis ans Ende ihrer Tage sorglos hätten leben können. So edel dieses Vorhaben war: Es scheiterte an der Widerständigkeit der Realität. Die in den zahlreichen Studien mitwirkenden Personen weigerten sich nämlich beharrlich, mit Grafiken eindeutig besser zu lernen, zu suchen, zu erinnern, zu verstehen oder schlusszufolgern als mit Zahlen in Tabellen. Man konnte zwar einzelne Erfolge verbuchen, doch es gelang niemandem, zweifelsfrei nachzuweisen, dass Bilder

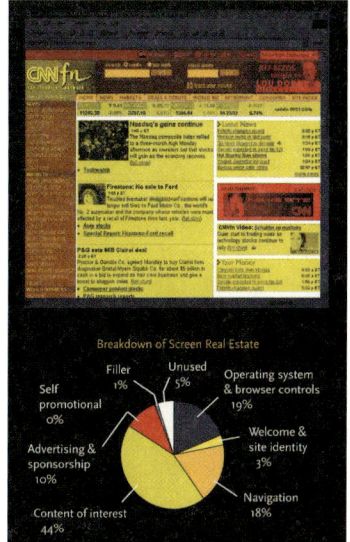

Abb. 97: Eine überzeugende Idee zur Visualisierung. Die Grafiken zeigen eine Darstellung der Flächenanteile, die auf einer Startseite im Web für verschiedene Inhalte verbraucht werden [28].

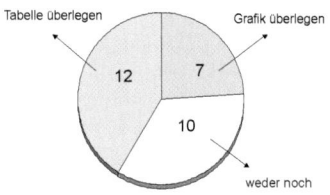

Abb. 98: In 29 Untersuchungen zu der Frage, ob eine Grafik oder eine Tabelle mit Zahlen die besseren Lern- und Arbeitserfolge erbringt, ergaben sich die hier gezeigten Verhältnisse (Erläuterungen im Text).

Tabellen überlegen sind. Schlimmer noch: Es war *überhaupt nicht* zu klären, welche Form der Darstellung von Information die bessere ist. Man hatte damit also keine Förderprogramme aufgetan, sondern das „Grafik-Tabellen-Dilemma" entdeckt.

1984 waren so viele Untersuchungen verfügbar, dass man sie in einer so genannten „Meta-Analyse" gemeinsam auswerten und eine Bilanz ziehen konnte [30]. Das Ergebnis ist in Abbildung 98 zu sehen. Und man kann erkennen: Nur in 7 von 29 Studien zum Vergleich der Effizienz von Grafiken und Tabellen waren Erstere überlegen. Das ist wahrlich nichts für Bilderfreunde. Andererseits schneiden die Tabellen auch nicht viel besser ab. Sie hatten zwar in 12 Studien bessere Ergebnisse geliefert, doch im verbleibenden Drittel der Fälle zeigten sich ja keine eindeutigen Unterschiede. Es hat also auf den ersten Blick den Anschein, als sei es irgendwie „egal", welche Form man für die Darstellung von Informationen wählt – zumindest bleibt es unklar.

Trotzdem konnte mit Hilfe der Meta-Analyse das Dilemma aufgeklärt werden. Der wesentliche Punkt ist folgender: Die diversen Studien untersuchten nicht immer exakt die gleichen Personengruppen, Inhalte, Aufgabentypen und Erfolgsmaße. Die Ergebnisse legten den Verdacht nahe, dass die Überlegenheit von Bildern und Tabellen davon abhängt, *welche Leistungen verlangt werden*. Das ist überaus plausibel: Das Schätzen der Steigung bzw. das Verstehen des Verlaufs einer Wertereihe ist ja z.B. anhand einer Liniengrafik leichter möglich als in einer Tabelle mit Zahlen.

Auf Abbildung 99 wird dies an einem schematischen Beispiel demonstriert. Betrachtet man die Grafik, springt z.B. der weit nach unten abknickende Ausreißerwert in der blauen Kurve sofort ins Auge. In der Tabelle müßte man nach ihm suchen, und möglicherweise würde man ihn hier schlicht übersehen. Für das Finden von Extremwerten und Ausreißern ist also die Grafik weitaus besser geeignet. Dies gilt ganz allgemein, wenn komplexe Verläufe ausgewertet werden müssen, und umso deutlicher, je mehr Wertereihen zu vergleichen sind. Andererseits kann man anhand der Grafik nicht exakt bestimmen, wie groß z.B. der Mittelwert aller Kurven am Beginn der Wertereihe ist. Mehr als eine grobe Schätzung ist nicht möglich. In der Tabelle können wir allerdings die exakten Werte mühelos ablesen und beliebige Berechnungen und numerische Vergleiche durchführen.

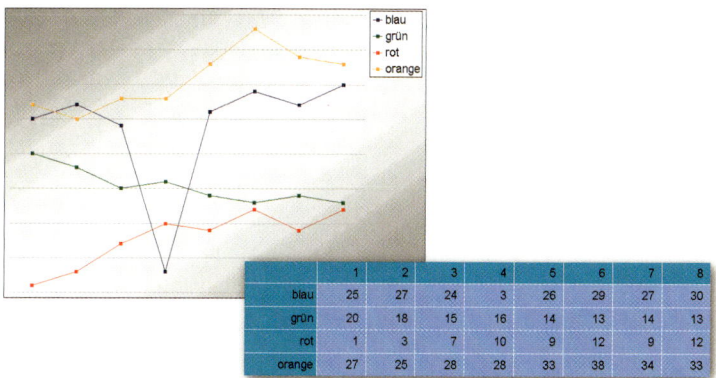

Abb. 99: Es ist ganz leicht, den Verlauf von vier oder fünf Linien in einer Grafik gleichzeitig zu verfolgen und zu vergleichen, in einer Tabelle ist dies aber kaum möglich. Sobald man genaue numerische Werte benötigt, helfen die Grafiken nicht weiter, dann brauchen wir die Tabelle.

Somit löste sich das Grafik-Tabellen-Dilemma folgendermaßen in Luft auf: Wenn es um den symbolischen Aspekt der Information (die exakten Zahlenwerte) geht, gewinnt die Tabelle. Sind hingegen komplexe räumliche Vergleichsprozesse notwendig, gewinnt die Grafik. Bei sehr komplexen Aufgaben, die räumliche *und* symbolisch-numerische Aspekte erfordern, braucht man schließlich beide Informationen. Hier gewinnt also keine der beiden Darstellungen.

Außerdem vermutete man, dass es Menschen mit einer gewohnheitsmäßigen Präferenz für das Lernen und Verstehen mit Hilfe von bildhaften Informationen einerseits oder Zahlen andererseits gibt. Auch dies könnte erklären, warum in den Vergleichsstudien ein eindeutiger Befund so schwer zu erreichen war.

Um mit den neu gewonnenen Einsichten hantieren zu können, wurde der Begriff „Kognitiver Fit" („cognitive fit") eingeführt [30]. „Kognitiv" ist ein Wort, das man etwas schwerfällig mit „Urteils-, Denk- und Gedächtnisprozesse betreffend" übersetzen könnte, und „Fit" bezieht sich selbstredend nicht auf körperliche Fitness, sondern auf „Übereinstimmung". Ich möchte allerdings diese Konstruktion gleich wieder über Bord werfen und stattdessen den etwas einfacheren und allgemeineren Begriff *„funktionelle Kongruenz"* (funktionelle Stimmigkeit) verwenden. Tabelle 15 (S. 114) zeigt schematisch, was hierunter zu verstehen ist.

Tab. 15: Funktionelle Kongruenz liegt vor, wenn die Darstellungsweise von Information und die zu lösende Aufgabe (bzw. die Präferenz der Person) zueinander passen. Räumliche Aufgaben können z.B. mit räumlicher Information gelöst werden. Dies ist der optimale Fall. Soll andererseits eine räumliche Aufgabe mit symbolischer Information gelöst werden (oder umgekehrt), ist dies aufgrund der funktionellen Inkongruenz bzw. Unstimmigkeit nur schwer möglich.

Darstellung der Information	Aufgabentyp (Präferenz der Person)	
	räumlich	symbolisch
räumlich	funktionelle **Kongruenz**	funktionelle Inkongruenz
symbolisch	funktionelle Inkongruenz	funktionelle **Kongruenz**

Am Beispiel der Darstellung von Zahlenreihen kann das Prinzip der funktionellen Kongruenz in folgende einfache Regel gefasst werden: Sorge dafür, dass die Information sowohl als Grafik als auch in Form von Zahlen verfügbar ist. Die weiter oben gezeigte Grafik der Flächenverhältnisse verschiedener Inhalte auf einer Website (Abbildung 97) ist also eine gute Grafik, denn die Information wird auf mehreren Wegen parallel verfügbar gemacht, sowohl analog-kartographisch (Screenshot mit eingefärbten Flächen oben) als auch schematisch (Kreisdiagramm unten), als auch in Zahlen.

Natürlich hätte ich mir die ganze Mühe nicht gemacht, wenn man das Prinzip der funktionellen Kongruenz nicht auf die Darstellung von Information im Web übertragen könnte. Ich möchte dies anhand eines Beispiels veranschaulichen: einem Routenplaner. Füttert man diese segensreichen Helfer mit einem Start- und einem Zielort, suchen sie den kürzesten Weg und versorgen uns mit allen erforderlichen Informationen zur Route, von den Entfernungsangaben bis zu den Nummern der Autobahnen oder Straßen. Die Informationen können als Liste (symbolisch) oder als Karte (räumlich) dargestellt werden. Überlegt man, für welche Zwecke die Information eines Routenplaners von seinen Benutzern verwendet wird, zeigt sich sofort der Zusammenhang mit dem Prinzip der funktionellen Kongruenz. Zwei einfache Fragen, die einem Routenplaner in vielen Fällen gestellt werden, sind z.B. (a) Wo liegt ein unbekannter Zielort? und (b) Wie groß ist die Distanz vom Ausgangs- zum Zielort genau? Im ersten Fall braucht man eine Karte, um die Frage beantworten zu können, im zweiten eine exakte Zahl. Ein guter Routenplaner hält also ganz selbstverständlich *beide* Informationen bereit, sonst könnte er seine Benutzer nicht optimal bedienen und würde irgendwann verschmäht. In Tabelle 16 ist das Beispiel schematisch aufgegliedert, und Abbildung 100 zeigt ein aktuelles Beispiel aus dem Web.

Tab. 16: Das Prinzip der funktionellen Kongruenz am Beispiel zweier Aufgaben, die mit Hilfe eines Online-Routenplaners gelöst werden können.

Darstellung der Information	Aufgabentyp (Präferenz der Person)	
	Wo liegt der Zielort geographisch?	Wie groß ist die Entfernung zum Zielort?
Landkarte	funktionelle **Kongruenz**	funktionelle Inkongruenz
Liste	funktionelle Inkongruenz	funktionelle **Kongruenz**

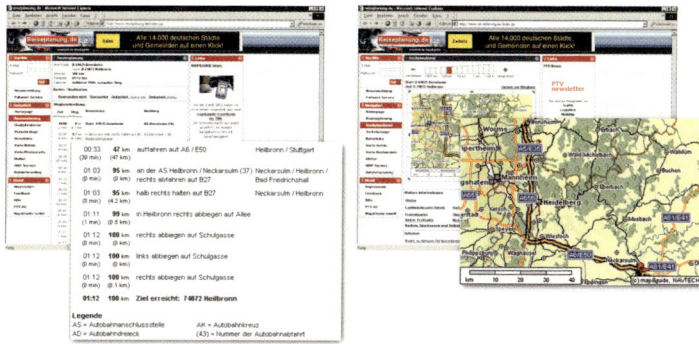

Abb. 100: Ein guter Routenplaner macht Information sowohl symbolisch (Liste, linker Screenshot) als auch bildlich (Karte, rechter Screenshot) verfügbar. Damit sind im Sinn der funktionellen Kongruenz alle möglichen Anforderungen an die Anwendung abgedeckt.

Vielleicht erinnert Sie das irgendwie an die Duale Kodierungstheorie (s. Seite 104)? In der Tat kann man das Prinzip der funktionellen Kongruenz als deren Erweiterung oder Verallgemeinerung verstehen. Während die Duale Kodierungstheorie hauptsächlich den Unterschied von Bildern und Wörtern im Visier hat, ist funktionelle Kongruenz eigentlich für alle Modi von Informationen, also auch Zahlen und theoretisch auch Gerüche, haptische (den Tastsinn betreffende) Information, Musik oder

www.routenplanung.de

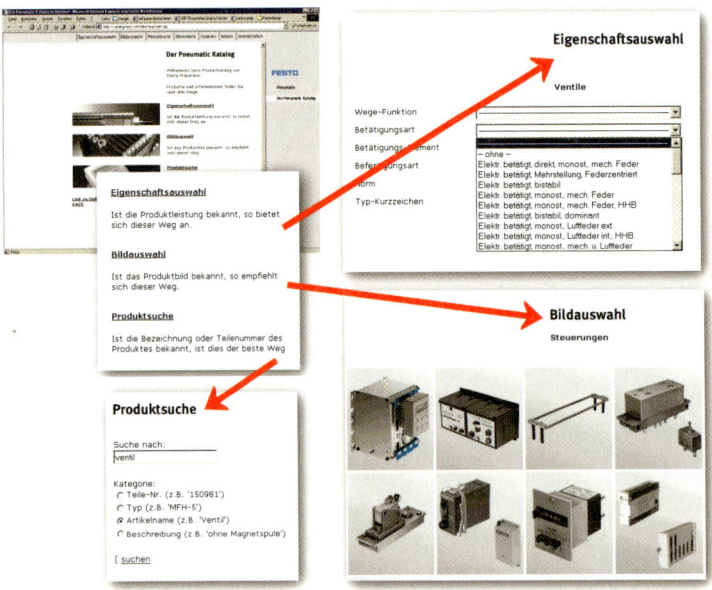

Abb. 101: Das Prinzip der funktionellen Kongruenz, umgesetzt am Beispiel einer Produktdatenbank. Die Information wird in mehrerlei Form bereitgehalten. Der Besucher kann sich in Abhängigkeit von seinen Präferenzen oder den Erfordernissen des Ziels, das er erreichen möchte, den optimalen Weg wählen.

Katalog-Seiten der Festo AG http://catalog.festo.com/deu/asp/start.asp

Aminationen gültig. Darüber hinaus betrifft es nicht nur das Gedächtnis, sondern alle Formen von Denk- und Lernprozessen. Es gilt auch für Handlungen mit realen Werkzeugen (versuchen Sie doch einmal – nur so aus Spaß – sich mit einem Rasierpinsel die Zähne zu putzen) und selbstverständlich auch für das Webdesign.

Wenn wir besonders „gutes" Design finden, liegt das oft daran, dass die Gestalter das Prinzip der funktionellen Kongruenz verstanden und berücksichtigt haben. In Abbildung 101 ist ein Beispiel zu sehen.

Fassen wir das Wesentliche noch einmal zusammen: Die Eignung eines Mediums für die Darstellung von Informationen kann nicht zweckfrei oder „absolut" bestimmt werden. Dies gelingt immer nur bezogen auf (a) bestimmte Personen, die (b) in einem bestimmten Kontext (c) bestimmte Ziele zu erreichen versuchen. Insofern sind viele Auseinandersetzungen, die um richtige oder falsche Design-Lösungen oder -Regeln ausgefochten werden, völlig fruchtlos. „Gutes" Design gestaltet Informationen so, ...

- dass sie formal und inhaltlich mit den Anforderungen übereinstimmen, die sich aus den Zielen der Benutzer ergeben;
- dass die Benutzer sie ihren individuellen Vorlieben und Fähigkeiten entsprechend nutzen können.

Funktionelle Kongruenz ist vielleicht das wichtigste Kriterium für benutzerfreundliches Webdesign überhaupt. Man kann ihre Anforderung in einer einfachen Schlagwort-Regel zusammenfassen:

Gib jedem das, was er *braucht*, und gib jedem das, was er *möchte*.

5.5 Bilder, die etwas aussagen – oder auch nicht

Kommen wir zurück zum Thema Bilder und verlagern den Schwerpunkt von der sachlichen bildlichen Darstellung zur visuellen Kommunikation. Gut kommunizierende Bilder sind im Web fast so schwer zu finden wie gute Texte – von der Herstellung ganz zu schweigen.

Wer sich nicht in visuellen Klischees ausdrücken möchte, hat also ein Stück harter Arbeit vor sich. Wenn man durchs Netz streift, erhält man allerdings den Eindruck, dass die Kreativen ihr Material aus wenigen Bilddatenbanken beziehen – oder sind es verschiedene Datenbanken, die immer die gleichen Bilder enthalten? Oder sind vielleicht die Kreativen immer die gleichen? Ich weiß es nicht. Jedenfalls findet man im Web allenthalben Dekorbilder, die immer die gleichen unverbindlichen Botschaften senden. Etwa diese:

- Wir-schütteln-uns-die-Hände.
- Wir-lächeln-offen-und-kommunikativ.
- Wir-sind-in-einem-wahnsinnig-spannenden-Meeting.
- Wir-führen-ein-echt-intensives-Gespräch.
- Wir-schauen-total-nachdenklich.
- Wir-sitzen-um-einen-Computer-herum-und-lösen-knifflige-Probleme.
- Wir-sind-ein-prima-Team.
- Wir-sind-einfach-nur-moderne-Menschen-die-ziemlich-attraktiv-aussehen.
- Wir-sind-irgendwie-ganz-schön-langweilig.

Abb. 102: Schöne neue Medienwelt – oder visuelles Bla Bla, das man nach dem nächsten Mausklick vergessen hat?

www.deutsche-bank.com;
www.eon.de;
www.basf.de;
www.siemens.de;
www.allianz.de;
www.t-mobile.de;
www.beiersdorf.de

Abbildung 102 zeigt eine Sammlung, die ich bei einem fünfminütigen Streifzug durch einige Konzern-Websites aufsammeln konnte. So hübsch solche Dekorbilder auch sein mögen, ihre Wirkung ist eher dürftig, da sie austauschbar sind und nichts kommunizieren. Warum?

Sie verraten nichts über den Sender, seine Einstellungen, die Art, wie er sich selbst oder die Beziehung zum Betrachter definiert. Als Schmuck, „Farbtupfer" oder für die Strukturierung des

Layouts mag solches Material taugen, und deshalb möchte ich es auch nicht vollständig verdammen. Doch macht so etwas visuelle Kommunikation? Eher nein.

Abb. 103: Wenn man sie fragen könnte, hätten derartige Bilder es nicht leicht, ihr Dasein zu erklären. „Ähh... na ja, wissen Sie, wir sehen eben schön aus und schaffen Atmosphäre." Sicherlich, unbenommen – Mehr aber auch nicht. Mich persönlich erinnern sie in ihrer lauteren Nutzlosigkeit an Putten. Das sind diese widerlichen kleinen Engelchen, die vor allem im Barock verwendet wurden, um alle möglichen Dinge zu verunzieren. Auch die Putten waren Zierrat, der „einfach so" verwendet wurde, weil man es so machte. „Wir sehen eben schön aus ...."

> Eine Website ist letztlich ein Medium, das Menschen miteinander verbindet. Wer über das Web „menscheln" möchte, zeigt also nicht Bilder attraktiver Werbe-Zombies, sondern Bilder von sich selbst. Je mehr der Besucher über die Menschen hinter den Kulissen erfährt, desto verbindlicher und angenehmer ist der Kontakt.

http://www.bwilli.com/deu/putti.html

Natürlich bedeutet das nicht, dass man bei der Gestaltung einer Website auf dekorative Bilder gänzlich verzichten sollte. Im Gegenteil: Gesichter wirken z.B. aufgrund unserer biologischen Programmierung auf diese Information unwiderstehlich (s. Seite 199), und wir haben „Look and Feel" weiter oben schon als wichtigen Faktor der nonverbalen Kommunikation auf Websites identifiziert. Mein Plädoyer betrifft das unreflektierte Präsentieren irgendwelcher Leuten in ständig gleichen stereotypen Haltungen und Situationen. Weitaus interessanter als eine Ansammlung attraktiver Modelle in unverbindlichen Posen sind z.B. Bilder der realen Menschen, die hinter dem Web-Angebot oder dem Unternehmen stehen. Die sind natürlich nicht hübsch aalglatt, doch genau das macht ja ihren Charme aus, und vor allem: sie haben eine *Bedeutung*.

Allerdings haben viele Verantwortliche ein Problem damit, sich selbst (im wörtlichen oder übertragenen Sinn) zu enthüllen. Dabei ist hier vieles eine Frage der Präsentation. Wenn man Personen professionell fotografiert, die Grafiken optimiert und aufeinander abstimmt, kann man mit authentischen Gesichtern die entscheidenden Sympathie-Punkte sammeln. Abbilduung 104 zeigt zwei Beispiele, die dies auf unterschiedliche Weise verdeutlichen. Links sind Portrait-Bilder auf der Kontaktseite eines WBT-Anbieters zu sehen, die dem Besucher nicht nur zeigen, wie sein Ansprechpartner aussieht. Durch das einheitliche Look and Feel vermitteln sie auch den Eindruck (bzw. die Botschaft), dass es sich hier um ein „Team" handelt. Man kann hier im Übrigen nicht nur mit „human touch", sondern auch mit dualer Kodierung (s. Seite 104) argumentieren. Wenn sich zur E-Mail-Adresse „sieglinde.service@ beschwerdichblossnicht.de" ein Gesicht gesellt, wird das Gedächtnis für diese Information verbessert. Das Beispiel rechts zeigt, wie man Bilder von Personen *anreichern* kann, z.B. indem man sie mit interessanten Accessoires ausstattet.

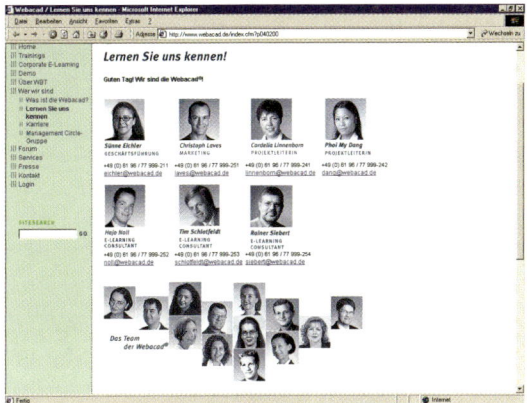 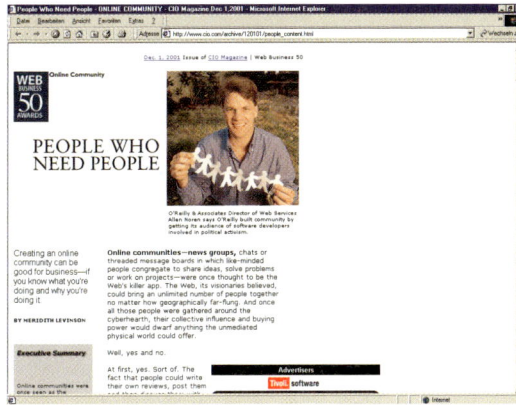

Abb. 104: Es geht auch ohne Models.

Der Trick ist eigentlich ganz einfach: Die abgebildete Person hält etwas in den Händen, das mit dem Thema des Beitrags (Communities) in Verbindung steht. Hierdurch wird nicht nur der Inhalt des Artikels zusätzlich kodiert, das Bild hat auch etwas spielerisches – ein besserer Ausdruck fällt mir nicht ein. Ich persönlich empfinde es als eher unangenehm, wenn mir jemand entgegenblickt, der sich offensichtlich seinen Sonntagsanzug gezwängt hat, um zu signalisieren, dass er *garantiert* ein vertrauenswürdiger, kompetenter, seriöser, humorloser Langweiler ist.

Kommen wir von den Internet-Putten zu anderen Möglichkeiten der Verwendung von Bildern. In Abbildung 105 sehen Sie ein Bild, über das ich im Web buchstäblich gestolpert bin. Bevor Sie weiterlesen, prüfen Sie vielleicht zunächst einmal, ob Sie auf Anhieb erkennen, was es darstellt (es ist nicht ganz leicht).

Es handelt sich um ein Flugzeug in einem Wartungshangar. Und eben deshalb, weil man es nicht gleich verstehen und abhaken kann, ist es anders – eben merk-würdig (des Merkens würdig). Auch das zentrale Bild auf dem Screenshot in Abbildung

Abb. 105: Ein merkwürdiges Bild.

(Abbildung links mit freundlicher Genehmigung der WEBACAD GmbH, Eschborn); www.webacad.de; www.cio.com/archive/120101/people_content.html; www.sap.com

> Das Kriterium für gute Bilder ist ganz einfach: man sieht mehr als ein Mal hin.

106 ist irgendwie merkwürdig. Wo wir sonst Weltkarten, Fabrikhallen, viele nette Menschen oder andere Web-Putten zu sehen gewohnt sind, baumeln hier einfach ein Paar unschuldige, weiß besockte Füße in den Browser. In meinen persönlichen Skalen für Individualität und Sympathie schlagen sie in der hier gezeigten Form jedes attraktiv-angestrengt-natürlich lächelnde Model um Längen. Nicht weil ich Fußfetischist bin, sondern weil es – endlich – einmal etwas anderes ist als das Übliche.

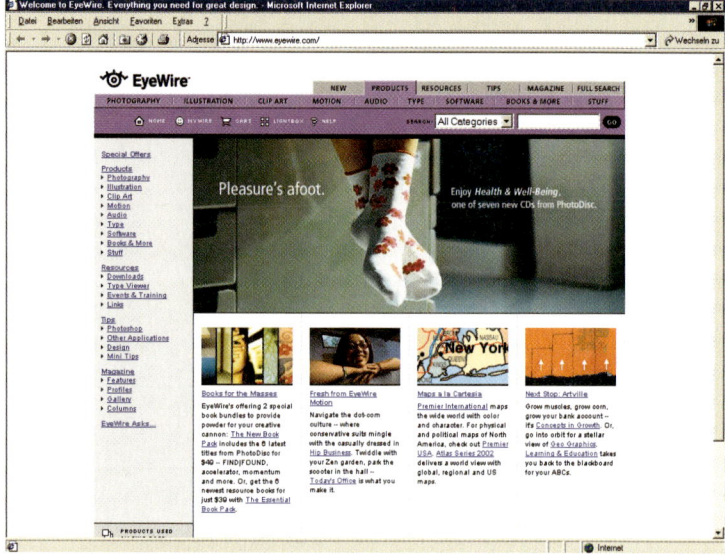

Abb. 106: Bilder, die anders sind, machen unweigerlich neugierig.

www.eyewire.com

Noch seltener sind Bilder, die etwas aussagen oder eine Geschichte erzählen. Ein Beispiel hierzu: Viele Dienstleister im Produktdesign lassen sich in langweiligen Ergüssen darüber aus, wie sie ein Projekt durchführen, z.B. dass sie ein Projekt vorbereiten, bevor sie es abwickeln – wer hätte das gedacht? – und dass sie solch revolutionäre Dinge wie ein Briefing mit ihren Kunden machen. Und sie gehen von der völlig abwegigen Voraussetzung aus, dies sei geeignet, um ihre Professionalität überzeugend unter Beweis zu stellen. Dass man vergleichbare Aussagen auch mit Bildern machen kann, zeigt das Beispiel in Abbildung 107. Es ist deshalb so suggestiv, weil man die Kompetenz *sehen* kann. Die Botschaft: „Wir kennen uns aus in der Produktentwicklung und liefern in allen Phasen gute Ergebnisse." Dies hat auch mit der Darstellungsform zu tun, die wie ein Comic einer Erzählstruktur folgt.

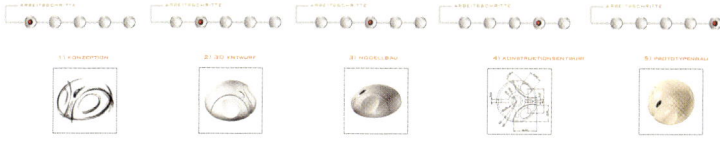

Abb. 107: Wie man ohne Worte erklärt, dass man etwas von Produktdesign versteht.

5.5.1 Wechselwirkungen von Bild und Sprache: Bildunterschriften

Haben Sie schon bemerkt? Die meisten Bilder im Web haben keine Unterschriften. Bilder und Texte passen zwar in der Regel irgendwie zusammen, stehen aber meist nebeneinander. In meinen Augen ist das eine Mangelerscheinung, denn durch die Kombination von Bild und Unterschrift entstehen mächtige Möglichkeiten für die Kommunikation. Ein langweiliges Bild kann durch eine Unterschrift interessant und eine Allerweltsphrase durch ein Bild zur Pointe werden.

Die Beziehung zwischen Bildern und Unterschriften ist allerdings diffizil. Sie erzeugen sozusagen wechselseitig einen Kontext, sodass die am Ende entstehende Wirkung sehr viel mehr als die Summe ihrer Teile sein kann. Diese Erkenntnis ist natürlich nicht neu. Der Klassiker in Abbildung 108 (gemalt bzw. geschrieben wurde das Bild 1928/1929) demonstriert die Möglichkeiten, die im Erzeugen einer Spannung zwischen Sprache und Bild liegen. Sein Schöpfer, der belgische Surrealist René Magritte, erklärt uns in der doppelbödigen Unterschrift: „Ceci n'est pas une pipe!" (Dies ist keine Pfeife). Unser Verstand, der es gewohnt ist, Bilder als Stellvertreter für Objekte zu behandeln, ist irritiert. Und wenn der Bogen nicht überspannt wird, kann aus Irritation – wie später (s. Seite 175) noch genauer zu klären sein wird – leicht Interesse werden.

Unterschriften, die mit dem Bildinhalt übereinstimmen (kongruent sind) unterstützen zwar das Gedächtnis, sind aber langweilig. (Um dieses Prinzip werden wir uns im Kapitel über Aufmerksamkeit QV noch einmal ausführlich kümmern.) Wenn man an Kommunikation interessiert ist, hilft weder das Bild der Spra-

Abb. 108: Der Maler hat Recht: Es ist nur ein Bild. Das bemerkt man allerspätestens dann, wenn man versucht, Tabak hineinzustopfen – von Anzünden wollen wir gar nicht reden.

www.enamidesign.de/ industriedesign.htm; R. Magritte

che noch umgekehrt. Bildunterschriften sind interessant, wenn sie der Erwartung, die das Bild erzeugt, nicht bzw. nicht exakt entsprechen.

Abb. 109: Beobachten Sie einmal, wie sich die Wirkung des Bildes durch die unterschiedlichen Unterschriften verändert.

Eine Kuh | Gen-Code des Hausrinds entschlüsselt | Wissenschaftler warnen vor BSE-Risiko | Hier sehen Sie Rita, unsere beste Milchkuh

Ist das eine Kuh oder ein Stier? | Was Politiker über Steuerzahler so denken? | Der Minister meinte, der Abgeordnete sei ein "Rindvieh" | Tausende wehrlose Strohhalme zermalmt!

Betrachten wir nun ein „echtes" Beispiel aus dem Web. In Abbildung 110 sind zwei unterschiedliche Bilder mit dem gleichen Slogan garniert (oder umgekehrt). Es handelt sich um einen Fall von Original und Fälschung, d.h. nur eine der beiden Kombinationen habe ich wirklich im Web gefunden. Vielleicht überlegen Sie zuerst einmal kurz: Welches Bild mag aus der Website eines Pharma-Riesen stammen? Gut. Ich gebe zu, die Frage ist einfach. Das obere natürlich. Man meint, es schon einmal irgendwo gesehen zu haben – *business as usual*, sozusagen. Und: Welches wirkt sympathischer? Welches würden Sie bemerken? Welches würden Sie zwei Mal betrachten? Über welches würden Sie vielleicht schmunzeln? Welches legt nahe, dass man *wirklich* den Dialog zu den Kunden sucht? Nach meinem Dafürhalten ist es das untere. Es sendet Botschaften (Sie erinnern sich? Alles ist Kommunikation), und die lauten – vereinfacht gesagt:

"Wir suchen den Dialog mit unseren Kunden."

"Wir suchen den Dialog mit unseren Kunden."

Abb. 110: Ein sorgfältig ausgesuchtes Bild kann eine Allerweltsphrase retten.

www.beiersdorf.de; www.about.com

- Wir denken über unsere Kommunikation nach.
- Wir geben uns Mühe, sie individuell zu gestalten.
- Wir greifen nicht in die Kiste mit den Standard-Lösungen.
- Wir nehmen uns selbst nicht so schrecklich ernst.

Vor allem zur letzten Aussage würde sich eine Pharma-Gigant *niemals* hinreißen lassen, und dementsprechend gehört der abgedroschene Slogan zu dem wenig hinreißenden Bild aus der

Pharma-Seite, d.h. die oben zu sehende Kombination ist das Original. Erstaunlich genug ist der Sachverhalt, dass hier die Suche eines Dialogs verkündet wird, die dargestellten Personen aber keinerlei Anstalten hierzu machen. Sie sind mit sich selbst vollauf beschäftigt, da mag man lieber nicht stören. Der Betrachter bleibt außen vor, muss sich zuerst einmal hinten anstellen, um zu erfahren, wer von den Herrschaften hier denn den Dialog sucht. Auch deshalb ist das untere Bild, das nicht nur vom Kontakt redet, sondern wirklich Kontakt aufnimmt, besser.

<Exkurs 3: Über Verarbeitungstiefe oder: vom Mind-Catching>

Was geschieht eigentlich, wenn man „Spannungen" zwischen Bild und Bildunterschriften herstellt? Man bedient einen psychologischen Mechanismus, den man als „Verarbeitungstiefe" (Englisch: „depth of processing") bezeichnet. Dies kann man anhand eines Gedankenexperiments verdeutlichen. Stellen wir uns vor, wir haben als Ausgangspunkt eine große Gruppe von Versuchspersonen und eine Liste mit, sagen wir, 50 Wörtern, die in verschiedenen Farben gedruckt sind. Die Probanden werden in kleinere Gruppen eingeteilt, und jede von ihnen erhält eine andere Anweisung, was mit der Liste zu tun sei (siehe Tab. 17 auf Seite 124). Nachdem die Versuchspersonen die Aufgaben beendet haben, machen wir einen unangekündigten Gedächtnistest, z.B. indem wir sie auffordern, alle Wörter aufzuschreiben, an die sie sich erinnern. Nun lassen wir der Einfachheit halber einmal unberücksichtigt, dass die verschiedenen Aufgaben unterschiedlich zeitaufwändig sind (natürlich ist auch dies ein Faktor, der darüber bestimmt, wie gut etwas gelernt wird). Wie würde das Ergebnis dieses Experiments aussehen? Wie gut wären die einzelnen

Abb. 111: Verarbeitungstiefe: Die Gedächtnisleistung hängt davon ab, welche Operationen mit einer Information durchgeführt werden.

Gruppen im Gedächtnistest? Abbildung 111 zeigt das zu erwartende Ergebnis. Solche Studien wurden in vielen Variationen und mit vielen unterschiedlichen Materialien durchgeführt. Das Ergebnis ist – ungewöhnlich genug für die experimentelle Psychologie – immer das gleiche: Je mehr mentale Operationen mit einer Information durchgeführt werden (man spricht hier auch von

Tab. 17: Ein fiktives Experiment. Lernen mit verschiedenen Instruktionen (Erläuterungen im Text).

Bedingung	Instruktion
1	Lernen Sie die Wörter.
2	Benennen Sie die Farben der Wörter.
3	Zählen Sie die Buchstaben und notieren Sie die Zahlen.
4	Bewerten Sie die Wörter, geben Sie also an, ob sie einen positiven oder negativen Sachverhalt bezeichnen.
5	Klassifizieren sie die Wörter grammatikalisch nach Substantiva, Verben und Adjektiva.
6	Finden Sie zu jedem Wort der Liste Reimwörter.
7	Bilden Sie zu jedem Wort eine Assoziation, nennen Sie also den Begriff, der ihnen als Erstes in den Sinn kommt.
8	Erfinden Sie eine Geschichte, die möglichst viele Wörter aus der Liste enthält.

„Elaboration"), desto tiefer gräbt sie sich in unser Gedächtnis ein. Umgekehrt gesagt: Wenn jemand die Bedeutung einer Information nicht wahrnimmt (z.B. in unserem Experiment nur die Farben der Wörter nennt), geht die Gedächtnisleistung gegen null. Das haben Sie vielleicht auch so geahnt, natürlich. Allerdings können zwischen einer Ahnung und Gewissheit (also dem experimentellen Nachweis eines Effekts) Welten liegen. Die Duale Kodierung (vgl. S. 104) ist übrigens nichts anderes als eine spezielle Variante dieses Prinzips. Material, das sowohl bildhaft als auch sprachlich verarbeitet wurde, ist also „besser elaboriert" und somit effizienter für das Gedächtnis. Was bedeutet das konkret für die Auswahl von Bildern oder Informationen für Websites? Man kann es so zusammenfassen:

> Alle Maßnahmen, die geeignet sind, die Besucher einer Website zu einer mentalen Aktivität anzuregen, erhöhen die Effizienz der Kommunikation – und die Attraktivität des Angebots

Ergänzend muss man hinzufügen, dass dies natürlich nur dann gilt, wenn die mentale Aktivität nicht die Folge irgendeiner Ungeschicklichkeit ist.

< /...>

Bilder wie die in Abbildung 102 (S. 117) gezeigten Internet-Putten haben also eher den Charakter von Verzierungen. Man sieht so etwas, aber man *betrachtet* es nicht, die Information wird nicht tief verarbeitet. Natürlich kann man argumentieren, dies sei eigentlich nicht beabsichtigt, denn die Bilder hätten mit Atmosphäre, Look and Feel und Marken-Kommunikation zu tun. Auf diesem Feld bin ich allerdings kein Experte. Was ich jedoch weiß, ist, dass ich lieber neugierig und interessiert als dezent angemutet und gebrandet bin. Und ich vermute, dass es den meisten Web-Nutzerinnen und -Nutzern ähnlich ergeht.

Das Beispiel ist nicht einfach bunt und bewegt, es ist *wirklich* interaktiv. Worum geht es? In einem Online-Kurs über Informationsarchitektur stoßen die Leser immer wieder auf kleine Praxis-Übungen. In der hier vorliegenden werden drei Varianten für die Architektur von Hypertext-Systemen gezeigt (Bild A). Die Leser haben die Aufgabe, diese zu klassifizieren: als tiefe Hierarchie, flache Hierarchie oder Netzstruktur. Die Antwort erfolgt, indem ein Symbol mit der Maus auf einen Fixpunkt vor der jeweiligen Grafik gezogen wird (Bild B). Nach dem Klick auf die „Submit"-Taste erfolgt eine Rückmeldung durch das System (Bild C). Der Lerneffekt bei dieser Form der Präsentation ist nach den Gesetzen der Verarbeitungstiefe erheblich größer als beim Lesen eines einfachen Textes. Ein anderes noch beeindruckenderes Beispiel für dieses Prinzip finden Sie auf Seite 140.

Am Beispiel von Magrittes Pfeife (s. Seite 120) haben wir bereits gesehen, dass die Aufgaben, vor denen man als Gestalter im Web steht, keineswegs neu sind. Zum Abschluss möchte ich das noch anhand eines anderen Klassikers zeigen. Es handelt sich um ein Gemälde des amerikanischen Malers Jasper Johns, der darin die Themen Verarbeitungstiefe und Spannung zwischen Text und Bild virtuos auf den Punkt bringt. Ich habe es im Web auf dem Linguistik-Server der Uni Essen unter der treffenden Überschrift „Schau und denk" finden können. Allein die Form der Online-Darstellung ist schon interessant. Es wird mit einer Lupe gearbeitet, mit deren Hilfe man über das Bild wandern und einzelne Ausschnitte vergrößern kann. So kann man die Pinselführung, die auf der Verkleinerung nicht zu erkennen ist, betrachten. Das ist natürlich kein Ersatz für das echte Bild, aber doch eine Annäherung an die Gegebenheiten in einer Ausstellung. Dort lässt man ja ebenfalls ein Bild aus unterschiedlichen Distanzen auf sich wirken.

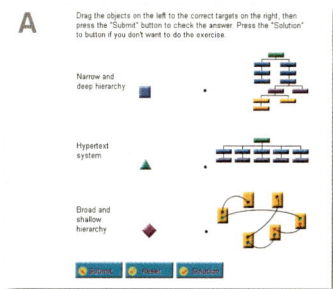

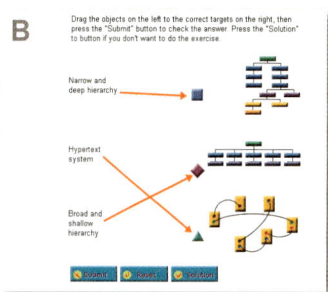

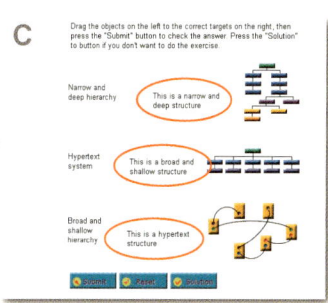

Abb. 112: Der wirksamste Weg, eine hohe Verarbeitungstiefe zu erreichen, ist – man getraut sich ja kaum noch, das meistmissbrauchte Wort in den neuen Medien auszuschreiben – Interaktivität.

http://educorner.com/courses/ia/

Abb. 113: Schau und Denk! Ich habe den vergrößerten Ausschnitt des Gemäldes noch einmal schematisch herausgestellt, um die Wirkung zu verdeutlichen.

www.linse.uni-essen.de/
kuntermund_loewenmaul/
false_start/false_start.htm

Doch kommen wir zum Eigentlichen. Wenn man das Wort „RED" in Orange auf einem blauen Feld liest, kommt man unweigerlich ins Grübeln. Ja... was ist denn nun gemeint? Es gibt eigentlich nur eine sinnvolle Antwort: *Exakt das, was man sieht,* nämlich das Wort „Rot" in Orange auf blauem Hintergrund. Alle anderen Versuche der Interpretation schlagen fehl, und bis man dies bemerkt, hat man die Information eben sehr tief verarbeitet.

Allerdings muss man auch sagen, dass die Verwendung ungewöhnlicher Elemente, seien es Bilder, Texte, Slogans oder Kombinationen von Wort- und Bildbotschaften, riskant ist (man kann das natürlich auch auf Texte übertragen). Eine freundlich lächelnde JPEG-Putte auf der Startseite wird bei niemandem Anstoß erregen, und deshalb wird sie von Entscheidern gern gesehen. Diese haben nach meiner Erfahrung üblicherweise eine eher konservative Haltung in der Gestaltung von Kommunikation „Ogottogott, nur nichts falsch machen, jemand könnte es vielleicht nicht verstehen oder missverstehen, wir könnten uns lächerlich machen oder die Kunden ganz schlimm verärgern. Dann würde niemand mehr unsere Produkte kaufen und wir wären dem Untergang geweiht." Außerdem schielen sie nur allzu gerne auf die Mitbewerber. Die schielen aber klammheimlich zurück, und so sieht und liest man am Ende überall das Gleiche: Auf Nummer Sicher genormte Langeweile.

So verständlich diese Haltung ist, so wenig taugt sie für erfolgreiche Kommunikation im Web. Hier geht es noch viel mehr als in den traditionellen Medien darum, sich zu unterscheiden und das Publikum durch „Mind-Catching" zum Innehalten zu bewegen. An erster Stelle natürlich durch bessere Inhalte und Dienstleistungen, deren Nutzen schnell und offensiv kommuniziert wird. An zweiter Stelle aber auch durch Kommunikation, die nicht nur wirkt wie gleichzeitig weichgespült, aus dem Ei gepellt und von der Stange geliefert. Ganz ohne Risiko ist das nicht zu haben – *no risk, no fun.*

In Kapitel 7 (S. 175) wird in Zusammenhang mit der Steuerung von Aufmerksamkeit noch einiges mehr zur Wirkung ungewöhnlicher Bilder zu sagen sein. Ich kann aber gleich vorwegnehmen, dass die Empfehlungen, welche man aus dieser Perspektive geben kann, mit den hier dargestellten nahezu identisch sind: Wer Aufmerksamkeit gewinnen möchte, braucht kommunizierende Bilder.

6 Über Animationen

> **Was in diesem Kapitel passiert:**
>
> - Sie entwickeln ein gesundes Misstrauen gegenüber animierter Information (so hoffe ich jedenfalls).
> - Wir unternehmen einen Ausflug in die Wahrnehmungspsychologie und ich zerlege bei dieser Gelegenheit das menschliche Gesichtsfeld in zwei Teile.
> - Sie lernen einen überlebenswichtigen Reflex kennen, der Sie täglich begleitet, obwohl Sie vielleicht von seiner Existenz noch nie gehört haben.
> - Sie bekommen mehr als nur eine Ahnung, warum blinkende, animierte Banner eine schrecklich nervende Angelegenheit sind,
> - ... und Verhaltenstipps für Ihren nächsten Besuch im Atomkraftwerk;
> - ... und Tipps zum Entschärfen von Bewegungen.
> - Sie belauschen einen Dialog mit einem Ticker.
> - Sie sehen anhand einiger Beispiele, dass Misstrauen gegenüber animierter Information dann doch nicht immer angebracht ist.
> - Ich versuche Sie davon zu überzeugen, dass ein Browser kein Fernseher ist.

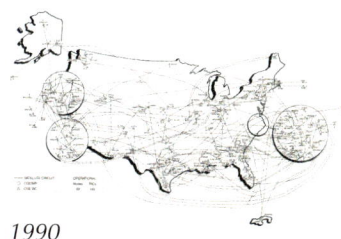

1990

Animationen: Sind sie nun die Formel 1 des Webdesigns oder überflüssiger Plunder? Machwerk von Amateuren, die Nächte damit verbringen, alberne, zuckende Bildchen zu basteln? Oder dynamische, exklusive High-End-Produkte von Mediendesignern? Oder raffiniert getarnte Verführungswerkzeuge der Werbeindustrie? Oder die frühen Vorboten des multimedialen Cyberspace, über den sich manche Visionäre so gerne auslassen?

Vom Standpunkt der Ergonomie betrachtet, geht man natürlich von der Voraussetzung aus, dass die Gäste einer Website möglichst viel von den Informationen aufnehmen, verstehen und behalten sollen, die ihnen präsentiert werden. Und dann sind Animationen (fast immer) eines: schlecht. Und dieses Urteil möchte ich zunächst einmal weit ausdehnen, auf fast alles, was da im Web so rotiert, blinkt, zuckt und tickert. Natürlich gibt es Ausnahmen, auf die ich auch noch eingehen werde. Zunächst einmal sind Animationen aber gefährlich, und die Gründe hierfür liegen jenseits von Technik, Geschmack, Vision, Philosophie und Ästhetik. Sie haben etwas mit der grundlegenden Funktionsweise unseres Wahrnehmungssystems zu tun [31, 32].

6.1 Ein Ausflug in die Wahrnehmungspsychologie

Als „Gesichtsfeld" bezeichnet man den Bereich der Umwelt, der in einem gegebenen Moment in unseren Augen – genauer: auf der Netzhaut, der lichtempfindlichen Zellschicht im Augenhintergrund – abgebildet wird, salopp ausgedrückt: „alles, was wir sehen". Unser Gesichtsfeld wirkt zwar glatt, übergangslos und einheitlich, es sei denn, man trägt eine klitzekleine Brille oder hat, sagen wir, 12 Tequila konsumiert, dieser Eindruck ist jedoch falsch.

Tatsächlich wird es von zwei getrennten Nervenbahnen und daran angeschlossenen Hirnzentren mit völlig unterschiedlichen Eigenschaften versorgt. Diese kooperieren allerdings normalerweise so unauffällig und perfekt, dass wir sie nicht ohne weiteres unterscheiden können.

Das eine System – nennen wir es „zentrales" System – ist für die Stelle der Netzhaut zuständig, mit der unser Blick Dinge fixiert, was zugleich der Punkt mit der höchsten Sehschärfe ist. Bei einem Computermonitor wäre das eine Zone etwa von der Größe einer Euromünze. Beim Lesen springen wir mit diesem „Fixationspunkt" z.B. in mehreren Schritten über eine Textzeile und picken uns dabei so viel Information heraus, dass wir den Sinn des Ganzen – hoffentlich – verstehen.

Das andere, „periphere" System ist sozusagen für den Rest zuständig, also die Zone, die vom Fixationspunkt bis zum äußersten Rand unseres Gesichtsfeldes reicht. Auf der Grafik links ist dies schematisch dargestellt (Abb. 114).

Nachdem wir sie nun lokalisiert haben, können wir uns der Frage zuwenden, wie die beiden Systeme funktionieren und wie sie zusammenarbeiten.

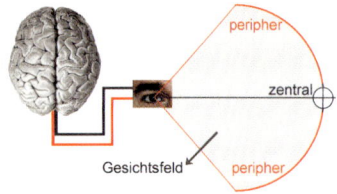

Abb. 114: Unser Gesichtsfeld besteht aus zwei anatomisch und funktionell getrennten Systemen.

- Das *zentrale System* fokussiert Informationen, nimmt Dinge detailliert wahr, analysiert sie inhaltlich und schickt die Ergebnisse dann gewissermaßen an unser Bewusstsein. Dieser Funktion entsprechend ist sein räumliches Auflösungsvermögen, also die Fähigkeit, Gesehenes in Feindetails aufzulösen, sehr hoch. Gleichzeitig ist die Farbempfindlichkeit der Netzhaut in der Region um den Fixationspunkt maximal und nimmt nach außen rasch ab.
- Das *periphere System* hat andere, nicht minder wichtige Funktionen. Zunächst beruht die Steuerung der Blickbewegungen zu einem guten Teil auf den Informationen, die es an das Gehirn liefert. Es scannt aber auch die Umwelt permanent auf Veränderungen, unterbricht gegebenenfalls laufende Handlungen und lenkt die Aufmerksamkeit und die Blickbewegungen entsprechend um.

Die Logik, die hinter diesem sog. „Orientierungsreflex" [33] steckt, ist ebenso einfach wie bestechend: Was sich verändert bzw. bewegt, könnte ja (a) uns fressen oder (b) uns verletzen oder aber (c) von uns gefressen werden. Also schauen wir vorsichtshalber erst einmal nach, bevor wir uns weiter mit unseren Handlungszielen beschäftigen. Dieser Funktion entsprechend ist das zeitliche Auflösungsvermögen des peripheren Systems, also die Fähigkeit, schnelle Bewegungen oder kurzdauernde Veränderungen wahrzunehmen, besonders groß - sehr viel größer als die des zentralen. Da andererseits Formen und Farben für seine Funktionen keine wesentliche Rolle spielen, ist die Sehschärfe und die Farbempfindlichkeit im peripheren Gesichtsfeld gering. In Abbildung 115 wird dies an einem Beispiel schematisch dargestellt.
Sehr wichtig ist noch, dass sich der Alarm-Reflex des peripheren Gesichts-

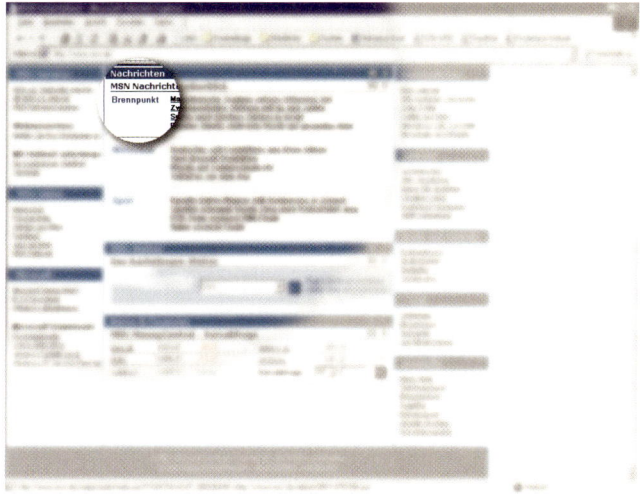

Abb. 115: So ungefähr können wir uns die Informationen vorstellen, aus denen unser Gehirn eine gleichmäßige visuelle Welt berechnet: ein relativ kleiner Fokus mit hoher Bildschärfe und ein äußeres Feld mit abnehmender Schärfe und Farbempfindlichkeit. Auf der Grafik sind nicht alle Unterschiede zwischen dem zentralen und dem peripheren Sehen, sondern nur das Auflösungsvermögen und die Farbempfindlichkeit berücksichtigt.

www.msn.de

felds überhaupt nicht für Inhalte interessiert, er wird durch *alle* Veränderungen oder Bewegungen ausgelöst, sei es eine ins Blickfeld krabbelnde Spinne, ein umfallender Stuhl oder eben ein Ticker in der Statuszeile eines Browsers. Die folgende Tabelle zeigt die wesentlichen Merkmale der beiden Systeme noch einmal im Überblick.

Tab. 18: Die Eigenschaften des visuellen Systems um den Fixationspunkt des Auges und im äußeren Gesichtsfeld unterscheiden sich in vielen Aspekten.

Merkmale	"zentrales" System	"peripheres" System
Lokalisation	Fixationspunkt	äußeres Gesichtsfeld
absolute Lichtempfindlichkeit	gering	hoch
Farbempfindlichkeit	hoch	gering
Sehschärfe (räumliche Auflösung)	hoch	gering
Bewegungsempfindlichkeit (zeitliche Auflösung)	gering	hoch
spezialisiert für	Detailwahrnehmung	Bewegung, Veränderung
Funktion	inhaltliche Analyse des Gesehenen	Steuern d. Blickbewegungen "Alarmreflex"

> Wir können festhalten: Bewegung und Veränderung haben in der Hierarchie der Reize, auf die unser Gehirn biologisch programmiert ist, immer die höchste Priorität.

6.2 Beispiele

Was geschieht, wenn unsere Wahrnehmung, sagen wir, mit einem dieser hübschen, blinkenden, meist schwarz-gelben „News"-Icons konfrontiert wird, die viele Websites zieren?

- Das periphere Wahrnehmungssystem durch das Blinken aktiviert.
- Unsere Aufmerksamkeit wird automatisch gelockert.
- Aktuelle Denkvorgänge werden gestört oder unterbrochen.
- Die Blickbewegungen werden in Richtung auf die brandheißen Sinnlosigkeiten abgelenkt.

Dies ist, wie gesagt, keine Frage des Willens, sondern ein Reflex, der genauso mechanisch funktioniert wie der, den ein Neurologe auslöst, wenn er mit einem Hämmerchen auf unser Knie schlägt – andere Leute wissen oft schmerzhafterweise nicht so recht, wo sie hintreffen müssen. Wenn wir uns dann beiläufig vergewissert haben, dass es sich – wieder einmal – nicht um eine angreifende Killerwespe, sondern um ein Logo oder den aktuellen Dollarkurs handelt (was uns beides nicht die Bohne interessiert), können wir uns wieder den Dingen zuwenden, die für unsere Ziele relevant sind. Aber auch dann zieht die andauernde Unruhe immer noch weiter Aufmerksamkeitsressourcen ab. Selbst wenn man als erfahrener Internaut den Eindruck hat, erfolgreich gegensteuern zu können, wird dies doch nie wirklich vollständig gelingen. Es werden ganz nebenbei wertvolle Aufmerksamkeitsressourcen verbraucht, mit denen man – gerade im Web – Besseres anfangen könnte. Das Denken und Handeln wird von dem durch das Blinken angeregten Alarmsystem also immer und andauernd irritiert. Im Übrigen wird Blinken in der Ergonomie wegen dieser brachialen Wirkung auf die Aufmerksamkeit traditionellerweise eingesetzt, um kritische Systemzustände anzuzeigen. Wenn Sie also z.B. einmal an einer Führung in einem Atomkraftwerk teilnehmen, und irgendetwas beginnt hektisch zu blinken (möglicherweise sogar noch in Rot und von einem ätzenden Summton untermalt), ist der Zeitpunkt gekommen, sich unauffällig in Richtung Ausgang zu bewegen...

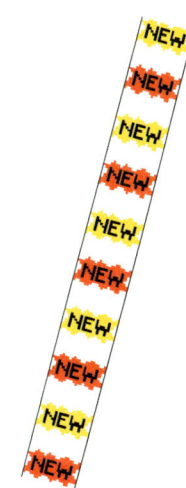

Was geschieht dann bei *mehreren* blinkenden Zutaten oder Animationen? Nachdem wir wissen, dass Bewegung für unsere Aufmerksamkeit oberste Priorität hat, können wir es uns in etwa so vorstellen: Die Blickreflexe werden gleichzeitig in mehrere Richtungen gezerrt, das Fixationsverhalten wird also zunächst einmal einigermaßen desolat. Und es wird dann eine ganze Weile dauern, bis das Alarmsystem unseres peripheren Gesichtsfeldes so weit zur Ruhe gekommen ist, dass das zentrale Analysesystem einigermaßen ungestört arbeiten kann. Und auch hier gilt wieder (man kann es nicht oft genug betonen):

> Selbst wenn wir die Störenfriede schließlich anscheinend erfolgreich ignorieren, entstehen permanent weiter Kosten in Form erhöhter Ablenkung und verminderter Aufmerksamkeit, die sich z.B. in einer Verschlechterung der Gedächtnisleistung für die eigentlich interessierenden Informationen bemerkbar machen.

Abb. 116: Ein Frontalangriff auf das Auge des Betrachters, abgefeuert von der Website eines großen TV-Senders. Die animierten Flächen sind blau dargestellt. Zusammen mit den hoch gesättigten Farben ist die Wirkung geradezu Schwindel erregend.

Abb. 117: Wer ausreichend Geduld mitbringt, kann hier 16 dynamisch variierende Kombinationen von Text-Grafiken und Bildern sehen – drei statische wären genug.

Startseite des Fernsehsenders RTL
http://www.rtl.de;
www.autostadt.de

Ein besonderes Problem entsteht, wenn – wie vielfach üblich – an einer Position auf einer Seite mehrere Grafiken im Wechsel gezeigt werden (Abbildung 117). Wenn an einer Stelle ein prägnantes Bild angezeigt wird, werden die Benutzer dies automatisch als Key-Visual (Seite 102) interpretieren und in der mentalen Landkarte, die sie während ihres Aufenthaltes auf einer Site aufbauen, einen Pflock einschlagen. Die abgelegte Gedächtnisspur können sie dann später nutzen, etwa um interessante Seiten wiederzuerkennen oder zu entscheiden, ob sie eine Seite schon einmal gesehen haben. Dies entspricht dem Prinzip der „Dualen Kodierung", das weiter oben (Seite 104) beschrieben wurde. Wenn nun aber mehrere Grafiken an einer Position miteinander konkurrieren? Dann werden diese Prozesse völlig überflüssigerweise erschwert und verwischt. Und diesem negativen Effekt – ganz zu schweigen von den erhöhten Wartezeiten für die Mehrfachgrafiken – steht als einzige Rechtfertigung gegenüber, dass die hübschen Bilder nun einmal „da" sind und dass zwei Grafiken nach den Gesetzen der Mathematik doppelt so viel Message rüberbringen wie eine Einzelne? Eine andere, plausiblere Erklärung fällt mir nicht ein. Im Umgang mit Animationen gilt also ganz eindeutig: „Weniger ist mehr", und nicht „Viel hilft viel".

Und dann gibt es natürlich noch diese Relikte aus der Kreidezeit der Animation, ich meine *Ticker*. Dieses digitale Ungeziefer versteht es, die lästige Ablenkung obendrein mit völlig irrelevanten Informationen zu bewerkstelligen. Wer allen Ernstes meint, es sei den Besuchern einer Website ein vordringliches Anliegen, Börsenkurse, brandheiße Personalia oder Produktankündigungen aus einem klitzekleinen Quasi-Fernschreiber zu lesen, verrät ein geradezu zyklopisches Unwissen in Bezug auf die Informationsbedürfnisse seines Publikums. Insofern sind Ticker ein gutes Beispiel für Selbstbezogenheit in der Web-Kommunikation (s. Abbildung 118).

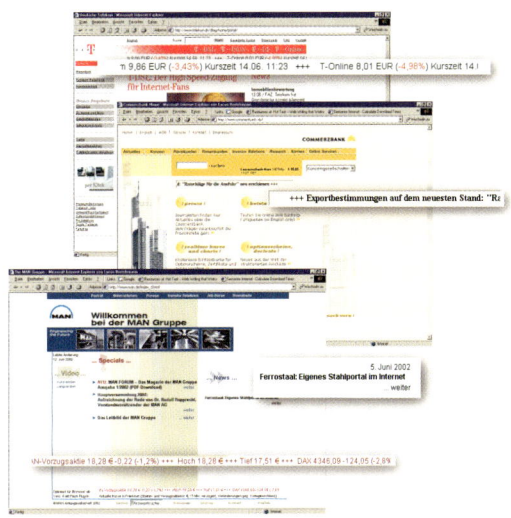

Abb.. 118: Ticker. Niemand mag sie wirklich sehen, aber das stört sie nicht.

Dialog mit einem Ticker: Drama in einem Akt

`+ + + Hallo! Halloo!! Hallöchen!!! Guten Tag! Huhuu! Schauen Sie doch einmal hierher! + + +`

… Na schön, Sie lassen mir ja keine andere Wahl.

`(eifrig) + + + Herzlichen Dank! Sie werden es nicht bereuen. Wenn Sie mich ein Weilchen betrachten, werden Sie nämlich viel lernen. Sie werden zum Beispiel bemerken, dass wir eine Aktiengesellschaft sind. + + +`

… Ach so? Wer hätte das vermutet.

`+ + + Unsere Aktien werden aber an der Börse gehandelt! + + +`

… (etwas ungeduldig) Darauf wäre ich nicht gekommen. Allerdings besitze ich keine Aktien.

`+ + + Das ist aber jammerschade. Wenn Sie welche von unseren hätten, könnte ich Ihnen in 10 Sekunden sagen, dass sie jetzt im Moment, um 11:15 Uhr Mitteleuropäischer Zeit, exakt 11,93 EUR kosten würden. + + +`

www.telekom.de;
www.commerzbank.de;
www.man.de

> **Dialog ...**
>
> ... *Ja, wenn ich Aktien hätte, wäre das wirklich eine präzise Auskunft.*
>
> (etwas enttäuscht) + + + Sie haben wirklich nicht das kleinste Wertpapier? Nicht ein Schnipselchen? Der DAX liegt nämlich im Moment bei 4.187 Punkten, und das wäre dann unheimlich interessant für Sie. + + +
>
> ... *Das wäre bestimmt wirklich wahnsinnig aufregend. Nein, ich wollte eigentlich etwas anderes.*
>
> + + + Ah, ich verstehe (verschwörerisch). Sie möchten den genauen Dollarkurs wissen. Den weiß ich natürlich auch, auf die vierte Kommastelle, wenn Sie noch 15 Sekunden warten ... + + +
>
> ... *Nein, nein, ich wollte wirklich etwas ganz anderes.*
>
> (mittlerweile etwas eingeschnappt) + + + So? Was denn? + + +
>
> ... *(verwirrt) Ich... Das habe ich jetzt glatt vergessen. Können Sie mir keinen Tipp geben?*
>
> mmmh... (grübelt) + + + Ich hab's! Kaufen Sie doch unsere Aktien! Sie kosten jetzt im Moment, um 11:16 Uhr Mitteleuropäischer Zeit, exakt 11,91 EUR. + + +

6.3 Sinnvolle Animationen

Bevor ich nun so missverstanden werde, dass Animationen Teufelswerk und mit allen Mitteln zu verhindern seien, möchte ich auf ihre positiven Aspekte eingehen. Denn natürlich gibt es auch sinnvolle Animationen. Bevor wir uns einige Beispiele ansehen, möchte ich aber noch einige einfache Gesichtspunkte erläutern, die man beachten sollte, wenn Ticker, Banner, Flash-Logos oder andere Nervimationen (aus welchen Gründen auch immer) sein müssen.

Es gibt ja Leute, die selbst durch Drohen und gutes Zureden nicht davon abzubringen sind. „Die Glitzer & Blinker GmbH hat doch einen Sternenhimmel mit einem durchstartenden Spaceshuttle auf Ihrer Homepage. Mit Feuerschweif! Und Rauch!! Und Hintergrundmusik!!! Wie sieht das denn aus, wenn bei uns garnix passiert? Was soll ich denn da meinen Freunden aus dem Club sagen? Die halten uns doch für Not leidend!"

Also gut. Über Geschmack lässt sich streiten, und wenn erst einmal so viele Ausrufezeichen im Spiel sind, sollte man Kunden nicht mehr widersprechen. Man kann dann allerdings trotzdem noch etwas tun, um die penetrante Wirkung von Animationen zu mildern.

- Eine *einzelne* Animation ist – natürlich – besser als mehrere, weil sich die ablenkende Wirkung mit jeder zusätzlichen Bewegungs- bzw. Störquelle potenziert.
- Animationen, die ein *Ende* haben, sind besser als ablenkende Endlosschleifen.
- Animationen, die vom Besucher *kontrollierbar* sind, also ein- und abgeschaltet werden können, sind besser als Zwangsanimationen.
- Weiche *Ein- und Ausblendungen* mildern die störende Wirkung von Animationen. Je abrupter der „Onset" eines Reizes, desto stärker werden wir alarmiert.
- *Regelmäßige* Bewegungen (z.B. Blinken) sind besser als unregelmäßige, weil sich das periphere Gesichtsfeld an eine regelmäßig wiederkehrende Veränderung leichter anpassen kann.
- Aus dem gleichen Grund sind *glatte, saubere Bewegungen* weniger beeinträchtigend als unruhige und stetige besser als unstetige – z.B. mit komplexen Richtungswechseln.
- Wenn mehrere Elemente vorhanden sind, ist *synchrones* Blinken mit gleichen On- und Off-Phasen aller Elemente besser als asynchrones.

Wenn man diese Aspekte berücksichtigt, wird der Schaden, der durch die störende Wirkung von Animationen entsteht, in Grenzen gehalten. Aber kommen wir nun zu sinnvollen Beispielen für Animationen. Da solche gar nicht so leicht zu finden sind, habe ich auf den folgenden Seiten einige Exemplare zusammengestellt und kommentiert. Zuvor aber noch eine kurze Anmerkung zu der Frage, woran man eine „gute" Animation überhaupt erkennt. Das Prinzip der funktionellen Kongruenz liefert uns für diesen Fall klare Kriterien:

Wünschenswert ist eine Animation, wenn das bewegte Bild gewissermaßen genau die Informationen transportiert, die die Besucher inhaltlich interessieren (also funktionell ähnlich zu ihren Anforderungen sind). Das wird in der Regel damit verbunden sein, dass die animierte Information einen Mehrwert liefert, also Dinge sichtbar macht, die mit Texten, statischen Bildern oder Bildserien gar nicht oder nur mühsam darzustellen wären. Weiter ist zu fordern, dass der Benutzer selbst die Kontolle über das Geschehen hat, also die Entscheidung für das Abspielen einer Animation oder das Betrachten eines Videos selbst treffen kann.

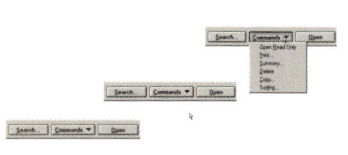

Abb. 119: Hier werden Bedienungsvorgänge mit der Maus zu Demonstrationszwecken animiert dargestellt, um die Leser im Verstehen von Argumenten zu unterstützen.

Abb. 120: Satellitenaufnahmen können als Film dargestellt werden. Die Bewegungsinformation hat einen unmittelbaren Nutzen bzw. Mehrwert. Man erkennt Entwicklungen, die man an statischen Bildern nicht sehen könnte.

Abb. 121: Eine Animation, die Yoga-Entspannungsübungen zeigt. Diese Information lässt sich kaum verbal beschreiben, und deshalb haben die bewegten Bilder auch hier eine natürliche Logik.

Abb. 122: Humor hat Narrenfreiheit. Er bedient sich der Mittel, die zur Inszenierung einer Pointe geeignet sind. Ist die Pointe gut, hat sich das Warten gelohnt, wenn nicht ... na ja, wer macht schon gerne schlechte Witze.

www.iarchitect.com;
www.wetter.de;
www.mydailyyoga.com;
www.edbeals.com/
SleighMaster.html;

Natürlich können auch Animationen mit unterhaltendem Charakter sinnvoll sein – gerade auch dann, wenn sie so nutzlos wie eine animierte Weihnachtskarte sind. Wenn sich die Rentiere über das unsanfte Scheitern des Hightech-Weihnachtsmanns hämisch freuen (Abb. 122), ist die Frage nach Funktionalität oder Nützlichkeit einfach fehl am Platz.

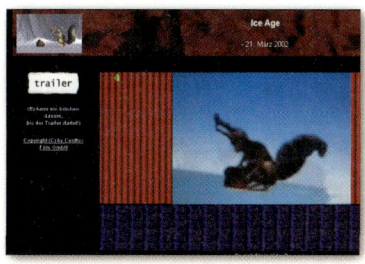

Abb. 123: In bestimmten Fällen wird das Web zum Fernseher – meist allerdings ruckelnd und im Format eines Daumennagels. Die Beispiele zeigen ein Interview und einen Trailer zu einem Kinofilm.

Eine besondere Variante animierter Information sind Videos. Auch hier kann das bewegte Bild der eigentliche Träger der Information sein, also genau das, was die Benutzer sehen möchten. Alle anderen Formen der Darstellung, etwa als Text oder in Bildserien, würden die Qualität des Angebots dann leiden lassen. Zwei Beispiele hierfür sind in Abbildung 123 zu sehen.

<Kleine Nachdenkerei über Fernsehen und das Web>

Ich denke allerdings, dass diese Fälle, in denen das Web zum reinen Überträger oder Mittler einer animierten Information aus der Video- oder Fernsehwelt wird, also quasi ein kleines Fernseherchen im Monitor auftaucht, letztlich dann doch nicht so recht „medienadäquat" sind. Wer sich ein Interview anschaut, surft nicht mehr, er betrachtet eben ein Video. Und dieser Vorgang gehorcht eigenen Gesetzen, nämlich denen, die bei der Rezeption von Filmen gültig sind – allerdings reduziert auf Briefmarkenformat. Sicherlich werden diese verändert, wenn sich das Geschehen in einem Browser abspielt (man denke nur an die beliebteste Pauseneinblendung im Web: abgestürzte oder eingefrorene Media Player, die nicht selten unerträglichen Wartezeiten oder Unterschiede in der Länge und Qualität der Filme), trotzdem: Wir surfen nicht (mehr), wenn wir Videos betrachten. Der entscheidende Unterschied ist die Grundhaltung gegenüber der Information. Im Fall des Surfens ist dies eine kontrollierende und aktiv steuernde Teilnahme am Geschehen, beim Ansehen von Videos eine Kartoffelchip-und-Couch-Passivität. Natürlich: Man kann „zappen" (also ein Programm auswählen), vor- und zurückspu-

www.rollingstone.com;
www.trailer.at

len, ein- und ausschalten, meinetwegen auch an den Kühlschrank oder auf die Toilette gehen, doch das war es dann auch schon. Eine animierte Flash-Website, animierte Teile eines Web Based Trainings oder ein blinkendes Banner finden hingegen direkt im Medium (technisch gesehen: im Browser) statt, werden also als dessen Bestandteil wahrgenommen. Und wirklich gute Web-Animationen sind *navigierbar*. Sie können kontrolliert werden, der Betrachter kann jederzeit eingreifen, um Reihenfolgen, Richtungen, Wege zu beeinflussen – Vorteile die sich in letzter Konsequenz nur mit „Flash" realisieren lassen.

Video- (und Audio-) Informationen können jedoch durchaus sinnvoll in ein Angebot eingepasst, also in einen sachlichen, funktionellen Zusammenhang gestellt werden. Abbildung 124 zeigt zwei Beispiele hierfür. Links ist eine Animation zu sehen, in der Kleidungsstücke von einem Model vorgeführt werden. Eine interessante Sache, wenn sich die Wartezeit in erträglichen Grenzen hält (und außerdem später die Preise, Lieferzeiten und die Sicherheit beim Bezahlen stimmen).

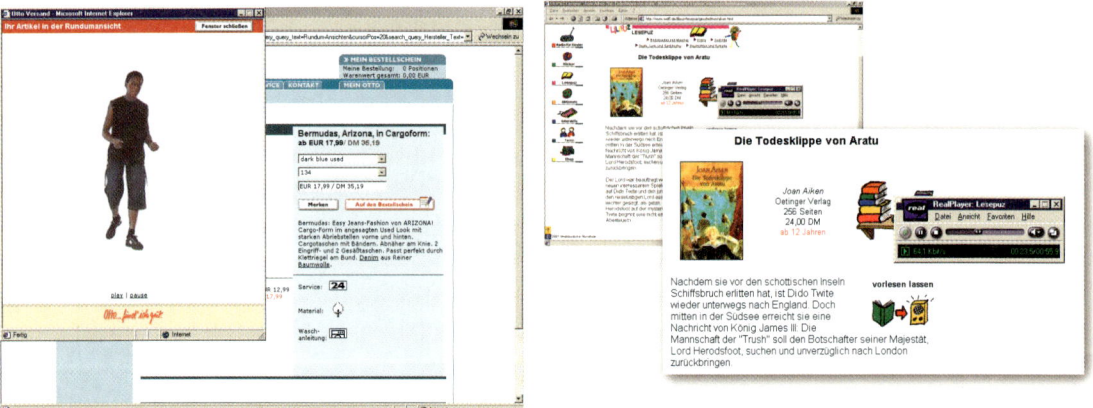

Abbildung 124: Links: Bevor man sich für den Kauf des voll krassen Outfits entscheidet, kann man beobachten, wie ein höchst produktkonformes Model über den Bildschirm grooved. Rechts eine Technik, die man als „akustischen Thumbnail" bezeichnen könnte. Der Besucher kann sich kurze Ausschnitte aus Büchern vorlesen lassen, um diese dann möglichst auch zu bestellen.

www.otto.de;
www.wdr5.de;
rechts: www.webmap.com;
www.warsteiner.de

Das Beispiel rechts zeigt eine Audio-Präsentation – was aus einem Buch heraus natürlich nicht so berauschen klingt. Leider bin ich an der Aufgabe gescheitert, das Beispiel auch hörbar zu machen, betrachten Sie bitte den eingeblendeten Real-Player als

Symbol für das zu Hörende. Im Gegensatz zu einem stillvergnügt vor sich hin rotierenden Firmenlogo oder einem Blinkelämpchen als endlos nervende Markierung auf einer Navigationsleiste steht in diesen und allen zuvor genannten Fällen die Bewegung direkt im Fokus der Aufmerksamkeit. Sie geht mit den Zielen und Bedürfnissen der Benutzer konform, und somit gilt also das Prinzip der *funktionellen Kongruenz*.

Allerdings ist – wie mir scheint – das positive Potential, das Animationen in sich bergen, bisher noch sehr wenig genutzt worden. Im Web begegnen uns immer noch meistenteils animierte Banner oder unsägliche „Intros", die den Betrachter nach einer gebührenden Wartezeit mit schwebenden Slogans, wabernden Vor- und Hintergründen und ebenso nutzlos wie dynamisch über den Bildschirm tosenden Linien langweilen.

< /...>

Der Unterschied zwischen einer sinnvollen und einer nutzlosen, Zeit und Nerven kostenden Flash-Animation ist in Abbildung 125 noch einmal verdeutlicht. Das Beispiel links (Umfang: 228 KB) stellt dem Besucher in einem kurzen Spot eine Suchtechnologie vor, die auf dem Prinzip eines *„zoomable Interfaces"* beruht. Die alte (klassische Suchmaschine) und die neue Technologie werden nicht nur gezeigt, sie werden *vorgeführt*, so dass man sich einen Eindruck von der Bedienung des Interfaces bilden und Vergleiche anstellen kann. Am Ende weiß man, was man gesehen hat – und warum.

Die Animation im Beispiel rechts (Umfang: 196 KB) gehört zur Königsklasse der Intro-Skipper. Sie hat das vordringliche Anliegen zu zeigen, dass hier jemand so professionell mit Flash arbeiten kann, dass das Ergebnis mindestens so langweilig ist wie ein TV-Trailer. Die Informationen (Highlights, Logos, Lichteffekte, Produktbilder) sind nicht viel nahrhafter als der Schaum des Getränks, das in Szene gesetzt wird. Mehr Informationen zum Sinn oder Unsinn von Flash-Intros finden Sie übrigens in Kapitel 10 (Seite 239).

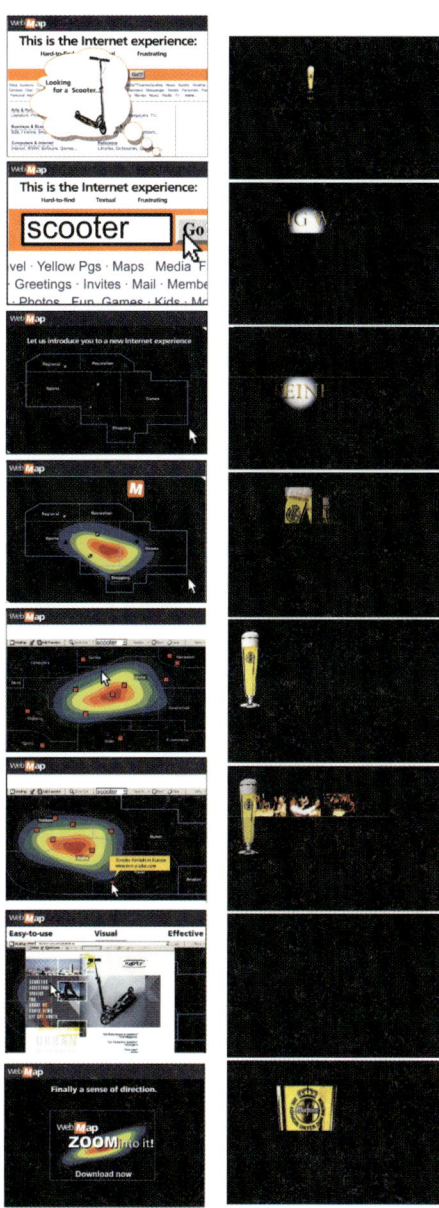

Abb. 125: Sinnvolle versus sinnlose Animation

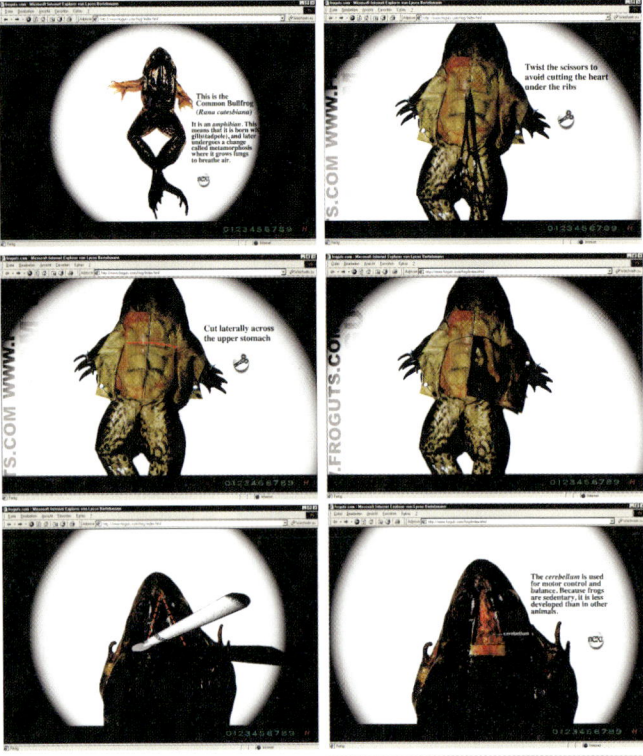

Abb. 126: Ich gebe zu: Auch die virtuelle Resektion eines Frosches ist noch eine widerliche Angelegenheit. Wenn man den Ekel einmal beiseite lässt, ist dies aber ein beeindruckendes Beispiel dafür, was möglich sein kann, wenn man das oft missbrauchte Wort „Interaktivität" einmal konsequent in die Tat umsetzt.

Was möglich ist, wenn man das Potenzial interaktiver animierter Websites ausreizt, zeigt das Beispiel in Abbildung 126. Hier werden nicht nur Texte und bewegte Bilder gezeigt. Die Besucher müssen buchstäblich eingreifen, wenn das Geschehen vorankommen soll, z.B. indem sie ein Skalpell bewegen. Dies ist ein exzellentes Beispiel dafür, wie man eine hohe Verarbeitungstiefe (s. Seite 123) erzielen kann, indem man den Betrachter das Geschehen nicht einfach nur anschauen lässt. Wenn Sie nun meinen, dies sei keine konventionelle Website, sondern eher ein Web Based Training, haben Sie völlig Recht. Nach meinem Verständnis ist dies jedoch eine zwingende Konsequenz: Wenn man bei der Darstellung von Information den Fokus von der passiven Rezeption auf die aktive Entdeckung und tiefe Verarbeitung von Information verlagert, gelangt man notwendigerweise in Bereiche, in denen es um Fragen des Lernens und Lehrens geht. Und man kann konstatieren, dass die Grenzen hier nicht mehr von der Technik bestimmt werden. Die Zeit, als ein animiertes Gif-Bildchen das höchste der Gefühle war, ist längst vorbei. Heute muss man sagen: Die *Phantasie* ist der limitierende Faktor, eigentlich sind ihr keine Grenzen gesetzt, alles ist möglich.

Flash-Animation aus einer naturkundlichen Website zur Anatomie und Physiologie des Frosches
http://www.frogouts.com/frog/index.html

7 Über Aufmerksamkeit: Die Grundlagen

In diesem Kapitel geschieht eine ganze Menge:

- Sie lernen mindestens sieben Facetten von Aufmerksamkeit kennen und erfahren, dass das Web ein harter Gegner ist – aufmerksamkeitstechnisch.
- Wir vergleichen Größen, Farben, Positionen und Kontraste und machen einen kleinen Abstecher ins Mittelalter.
- Sie werden Zeuge, wie ein schickes Parkett ruiniert wird.
- Sie suchen Warenkörbe, die man gut versteckt hat, und ich vermisse einen Knopf zum Abschalten.
- Sie finden allerlei Regeln zum Umgang mit Farben und entdecken Gemeinsamkeiten zwischen Websites und Korallenriffen.
- Wir kollidieren mit verschiedenen Eisbergen, einer davon ist sogar richtig echt.
- Ich kann Ihnen bedauerlicherweise nicht genau sagen, wie lange Internet-Seiten sein dürfen.
- Sie lernen, wie man ein Tandem-Fahrrad aufmerksamkeitswirksam umbauen kann, und begegnen einigen Dingen, die man als „ziemlich eigenartig" bezeichnen könnte.
- Sie werden freundlich und wiederholt angelächelt.
- Sie stellen zu Ihrem Erstaunen fest, dass es sich bei MAYA und KISS nicht notwendigerweise um südamerikanische Indianer und eine albern geschminkte Teenie-Rockband handelt.
- Sie sehen, wie man mit Farben Ordnung oder Verwirrung stiften kann.
- Wenn Shop-Seiten Pralinen wären, begegnen Sie der wahrscheinlich längsten Praline der Welt.
- Sie wundern sich, dass Pyramiden manchmal stabiler sind, wenn sie auf dem Kopf stehen.

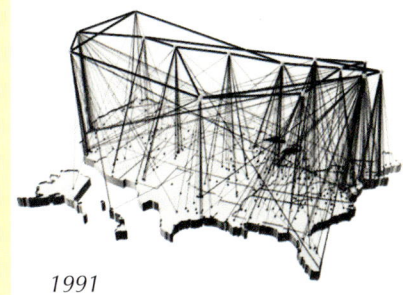

1991

7.1 Was ist Aufmerksamkeit?

Über diese Frage könnte man enzyklopädische Abhandlungen schreiben – ganz zu schweigen von der Antwort. Einige der wichtigsten Themen und Begriffe, mit denen man sich beschäftigen muss, wenn man das Phänomen Aufmerksamkeit beschreiben oder verstehen möchte, habe ich in Tabelle 19 zusammengestellt.

Tab. 19: Die wichtigsten Bestimmungsstücke des Begriffs Aufmerksamkeit

Wachheit	Dieser Punkt ist ebenso trivial wie wichtig. Wir können nicht aufmerksam sein, ohne wach zu sein. Wer schläft, sündigt also nicht nur nicht (keine stilistische Glanzleistung, trotzdem stimmt es), er ist auch nicht aufmerksam. Wachheit ist dabei allerdings nicht einfach das Gegenteil von Schlaf, sondern ein Kontinuum, das vom tiefen Koma über verschiedene Grade der Munterkeit bis zur elektrisierten Panikattacke reicht.
Auswählen und Filtern	Wenn wir auf etwas aufmerksam werden, rückt dies in den Fokus unseres Bewusstseins. Es wird in unserer Wahrnehmung und unserem Denken zur Figur. Andere Dinge werden zum Hintergrund, sie geraten (zumindest scheinbar) aus dem Sinn.
Bewusstsein	In der Sprache ist die enge Verbindung zwischen Bewusstsein und Aufmerksamkeit angelegt. Wenn wir jemanden auf etwas aufmerksam machen möchten, ist dies oft fast synonym mit "Bewusstsein wecken" - und da begegnet uns auch schon wieder die Wachheit. Ohne die geht es nicht.
Kontrolle	Aufmerksamkeit kann einerseits bewusst bzw. absichtlich gesteuert werden, z.B. wenn wir eine von mehreren Alternativen anblicken, um uns mit ihr zu beschäftigen. Andererseits gibt es auch automatische Steuervorgänge - etwa dann, wenn ein Gefahrensignal in unser Bewusstsein eindringt und unsere Aufmerksamkeit in eine bestimmte Richtung zwingt.
Richtung	Aufmerksamkeit hat etwas mit Orientierung, also dem räumlichen und inhaltlichen Ausrichten unserer Sinne und unseres Denkens und Handelns zu tun. Sie muss dabei nicht unbedingt nach außen, auf Dinge in unserer Umwelt, gerichtet sein. Auch Gedanken oder Vorstellungsbilder können mit Aufmerksamkeit belegt werden.
Interesse und Neugier	Die Unterschiede der Begriffe Aufmerksamkeit, Interesse und Neugier sind nicht leicht zu fassen, wir verwenden sie ja oft sogar synonym. Das ist kein Zufall, denn sie bedingen sich gegenseitig: Was neugierig macht, ist interessant und zieht unsere Aufmerksamkeit auf sich.

Forts. Tab. 19: Die wichtigsten Bestimmungsstücke des Begriffs Aufmerksamkeit

Gedächtnis	Aufmerksamkeit hat - wie der Begriff nahelegt - etwas mit "Merken" zu tun. Grob formuliert, könnte man sagen, dass wir uns nur merken können, was wir aufmerksam wahrnehmen. (Wenn man es genau nimmt, muss man allerdings erwähnen, dass auch unbewusste Hintergrundinformation mental verarbeitet und in Teilen abgespeichert werden. Diese so genannten "impliziten" Gedächtnisvorgänge sollen uns aber die Lage hier nicht noch unübersichtlicher machen.)

Hallo! Sind Sie noch wach? Gut. Ich denke, das sollte auch genügen, um zu verdeutlichen, dass man über die Mechanismen, die unsere Aufmerksamkeit steuern, ganze Bücher verfassen könnte. Ich möchte hier allerdings pragmatisch bleiben und einige der einfachsten und wichtigsten Gesetze darstellen, aus denen sich Regeln für die Gestaltung von Websites ableiten lassen. Vorher aber noch einige Anmerkungen zu den Besonderheiten, die das Web mit sich bringt.

7.2 Aufmerksamkeit im Web

Die Aufmerksamkeit ist von allen psychologischen Funktionen, die man im Web berücksichtigen muss, vielleicht die wichtigste. Wer ein wenig Internet-Erfahrung hat, ahnt, warum das so ist. Das Medium stellt extrem hohe Anforderungen an die Aufmerksamkeitsfähigkeiten seiner Benutzer – also Informationen zu suchen, Relevantes zu erkennen, Irrelevantes zu ignorieren, Ähnliches zu unterscheiden und am Ende (hoffentlich) das Richtige auszuwählen. Die Gründe dafür sind vielfältig:

- Wir *ermüden* relativ schnell, was einerseits mit der oftmals nicht eben mitreißenden Qualität der Information, andererseits aber auch mit der besonders belastenden Lesesituation am Bildschirm zusammenhängt.
- Wir sind mit sehr *großen Informationsmengen* konfrontiert, die immer noch sehr schnell und stetig wachsen. Unsere eng beschränkten Aufmerksamkeitsressourcen werden überstrapaziert. Der Überblick, den man braucht, um effektiv navigieren und Information aufnehmen zu können, ist kaum noch möglich.

- Die Informationen sind sehr *komplex und vernetzt*, so dass es schwer ist, einen Sinn für Richtungen zu behalten. Wo ist oben und unten? Was kommt zuerst? Wohin führt der Link? Dies betrifft das Navigieren, also die Eigenbewegung durch das Web, aber auch visuelle Suchprozesse am Bildschirm.
- Verschiedene Angebote und auch Seiten innerhalb eines Angebots sind oftmals sehr *ähnlich*, also nur mit Anstrengung zu unterscheiden.
- Das *Design* der Seiten ist nicht immer aufmerksamkeitsfreundlich. Es gibt z.B. einen hohen Anteil an irrelevanten – wenn nicht gar ablenkenden oder störenden – Inhalten, die sehr aggressiv um unsere Aufmerksamkeit rangeln (etwa Banner oder Animationen), andererseits müssen die relevanten Dinge oft mühsam gesucht werden.

Wenn wir all dem begegnen wollen, müssen wir zwangsläufig gegensteuern, indem wir mehr ausfiltern, mehr vergessen, flüchtiger wahrnehmen, schneller urteilen und weniger reflektieren. Diesem Sachverhalt muss man Rechnung tragen, wenn man Inhalte auswählt und Design-Entscheidungen trifft. Und hierfür benötigt man einigermaßen sicheres Wissen um die Prinzipien der Aufmerksamkeit.

7.3 Aufmerksamkeitsgesetze

Auch ohne die biologischen und psychologischen Mechanismen genau zu kennen, kann man Regeln beschreiben, die einigermaßen zuverlässige Vorhersagen über die zu erwartende Richtung und Intensität der Aufmerksamkeit zulassen. Ich möchte sie „Aufmerksamkeitsgesetze" nennen. Abbildung 127 steckt den Rahmen ab, in dem wir uns in den folgenden Abschnitten bewegen werden. Ich möchte allerdings vorab schon einmal betonen, dass die Gesetze nicht nur für den Bereich der visuellen Gestaltung gelten. Man findet sie in allen Sinnesmodalitäten, z.B. akustisch, haptisch (den Tastsinn betreffend) und genauso auch auf der Seite der Sprache oder Inhalte. Wenn wir uns hier häufig im Bereich der Grafik bewegen, hat das im Wesentlichen den Grund, dass man die Dinge dort besonders veranschaulichen kann. Wo immer es sich anbietet, werde ich aber die Parallelen insbesondere zur Textgestaltung aufzeigen.

Abb. 127: Die meisten „grafischen Variablen" haben Anteil bei der Steuerung der Aufmerksamkeit [34].

7.3.1 Intensitäts- und Größengesetze

Das erste Merkmal, auf das unsere Aufmerksamkeit reagiert, ist ganz einfach: Intensität. Und es ist trivial. Intensive Kontraste, laute Geräusche, helles Licht, schnelle Bewegungen etc. ziehen die Aufmerksamkeit automatisch an. Wenn ein intensiver und ein weniger intensiver Reiz gleichzeitig wahrgenommen werden, reagieren wir also in der Regel auf den intensiveren. „Reagieren" bedeutet: Wir wenden uns der Information zu, fixieren sie z.B. mit dem Blick und wählen sie als Gegenstand für weiterführende Denkprozesse. Im Web kann man „Reagieren" wahlweise mit „Betrachten", „Lesen" oder „Klicken" übersetzen.

Das gleiche gilt natürlich für große im Vergleich zu kleinen Dingen. Wenn alle anderen Variablen konstant sind, ist auf den ersten Blick das Größere immer das Wichtigere, Interessantere, Hervorstechende. In Abbildung 128 sind einige Beispiele für Intensitätsgesetze in der visuellen Wahrnehmung schematisch dargestellt.

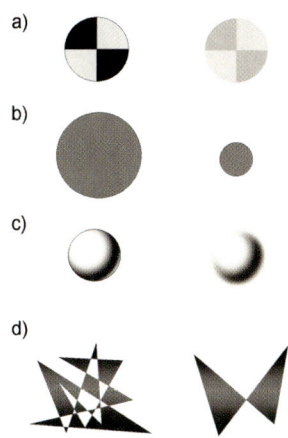

Abb. 128: a) Reize mit hohem Kontrast (Intensitätsunterschied Hell-Dunkel) werden eher beachtet als solche mit geringem Kontrast. b) Große Reize werden eher beachtet als kleine. c) Scharfe Konturen mit hohem Randkontrast werden eher beachtet als unscharfe. d) Komplexe Reize werden eher beachtet als einfache.

Ein klassisches Beispiel für die Anwendung des Größengesetzes sind mittelalterliche Bilder, auf denen die Größe (und Position) von Personen ihrer Wichtigkeit oder Stellung in der Standeshierarchie entspricht. Fürsten, Kaiser, Könige oder Jesi (nach längerem Stirnrunzeln habe ich dies als korrekten lateinischen Plural von „Jesus" bestimmt) konnten also nur (a) groß sein und (b) in die Mitte des Geschehens gestellt werden – alles andere hätte sie eher verstimmt.

Abbildung 129 zeigt als Beispiel ein Detail aus einem „Katalanischen Atlas" (14. Jahrhundert), eine „Anbetung Christi". Die Perspektive war in dieser Bildsprache noch zweitrangig, denn die Personen im Vordergrund sind kleiner als die Personen dahinter. Geht man davon aus, dass es sich nicht um Zwerge handelt, läuft das den natürlichen Wahrnehmungsgesetzen zuwider.

Abb. 129: Auf der Abbildung erkennt man eine für mittelalterliche Bilder typische Anwendung des Größengesetzes: Je wichtiger die Person, desto größer wird sie dargestellt [35].

Ein einfaches Beispiel für die Anwendung des Größengesetzes im Web ist in Abbildung 130 zu sehen. In einer Reihe von Auswahlmöglichkeiten wird eine vergrößert. Der Effekt ist ein zweifacher: Einerseits fällt die Option besonders auf, andererseits hat sie den höchsten Aufforderungscharakter – im Sinn von „Klick mich an!"

Abb. 130: Welche Option in der roten Leiste würden Sie spontan anklicken?

Obwohl – oder besser gesagt: *weil* – das Größengesetz eine relativ primitive Angelegenheit ist, spielt es bei der Gestaltung von Internetseiten eine enorm wichtige Rolle. Wenn die Ausdehnung eines Objekts bildschirmfüllendes Format erreicht, bedeutet das nach dem Größengesetz: „Sieh' nur mich an und ignoriere alles andere, denn glaube mir, ich bin verdammt wichtig! ...oder warum sollte ich sonst so groß sein?" Das versteht unsere Aufmerksamkeit im interaktiven Medium des dritten Jahrtausends genau so wie auf einem mittelalterlichen Bild. Aus der alltäglichen Erfahrung ist sie auch daran gewöhnt, dass es in der Regel richtig ist, so vorzugehen. Also? Große Objekte müssen im Interesse des Betrachters (aber auch des Anbieters) das Versprechen, das sie unserer Aufmerksamkeit unterbreiten, einlösen, sprich: eine verdammt wichtige Information transportieren – oder mindestens so verdammt schön anzusehen sein, dass sich das Hinsehen lohnt. Umgekehrt natürlich auch: Dinge, die unwichtig sind, sollten nicht groß sein oder, allgemeiner formuliert:

> Wenn man das Größengesetz als Maßstab an die Gestaltung anlegt, sollte die Fläche von Objekten auf dem Bildschirm mit ihrer Wichtigkeit für die Ziele des Benutzers korrespondieren.

Quelle: Navigationsleiste auf „Amazon Books" http://www.amazon.com; rechts: www.bol.de; www.t-mobile.de

Betrachten wir uns hierzu noch einmal ein Beispiel aus dem Web (s. Abbildung 131, S. 147).

Es gibt allerdings Varianten, in welchen es nicht um physische Intensität, sondern um Inhalte und sprachlichen Ausdruck, also um die *Beschreibung* von Dingen geht. Wenn Sprache inter-

Aufmerksamkeitsgesetze

Abb. 131: Was ist das Wichtigste in einem Shop-System? Der Warenkorb. Also sollte man ihn nicht in der Ausdehnung auf ein Dutzend Pixel miniaturisieren und an den äußersten Rand der sichtbaren Benutzeroberfläche verbannen.

essant, offensiv, poetisch oder humorvoll wird, finden sich gehäuft Formulierungen, die mit den Prinzipien der Intensität, Gegensätzlichkeit oder auch Dissonanz (s. Seite 175) spielen. Man kann dies leicht verdeutlichen, wenn man einmal einige Wörter gegenüberstellt, die einen bestimmten Sachverhalt mehr oder weniger intensiv ausdrükken bzw. beschreiben (Tabelle 20).

Natürlich haben Wörter bzw. Formulierungen keine messbaren physikalischen Eigenschaften, trotzdem können sie sich ganz offensichtlich in ihrer Intensität bzw. der Stärke des Ausdrucks unterscheiden.

Und obwohl hier keine realen „Dinge" anwesend sind, gilt auch hier die Gleichung intensiver = interessanter = anziehender für die Aufmerksamkeit. Begriffe und Vorstellungsbilder funktionieren in

Tab. 20: Auch sprachliche Intensität und Gegensätzlicheit wirken anziehend auf die Aufmerksamkeit.

geringe Intensität	hohe Intensität
ablehnende Haltung	abgrundtiefer Haß
groß	gigantisch
neu	brandaktuell
eher ungesund	tödlich
geräuschvoll	brüllend laut
geringer Gegensatz	hoher Gegensatz
Bambi meets Heidi	Gozilla meets Bambi
vom Pentium II zum Pentium III	vom Abacus zum Pentium III
UNO Soldaten	Kindersoldaten

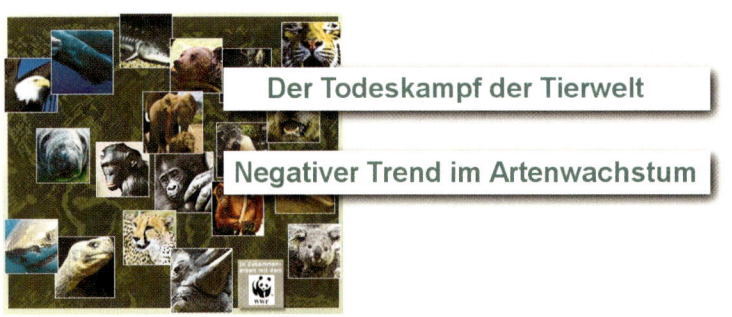

Abb. 132: Original und Fälschung: Welche Formulierung ist intensiver: „Todeskampf" oder „negativer Trend"? Natürlich erstere, und deshalb ist sie interessanter (und dies ist auch die Original-Headline).

dieser Hinsicht also genauso wie reale Bilder oder Gegenstände. Das gilt auch für andere Merkmale, etwa das Ausmaß der Gegensätzlichkeit zweier Begriffe oder Ideen. Auch dieses kann variieren, und je intensiver der Gegensatz, desto wirksamer für die Aufmerksamkeit.

7.3.2 Farbgesetze

Ich möchte an dieser Stelle auf allgemeinere Gesichtspunkte eingehen, die man bei der Verwendung von Farben beachten sollte. Im Zusammenhang mit dem Thema Eye-Catcher (s. Seite 193) wird es dann noch einmal um aufmerksamkeitsfreundliche Farbgestaltung mit Signalfarben gehen. In Tabelle 21 habe ich zunächst einmal die wichtigsten Regeln für die Verwendung von Farben im Interface-Design zusammengestellt. Die allgemeineren Farbgesetze in Bezug auf die Lenkung der Aufmerksamkeit zeigt dann Abbildung 134.

	Westeuropa	Japan	China	arab. Länder
rot	Gefahr	Aggression Gefahr	Freude festliche Stimmung	
gelb	Vorsicht Feigheit	Würde Adel		Glück Wohlstand
grün	sicher Neid	Zukunft Jugend Energie		Fruchtbarkeit Stärke
blau	Männlichkeit Kälte Autorität			Tugend Vertrauen Wahrheit
	Reinheit Tugend	Tod Trauer	Tod Trauer	
schwarz	Tod Trauer			

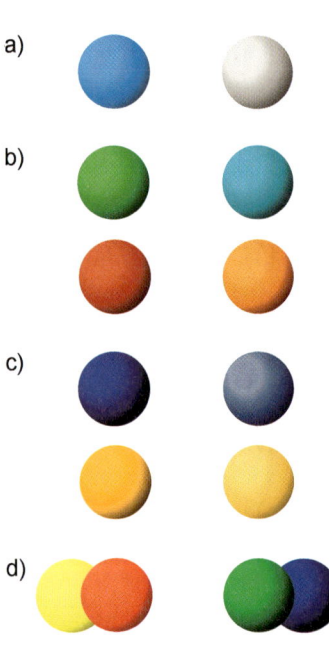

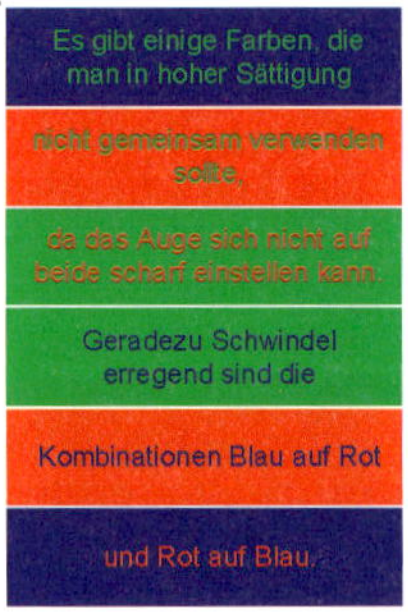

Abb. 133: Kulturspezifische Farbkodes [36] und Schwindel erregende Effekte, die durch die Kombination von sehr gesättigten und reinen Vorder- und Hintergrundfarben entstehen.

Abb. 134: Farbgesetze bei der Aufmerksamkeitslenkung: a) Farbige Reize werden eher beachtet als solche in Grauwerten. b) Reine Farben werden eher beachtet als Mischfarben. c) Farben mit hoher Sättigung bzw. Intensität werden eher beachtet als solche mit geringer Sättigung. d) Warme Farben (Rot-Gelb) werden eher beachtet als kalte (Blau-Grün). e) Bunte Reize werden eher beachtet als einfarbige.

Tab. 21: Allgemeine Regeln zur Verwendung von Farben auf graphischen Benutzeroberflächen.

Kontraste	Ein Interface sollte auch ohne Farbinformationen funktionieren können. Vorder- und Hintergrundfarben (z.B. für Schriften) sollten sich deshalb nicht nur im Farbton, sondern auch in der Helligkeit deutlich unterscheiden (s. Abbildung 135).
Weniger ist mehr	Es sollte nicht mehr bedeutungsvolle Farben geben als erforderlich, weil Buntheit sehr schnell einen konfusen Gesamteindruck erzeugt und z.B. Suchprozesse erschwert. Vor allem gilt dies natürlich für Farben mit hoher Intensität bzw. Sättigung. 5 Farben gelten in der Ergonomie schon fast als zu viel.
Farben für Flächen	Für größere Flächen sind mit Weiß aufgehellte Farben geringer Sättigung ideal, also keine hochgesättigten, intensiven Farben, auch abgedunkelte Farben (sozusagen mit hohem Schwarzanteil) sind eher nicht empfehlenswert.
Farben für Details	Für die Hervorhebung kleiner Details (z.B. einzelne Werte in einer Tabelle) sind intensivere Farben sinnvoll. Gelb sollte hierfür allerdings aufgrund des geringen Kontrasts nicht verwendet werden (Sofern man von einem weissen oder hellen Hintergrund ausgeht). Blau ist ebenfalls nicht optimal, denn das Auge hat eine relativ geringe Empfindlichkeit für Blau bei der Wahrnehmung von Details.
Verbotene Farben	Kombinationen reiner, hochgesättigter Farben sind eher zu vermeiden. Rot und Blau sollten auf keinen Fall gemeinsam in hoher Sättigung als Vorder- und Hintergrundfarbe kombiniert werden, weil sonst sehr unangenehme Tiefen-Effekte entstehen. (vgl. Abbildung 133).
Farbsymbolik	Farbe ist keine "universelle Sprache". Farben eignen sich eher schlecht als Symbol-System zur Kodierung von komplexen Bedeutungen (Grün ist die Hoffnung, Gelb der Neid etc.). Nur wenige Farbbedeutungen können als einigermaßen zuverlässig gelten. Beispiele sind Rot als "falsch, Achtung, Gefahr" und Grün als "richtig, ungefährlich", Schwarz-Gelb als "Achtung!" oder eine Temperaturskala von blau = kalt bis rot = heiß. Darüber hinaus sind der symbolischen Verwendung auch dadurch Grenzen gesetzt, dass unterschiedliche Kulturen der gleichen Farbe ganz unterschiedliche Bedeutungen zuordnen (Abbildung 133).

Eine gute Benutzeroberfläche zeichnet sich dadurch aus, dass sie letztlich auch ohne Farbe funktioniert. Man kann dies testen, wenn man einen farbigen Entwurf in Grauwerte umrechnen läßt. Die verbleibenden Informationen (Linien, Positionen, Gruppierungen, Größen, Formen, Beschriftungen und Kontraste) sollten dann immer noch bedienbar sein. Diese Methode ist vor allem dazu geeignet, Probleme zu entdecken, die durch zu geringe Kontraste entstehen. Am leichtesten kann man dies an einem Beispiel nachvollziehen. Abbildung 135 zeigt unter a) ein Menü,

links oben: www.spiegel.de

das mir im Web wegen seiner unvorteilhaften Farben aufgefallen ist, einmal in den Originalfarben und darunter in Grauwerten. Man kann deutlich erkennen, dass die Kontraste (Hell-Dunkel-Informationen) im Graustufenbild nicht stimmen. Besonders betroffen sind die Optionen SAT1, PROSIEBEN, BLOOMBERG TELEVISION und PREMIERE, die nahezu unsichtbar werden. Auf dem Alternativvorschlag unter b) habe ich die Farbwerte so angepasst, dass sie den Grauwert-Test bestehen.

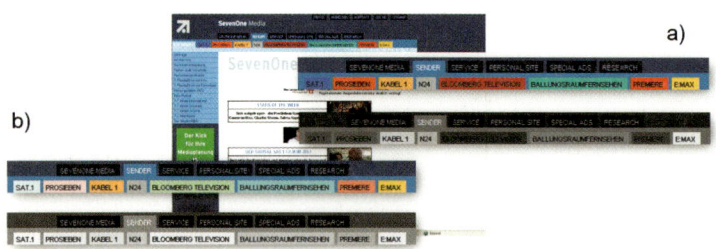

Abb. 135: Original und Fälschung: Rechnet man das Original-Menü unter a) in Grauwerte um, zeigt sich, dass die Hell-Dunkel-Kontraste der Farben nicht optimal sind. Das Beipiel unter b) wäre eine Lösung, die auch ohne Farbinformation, alleine auf der Grundlage der Hell-Dunkel-Kontraste, noch gut funktioniert.

www.sevenonemedia.de

Wenn man über Einschränkungen der Wirkung von Farben spricht, darf man das Thema Farbenblindheit nicht vergessen. Störungen in der Farbwahrnehmung sind nämlich häufiger, als man vielleicht vermutet. Grob gesagt leiden ca. 10% der Männer an mehr oder weniger ausgeprägten Formen der Farbfehlsichtigkeit [37], also insgesamt ca. 5% der Bevölkerung Westeuropas. In den meisten Fällen besteht ein Unvermögen, rote und grüne Farbtöne zu unterscheiden (die „Deuteranopie" bzw. Rot-Grün-Blindheit). Frauen können sich in dieser Hinsicht eindeutig als das stärkere Geschlecht fühlen, denn sie sind so gut wie nie farbenblind – der Anteil farbenblinder Frauen liegt unter 1%.

Auf der Website „vischeck.com" finden Sie nicht nur alles Wissenswerte über Farbenblindheit, sondern auch eine Web-Applikation, mit deren Hilfe man die Qualität der Farbeindrücke farbenblinder Personen simulieren kann. Ein Beispiel zeigt Abbildung 136. Man braucht hierfür nur eine JPEG-Grafik (neuerdings können Web-Adressen auch direkt als Bildquelle angegeben werden). Die Bedienung des Programms ist vorbildlich einfach – und die Ergebnisse z.T. verblüffend. Nach meinem Dafürhalten wäre es zwar übertrieben, sich in der Farbwahl für eine Website streng von den Erfordernissen Farbenblinder leiten zu lassen. Bei besonders kritischen Bedienvorgängen auf einem Interface kann es aber nicht schaden, sich die Sache einmal mit den Augen eines Farbenblinden zu betrachten. Immerhin muss man ja damit rechnen, dass jeder zwanzigste Besucher ein Handikap beim Sehen und Verstehen von Farben hat.

Eine der ersten Grundsatzentscheidungen bei der Farbgestaltung im Web ist diese: Soll der Hintergrund farbig sein? Und wenn ja: Welche Farbe in welcher Intensität? Die Ergonomie gibt hier eine relativ eindeutige Antwort: Wenn bildschirmfüllende Hintergrundfarben überhaupt verwendet werden (in den meisten Fällen gibt es hierfür keinen zwingenden sachlichen Grund), sollten diese nicht hoch gesättigt und intensiv, sondern mit Weiß aufgehellt und in der Sättigung reduziert sein. Wenn man einmal einige Minuten in einen grellroten Monitor geschaut hat, ahnt man, warum: Der anfängliche Aktivierungseffekt durch die intensive Farbe verpufft, die Farbpigmente der Netzhaut bleichen relativ schnell aus und man wird farbmüde. Ein deutliches Anzeichen hierfür ist, wenn beim Aufsehen vom Monitor an einer weißen Wand ein rechteckiges Geisterbild in der Komplementärfarbe entsteht (z.B. ein grünes Rechteck nach Betrachten einer intensiv roten Seite). Abgesehen hiervon muss man sich darüber im Klaren sein, dass es fast unmöglich ist, die Aufmerksamkeit auf einem farblich brüllend lauten Hintergrund sinnvoll zu lenken (s. Abbildung 137).

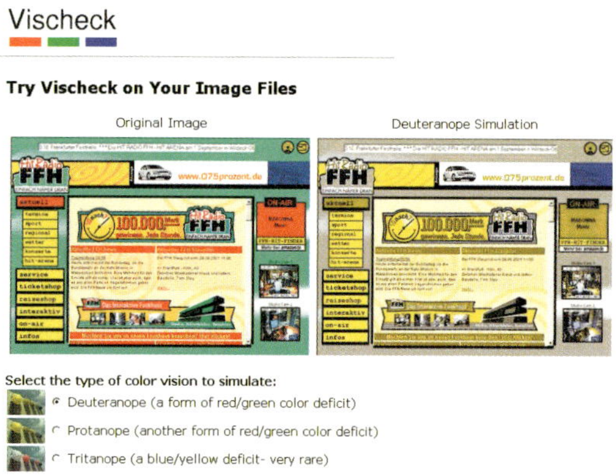

Abb. 136: Falls die beiden Bilder auf der Abbildung für Sie gleich aussehen, sind Sie entweder rot-grün-blind, oder Sie lesen eine Fotokopie dieses Buches.

Abb. 137: Natürlich kann man eine Website in der Farb-Anmutung eines Korallenriffs gestalten. Allerdings hat man es dann nicht leicht, denn außer Animationen gibt es nichts, was auf einer quietschbunten Seite noch als Akzent taugt. Und gerade im Web muss man Akzente setzen können.

Screenshot der Website des Radiosenders FFH www.ffh.de, simuliert auf www.vischeck.com; www.rtl.de; www.channel5.co.uk; www.br-online.de; www.sat1.de; www.yellowratbastard.com; rammon.freeyellow.com

Das Problem, das durch unkontrolliert wuchernde Buntheit entsteht, lässt sich an dem Beispiel auf Abbildung 138 zeigen. Man findet dort mehr als zwanzig verschiedene Kombinationen von Vorder- und Hintergrundfarben (fünfzehn davon habe ich in der seitlichen Tabelle noch einmal dargestellt). Beim Betrachten der Seite muss das Auge also im Sekundentakt umlernen: Was eben Figur und Grund war, ist nun Grund und Figur, und zwanzig Pixel weiter wechseln die Farben wieder vollständig. Die Konsequenz ist nicht nur im Look and Feel ein heilloses Durcheinander (das kann unter Umständen noch als ästhetische Aussage gedacht sein), es ist letztlich auch nichts wirklich wirksam hervorgehoben.

Abb. 138: Wer sich hier informiert und einkauft, muss farbenmäßig schon etwas aushalten können.

www.schlecker.de

Wobei man jedoch nicht vergessen sollte, dass auch hier – wie immer – die Regeln zielgruppenabhängig sind. Eine Seite für Kinder in dezentem Designergrau wäre sicherlich kein Renner. Allerdings gibt es hier immer noch Unterschiede: zwischen „bunt" und „quietschbunt" können Welten liegen. Und es steht außer Zweifel, dass die Netzhaut von Kindern durch intensive Farben genauso beansprucht und ermüdet wird wie die von Erwachsenen.

Wie wir in Zusammenhang mit dem Thema Eye-Catching (s. Seite 191) noch sehen werden, sind Farbinformationen außerordentlich dominant für unsere Aufmerksamkeit. Sinnvoll sind sie

Aufmerksamkeitsgesetze 153

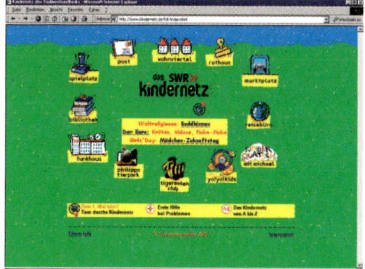 

Abb. 139: Wer eine intensiv bunte Website haben möchte, hat immer noch die Wahl zwischen grellen Farben (links) und kräftigen Farben (rechts).

nur eingesetzt, wenn sie streng gesetzmäßig mit bestimmten Elementen oder Bedeutungen verbunden sind. Neben den auf Seite (149) aufgelisteten Regeln ist deshalb *Konsistenz* bei der Verwendung von Farben immer oberstes Gebot. Farben können unsere Aufmerksamkeit ja nur leiten, wenn sie stabile Bedeutungen haben. Anderenfalls ist die Angelegenheit vielleicht schön bunt, doch nicht aufmerksamkeitsfreundlich.

Im Übrigen sind wir das so gewohnt: Briefkästen sind gelb, Stoppschilder sind rot, Polizeiautos grün. Das ist langweilig, aber verständlich – und es spart Ressourcen. Wenn Briefkästen auch grün oder rosa sein könnten, wäre die Suche nach ihnen sehr viel anstrengender. Und der Nutzen von Farbkodierungen im Web ist hierzu völlig analog. Abbildung 140 (linker Screenshot) zeigt ein schönes Beispiel. Die Aktionstasten, mit deren Hilfe man sich durch diesen Shop bewegt, Produkte in den Warenkorb oder auf die Merkliste schiebt, eine Bestellung abschickt etc. sind in Gelb eingefärbt, wodurch sie sofort als zusammengehörig wahrgenommen werden. Wichtig dabei ist…

- dass *alle* Aktionstasten diese Farbe haben (fast alle, auf die Ausnahme kommen wir noch zu sprechen);
- dass *nur* die Aktionstasten diese Farbe haben;
- dass es *kein zweites oder drittes* Farbsignal gibt, das sich einmischt.

Hierdurch wird die Farbe wie das Briefkastengelb zum Hinweisreiz und unterstützt die Aufmerksamkeit des Besuchers sehr effizient.

www.kindernetz.de;
www.multikids.de

Abb. 140: Original (links) und Fälschung (rechts): Sinnvolle Aufmerksamkeitslenkung durch Farbe. Die Botschaft hat man sofort verstanden: Aktionstasten sind gelb. Im Original links ist allerdings eine Taste vergessen worden (Erklärungen im Text).

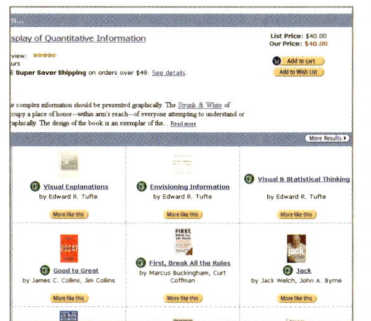 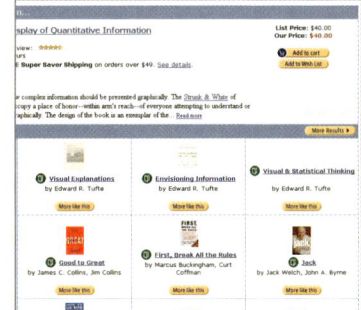

www.amazon.com

Dieses Beispiel ist deshalb so instruktiv, weil man zur gleichen Zeit zeigen kann, wie man es richtig und falsch macht. Das Richtige hatten wir ja jetzt schon, wo ist der Fehler? Wenn man genau hinsieht, entdeckt man, dass die Farbkodierung nicht konsequent durchgehalten wird. Die Taste auf dem blauen Querbalken („more Results") weigert sich nicht nur aus unerfindlichen Gründen, gelb zu sein, sie tarnt sich auch regelrecht (eben dadurch, dass sie überhaupt keine Farbe hat).

Da das Auge sich von dem prägnanten Gelb allzu willig lenken lässt, besteht also das Risiko, dass dieses Element überhaupt nicht wahrgenommen wird. Der rechte Screenshot zeigt, welches Bild sich ergibt, wenn man die Gestaltung entsprechend korrigiert.

Betrachten wir anhand eines anderen Beispiels, was geschieht, wenn die Konsistenzregel eindeutig verletzt wird. Die Hauptnavigation am Seitenanfang der Website auf Abbildung 141 lehrt uns: „Themen" sind grün, „Shopping" ist orange. Das ist eigentlich ganz einfach. Wenn man sich mit dieser Regel im Hinterkopf ein wenig durch das Angebot klickt, erlebt man allerdings mancherlei Überraschung. Auf einer Seite wird z.B ein Shopping-Angebot seitlich mit einer *grünen* Überschriftsleiste angekündigt (das Bild der Kamera auf dem linken Screenshot).

Keine 10 Zentimeter Luftlinie oberhalb, besteht das andere Shopping allerdings hartnäckig darauf, eben *doch* Orange zu sein, während die „Themen" ebenfalls völlig unbeeindruckt die Auffassung vertreten, *sie* seien grün. Was geschieht, wenn man auf die grüne Information (die Kamera) klickt? Man gelangt in einen Sektor mit Orange als Leitfarbe (rechter Screenshot). Der obere Shopping-Button hatte also Recht. Noch eigenartiger verhält sich das Top-Angebot auf Abbildung 142 (linker Screenshot). Es ist in höchst shopping-konsistentem Orange eingefärbt, beim Klick auf den Link öffnet sich aber mitnichten die Shopping-Zone, sondern ein neues Fenster mit einer ebensolchen Website.

Abb. 141: Farben sind nur sinnvoll, wenn sie konsistent eingesetzt werden. Wenn Themen grün sind und Shopping orange ist, sollte man sich darauf verlassen können.

Dass diese immerhin knallig orange ist, vermag den verwirrten Benutzer aber nicht zu trösten, denn er wollte freenetten und nicht kommentarlos zu „electronica24" durchgereicht werden – und wenn doch, dann möchte er es zumindest vorher ahnen können. Unter diesen Umständen wird man sich früher oder später auf die Botschaften der Farben nicht mehr verlassen. Damit können sie zwar weiter ihre dekorativen Zwecke erfüllen und auch Blickbewegungen lenken, sie sind aber kein bedeutungsvolles Leit-System mehr für die Aufmerksamkeit.

Abb. 142: Verwirrspiel mit Farbe, zweiter Teil: Der Klick auf ein Produkt, das sich farblich zum Shopping-Bereich der Website bekennt, öffnet meuchlings eine neue Website.

Die Sparsamkeitsregel bei der Verwendung von Farben gilt auch und gerade für Hintergründe, und selbst dann, wenn es sich nur um Variationen der gleichen Farbe handelt. Es ist derzeit ja überaus schick, Websites mit einer Art Riegelparkett auszulegen. Dabei werden pixelschmale Muster aus Querstreifen einer Farbe in unterschiedlicher Sättigung bzw. Helligkeit (oder auch alternierend mit Weiß) für Hintergrundflächen verwendet.

Für leere Flächen mag das interessant sein, Hintergründe für Texte und Bilder lassen sich so aber eindeutig *nicht* herstellen. Man kann an dieser Unsitte sehr schön demonstrieren, wie durch unnötig komplexe Farbinformation Unruhe ins Bild gebracht und die Aufmerksamkeit irritiert wird (Abbildung 143).

Die Entscheidung für oder gegen eine solche Lösung ist letztlich davon abhängig, ob man dem Prinzip „*Form follows*

Quellen:
http://www.freenet.d;
htp://www.freenet.de
http://www.electronica24.de

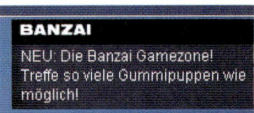

Abb. 143: Original (links) und Fälschung (rechts): Im linken Beispiel werden 259 Blautöne verwendet, um den Hintergrund durch ein hochgesättigtes Riegelparkett zu ver(un)zieren. Rechts ein aufmerksamkeitsfreundlicher Alternativvorschlag: Das Parkett ist durch homogene Farbflächen ersetzt worden und die sehr intensiven Farben sind aufgehellt. Die Polarität der Schrift muss sich dann allerdings umkehren, also dunkle Schrift auf hellem

<Der wundersame Eisberg-Effekt>

www.sat1.de

function" (Riegelparkett ist störend!) oder „*Function follows form*" (Riegelparkett trägt man heute, auch unterm Text!) den Vorzug geben will. Ich persönlich bin ein Anhänger der zuerst genannten Doktrin. Dies soll nun aber nicht heißen, dass ich ein Gegner von Riegelparkett bin. Auf leeren Hintergrundflächen kann es sehr hübsch wirken, oder besser gesagt: ist es eine Geschmackssache.

7.3.3 Reihenfolgen- und Positionsgesetze

Jeder, der sich mit der Gestaltung von Websites beschäftigt, kennt die Probleme, die durch nicht vorhandene technische Standards entstehen: Die gleiche Seite sieht unter Linux oder Mac OS anders aus als auf einem Windows-Rechner. Auch der Browser bestimmt das Aussehen, die eingestellte Schriftgröße, vorhandene oder fehlende Plug-ins und natürlich die Bildschirmauflösung. Hinzu kommt noch, dass der sichtbare Ausschnitt einer Seite durch die Eigenschaften des aktiven Browser-Fensters variieren kann, z.B. wenn es nicht auf die maximale, bildschirmfüllende Größe eingestellt ist.

Ich möchte das Technische hier aber nicht weiter vertiefen und mich auch nicht mit der leidigen Frage herumschlagen, ob man das Design nun für eine Bildschirmauflösung von 800 x 600 oder 1024 x 768 Pixel optimieren sollte. (Wenn man den Browser nicht erkennen und das Design dynamisch anpassen kann, halte ich es für selbstverständlich, dass eine Seite auch bei 800 x 600 komfortabel zu bedienen ist.)

Stattdessen möchte ich der Frage nachgehen, welche Konsequenzen daraus ergeben, dass in aller Regel nur ein Bruchteil einer Seite im Browser angezeigt wird. Dieser Effekt, der zu den sichtbaren und unsichtbaren Zonen eines Eisbergs über und unter der Wasseroberfläche analog ist, hat für die Planung aufmerksamkeitsfreundlicher Websites eine große Bedeutung.

Die Regel ist auf den ersten Blick auch ganz einfach:

> Dinge, die unter dem Rand des Screens liegen, haben einen Aufmerksamkeitswert von null, denn man kann sie nicht sehen. Damit können sie im Erstkontakt keinerlei Signale senden, die dazu geeignet wären, die Aufmerksamkeit der Besucher zu wecken. Was bemerkt werden soll, darf also nicht unter den Bildschirmrand rutschen.

Bevor Sie nun meinen, dass das ja selbstverständlich sei und gar nicht gesagt werden müsse, und ich Ihnen Recht gebe und mich entschuldige, solches überhaupt zu erwähnen, möchte ich einmal zwei Beispiele betrachten. Dass es sich in beiden Fällen um die Auftritte von Fernsehsendern handelt, ist reiner Zufall.

Abb. 145a zeigt ein Problem, das entsteht, weil der Eisberg-Effekt bei der Gestaltung eines Shops nicht einkalkuliert wurde. Das Bedienelement, das im Warenkorb zum Bestellvorgang führt („zur Kasse") wird erst sichtbar, wenn man bis zum Seitenende scrollt. Natürlich hat man eine Chance, den entscheidenden Link gleich zu sehen, nämlich in einem *leeren* Warenkorb – aber wer sollte sich den anschauen? Erschwerend kommt hier übrigens noch hinzu, dass das deutlich sichtbare Icon eines Einkaufswagens mit der Aufforderung „Bestellen" aus unerfindlichen Gründen nicht so funktioniert wie erwartet, d.h. wenn man darauf klickt, wird die Seite einfach neu geladen, es geschieht also gar nichts.

Abb. 144: Der Eisberg-Effekt: Wenn man eine Seite reichlich füllt, ist beim erstmaligen Laden nur ein (mehr oder weniger kleiner) Ausschnitt der Inhalte am Seitenanfang sichtbar. Der Rest bleibt verborgen, bis der Besucher sich entscheidet, zu scrollen [38].

Abb. 145a: Mich würde interessieren, wie viele Besucher in dem hier zu sehenden Shop den Weg zur Kasse nicht finden. (Erklärungen im Text).

www.wiwo.de;
www.vox.de

Abb. 145b: Hier die einfache Lösung (Erklärungen im Text).

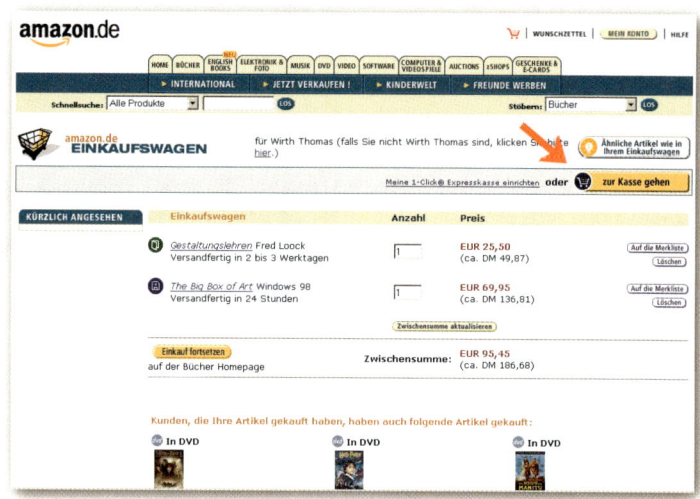

Abb. 146: Wer hier Kontakt oder Hilfe sucht, muss nicht nur zuerst scrollen, sondern auch ganz genau hinsehen.

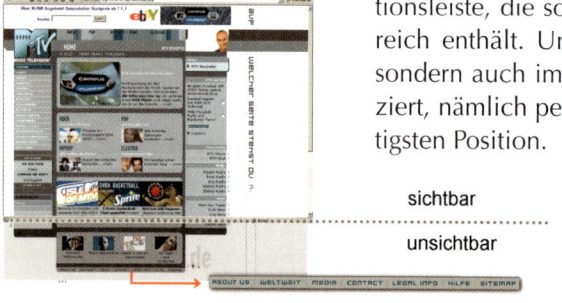

Aufmerksamkeitsfreundliches Shop-Design beachtet also zwei einfache Regeln: (a) Der Link zum Warenkorb ist immer deutlich sichtbar. (b) Im Warenkorb selbst ist der Link zum Bestellvorgang immer im sichtbaren Bereich der Seite. Ein Beispiel hierfür zeigt der Screenshot auf Abbildung 145b. Hier wird der Button zur Kasse kurzerhand so hoch angebracht (s. roter Pfeil), dass er unter gar keinen Umständen unter den Wasserspiegel rutschen kann. Wer zahlen will, kann das also immer ganz einfach tun. Und wie meistens, wenn die Dinge stimmen, fragt man sich, was denn hier eigentlich das Besondere sein soll. Das ist das Tragische am benutzerfreundlichen Design: es gibt nichts Besonderes, man bemerkt es oft überhaupt nicht einmal. Aufmerksam wird man nur, wenn etwas fehlt oder sich unorthodox verhält.

In dem Beispiel auf Abbildung 146 ist es kein Shop-Element, das unterm Bildschirmrand ersäuft wurde, sondern eine Navigationsleiste, die so wichtige Dinge wie den Link zum Kontakt-Bereich enthält. Und sie ist nicht nur unter dem Bildschirmrand, sondern auch im Sinn aller anderen Positionsgesetze falsch platziert, nämlich peripher, ganz unten auf der Seite, an der unwichtigsten Position.

Will man die Informationen, die man seinen Besuchern präsentiert, nicht so zerhäckseln, dass sie immer maximal eine

Bildschirmseite ausfüllen (auf dieses Problem kommen wir gleich noch zu sprechen), ist der Eisberg-Effekt im Web allgegenwärtig. Was kann man tun, um zu verhindern, dass er sich negativ auswirkt?

Eine erste Regel können wir aus den eben besprochenen Beispielen ableiten: Die Inhalte jeder Seite wären daraufhin zu untersuchen, ob die Informationen, die für den Benutzer oder auch für den Betreiber relevant sind, über dem Wasserspiegel liegen. Eine zweite einfache Möglichkeit, an die man vor allem auch bei längeren Texten denken kann, zeigt Abbildung 147: ein Inhaltsverzeichnis am Seitenanfang.

Andererseits ist die Frage, ob ein Eisberg-Effekt entsteht und wie er sich auswirkt, auch davon abhängig, wie man den zur Verfügung stehenden Raum auf einer Seite verplant. Eine Gefahr geht hier vor allem von großflächigen, schmückenden Grafiken am Seitenanfang aus (s. Abbildung 148), aber auch Frames können sich – falsch eingesetzt – verheerend auswirken (s. Abbildung 149).

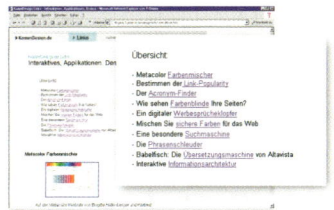

Abb. 147: Lässt die Situation es zu, kann ein Inhaltsverzeichnis am Seitenanfang mit Links zu lokalen Ankern zu den Inhalten weiter unten auf der gleichen Seite dafür sorgen, dass dem Leser nichts entgeht. Die Logik dabei: Auch Inhalte, die eigentlich unter dem Bildschirmrand verborgen sind, werden sichtbar gemacht und auf eine Distanz von einem Klick an den Besucher herangetragen.

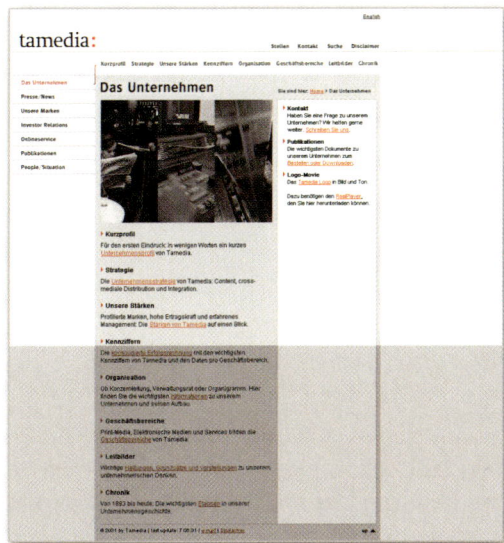
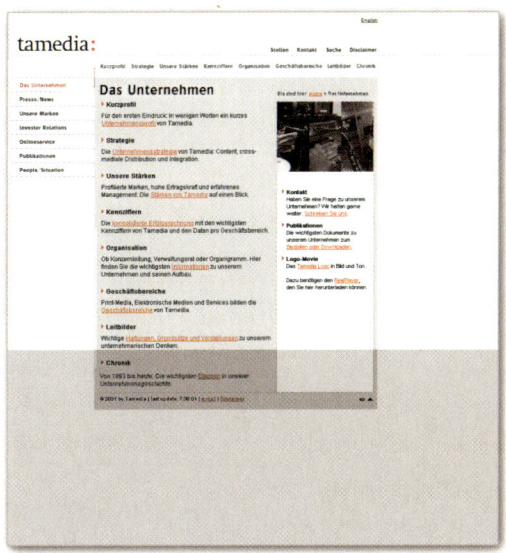

Abb. 148: Original (links) und Fälschung (rechts): Manchmal genügt es schon, raumfüllende Schmuckgrafiken zurechtzustutzen, um fast alle relevanten Informationen über den Bildschirmrand zu heben. Während links nur drei Rubriken ohne Scrollen sichtbar sind, sind es rechts (korrigierte Version mit einem verkleinerten Bild) deren sieben.

links unten: www.m-tv.de;
www.kommdesign.de/links/interaktives.htm:
www.tamedia.ch/d/unternehmen/home.html

Abb. 149: Ein beliebter Sport ist das (häufig sogar mit großem Aufwand betriebene) Erzeugen winzigkleiner Fensterlein zum Anzeigen wichtiger Inhalte. Nicht wenige Flash-Sites leiden an dieser Krankheit, aber es gibt auch noch die Alternative, dies mit Frames zu bewerkstelligen. Die Abbildung zeigt ein besonders ärgerliches Beispiel: Ein Routenplaner wird im sichbaren Bildschirmausschnitt auf Postkartenformat geschrumpft, weil der Betreiber meint, seine üppigen Werbeinformationen seien derart wichtig, dass sie niemals unter den Seitenrand rutschen dürften.

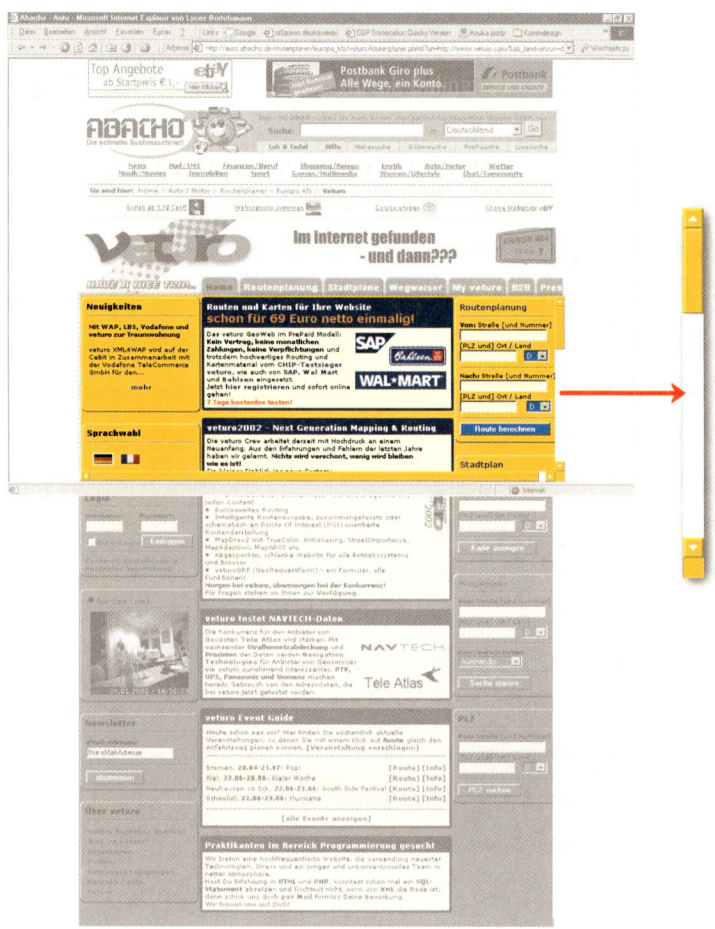

www.abacho.de

<Kurze Nachdenkerei: Über triviale Fehler >

Um noch einmal kurz auf die Trivialität der hier dargestellten Regeln zurückzukommen: Ich bin in meiner Erfahrung als Berater von Gestaltern und als Benutzer des Mediums zu einer tiefen inneren Überzeugung gelangt: Keine Regel ist so trivial, dass sie nicht jederzeit verletzt werden könnte. Die Shop-Designer in dem Beispiel auf Abbildung 145a (S. 157) haben sich sicher nicht mit Absicht dazu entschlossen, das wichtigste Element auf dem Bildschirm unsichtbar zu machen. („Jetzt wollen wir doch mal sehen, wer clever genug ist, das zu finden..."). Trotzdem ist es passiert, und ich könnte ohne Mühe zehn weitere Beispiele für hoffnungslos versenkte Bedienelemente oder Inhalte nachlegen. Die Moral: Niemand –einschließlich meiner Person übrigens – ist vor unfassbar plumpen Fehlern gefeit. Es gibt nur eine Strategie, wie man dem entgehen kann: Man muss die Dinge nicht nur gestalten, sondern in der Rolle naiver Besucher auch *benutzen* oder andere beim Benutzen beobachten. Wahre Plumpheit ist die Überzeugung, man könne alles einfach Kraft eigener Inspiration im Griff haben, ohne jemals andere etwas fragen zu müssen. Dies ist dann auch zugleich das beste Zeichen für mangelnde Professionalität.

< /... >

Lange oder kurze Seiten, Scrolling oder Paging?

Mit dem Eisberg-Effekt nähern wir uns unweigerlich einer der am härtesten und fruchtlosesten diskutierten Fragen im Web überhaupt. Soll man Inhalte zum Blättern (Paging) auf mehrere Seiten verteilen oder auf einer einzelnen langen Seite zum „Rollen" (Scrolling) unterbringen? Da sie zu den „Always Asked Questions" gehört und für aufmerksamkeitsfreundliches Design auch sehr relevant ist, möchte ich ihr einen eigenen Abschnitt widmen.

In der Regel beginnen Diskussionen zu diesem Thema mit der Einleitung „Also, *ICH* ..." Es folgen meist sehr ausdifferenzierte und überzeugend vorgetragene Argumente, wie etwa „...hasse ja lange Seiten" oder „...scrolle ja eigentlich lieber". Da solche persönlichen Vorlieben leicht mit Gewissheiten verwechselt und der Menschheit im Allgemeinen angedichtet werden, gelangen Auseinandersetzungen über dieses Thema leicht an einen toten Punkt. Die Sache ist allerdings vertrackter, als uns lieb sein kann. Es gibt kein griffiges „Entweder-Oder", sondern nur ein schwammiges „unter diesen Umständen eher so und eventuell aber auch so, oder vielleicht auch anders, je nachdem". Durchforstet man die verfügbare Literatur (die spärlich genug ist), wird man alles andere als glücklich:

- Jakob Nielsen, *der* Papst der Usability hat sich 1996 erstmals zu dem Thema geäußert [39]. Er meinte, beobachtet zu haben, dass nur 10% der Internet-Benutzer sich mit Informationen beschäftigen, die unter dem sichtbaren Bildschirmrand platziert sind. Die Details, die zu dieser Einsicht führten, ist er schuldig geblieben, nicht aber die Schlußfolgerung „Internet users don't scroll". Also: sind kurze Seiten besser?

- Eher nein, denn 1997 kam die Kehrtwendung. Nielsen äußerte sich noch einmal, aber genau gegensätzlich [40]. Er fasste seine neu gewonnene Überzeugung mit dem kernigen Satz: „Scrolling Now Allowed" zusammen (diesmal ohne sich mit der anstrengenden Darstellung irgendwelcher Erklärungen oder Zahlen aufzuhalten). Trotzdem: Wenn Nielsen meint, lange Seiten dürfen sein... Also machen wir jetzt lange Seiten?

- Eher nein, denn Hartmut Wandke und Jörn Hurtienne aus Berlin haben in einer – auch sonst recht interessanten – Studie zum Navigationsverhalten von Internet-Anfängern beobachtet, dass immerhin 24% von diesen eine Information, die „erscrollt" werden muss, nicht finden [41]. Das ist noch weit von Nielsens 90% aus dem Jahr 1996 entfernt, aber immer noch recht viel – und Anfänger gibt es im Web zuhauf. Halten wir die Seiten nun doch kurz?

- Eher nein, denn Christof van Nimwegen, Miriam Pouw und Herre van Oostendorp von der Universität Utrecht führten eine sehr aufwändige Studie zum Lesen und Verstehen von Hypertext durch, in der unter anderem der Faktor Scrolling – Paging untersucht wurde [42]. Das Ergebnis diesmal: Signifikant bessere Noten in Sachen Benutzerfreundlichkeit für – Scrolling! Also: *Doch* lange Seiten?

- Eher nein, denn in einer entsprechenden Umfrage, die uns später noch einmal beschäftigen wird (S. 319), tauchen „zu lange Seiten" auf der Liste der Top-10-Ärgernisse im Web auf – was darauf schließen lässt, dass lange Seiten im Interesse der guten Laune der Besucher eher zu vermeiden sind. Oder?

- Eher nein, denn Jared Spool, seines Zeichens ebenfalls Usability-Guru, äußert sich zu langen Seiten in der Weise, dass in seinen Studien die Benutzer zwar *behaupteten*, lange Seiten nicht zu mögen, in Beobachtungsstudien aber trotzdem völlig klaglos hindurchscrollten [43].

Wenn auf eine so einfache Frage aus verschiedenen Richtungen widersprüchliche Antworten zu vernehmen sind, ist dies meist ein Zeichen, dass etwas nicht stimmt – mit der Frage. Die Sache ist dem Grafik-Tabellen Dilemma aus Kapitel 5 (S. 111) zum Verwechseln ähnlich. Und auch die Schlussfolgerung scheint naheliegend: Ob lange oder kurze Seiten zu bevorzugen sind, lässt sich nicht allgemein beantworten, und dass es Widersprüche hagelt, ist mit Sicherheit darauf zurückzuführen, dass jede der zitierten Koryphäen oder Studien andere Personen mit anderen Zielen in anderen Situationen untersucht hat. Abgesehen davon bleibt bei den meisten der oben genannten Zitate völlig unklar, was eine „lange Seite" eigentlich ist. Zwei Bildschirmlängen? Drei? Fünf? Einer der wenigen Autoren, die sich hierzu etwas verbindlicher äußern, ist Harald Weinreich von der Uni Hamburg. In seinen „Leitlinien zur Software-Ergonomie im WWW" [44] definiert er eine Länge von 4 Bildschirmseiten als Grenzwert – nicht ohne anzumerken, dass dies im Einzelfall zu viel oder zu wenig sein könne.

Nun sagen Sie nicht, ich hätte Sie nicht gewarnt. Ich habe gesagt, dass es keinen Spaß macht. Versuchen wir aber trotzdem noch einmal ganz kurz, Vor- und Nachteile langer und kurzer Seiten zusammenzustellen:

Tab. 22: Unterschiede zwischen langen und kurzen Internet-Seiten.

	lange Seiten	kurze Seiten
Eisberg-Effekt*	ja	nein
Klicks und Ladevorgänge	wenige	viele
Ladezeit	lange	kurz
mit Browser durchsuchbar	ja	nein
Administrationsaufwand	gering	hoch
Komfort beim Ausdrucken	hoch	gering
Komfort beim Download	hoch	gering
Navigation permanent sichtbar	nur mit Frames möglich	ja, immer
Gliederung langer Dokumente	nicht gut zu erfassen	gut zu erfassen
Personen, die die Lösung bevorzugen	ja	ja

* Verschwinden wichtiger Inhalte unter den Bildschirmrand

Fasst man alles zusammen, haben nach meinem Eindruck längere Seiten ganz global gesehen leicht die Nase vorn. Allerdings hilft diese allgemeine Aussage wenig weiter, denn man muss natürlich immer im Einzelfall entscheiden. Unter Umständen kann das sehr einfach sein, nämlich wenn ganz eindeutig die falsche Methode gewählt wurde (vgl. Abbildungen 150, 151).

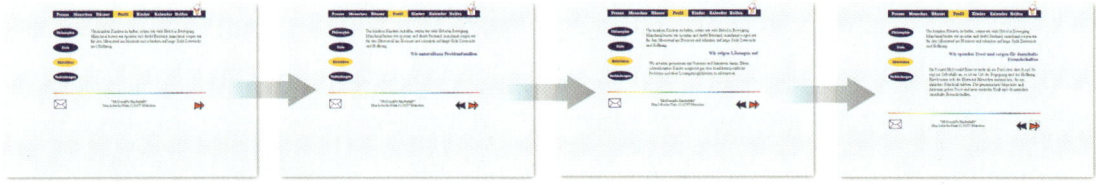

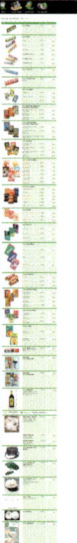

Abb. 151: Auch dieser Online-Shop, der sich bei einer Bildschirmauflösung von 1024 x 768 Pixeln mehr als 10 Stockwerke in die Tiefe bohrt, verlangt zu viel von seinen Kunden. Das bemerkt man sehr schnell, wenn man ihn einmal zur Gänze erscrollt oder, wie auf der Abbildung zu sehen, komplett freilegt. Hier wären die Bildung von Produkt-Kategorien und ein Paging-System eindeutig vorteilhafter – und dem Umsatz zuträglicher.

Abb. 150: Hier würde auch der eingefleischte Kurzseitenfreund irgendwann entnervt aufgeben. Es macht keinen Spaß, für 5 oder 10 neue Textzeilen jeweils eine neue Seite aus dem Netz zu laden. Ganz zu schweigen davon, dass jeder vernünftige Drucker den Gehorsam verweigern würde, müsste er ein solches Dokument Scheibchen für Scheibchen ausdrucken.

Zwei wichtige Gesichtspunkte sind noch zu ergänzen: Erstens geht es vor allem bei umfangreicheren Texten ohnehin niemals um ein Entweder-oder, sondern um ein *harmonisches Verhältnis* der Seitenlänge zur Anzahl der Seiten. Ein Beispiel, in dem diese Aufgabe für einen relativ langen Text gut gelöst ist, zeigt Abbildung 152. Zweitens wird das Format für die Anzeige von Informationen im Idealfall *nicht diktiert*. Eine gute Website berücksichtigt das Prinzip der funktionellen Kongruenz und ermöglicht also ihren Besuchern, solche Entscheidungen ganz nach ihren Bedürfnissen oder nach den Erfordernissen ihrer aktuellen Ziele zu treffen (s. Abbildung 153).

Abb. 152: Bei diesem Text stimmt das Verhältnis von Seitenzahl und Seitenlänge. Der sichtbare und unsichtbare Teil der Seiten ist durch weißen bzw. grauen Hintergrund kenntlich gemacht, das Layout ist lesefreundlich gegliedert. Eine geschlossene Version zum Ausdrucken als Ergänzung wäre hier noch vorteilhaft.

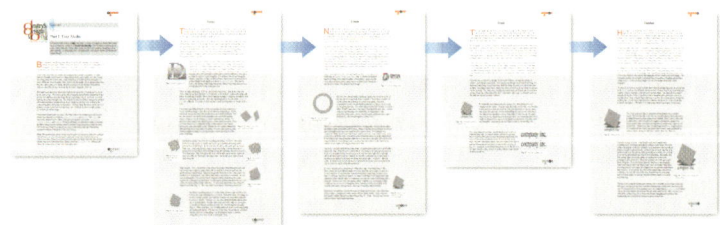

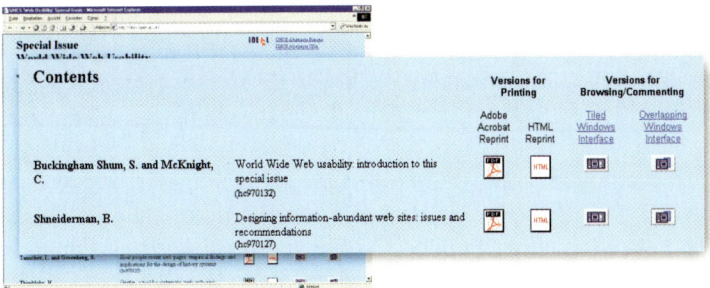

Abb. 153: Die Botschaft hier: „Wählen Sie das Format, das ihnen gefällt!" Wer Entscheidungen seinen Besuchern überlässt, ist immer auf der sicheren Seite (hat aber auch einiges an Mehrarbeit).

Versuchen wir abschließend noch einmal vorsichtig Bilanz zu ziehen. Allgemein wichtig ist es...

- darauf zu achten, was unter und über dem Bildschirmrand positioniert ist und wichtige Dinge nicht zu „versenken";
- Möglichkeiten für die Benutzer einzubauen, die Seitenlänge nach eigener Präferenz zu justieren (sofern die Umstände es erlauben);
- bei längeren Dokumenten leicht erreichbare Index-Seiten mit einer Übersicht über die Struktur und Inhalte des Texts zur Verfügung zu stellen;
- Paging angenehm zu machen: Der Leser soll Seiten überspringen können, jederzeit die aktuelle Position in der Seitenfolge und auch die Gesamtzahl der Seiten sehen;
- Scrolling angenehm zu machen: Der Leser soll bei längeren Seiten Inhaltsverzeichnisse mit lokalen Ankern am Seitenanfang und Bedienelemente zum Navigieren in der Seite finden (z.B. Rücksprung an den Seitenanfang). Dass ein gut strukturiertes Layout mit Zwischenüberschriften die Handhabung langer Seiten angenehmer macht, versteht sich von selbst;
- zusammenhängende Dokumente zum Download und Ausdruck bereitzustellen, insbesondere für Paging-Lösungen.

links:
www.mcdonalds-kinderhilfe.org;
www.vivil.de;
www.webreference.com/dlab/9701/
rechts: ijhcs.open.ac.uk

Mehr Positionsgesetze – vorn oder hinten, oben oder unten

Im Abschnitt über nonverbale Kommunikation haben wir das Thema Reihenfolgen schon einmal angerissen (s. Seite 38). Dort war die Rede davon, dass der sprichwörtliche erste Eindruck Urteile dominieren oder zumindest stark beeinflussen kann. Eine (Teil-)Erklärung hierfür ist, dass Informationen zu Beginn einer einer Liste oder einer Sequenz von Bildern stärker mit Aufmerksamkeit belegt werden als solche am Ende. Dieser Effekt findet eine weitere wichtige Parallele in der „seriellen Positionskurve" der Gedächtnispsychologie.

< Fakten 7: Die serielle Positionskurve >

Die serielle Positionskurve ist ein Klassiker der experimentellen Gedächtnispsychologie. Man kann sie relativ einfach nachweisen, indem man irgendwelchen Probanden eine längere Abfolge von Informationen darbietet. Dies können Bildfolgen, Wortlisten oder auch zusammenhängende Texte sein. Bestimmt man dann anschließend die Gedächtnisleistung, z.B. indem man die Probanden notieren lässt, was sie sich merken konnten, findet man in aller Regel, dass die Position, an der eine Information gezeigt wird, eine große Rolle spielt. Was am Anfang steht, wird am besten behalten, dies ist der sog. „Primacy"- Effekt. Weniger stark (und weniger bekannt) als der Primacy- ist der „Recency"- Effekt: Auch Elemente ganz am Ende sind noch relativ gedächtniswirksam. Das Gedächtnis für die Mittte des Geschehens ist dann logischerweise am schlechtesten. Abbildung 154 fasst dies noch einmal graphisch zusammen.

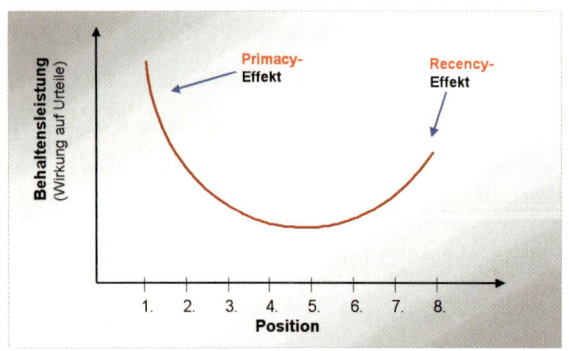

Abb. 154: Die serielle Positionskurve: In einer Abfolge von Ereignissen oder Informationen bleiben vor allem die Dinge am Beginn und am Ende im Gedächtnis haften.

Die serielle Positionskurve beschreibt einen sehr stabilen Effekt, eine Art Naturgesetz. Man kann es mit beliebigen Personen und Inhalten nachweisen, und natürlich gilt es auch, wenn man im Web navigiert, Texte liest oder Animationen betrachtet. Man kann mit seiner Hilfe auch erklären, warum Urteile vom ersten Eindruck so stark beeinflusst werden. Beim Bilden von Urteilen müssen wir ja Informationen aus dem Gedächtnis abrufen, und wenn wir nun dort vor allem das finden, was wir zu Beginn gesehen oder erfahren haben, wirken sich diese Informationen besonders stark aus.

> Informationen während eines Erstkontakts (mit beliebiger Information) haben aus drei Gründen eine besonders hohe Priorität. (a) Sie werden besonders aufmerksam wahrgenommen. (b) Sie wirken besonders stark auf Urteile. (c) Sie bleiben besonders gut im Gedächtnis haften.

< / ... >

Die praktischen Konsequenzen sind einfach: Es wäre (a) zu überlegen, in welcher Reihenfolge ein Besucher Informationen wahrnehmen oder aufsuchen wird, und dann wäre (b) dafür sorgen, dass er gleich zu Beginn etwas findet, das *relevant* und auf keinen Fall selbstbeweihräucherndes, langweiliges oder irrelevantes Blabla ist. Diese Regel lässt sich besonders einfach für die Textgestaltung umsetzen, denn hier kann man im Unterschied zum Blickverhalten auf einer komplexen Startseite relativ genau vorhersagen, wo der Leser beginnt, Informationen aufzunehmen, nämlich (fast) immer am Seiten- und Absatzanfang. Das Problem ist allerdings: Wer akademisch schreiben gelernt hat, fängt eigentlich immer hübsch von vorne an, also mit einer Einleitung, die allgemeine Hintergründe zusammenfasst. Das lernt man auch schon früher, beim Abfassen eines Besinnungsaufsatzes. Richtig? Falsch – jedenfalls wenn man für das Web schreibt. Hier ist der so genannte *„Inverted Pyramid Style"* zu empfehlen, der seine Wurzeln im klassischen Zeitungsgeschäft hat. Dort kann es jederzeit vorkommen, dass ein Layout wegen aktueller Ereignisse geändert werden muss. Dann müssen die Inhalte der Artikel *von hinten* kürzbar sein. Würden sie – wie im Besinnungsaufsatz – erst nach 90% der Wegstrecke zur Sache kommen, wäre das Wichtigste beim Kürzen gefährdet, und deshalb kehren sich die Prioritäten beim Schreiben um. Abbildung 155 zeigt dies schematisch.

Der Inverted Pyramid Style hat aber auch den (vor allem im Web) unschätzbaren Vorteil, dass er sofort jene Inhalte dar-

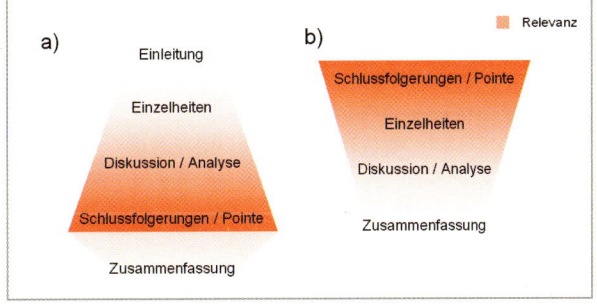

Abb. 155: Die Dramaturgie des klassischen Aufsatzes (a) im Vergleich zum Aufbau im „Inverted Pyramid Style" (b).

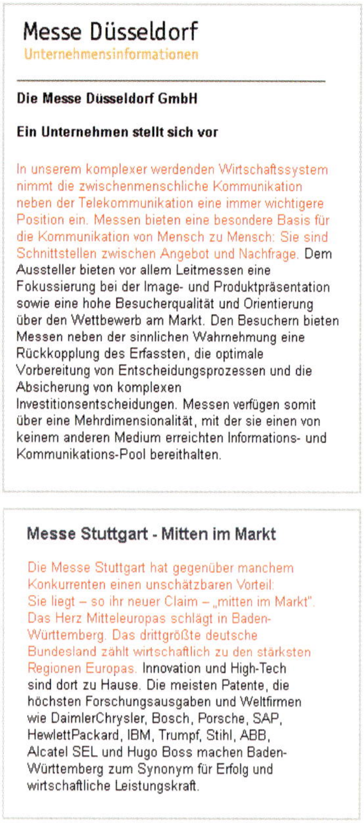

Messe Düsseldorf
Unternehmensinformationen

Die Messe Düsseldorf GmbH

Ein Unternehmen stellt sich vor

In unserem komplexer werdenden Wirtschaftssystem nimmt die zwischenmenschliche Kommunikation neben der Telekommunikation eine immer wichtigere Position ein. Messen bieten eine besondere Basis für die Kommunikation von Mensch zu Mensch: Sie sind Schnittstellen zwischen Angebot und Nachfrage. Dem Aussteller bieten vor allem Leitmessen eine Fokussierung bei der Image- und Produktpräsentation sowie eine hohe Besucherqualität und Orientierung über den Wettbewerb am Markt. Den Besuchern bieten Messen neben der sinnlichen Wahrnehmung eine Rückkopplung des Erfassten, die optimale Vorbereitung von Entscheidungsprozessen und die Absicherung von komplexen Investitionsentscheidungen. Messen verfügen somit über eine Mehrdimensionalität, mit der sie einen von keinem anderen Medium erreichten Informations- und Kommunikations-Pool bereithalten.

Messe Stuttgart - Mitten im Markt

Die Messe Stuttgart hat gegenüber manchem Konkurrenten einen unschätzbaren Vorteil: Sie liegt – so ihr neuer Claim – „mitten im Markt". Das Herz Mitteleuropas schlägt in Baden-Württemberg. Das drittgrößte deutsche Bundesland zählt wirtschaftlich zu den stärksten Regionen Europas. Innovation und High-Tech sind dort zu Hause. Die meisten Patente, die höchsten Forschungsausgaben und Weltfirmen wie DaimlerChrysler, Bosch, Porsche, SAP, HewlettPackard, IBM, Trumpf, Stihl, ABB, Alcatel SEL und Hugo Boss machen Baden-Württemberg zum Synonym für Erfolg und wirtschaftliche Leistungskraft.

Abb. 156: Oben: Wenn man Aufmerksamkeit gleich im Keim ersticken möchte, beginnt man am besten im Stil eines typischen Aufsatzes. Unten ein Text, der nicht nur das Thema, sondern auch den Leser direkter angeht. Das mag auch nicht wirklich berauschend sein, aber es ist sicherlich sehr viel effizienter als die Variante oben. Auch stilistisch ist der Text besser gelungen. (Die Rotfärbung wurde von mir nachträglich eingefügt, um die Information am Absatzbeginn zu markieren.)

www.messe-duesseldorf.de; www.messe-stuttgart.de; rechts:www.handelsblatt.com; www.messe-frankfurt.de

stellt, die die Aufmerksamkeit wecken, also eine *Lesemotivation* erzeugen. Abbildung 156 zeigt als Beispiel zwei Einleitungstexte zu einer Unterehmensdarstellung. Der oben dargestellte Text dürfte als Verhütungsmittel für das Weiterlesen eine mindestens neunzigprozentige Wirkung haben. Dies erreicht er ganz einfach, indem er Dinge darlegt, die jedermann bestens bekannt sind. Hätten Sie geahnt, dass das Wirtschaftssystem komplexer wird und Kommunikation deshalb eine wichtige Position einnimmt...? Eben. Dies sind völlig irrelevante Informationen. So beginnt man einen Besinnungsaufsatz zum Thema „Das Schicksal der Messe als Wirtschaftsfaktor im Lauf der Jahrhunderte", aber keinen Text fürs Web. Das untere Exemplar ist offensiver, der Text versucht unser Interesse zu wecken, indem er das Besondere des Anbieters und seines Standorts darstellt. Er beginnt mit etwas sehr Wichtigem, nämlich dem „unschätzbaren Vorteil" *genau dieser* Messe. Ich möchte dahingestellt sein lassen, ob es dem Autor dann gelingt, dies auch weiterhin glaubwürdig auszuführen. In diesem Fall geht es mir um die Eröffnung.

Zentrale oder periphere Position

Ein weiteres Positionsgesetz betrifft die Platzierung eines Objekts im Zentrum oder am Rand des Geschehens (sprich: des Bildschirms). Allgemein gilt, dass zentrale Dinge eine höhere Priorität für die Aufmerksamkeit haben als periphere. Dafür ließen sich Hunderte von Beispielen aus der Kunstgeschichte zitieren. Vielleicht erinnern Sie sich an unser mittelalterliches Beispiel von Abbildung 129 (S. 146). Dort waren die wichtigen Personen ja nicht nur größer, sondern auch im Zentrum des Bildes dargestellt. Auch heute würde uns alles andere intuitiv als völlig abwegig erscheinen.

Leider haben die Werbeschaffenden mittlerweile auch erkannt, dass man Objekte auf einer peripheren Position am Bildschirm relativ leicht ignorieren kann, zumal wenn sie vorhersagbar am oberen Bildschirmrand liegen. Mir sind hierzu leider keine systematischen Beobachtungen bekannt, aber ich vermute, dass viele Internet-Nutzer die Angewohnheit haben, die Todeszone am Seitenanfang durch eine kurze, gefühlvolle Bewegung des Scroll-Balkens auszublenden, bevor sie sich ans Lesen machen. So geschieht dann das Unvermeidliche: animierte Banner, deren Störwirkung wir früher noch abwehren konnten, wandern immer häufiger im Zentrum des Geschehens, mitten hinein in die Inhalte, wo sie eigentlich überhaupt nichts verloren haben (s. Abbildung 157).

Doch kommen wir zurück zum Thema Design. Bei einem „Disclaimer", dem Kontakt zum Webmaster oder ähnlichen Pflicht-Links mag es noch angehen, wenn sie an den Rand gedrängt werden. Unter Umständen kann es sogar sinnvoll sein, nämlich dann, wenn es sich um eher unwichtige Informationen handelt (Abb. 180. S. 186). Auf keinen Fall sollte es aber z.B. der Link zur Startseite, der Kontakt-Bereich, der Warenkorb eines Shops oder die Leiste mit der Hauptnavigation sein. Dergleichen ist allerdings wiederum gar nicht so selten der Fall, wie man aufgrund der Einfachheit der Regel meinen sollte. Abbildung 158 (linker Screenshot) zeigt z.B. eine dieser Um-Gottes-Willen-hoffentlich-sieht-mich-jetzt-niemand-Navigationsleisten, die versuchen, sich durch verschiedene Techniken – hier ist es die Platzierung am untersten Seitenrand und obendrein noch eine graue Tarnfärbung – den Blicken des Publikums zu entziehen. Wie der rechte Screenshot zeigt, kann man die Anordnung sehr einfach aufmerksamkeitsfreundlich umgestalten, ohne dass das Look and Feel beeinträchtigt wird. Es genügt, die Leiste nach oben zu versetzen und an Stelle der grauen Tarnfarbe einen dezenten Pastellton als Hintergrund zu verwenden.

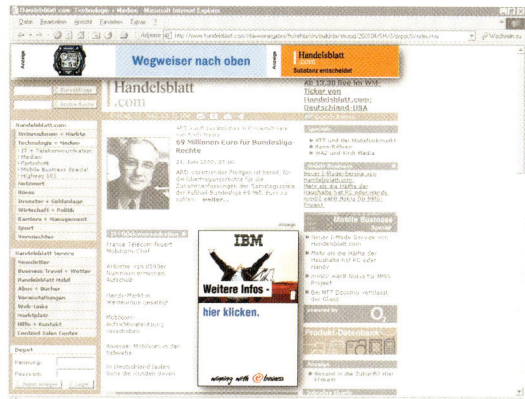

Abb. 157: Animierte Flächen auf der Website des Handelsblatts. Während die Banner am oberen Rand noch eine gewisse Zurückhaltung üben, und vom Besucher durch Scrollen ausgeblendet werden können, hat das zentrale IBM-Banner alle Hemmungen verloren und definiert sich kurzerhand als die *mit Abstand wichtigste Information* auf dieser Seite.

Abb. 158: Original (links) und Fälschung (rechts): Nachdem er reichlich mit Teasern und Texten versorgt wurde, bemerkt der Besucher hier die Hauptnavigation am Seitenende – möglicherweise. Rechts daneben eine einfache Lösung für das Problem.

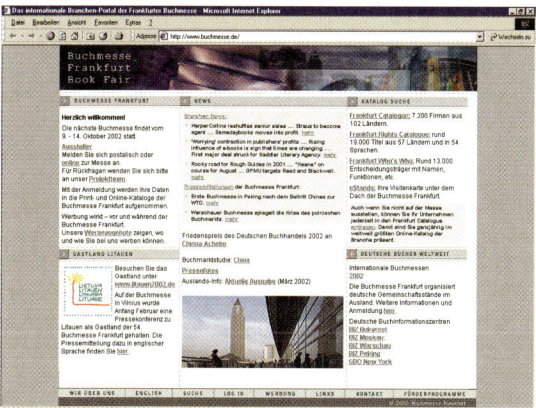 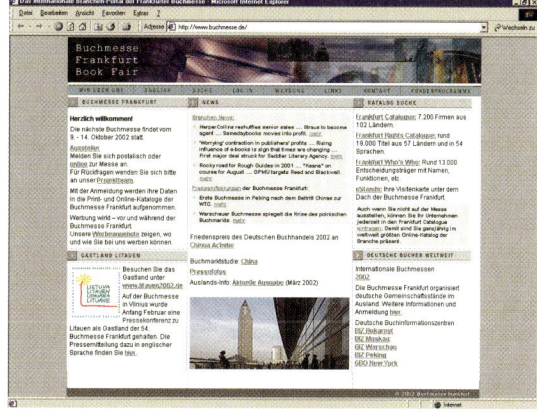

Wer eine Navigation an den unteren Seitenrand klebt, widerspricht damit auch den Standards des Designs von Computeranwendungen. Alle gängigen Anwendungen (jedenfalls die, die ich kenne) haben die wichtigsten Funktionsleisten *oben*. Damit kommen wir zu einer interessanten Frage: Gibt es denn auch im Web solche Standards? Es scheint so.

< Fakten 8: Wo erwarten Surfer welche Inhalte? >

Wer Entscheidungen über die Positionierung von Inhalten oder Elementen auf einer Website trifft, sollte nicht nur die Aufmerksamkeitsgesetze, sondern auch die Erwartungen der Benutzer kennen. Wenn Sie mich z.B. fragen würden, wo ich auf einer Website nach dem Link zur Startseite suchen würde, bekämen Sie spontan zur Antwort: „Links oben, unter dem Logo". Ich bin immer ein wenig mürrisch, wenn ich dort keinen Link zur Startseite finde – auf ein Logo kann ich dann auch verzichten.

Nun missbrauche ich meine Eigenerfahrung gewöhnlich nicht, um Regeln aufzustellen, aber hier bin ich nicht allein mit meiner Erwartung. Abbildung 159 zeigt die Ergebnisse einer Studie, die von Michael Bernard vom Usability-Fachbereich der Wichita State University durchgeführt wurde [45].

Das Vorgehen war denkbar einfach: Einer Gruppe von versierten Internet-Benutzern wurde auf einer leeren Internet-Seite ein Raster vorgelegt, und sie wurden gefragt, wo auf dem Bildschirm sie bestimmte Elemente vermuten bzw. erwarten. Man kann leicht erkennen, dass es durchaus Standard-Erwartungen gibt. Die prägnantesten Beispiele sind – neben dem schon erwähnten Link zur Startseite – die Lokalisation einer Hilfe-Funktion und die site-interne Navigation.

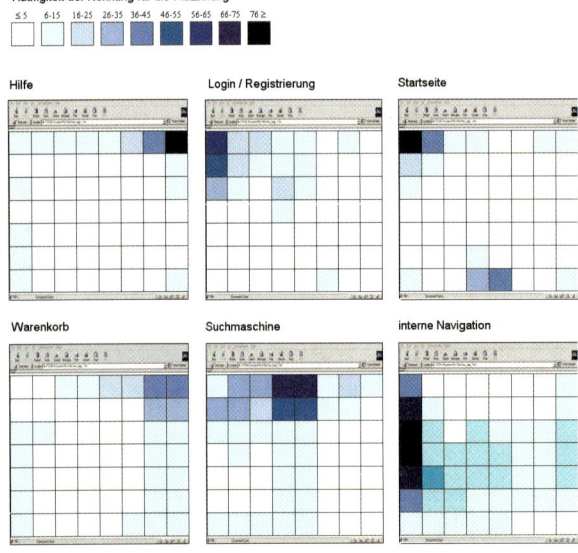

Abb. 159: Erwartungen der Benutzer bezüglich der Lokalisation von Objekten auf einer Internet-Seite.

Was bedeutet das nun für die Praxis? Muss man diesen Erwartungen entsprechen, also Elemente immer dort platzieren, wo sie erwartet werden? Nun, zunächst sollte man sich davor hüten, diese Raster an die Wand zu pinnen und fortan alle Design-Entscheidungen daran zu orientieren. In der Realität findet man beispielsweise eine im Querformat am Seitenanfang platzierte Navigation mindestens ebenso häufig wie eine linksseitige – und auf großen Portalen in der Regel sogar beides [46]. In der Studie von Bernard wurden ja keine realen Erfahrungen, geschweige denn Unterschiede in der Benutzerfreundlichkeit untersucht. Erfasst wurde eher das „*mentale Stereotyp*" einer Website. Aber natürlich gibt auch dies einige Hinweise darauf, wo Elemente plaziert sein sollten und wo nicht. Der folgende Aspekt ist dabei wesentlich:

> Aus der Perspektive der Benutzerfreundlichkeit sind Standards fast immer zu bevorzugen. Suchzeiten und die Orientierung auf einer Seite oder in einer Applikation werden optimiert bzw. erleichtert, wenn die Benutzer die Elemente am „richtigen" Ort finden, also dort, wo sie sie erwarten.

Man kann dies vielleicht mit den Standards vergleichen, die sich bei der Gestaltung von Autos durchgesetzt haben. Niemand käme auf den Gedanken, die Position des Gas- und Bremspedals in einem Auto zu vertauschen (obwohl die Folgen für Abschleppunternehmen sicherlich nicht uninteressant wären). Abbildung 160 zeigt ein Beispiel für einen Verstoß gegen einen der sicherlich robustesten Standards im Web, der auch in der Studie von Bernard bestätigt wurde. Die Funktion des „Home"-Logos in der linken oberen Ecke. Hier führt es nicht auf die Startseite, sondern ins Impressum.

Damit will ich allerdings keineswegs ausschließen, dass das kalkulierte Verstoßen gegen Standards sinnvoll sein kann, wenn eine interessante gestalterische Idee verfolgt wird – allerdings immer unter der Voraussetzung, dass die Auf-

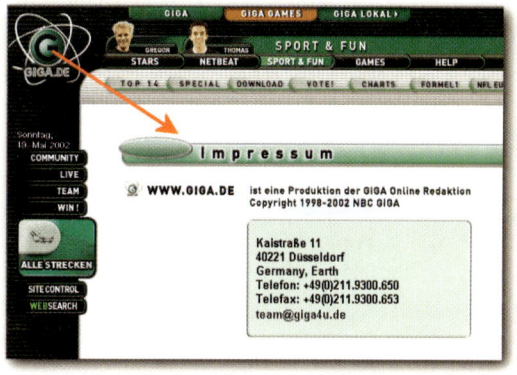

Abb. 160: Die Verantwortlichen werden sich wundern, warum sich die Besucher dieser Website so nachhaltig für das Impressum interessieren. Es gehört mit Sicherheit zu den meistgesehenen Seiten, denn der Standard-Link zur Startseite (das Logo in der linken oberen Ecke) führt dorthin. Jeder Besucher, der sich zur Startseite bewegen möchte, lan-

www.giga.de

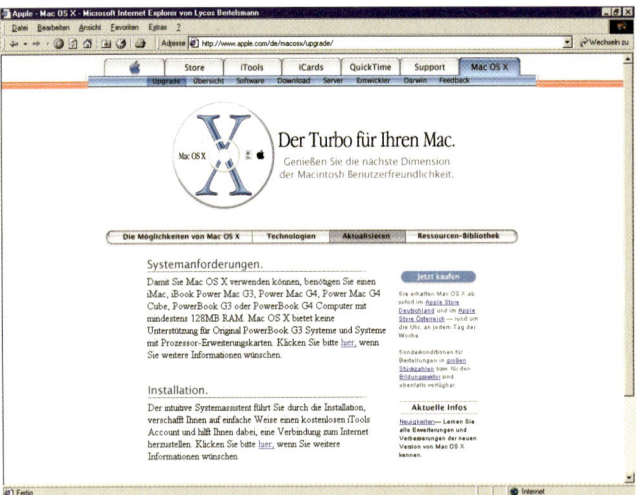

Abb. 161: Gelungene Aufmerksamkeitssteuerung: Der angezeigte Themenbereich wird durch Farbe (die Tabulatoren ganz oben), Sättigung (die blaue Menüleiste) und Kontrast (die graue Leiste in der Mitte) markiert.

www.apple.com/de/macosx/upgrade/

merksamkeit sinnvoll gelenkt und eine ganz unmittelbar und intuitiv verständliche Alternative geboten wird. Es gibt beispielsweise, wie schon erwähnt, viele Websites, deren Navigation oben „aufgehängt" ist, wie etwa der Auftritt der Fa. Apple (Abbildung 161). Hier findet man nicht den Standard für die Platzierung der internen Navigation, aber trotzdem eine übersichtliche und intuitiv verständliche Lösung. Drei Navigationsebenen werden parallel angezeigt und – ein Detail, das ich besonders gelungen finde – die aktive Rubrik wird jeweils unter Zuhilfenahme eines anderen Aufmerksamkeitsgesetzes markiert.

Hinsichtlich der Frage, wodurch diese Standards entstanden sind, sind wir mit dem klassischen Henne-Ei-Problem konfrontiert: Erwartungen können ja dadurch geformt werden, dass die Gestaltung immer wieder ähnliche Muster vorgibt. Ein Beispiel hierfür ist vielleicht die Platzierung des Warenkorbs oben rechts (vgl. Abbildung 159). Es gibt weder logische noch natürliche Gesetze, aus denen sich ableiten ließe, dass er hier zu platzieren sei. Allerdings findet er sich bei vielen großen wichtigen Shop-Systemen an dieser Stelle. Wer möchte, dass ein Warenkorb an einer anderen Stelle lokalisiert ist und trotzdem schnell auffindbar sein soll, muss also die Aufmerksamkeit der Besucher mit zusätzlichen Mitteln lenken.

Andererseits könnte sich die Gestaltung der Seiten auch natürlicherweise bestehenden Erwartungen angepasst haben. Beispielsweise ist eine seitlich angeordnete Navigation auf Websites aus Ländern, in welchen die Richtung der Schrift von rechts nach links verläuft, also Hebräisch oder Arabisch, in den meisten Fällen auf der *rechten* Seite zu finden (Abbildung 162).

Man kann dies als Indiz dafür werten, dass vielleicht die Leserichtung der entscheidende Faktor beim Entstehen bestimmter Standards im Web ist oder war. Mehr als ein Indiz ist es allerdings nicht, denn natürlich ist das Medium zuerst in der westlichen Kultur mit der hier vorherrschenden Leserichtung entstanden. Es ist durchaus möglich, dass die Gestaltungsraster im nahen Osten eine Spiegelung, also eine Art logische Ableitung hieraus sind. Wie Websites aussehen würden, wenn sie im arabischen Kulturkreis entstanden wären, wissen wir nicht. Vielleicht wird die Forschung all diese Fragen irgendwann klären. Beim derzeitigen Stand der Dinge lässt sich nur sagen, dass man die Erwartungen der Benutzer zumindest kennen sollte, um die Wirkung von Design-Entscheidungen kalkulieren zu können.

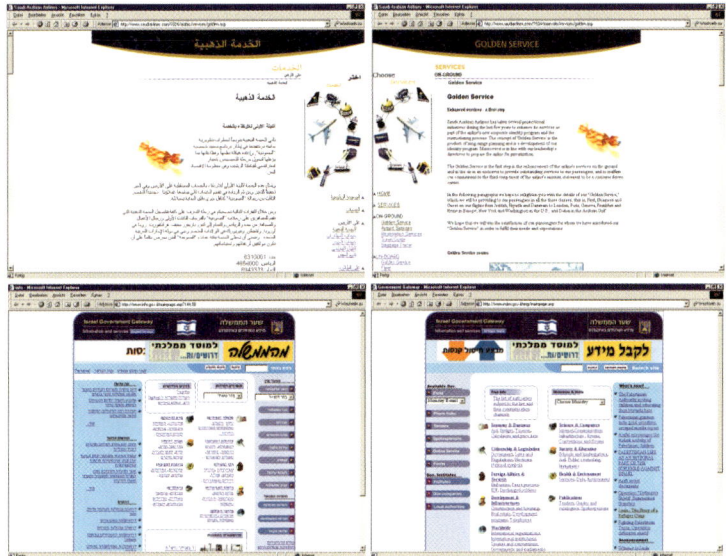

Abb. 162: Identische Seiten aus Websites, die in Englisch und Arabisch (oben) bzw. Englisch und Hebräisch (unten) produziert wurden. Man erkennt leicht, dass für die unterschiedlichen Sprachen das gesamte Gestaltungsraster gespiegelt wurde.

7.3.4 Das Ausnahmegesetz

Dieses Gesetz kann man ganz allgemein so formulieren: Es haben diejenigen Reize die höchste Zugwirkung für die Aufmerksamkeit, die sich von den anderen unterscheiden. In einer runden Welt ist das Eckige interessant, in einer eckigen Welt das Runde. Dies gilt für beliebige Inhalte und Sinne; z.B. ist in einer weitgehend sauren Welt das Süße die Ausnahme, genauso wie ein Dur-Dreiklang in einem Musikstück, das in einer Moll-Tonart notiert ist.

Das Ausnahmegesetz hat eine sehr hohe Priorität. Man kann dies daran erkennen, dass es andere Gesetze außer Kraft setzen oder sogar umkehren kann. In Abbildung 164 ist dies schematisch demonstriert. Das laut den Farbgesetzen eigentlich am wenigsten auffällige – weil in Grauwerten gehaltene – Element wird im Kontext der intensiv blau gefärbten „Dots" zur Ausnahme. Damit übernimmt das Ausnahmegesetz die Führung der Aufmerksamkeit, das graue Element sticht also hervor.

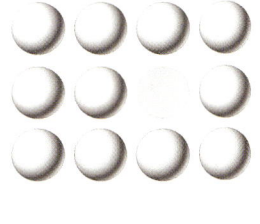

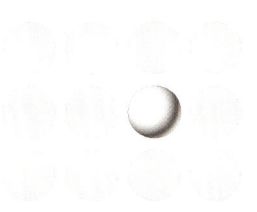

Abb. 163: Wenn alles andere dreidimensional ist, wird das Zweidimensionale interessant – und umgekehrt,

www.saudiairlines.com;
www.info.gov.il

Abb. 164: Wenn es sich um eine Ausnahme handelt, kann Unauffälliges auffällig werden.

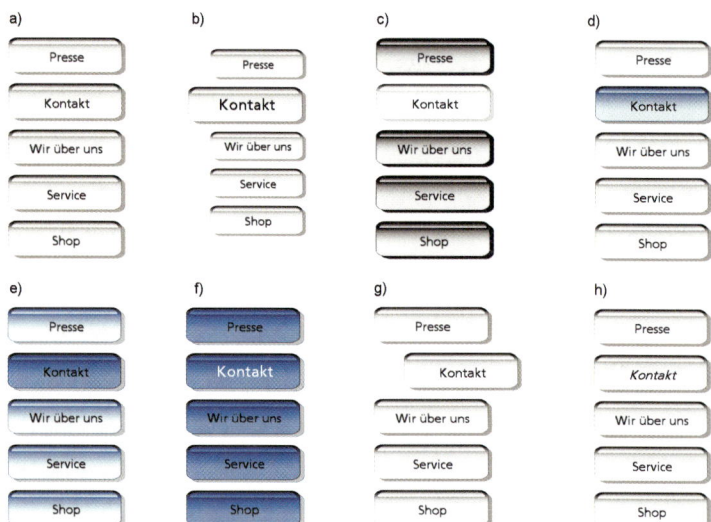

Abb. 165: Bild a) ist der Ausgangszustand ohne Hervorhebung. Die folgenden Bilder zeigen Hervorhebungen durch b) Größe, c) Kontrast, d) Farbe, e) Farbsättigung. Die Varianten in f) und g) beruhen auf dem Ausnahmegesetz, nämlich einer Umkehrung der Polarität der Schrift und einer Verschiebung der Position. Variante h) ist nicht sinnvoll. Sie bedient sich eines sehr unauffälligen Merkmals, nämlich des Schrifttyps.

Ziehen wir an dieser Stelle einmal eine kurze Zwischenbilanz. Auf Abbildung 165 ist zu sehen, wie mit Hilfe der verschiedenen Aufmerksamkeitsgesetze eine Auswahl in einem Menü hervorgehoben wird. Es sind natürlich nicht alle Möglichkeiten wiedergegeben, es geht mir eher darum zu zeigen, dass uns die Aufmerksamkeitsgesetze beim Surfen ständig begleiten und im Idealfall sinnvoll anleiten.

Ein Designelement, mit dessen Hilfe sich ihre Anwendung sehr schön demonstrieren lässt, sind „Mouse-Over"-Effekte. Sie werden in verschiedenen Zusammenhängen eingesetzt, am häufigsten in Menüleisten. Hier geben sie dem Besucher eine deutlich sichtbare visuelle Rückmeldung, welcher Link unter seinem Mauszeiger gerade als Hot-Spot aktiviert ist. Eine sinnvolle Maßnahme, denn das Händchen, das dies normalerweise übernimmt, ist ein schönes Beispiel dafür, dass wichtige Dinge manchmal zu klein sind (Größengesetz). Alle Mouse-Over-Effekte bedienen sich einer oder mehrerer Dimensionen, die wir besprochen haben. Eine kleine Sammlung habe ich auf Abbildung 166 zusammengestellt.

Abb. 166: Mouse-Over-Effekte beruhen meist auf Kontrast-, Größen- oder Farbgesetzen. Überlegen Sie einmal, welches Gesetz bei den gezeigten Menüs im Spiel ist (meist sind es mehrere).

www.dresdner-bank.com;
www.volkswagen.de;
www.vivil.de;
www.phil-uni.passau.de;
www.muenchen.de; www.ftd.de;
www.fdp.de

7.3.5 Das Dissonanzgesetz

Mit diesem Gesetz verlassen wir den Bereich des Physikalischen und erreichen sozusagen die hohe Schule der Aufmerksamkeitssteuerung. Es geht hier weniger um formale Reizmerkmale als um Inhalte. Das Dissonanzgesetz beruht darauf, dass wir ständig bestimmte Erwartungen an unsere Umwelt herantragen – man könnte auch etwas wissenschaftlicher von *Hypothesen* sprechen. Wir erwarten zunächst einmal, dass sich alles so verhält, wie wir es gewohnt sind. Dies ist eine Denkweise, die ungemein praktisch ist, denn sie spart Ressourcen. Wenn nun diese Erwartungen verletzt werden bzw. die Hypothesen nicht eintreffen? Dann wundern wir uns – und werden aufmerksam. Dinge, die ungewöhnlich, erstaunlich, extrem, unerwartet, absurd, widersprüchlich, eigenartig, exotisch sind, haben deshalb einen hohen Aufmerksamkeitswert. Sie sind interessant, weil man sie nicht erwartet. Sie erzeugen also eine *Dissonanz* und fordern dadurch unser Denken heraus. Auf den folgenden Abbildungen habe ich einige Beispiele gesammelt, die diesen Gesichtspunkt verdeutlichen.

Abb. 167: Es gibt keine blauen Bananen, deshalb hat das Bild einer blauen Banane einen höheren Aufmerksamkeitswert im Vergleich zu einem ganz gewöhnlichen gelben Exemplar [47].

Abb. 168: Da wir gerade beim Thema Südfrüchte sind: Auch hier wird man bei genauerem Hinsehen stutzig: Eine Kreuzung aus Banane und Zitrone? Auch dies gibt es nicht. Und eben deshalb sehen wir hin [48].

Abb. 169: ...oder haben Sie z.B. schon einmal eine lila Kuh gesehen? [49]

Abb. 170: Türme sind geradezu sprichwörtlich aufrecht und gerade. Deshalb ist der schiefe Turm von Pisa etwas ganz Besonderes – und interessanter als ein normaler Turm. Der „gerade Turm von Pisa"? Wäre immer noch schön, aber mit Sicherheit nicht im Entferntesten so prominent [50].

Abb. 171: Menschen wie die hier zu sehenden laufen gewöhnlich händeschüttelnd und aktentaschentragend durchs Web. Im Sand eingebuddelt wirken sie allerdings interessanter [51].

Abb. 172: Hier noch ein Beispiel dafür, dass ein dröger Slogan durch die Kombination mit einem intelligent ausgesuchten Bild seine Qualität grundlegend verändern kann. Man stolpert nicht nur über die ganz eigenartige Variante der japanischen Flagge, man versteht auch die Botschaft: „Wir haben Ideen" [52].

Von allen bisher besprochenen Gesetzen ist das Dissonanzgesetz am anspruchsvollsten in der Anwendung. Es ist eine hohe Kunst, Informationen so zu präsentieren, dass sie einerseits Erwartungen erzeugen, diese aber verletzen, und dies dann noch so dosiert, dass die Sache nicht einfach plump-absurd wird. *Humor* basiert oft auf irregeleiteten Erwartungen, und wer einmal versucht hat, ganz gezielt witzig zu sein, wird wissen, wie schwierig das ist. Trotzdem ist es nach meinem Urteil das wirksamste Prinzip, wenn man Informationen erfolgreich verkaufen möchte. Es erzeugt nicht nur ein kurzes Kräuseln in unserem Bewusstsein, sondern *Interesse* und *Neugier* und damit also die Bereitschaft, nachzudenken und sich mit einer Information zu beschäftigen. Aus diesem Grund sind Bilder des eigenen Unternehmens bzw. Firmengebäudes oder Gruppenfotos des Mitarbeiterstabes für jemanden, der auf dem Sprung ist (und das sind Internet-Benutzer eigentlich immer) eben in den meisten Fällen wirkungslos. Natürlich sollte man sich nicht darauf verlassen, das Absurde „an sich" zu inszenieren. Sinnvoll ist Dissonanz nur dann, wenn es eine Pointe gibt, die etwas ausdrückt. Diesen Aspekt muss man vor allem dann im Hinterkopf haben, wenn man mit sehr intensiven Reizen arbeitet. Wer sich ohnehin an der Grenze des Erträglichen bewegt oder sie schon überschritten hat, wird bei seinem Publikum möglicherweise kein Interesse, sondern eine *Sensibilisierung* erreichen. Und dieser Prozess ist genauso grundlegend in unser Gehirn bzw. unser Nervensystem einprogrammiert wie die Gewöhnung – wenn dies auch weniger bekannt ist.

<Exkurs 4: Die MAYA-Regel>

Werbeprofis wissen um die Wirkung dissonanter Information in der Kommunikation, und sie verstehen es schon seit langem, sie für ihre Zwecke zu nutzen. Nicht umsonst stammen vier der oben gezeigten Beispiele aus Werbeanzeigen. Und sie (die Profis, nicht die Beispiele) wissen auch sehr genau darum, dass es auf die *Dosierung* ankommt, denn beim Hantieren mit dissonanter Information ist es schnell passiert, dass man den Bogen überspannt. Es gibt eine bekannte Regel, die dies verhindern soll, die *MAYA-Regel*. Aufgelöst heißt das „Most Advanced Yet Acceptable" und übersetzt in etwa: „So extrem wie möglich, aber noch erträglich". Abbildung 173 zeigt schematisch, welches Spektrum an Bewertungen (und natürlich auch Reaktionen) mit der Dissonanz von Information verbunden ist. Da die Grafik vielleicht nicht ganz selbsterklärend ist, werden die darauf dargestellten Zusammenhänge in Tabelle 23 noch einmal erläutert.

Um den Begriff noch einmal klar zu definieren: Mit „Dissonanz" ist hier das Ausmaß gemeint, in dem Erwartungen des Rezipienten verletzt werden.

Tab. 23: Mit ansteigender Intensität der Dissonanz einer Information verändern sich deren Bewertung und die Gefühlsreaktion des Wahrnehmenden ganz systematisch:

| Verhält sich alles ganz genauso wie gewohnt, entsteht Langeweile (die **blaue Zone** auf der Abbildung). Hiermit vergleichbar sind Stresszustände, die durch Monotonie verursacht werden. | Sind die Dinge nicht ganz so, wie man es erwartet, allerdings ohne dass etwas Ungewöhnliches geschieht, entsteht keine besondere Gemütsregung: business as usual. Dies wäre die **graue Zone** um den Schnittpunkt der Kurve mit der x-Achse in der Grafik. | Ist die Abweichung von den Erwartungen noch größer, entsteht Interesse (der in **Orange** eingefärbte Bereich unter der Kurve). Informationen in diesem Bereich werden positiv bewertet. | Die Bewertung und die Stimmung der Person erreichen irgendwann ein Optimum. Jenseits hiervon, in der **grünen Zone**, beginnen die Dinge dann absonderlich zu werden: Die Provokation beginnt, also der Bereich, der von der MAYA-Regel beschrieben wird. | Schließlich kann es so weit kommen, dass man überhaupt nichts mehr versteht. In diesem Fall - auf der Abbildung **rot** eingefärbt - wurde der Bogen überspannt und die resultierende Wirkung ist negativ, also "yet not acceptable". |

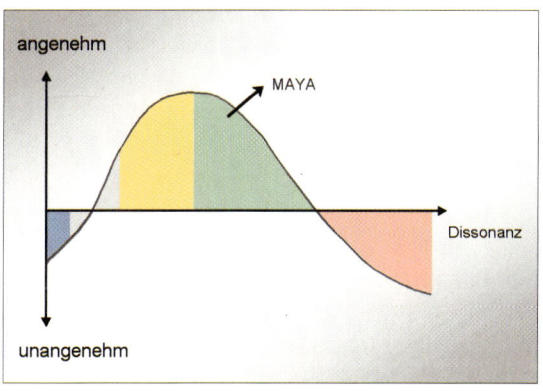

- langweilig
- neutral
- interessant
- provokativ
- bizarr, unverständlich

Abb. 173: Dissonanz ist ein Kontinuum. Die Abbildung zeigt, wie sich die Erlebnisqualität und Bewertung einer Information mit wachsender Dissonanz verändert.

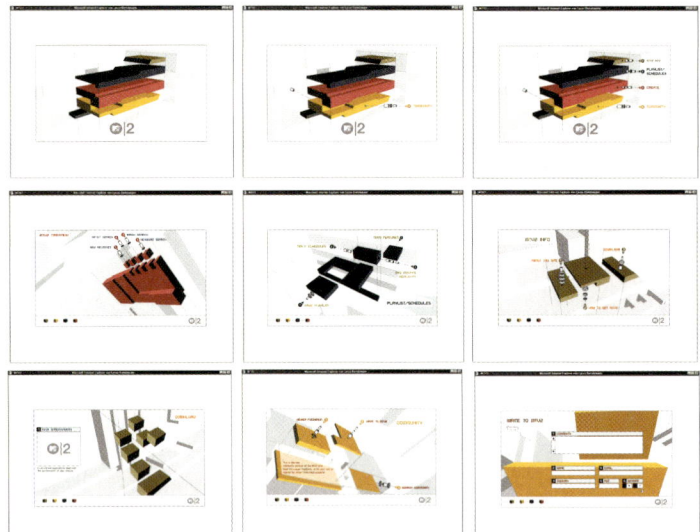

Abb. 174: Most Advanced Yet Acceptable? Die Flash-Website des englischen Fernsehsenders MTV.

www.mtv2.co.uk/

In Wahrheit sind die Verhältnisse natürlich komplexer, beispielsweise kann gerade eine langweilige Information sehr positiv bewertet werden, nämlich dann, wenn man sich unsicher fühlt und etwas Vertrautes vielleicht sogar regelrecht sucht. Es ist auch bekannt, dass verschiedene Personen Dissonanzen eher suchen oder vermeiden. Doch alle Wenns und Abers müssen wir an dieser Stelle nicht berücksichtigen.

So abstrakt diese Kurvendiskussion vielleicht wirken mag, so real sind die beschriebenen Zusammenhänge. Leicht nachzuvollziehen ist dies am Beispiel der modernen Kunst. Avantgardistische Bilder oder Kunstwerke stoßen beim breiten Publikum häufig deshalb auf teils heftige Ablehnung, weil sie schlicht und einfach nicht verstanden werden (für diese Menschen also in der roten Zone der Kurve liegen). Künstler oder künstlerisch Gebildete haben hingegen keine Schwierigkeiten, Installationen zu verstehen und als Kunst zu akzeptieren, die beispielsweise kein röhrender Hirsch sind, sondern aussehen wie ein Sperrmüllhaufen. Man erkennt an diesem Beispiel zugleich, wie wichtig es ist, die Toleranzgrenzen der Zielgruppen zu kennen, die man ansprechen möchte.

Mit avantgardistischem Webdesign verhält es sich genauso. Betrachten wir ein Beispiel: Die in Abbildung 174 zu sehende Website gehörte im Flash-Film Festival 2001 in San Francisco [53] zu den ausgezeichneten Beiträgen in der Kategorie „Navigation". Für die Jury, für die ungewöhnliche Design-Entwürfe zum Alltag gehören, lag dieser Entwurf im grünen Bereich unserer Dissonanzkurve, also der MAYA-Zone.

Würde man die Seite einer Gruppe von Controllern, oder Anwälten, Ärzten oder Handwerkern zur Bewertung vorlegen, wäre das Urteil sicherlich ein anderes. Und ob der Entwurf „wirklich" gut ist, könnte man nur entscheiden, indem man einerseits das eigentliche Zielpublikum fragt, andererseits aber auch die Funktionalität testet.

> In diesem Zusammenhang möchte ich ausdrücklich betonen, dass die MAYA-Regel kein Prinzip ist, das man in den Bereich der Benutzerfreundlichkeit hineintragen kann. Hier ist ganz eindeutig graue Zone der Kurve das Optimum: Ein System ist benutzerfreundlich, wenn es uns *keine* Überraschungen bereitet, aber andererseits auch nicht als monoton empfunden wird (der blaue Bereich der Kurve).

</ ... >

<Nachdenkerei: MAYA, KISS und der Krieg zwischen den Professionen>

Das Dissonanzgesetz eignet sich sehr gut, um einen Grundkonflikt zu erläutern, der in Web-Projekten in der Regel große Reibungsverluste erzeugt. Ich meine die Auseinandersetzungen zwischen den langweiligen Fliegenbeinzählern (diejenigen, die Usability-orientiert denken) einerseits und den Leuten, die jedes funktionelle Interface mit ihrem bunten Gezappel verseuchen (die Kreativen).

Letztere haben den oberen Bereich der Dissonanzkurve im Blick. Sie möchten im Sinn der MAYA-Regel handeln, also die Dinge nicht wie üblich aussehen lassen, vielleicht sogar irritieren. Darüber hinaus legen sie großen Wert darauf, dass die Dinge im Look and Feel stimmig und gut gestylt sind. Und natürlich haben sie mit beiden Anliegen Recht. Allerdings sind beides Aspekte, die mit *Kommunikation* zu tun haben.

Die Usability-orientierten haben hingegen die graue Zone der Kurve im Blick. Sie denken an Konsistenz und Vorhersagbarkeit als Grundtugenden jeder Benutzeroberfläche. Alles, was von Standards abweicht, beäugen sie mit Misstrauen. Ästhetik interessiert sie meist nur am Rande, insofern, als Benutzer bedauerlicherweise dazu neigen, Ästhetik mit Benutzerfreundlichkeit zu verwechseln. Und auch sie haben Recht, denn der Zusammenhang zwischen Benutzerfreundlichkeit und Dissonanz unterscheidet sich fundamental von der MAYA-Kurve.

Wenn man den Bereich der Monotonie verlassen hat, ist er stetig und negativ: Je häufiger und intensiver Erwartungen verletzt werden, desto *schlechter* ist das für die Ergonomie. Auch hierfür

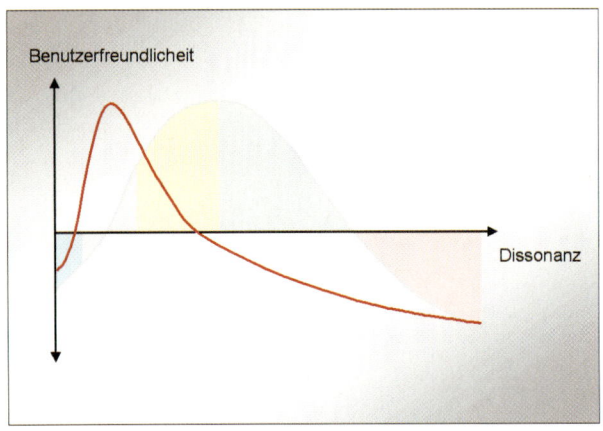

Abb. 175: Die KISS-Regel: Das Optimum der Benutzerfreundlichkeit liegt dort, wo alles vorhersagbar ist – dabei sollte allerdings keine Monotonie entstehen.

gibt es eine Regel: die KISS-Regel, aufgelöst: **K**eep **I**t **S**imple and **S**tupid, und übersetzt: „Alles soll idioteneinfach sein".

Hat man einmal erkannt und akzeptiert, dass keine der beiden Gruppen Recht hat und dass die einen nicht ohne das Knowhow der anderen auskommen, kann man den schwierigen Spagat zwischen MAYA und KISS versuchen: Was ist reine Funktion (z.B. Schriftgrößen oder Bezeichnungen von Aktionstasten), muss also der KISS-Regel folgen? Wo beginnen Freiheiten in der Gestaltung, im Farbkanon, den Formen, im Layout? Welche Flächen können wann für MAYA-Elemente (z.B. Animationen) freigegeben werden? Wo verlaufen die Grenzlinien zwischen Applikationen und Navigations-Tools (die der KISS Regel folgen müssen) und motivierenden Inhalten (die der MAYA-Regel folgen müssen)? *Wie kann man das eine tun, ohne das andere zu lassen?* Das ist eines der schwierigsten Probleme im Webdesign, und ich möchte gar nicht erst versuchen, den Eindruck zu erwecken es gebe einfache Rezepte für seine Lösung.

Was bedeutet das Dissonanzgesetz nun für die Kommunikationspraxis im Web? Nehmen wir als Beispiel einmal die Frage, wie man potenziellen Kunden glaubwürdig vermittelt, dass man in einer *Partnerschaft* mit ihnen tüchtig Synergien entwickeln wird. Das Problem: Man kann das nicht „einfach so" sagen, denn selbst wenn das stimmt mit der Synergie: Weil man überall davon liest, kann man mit dem Begriff nur eine langweilige Aussage machen (vgl. hierzu den folgenden Abschnitt über das Gewöhnungsgesetz).

Man sollte davon ausgehen, dass die Besucher einer Website scheue Wesen sind, jederzeit fluchtbereit, und mit einfachen Schön-Slogans fängt man sie nicht. Was also tun? Das Rezept, welches das Dissonanzgesetz hier nahelegt, lässt sich in vier Sätzen zusammenfassen:

- Zeige oder sage etwas, das *die anderen nicht* sagen oder zeigen.
- Zeige oder sage etwas, das der Betrachter *nicht erwartet*.
- Zeige oder sage etwas, das *unmöglich* ist – oder so erscheint.
- Übertreibe dabei nicht, denke an Deine *Zielgruppe*.

Die beiden Beispiele in Abbildung 176 verdeutlichen, wie dies für „Partnerschaft" funktionieren könnte. Das linke Bild zeigt als Metapher ein Tandem-Fahrrad, was für sich genommen schon einmal besser als der notorische Partnerhändedruck (s. Seite 183) ist – ganz einfach deshalb, weil es die *seltenere* Metapher ist. Wenn man das Dissonanzgesetz ins Spiel bringt, könnte man das Objekt zusätzlich verfremden, etwa so, wie auf der Abbildung zu sehen. Und dann fehlt eigentlich nur noch eine Bildunterschrift, die die Idee erklärt und zuspitzt. Vielleicht: „Nicht alles, was auf den ersten Blick wie eine Partnerschaft aussieht, ist auch eine." Das rechte Bild ist ebenfalls ein starker „MAYA-Reiz" – was mit der ungewöhnlichen Perspektive, der Monströsität des hinteren Ringers und dem extremen Gegensatz zwischen den beiden Kontrahenten zu erklären ist. Der Bezug zum Thema Partnerschaft könnte mit einer geeigneten Bildunterschrift leicht hergestellt werden: „Wenn größere Hindernisse zu überwinden sind, sollte man einen zuverlässigen Partner haben."

Abb. 176: Ein paradoxes Tandem und eine Auseinandersetzung, die nicht eben fair aussieht [54, 55].

Falls Sie all das irgendwie an das Prinzip der Verarbeitungstiefe (s. Seite 123) erinnert, ist das kein Zufall. Dies liefert den wichtigsten Schlüssel zur Erklärung der Wirksamkeit dissonanter Information: Sie wird *nicht* mühelos verstanden, erfordert also mehr mentale Anstrengung als das Alltägliche, Konsonante. Damit wird sie tiefer verarbeitet und besser erinnert. Auch dieses Prinzip ist natürlich nicht auf Bildwelten beschränkt, es funktioniert in der Sprache genauso.

Tab. 24: Absurde, ungewöhnliche Wortkombinationen sind immer „Stopper" für unser Denken.

konsonant	dissonant
heißes Feuer	eiskaltes Feuer
sanft wie ein Engel	sanft wie eine Schrottpresse
das lebhafte Sexualverhalten der Kanninchen	das lebhafte Sexualverhalten der Bischöfe
schon seit 3 Jahren erfolgreich im E-Business	schon seit 150 Jahren erfolgreich im E-Business
gewöhnlich	ungewöhnlich
Pinguine sind schwarz-weiß	Pinguine sind ziemlich unverfroren
unübertroffene Kosten-Nutzen Relation	das hätte ein Controller erfinden können
Wir bieten technischen Full-Service	Von Ihnen brauchen wir nur eine Steckdose
Die Weinprobe war ein voller Erfolg	80 Weine wieder ausgespuckt
Kunstwerk "Landschaft im Winter"	Kunstwerk "Honigpumpe am Arbeitsplatz"

oben:
www.bs-card-service.com; www.allianz.de; www.dresdner-bank.com; www.basf.com:
unten:
www.trane.com/corporate/partner.asp; www.webwriter.com/services.htm; www.customer-service.com/sqi.cfm; www.ovationtechnology.com/services.htm

7.3.6 Das Gewöhnungsgesetz

Ein weiteres wichtiges Aufmerksamkeitsgesetz, das man auf keinen Fall vergessen darf, wenn Informationen gestaltet werden, ist – um es wieder in der Sprache der Werbung zu sagen – der *„Wearout Effekt"*. Ein Reiz, der einmal Aufmerksamkeit auf sich zieht, schafft dies vielleicht ein zweites und ein drittes Mal. Bei dauernder Reizung oder Wiederholungen passt sich unsere Wahrnehmung aber sehr schnell an, unser Auge adaptiert sich z.B. an helles Licht, indem die Pupille durch einen Reflex verengt wird.

Dies ist ein primitiver Mechanismus, der schon auf der Ebene einzelner Nervenzellen bzw. -impulse gemessen werden kann. Allerdings funktioniert er in ähnlicher Form für komplexere Inhalte und auch für alle hier beschriebenen Aufmerksamkeitsgesetze. Was beim ersten Sehen oder Wahrnehmen neu und spektakulär ist, wird allerspätestens beim fünften Mal langweilig. Die Ausnahme wird eben sehr schnell zur Regel, und was der Regel entspricht, versetzt uns definitionsgemäß nicht in mehr Erstaunen – im Gegenteil (Abbildung 177).

Ein anderes Beispiel, noch einmal zum Thema „Partnerschaft" (irgendwie lässt mich das Thema nicht los): Wenn im Web hiervon die Rede ist, lauern sie ja *garantiert* irgendwo in der Nähe: die geschüttelten Partnerhände. Richtig echt sind sie nur, wenn blütenweiße Manschetten unter dem Sakko hervorlugen. Es hat mich nicht mehr als 10 Minuten gekostet, ein Dutzend Beispiele wie die in Abbildung 178 zusammenzusuchen, und schon dies ist ein Hinweis, dass im Sinn des Dissonanzgesetzes etwas nicht stimmt. Was man an jeder Ecke findet, ist langweilig, und was langweilig ist, kann nicht wirksam sein.

Dabei ist es nicht die Idee oder Metapher des „Händeschüttelns an sich", sondern deren stereotype *Inszenierung*, die unangenehm auffällt. Im Sinn des Gewinnens von Aufmerksamkeit durch das Ausnahme- oder Dissonanzgesetz kann man durchaus etwas unternehmen, um die Idee zu beleben. Die beiden ersten Bilder von Abbildung 179 (mit den stillschweigenden Überschriften „Versöhnung der Geschlechter" oder „Verständigung der Kulturen") sind z.B. durch und durch nett, aber genauso belanglos. Man merkt:

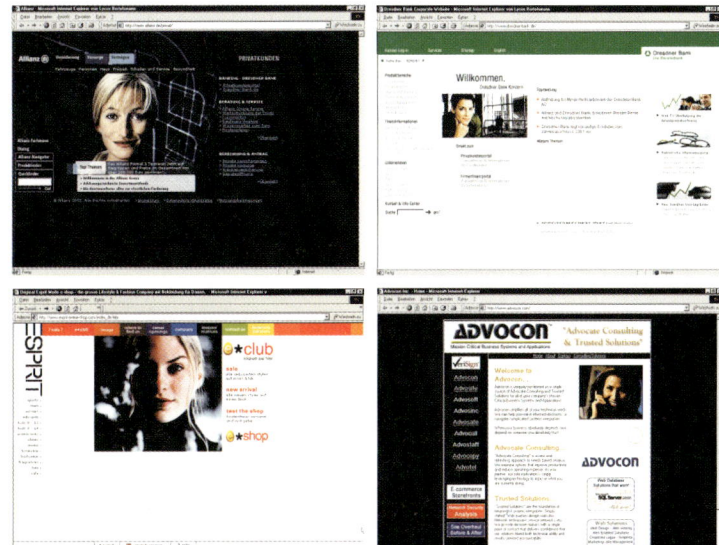

Abb. 177: Keep Smiling! Websites mit eingebauten Sympathieträgern (meist sind es ja -innen). Je häufiger, auffälliger und offensiver da aus dem Browser herausgelächelt wird, desto stärker verbleicht die Wirkung, und desto mehr ermüdet unser Interesse.
www.bs-card-service.com; www.allianz.de; www.dresdner-bank.com; www.basf.com

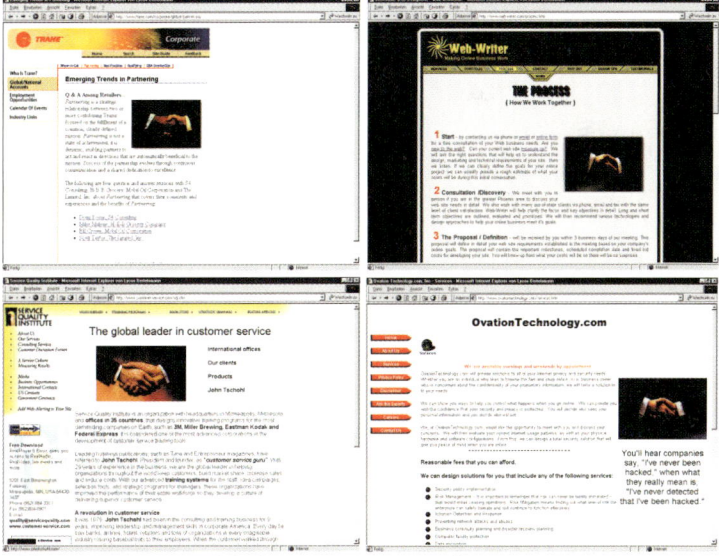

Abb. 178: Keep Handshaking? Keep Langweiling!

Hier hat es jemand aber *richtig* gut gemeint – und das war es auch schon. Die dritte Grafik sieht nicht nur anders aus, als man es gewöhnt ist, sie ist auch absurd. Die Proportionen der Gegenstände und Menschen sind völlig unmöglich, und eben gerade deshalb wirkungsvoll. Man sieht zwei Mal hin. Außerdem kommt zum Handshake etwas hinzu: Die Gegenstände ergänzen sich und machen daher im Unterschied zu den Aktentaschen der Protagonisten auf den oberen Bildern die Idee der Synergie metaphorisch sichtbar (von der belebenden Wirkung von Accessoires war weiter oben ja schon einmal die Rede, s. S. 119).

Abb. 179: Händeschütteln: mehr oder weniger langweilig inszeniert.

Gewöhnungs- bzw. Abnutzungseffekte können sich sogar ins Gegenteil verkehren, sodass man schließlich anstatt Aufmerksamkeit und Interesse negative Reaktionen und das Gegenteil von Aufmerksamkeit, nämlich Vermeidung und Ablehnung auslösen kann. Was zu oft wiederholt wird, kann ärgerlich und abgeschmackt werden – wie ein Witz, der zu oft erzählt wird. Und bei mir persönlich ist es schon so weit: Wenn ich geschüttelter Hände (für Service oder Partnerschaft), Weltkugeln (zur Demonstration globalen Engagements) oder „Smiling Ladies" auf Startseiten (zur unverbindlichen Anlächlung) ansichtig werde, löst das eine ebenso spontane wie herzliche Abneigung aus. Die Botschaft lautet in etwa: „Wir haben genau die gleichen Ideen wie die anderen – ist das nicht toll?" Nein, das ist nicht so toll.

Und natürlich gibt es auch in der Sprache solche Abnutzungserscheinungen. Wörter, die auf meiner schwarzen Liste der mit allen Mitteln zu verhindernden Marketing-Sprachhülsen stehen, sind beispielsweise „professionell", „flexibel", „kompetent" und „kundenorientiert". Das wäre ja alles hochinteressant – wenn es *irgendwo* auf der Welt jemanden gäbe, der von sich behauptet, amateurhaft, unflexibel und inkompetent zu sein (und sich obendrein nicht die Bohne um seine Kunden zu scheren). So jemand

www.einux.com/Partners.html;
www.colonize.com/partners.html;
www.sas.com/offices/europe/austria/partner

ist mir allerdings noch nicht begegnet – dafür sind mir jedoch reichlich Texte untergekommen, in denen sich alle genannten Adjektive zusammen schon in einzelnen Absätzen ein Stelldichein geben. Oder wie wäre es mit „ganzheitlichen Lösungen"? Das wird nach meinem Eindruck ja immer gerne genommen um auszudrücken, dass man nun eigentlich viele hochkomplizierte Dinge erklären müsste, hierzu aber keine Lust hat oder nicht in der Lage ist. Oder vielleicht „umfassender Service"? Eine Formulierung, die den Kunden schon einmal darauf einstellt, dass er Produkt A zwar kaufen, aber ohne Produkt B, eine umfassende Beratung und einen Wartungsvertrag nicht verwenden können wird. Auch „junge, dynamische Teams", die sich in „flachen Hierarchien" um meinen Erfolg bemühen – immer auf der Suche nach „innovativen Lösungen" – lassen mich mittlerweile völlig kalt. Es gibt einfach zu viele davon.

7.3.7 Das Kombinationsgesetz

Hier handelt es sich nicht um ein Gesetz wie die bisher vorgestellten, sondern um ein übergeordnetes Prinzip. Es besagt, dreierlei:

- Die verschiedenen Gesetze gelten immer *gleichzeitig*, sie schließen sich nicht gegenseitig aus.
- Merkmale, die für die Aufmerksamkeit wirksam sind, können *zusammen- oder gegeneinanderwirken*.
- Gleichermaßen ist bei komplexen Szenen für die Wirkung eines einzelnen Elements immer auch die der *anderen* zu betrachten.

Ich möchte an zwei Beispielen verdeutlichen, wie sich das in der Praxis auswirkt. Zu dem ersten noch eine vorbereitende Anmerkung: Denkt man das Leitprinzip, dass Aufmerksamkeitswert und Wichtigkeit korrespondieren sollen, konsequent zu Ende, muss man nicht nur hervorheben, sondern gewissermaßen auch „tarnen". Betrachten wir also einmal einen Fall, in dem eine sinnvolle Entscheidung bezüglich der Gestaltung einer *unwichtigen* Information getroffen wurde. Es handelt sich um eine jener „Best-viewed Meldungen", über die wir ja im Kapitel über Kommunikation schon gesprochen hatten (S. 26). In Abbildung 180

Abb. 180: Man muss Aufmerksamkeitsgesetze auch in der anderen Richtung denken und anwenden können: Unwichtiges sollte unauffällig sein.

www.diesel.com/friendshipgallery/content.html

ist zu sehen, wie und wo ich eine solche Information für sinnvoll platziert halten würde – wenn überhaupt. Es addieren sich dabei Gesetze, diesmal allerdings mit umgekehrten Vorzeichen: Die Information ist erstens klein (Größengesetz), zweitens peripher und drittens unten platziert (Positionsgesetze).

Das Kombinationsgesetz ist so wichtig, dass ich mir für das zweite Beispiel etwas mehr Zeit nehmen möchte. Abbildung 181 (links) zeigt eine relativ einfache Szene aus einem Flash-Film. Das Beispiel eignet sich deshalb, weil es an dieser Stelle der Animation nur sechs Bildschirmelemente gibt. Wären es zwanzig oder hundert (was ja bei Websites durchaus der Fall sein kann), würde die Situation etwas unübersichtlich. Im rechten Screenshot ist die Rangfolge der Aufmerksamkeitswirkung der einzelnen Elemente zu sehen. Man kann diese einfach nach dem subjektiven Empfinden feststellen, andererseits ist sie jedoch auch „logisch". Analysiert man das Bild genauer, kann man den einzelnen Elementen nämlich recht präzise bestimmte aufmerksamkeitswirksame oder -unwirksame Eigenschaften zuordnen. Ich will dies allerdings nicht im Detail durchexerzieren, sondern an zwei Beispielen verdeutlichen:

- Element 1 (die menschliche Figur rechts) ist groß, zentral platziert, komplex, hat einen hohen Helligkeits- und Farbkontrast und zeigt einen ungewöhnlichen Inhalt.
- Element 3 (das kleine rote Logo) ist verhältnismäßig klein, aber zentral platziert. Es hat eine hohe Farbsättigung und einen hohen Farbkontrast zum schwarzen Hintergrund.

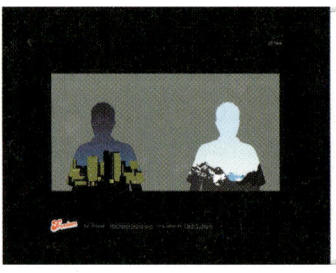 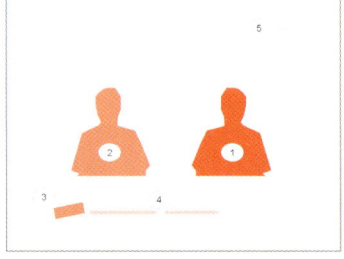

Abb. 181: Das Bild links zeigt eine Momentaufnahme aus einer Flash-Animation. Im rechten Bild sind die sichtbaren Elemente noch einmal schematisch dargestellt. Die Intensität der Rotfärbung symbolisiert die Aufmerksamkeitswirkung. Die Zahlen geben die Rangfolge der Elemente für die Aufmerksamkeit wieder (Erklärungen im Text).

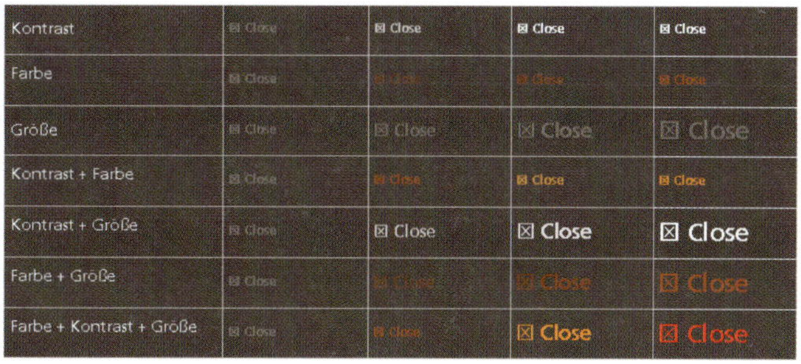

Es soll hier allerdings nicht um mathematische Präzision gehen, das Prinzip ist wichtig: Die Rangfolge entsteht dadurch, dass die verschiedenen Gesetze, die wir in den letzten Abschnitten kennen gelernt haben, kombiniert wirken. Je mehr aufmerksamkeitswirksame Merkmale sich aufaddieren, desto stärker tritt ein Element hervor. Ich gestehe, dass ich das Beispiel nicht ganz ohne Hintergedanken gewählt habe: In jedem ergonomischen Leitfaden findet man den eindringlichen Rat, die Benutzer sollten immer und überall eine gut sichtbare und verständliche Möglichkeit zum Abbruch einer Aktion bzw. zum Beenden des Programms finden. Eine der wichtigsten Anforderungen für die Gestaltung jeder Benutzeroberfläche besteht darin, den rettenden Ausgang sichtbar zu machen. In unserem Beispiel ist der Ausgang der Link zum Schließen der Animation (Element Nr. 5) – und dieses hat mit Abstand die *geringste* Aufmerksamkeitswirkung. Es ist sehr klein, am Rand positioniert und hat einen sehr schwachen Kontrast. Das wäre für sich betrachtet nicht weiter tragisch, bestünde nicht die Gefahr, dass es vollständig übersehen bzw. gesucht und nicht gefunden wird. Dieses Risiko ist nicht unerheblich, denn das Geschehen in der Bildschirmmitte bewegt sich ja obendrein noch heftigst – reißt also im Sinn des Kombinationsgesetzes noch mehr Aufmerksamkeit an sich. Ich habe das Beispiel auch deshalb gewählt: weil ich wie ein Gimpel vor dieser Animation gesessen habe, anscheinend unfähig, sie wieder zu beenden.

Wie könnte man das Problem lösen? Auf Abbildung 182 sind Gestaltungsvariationen für den Link dargestellt, die sich aus der systematischen Kombination von drei Aufmerksamkeitsgesetzen (Größe, Kontrast, Farbe) ableiten lassen. In den oberen Zeilen sieht man deren reine Wirkung, zusätzlich wird gezeigt, wie sich das Ergebnis verändert, wenn man die Dimensionen mischt. Dies wäre sozusagen die Tastatur, auf der man spielen kann, um das Element deutlicher hervorzuheben.

Auf Abbildung 183 ist dann ein einfacher Alternativentwurf zu sehen, der das „Close" besser sichtbar macht. Bei der Gestaltung

Abb. 182: Das Kombinationsgesetz in der Praxis: Die in den Aufmerksamkeitsgesetzen beschriebenen Merkmale können systematisch miteinander kombiniert werden.

 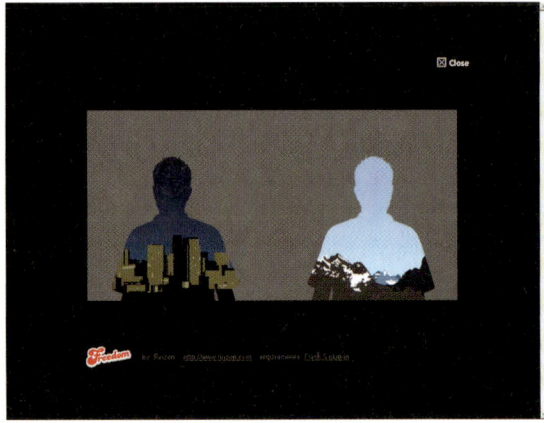

Abb. 183: Original und Fälschung: Bei welcher Animation würden Sie den Ausgang finden?

wurde an zwei Schrauben gedreht: Der Link ist etwas größer, und dazu addiert sich noch ein intensiverer Kontrast.

Diese Manipulation reicht aus, es für den Betrachter sichtbar zu machen. Mehr (z.B. eine Farbe als zusätzlicher Hinweisreiz) ist nicht erforderlich und auch nicht sinnvoll. Das ist ein wichtiger Punkt, denn natürlich ist nachvollziehbar, dass man in künstlerische Animationen nicht so gerne grell-auffällige Bedienelemente einbaut. Man überlege einmal: Wo hätten Picasso oder Fellini wohl den Knopf zum Schließen ihrer Bilder oder Filme einmontiert? Sie wären über diese Anforderung sicherlich nicht eben erfreut gewesen, und insofern hat auch der Flash-Künstler mein Mitgefühl.

Die gezeigte Lösung ist aus dieser Perspektive also nicht ganz optimal, denn sie lenkt ab. Doch die ergonomische Anforderung wird dadurch natürlich nicht unwirksam (ein Aspekt, der den Kreativen nicht immer einleuchtet). Verliert man als Benutzer jegliche Kontrolle über das Geschehen – wie eben beim Betrachten einer Animation, die man nicht schließen kann –, breitet sich eine gelinde Panik aus. Diese ist dem ästhetischen Empfinden dann auch nicht eben zuträglich. Und sicherlich werden Filme, die mangels verständlicher Bedienelemente mit der Reset-Taste beendet werden, nur einmal betrachtet.

Haben wir es wieder mit einem Dilemma zu tun? Ja. Gibt es noch eine andere Möglichkeit? Es gibt sie – wenn man nicht in einem statischen Screen, sondern in Ereignisfolgen denkt (wir haben es ja mit einer Animation zu tun). Das könnte so aussehen: Das Element bleibt so dezent, wie es ist. *Bevor* die Animation startet, wird aber eine Instruktion oder „Moderation" wie die in Abbildung 184 eingeblendet. Der Betrachter kann sich danach entspannt zurücklehnen und den Film ansehen, denn er weiß nun, wo er den unauffälligen Ausgang findet.

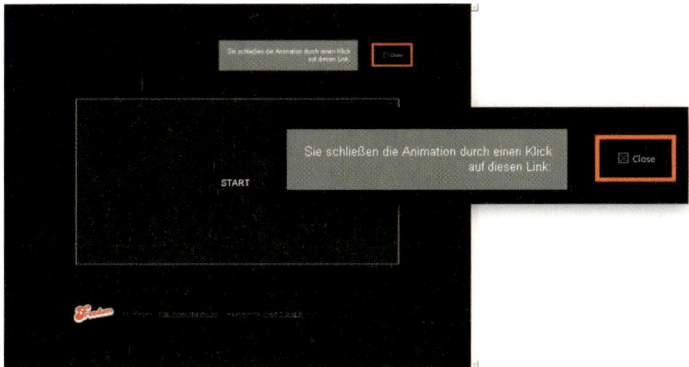

Abb. 184: Bildschirmelemente können durchaus unauffällig bleiben, wenn der Benutzer vorher auf ihre Bedeutung aufmerksam gemacht wird.

<Kurze Nachdenkerei über Werbung>

Vielleicht ist Ihnen aufgefallen, wie oft in diesem Kapitel von Werbung die Rede war? Da hatten wir das MAYA-Prinzip, den Wearout-Effekt – typische Vokabeln der Werbepsychologie – und viele Beispiele für „starke", aufmerksamkeitswirksame Bilder waren aus der Anzeigenwerbung. Tatsächlich kann man in Hinblick auf die optimale, mediengerechte Präsentation von Inhalten im Web von der klassischen Werbung viel lernen. Die Aufmerksamkeit eines Betrachters gewinnen, Motivationen ansprechen, Wünsche wecken, besonders leicht zu entschlüsselnde oder auch irritierende Botschaften senden, all dies sind Aufgaben, denen sich Werbeschaffende schon seit langem stellen müssen. Aufmerksamkeitstechnisch gesehen sind die Tugenden guter Werbung also typische Web-Tugenden – allerdings nur, wenn sie für effiziente Funktionalität und Kommunikation eingesetzt werden. Leider arbeitet die medienspezifische Werbung (Banner, Popup-Windows, „Spam"-E-Mails oder auch Flash-Trailer mit werblichem Inhalt) oft *gegen* die Benutzer. Sie unterbricht, lenkt die Aufmerksamkeit ungefragt um oder ab und sendet Botschaften, die niemand hören oder sehen will. Sie versucht, die Kontrolle an sich zu reißen, und begeht damit – in einem Medium, das buchstäblich davon lebt, dass das Geschehen jederzeit beherrscht werden kann – *die* Todsünde. Die Benutzer ärgern sich hierüber nicht nur grün und blau (s. Seite 319), sie entwickeln auch Abwehrstrategien, beispielsweise, indem sie gegen auffällige Information resistent werden (s. Seite 211), oder alles, was im entferntesten wie ein werbliches Popup-Fenster aussieht, augenblicklich wegklicken. Die Situation gleicht der eines Räuber-Beute-Systems, in dem der Räuber immer neue Jagdtechniken entwickelt, während die Beute Haken schlagend alles unternimmt, um sich dem Zugriff zu entziehen – worauf der Räuber neue, raffiniertere Fallen konstruiert. Da es den Werbeschaffenden auf diese Weise leider gelungen ist, die wirksamsten Aufmerksamkeitsmechanismen für ihre Zwecke zu besetzen, wird uns dieses Thema auch in den folgenden Abschnitten noch wiederholt beschäftigen.

$</...>$

8 Mehr über Aufmerksamkeit: Eye-catcher

Was in diesem Kapitel geschieht:

- Ich wiederhole mich in Bezug auf das Thema Animationen – doch nur ganz kurz.
- Sie sehen Rot – ganz wörtlich.
- Sie werden eindringlich gewarnt, angebalzt und wiederholt sehr intensiv beobachtet.
- Man lenkt Sie einige Male präzise zum Ziel und einige Male präzise davon weg.
- Es wird wieder einmal gelächelt.
- Wir spielen an einem Farbregler herum und beobachten, was geschieht.
- Sie werfen einen vorsichtigen Blick auf nackte Tatsachen – und in tiefe Fettnäpfchen.
- Wir definieren zuerst Herzigkeit (ganz gefühllos) und wundern uns dann, wo man ihr überall begegnen kann.
- Ich versuche mich an einem Knigge für Eye-catcher.

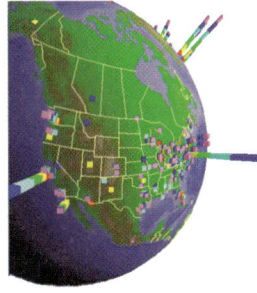

1995

8.1 Was ist ein Eye-catcher?

Vor allem wenn über die Gestaltung von Startseiten im Internet diskutiert wird, fällt früher oder später unweigerlich das Wort „Eye-catcher". An erster Stelle und mit hoher Dringlichkeit brauchen wir einen Eye-catcher. Aber einen wirklich *guten!* Eine professionell gestaltete Startseite hält dann auch mindestens ein Exemplar dieser segensreichen Einrichtungen bereit – vielleicht sogar mehrere? Man weiss ja: Viel hilft viel.

Was ist ein Eye-catcher – Blickfänger – eigentlich? Man kann die Bedeutung des Wortes aus unterschiedlichen Perspektiven beleuchten. In der Werbung ist ein Eye-catcher – ganz allgemein definiert – ein visuelles Element, das die Aufmerksamkeit auf sich lenkt und eine Botschaft oder ein Produkt in den Fokus der Wahrnehmung rückt (oder dies zumindest versucht). Ein guter Eye-catcher ist also ein „Stopper", d.h. er unterbricht laufende Denk- und Handlungsprozesse. Das muss so sein, denn der Leser eines Journals soll ja mit Lesen *aufhören* und sich z.B. eine Werbeanzeige betrachten, für die viel Geld bezahlt wurde. Fasst man den Begriff etwas genauer, handelt es sich in aller Regel um *biologische Signale*, die nicht nur unwillkürlich die Aufmerksamkeit lenken, sondern wahlweise auch eine angenehm-positive (z.B. erotische) oder das Gegenteil, eine schockierende emotionale Wirkung haben können.

Eye-catcher beruhen auf Mechanismen, die man in der vergleichenden Verhaltensforschung als „angeborene Auslösereize" bezeichnet [64]. Wenn man über ihr Funktionieren nachdenkt, muss man sich also um 100.000 Jahre in die Vergangenheit zurückversetzen. Tatsächlich ist unser Gehirn ja immer noch genau so aufgebaut wie das unserer Altvorderen, die als Jäger und Sammler in einer Trockensavanne – oder wo auch immer – überleben mussten. Wir reagieren auf bestimmte Reize besonders sensibel, weil sie für unser Überleben von Bedeutung sind. Biologisch relevant, also *wirklich* relevant, sind nicht etwa Lesen, Shoppen oder Mit-der-Maus-Klicken (auch wenn es einigen Menschen so erscheinen mag), sondern handfeste Dinge wie...

- Fressen und (Nicht-) Gefressenwerden;
- das Vermeiden von Verletzungen;
- das rechtzeitige Erkennen ungenießbarer Nahrung;
- die Aufzucht von Nachkommen;
- das Verteidigen eines Reviers;
- das Sichern der Rangstellung innerhalb sozialer Gefüge;
- die Partnersuche.

Angeborene Auslösereize, die im Dienst dieser Funktionen stehen, *müssen* unwiderstehlich sein. Wenn wir uns für oder gegen ihre Wirkung entscheiden könnten, wären unsere Urahnen schon längst tausend Tode gestorben. Eye-catcher sind damit nicht *irgendwelche* beliebigen Techniken der Aufmerksamkeitslenkung, sondern quasi Waffen. Diese Analogie klingt zwar kriegerischer als mir lieb ist, sie führt jedoch direkt zur richtigen Konsequenz: Mit Waffen geht man vorsichtig um und setzt sie eigentlich nur im Notfall ein – jedenfalls niemals ohne einen triftigen Grund. Mit dieser Warnung im Hinterkopf möchte ich in den folgenden Abschnitten einmal die wichtigsten Eye-catcher Revue passieren lassen und mehr oder weniger gelungene Beispiele für deren Verwendung auf Websites betrachten.

8.2 Bewegung

In einer Rangliste der Eye-catcher nach ihrer Wirksamkeit stünde Bewegung mit Abstand an erster Stelle. In unserer natürlichen Umwelt ist Bewegung sozusagen immer „potenziell relevant". Was sich bewegt, könnte uns fressen oder gefressen werden. Deshalb haben wir eine angeborene Aufmerksamkeit für alles, was krabbelt, wackelt, ruckt, zuckt, blinkt, sich nähert, sich entfernt oder sich auf irgendeine andere Weise sichtbar verändert. Wegen der komplexen Rolle animierter Elemente als „Content" im Web habe ich diesem Thema schon ein ganzes Kapitel gewidmet (Kap. 6, S. 127) und dort auch die Wirkung auf die Aufmerksamkeit angesprochen. Ich möchte mich also hier mit dem Hinweis begnügen, dass Bewegungen (welcher Art auch immer) ...

- unsere Aufmerksamkeit reflexartig alarmieren;
- Blickbewegungen umlenken;
- aktuell ablaufende Denk- oder Handlungsprozesse unterbrechen;
- auch dann noch stören, wenn wir uns entscheiden, sie zu ignorieren.

Insofern sollte die Entscheidung, auf einer Website irgendetwas zu animieren, immer mit besonderer Sorgfalt getroffen werden.

8.3 Farben

Bei der Darstellung der Farbgesetze in Kapitel 7 haben wir schon über die wichtigsten allgemeinen Prinzipien der Aufmerksamkeitswirkung von Farben gesprochen (s. Seite 148). Hier möchte ich das Thema noch einmal unter dem speziellen Aspekt des Eye-Catching aufgreifen, denn Farben sind nicht nur ein ästhetisches und ergonomisches Gestaltungsmittel, sondern eines der mächtigsten bioloischen Signal-Systeme.

Rot ist eine besondere Farbe

Abb. 185: Von allen reinen Farben ist hoch gesättigtes Rot die mit der größten Wirkung.

Abb. 186: Man muss allerdings davon ausgehen, dass zu der Zeit, als die Fregattvögel ihr praktisches Signal-System entwickelten, die Schrotflinte noch nicht erfunden war [56].

Abb. 187: Es gibt Angebote, die sich dafür entscheiden können, wenige, vielleicht sogar nur ein einzelnes Element hervorzuheben (hier das kleine rote Geschenkpaket). Natürlich ist das nicht immer möglich, aber wenn es gelingt, wirkt es im Getöse der Banner- und Farbschlachten überaus angenehm.

www.bluenile.com

Ich habe schon erwähnt, dass warme im Vergleich zu kalten Farben besonders aufmerksamkeitswirksam sind (S. 148). Und Rot ist ein artübergreifend gültiges (Alarm-)Signal. Abbildung 186 zeigt, wie das in der Natur funktioniert. Zu sehen sind männliche Fregattvögel, die ihr Revier markieren, indem sie einen grellroten Kehlsack wie einen Luftballon aufblasen. Auch wenn man kein Fregattvogel ist, kann man unmittelbar verstehen, was gemeint ist: „Hier bin *ich*, und vor mir musst Du höllisch Respekt haben!"

Signale, die sich auf den Galapagos-Inseln bewährt haben, funktionieren selbstverständlich auch im Web. Und hier werden sie mehr oder weniger glücklich eingesetzt, um Informationen hervorzuheben. Abbildung 187 zeigt ein gelungenes Beispiel. In einer kühlen, blau-weiß gehaltenen Farbwelt gibt es *ein einzelnes* rotes Highlight: das kleine Geschenkpäckchen. Und das ist durchdacht, denn in einem exklusiven Angebot von Schmuck und Juwelen kann man durchaus auf die Rubrik hinweisen, in der die Geschenke nicht gleich einen Liquiditätsengpass beim Kunden bewirken, sprich: sein Konto in die ihrerseits eye-catchenden roten Zahlen reißen. Solche Produkte werden sicherlich eher über das Web ver- und gekauft als astronomisch teure Diamanten. Das Einfangen der Aufmerksamkeit lohnt sich hier also für alle Beteiligten.

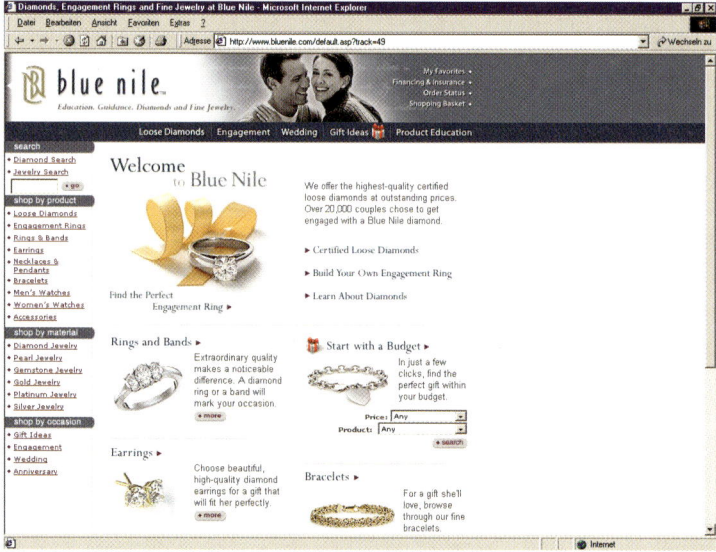

Es kann auch durchaus noch etwas mehr sein. Auf der Website in Abbildung 188 wird das Rot schon offensiver, aber immer noch sparsam und sinnvoll eingesetzt. Hevorgehoben wird (a) das Logo des Unternehmens, (b) eine Sonderverkaufsaktion und (c) der meistbenutzte Service der Website, nämlich die Online-Fahrpläne. Alle drei Elemente sind wichtig, die Farbe dient also kommunikativen (und konstruktiven) Zwecken – nicht anders als in der freien Wildbahn.

Der Ausschnitt auf Abbildung 189 zeigt, wie im Web der Schwanz mit dem Hund wedeln kann – aufmerksamkeitstechnisch gesprochen. Die großflächigen roten Eye-catcher, also die Elemente, welche mit weitem Abstand die höchste Anziehungskraft aufweisen und obendrein noch sprachlich zum Handeln auffordern, sind für die aktuellen Ziele der Leser bzw. Benutzer der Site irrelevant.

> Das Internet-Aufmerksamkeits-Paradox: Die Wahrscheinlichkeit, dass ein Reiz im Web eine relevante Information enthält, ist umgekehrt proportional zu seiner Auffälligkeit. Einfacher gesagt: Je auffälliger, desto nutzloser. Und es gibt Hinweise, dass die Benutzer hierauf reagieren, indem sie ihre natürlichen Gewohnheiten sozusagen auf den Kopf stellen. Ein Beleg für diese Entwicklung ist das Phänomen der „Banner-Blindness". (S. 211)

Abb. 188: Ein gutes Beispiel für Eye-catching: Hier stimmen Signal und Funktion überein, die Highlights sind nicht zu zahlreich und heben sich

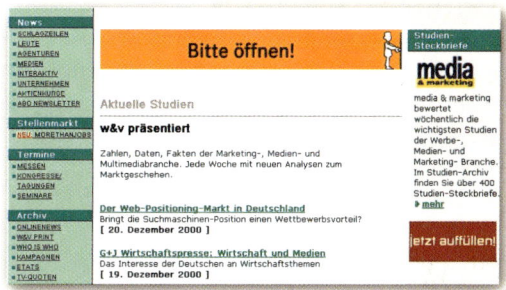

Abb. 189: Was möchte ein Besucher hier tun? „Bitte öffnen!" oder „jetzt ausfüllen!" – wie es die Gestaltung nahelegt? Oder sich vielleicht doch „Bitte mit Inhalt beschäftigen!" (was ja wahrscheinlich sein ursprüngliches Ziel war)?

Es ist alles so schön bunt hier!

Kombinationen aus intensiven Farben (so genannte Warnfärbungen) sind ein weiterer Eye-catcher, der ebenfalls in der Kommunikation zwischen verschiedenen Tierarten funktioniert, z.B. halten sich Wespen mit ihrer schwarz-gelben Warnfärbung Fressfeinde vom Leib – und aus dem gleichen Grund tun andere Insekten listiger- und gelbgestreifterweise so, als ob sie Wespen wären. Gefährliche, insbesondere giftige Tiere sind generell oft

www.bahn.de;
www.wuv.de

Abb. 190: Die Kombination Schwarz-Gelb ist besonders beliebt, wenn Warnhinweise gestaltet werden [57].

Abb. 191: Was auch immer das sein mag: Ich würde es lieber nicht anfassen und auch von einem Verzehr würde ich vorsichtshalber absehen [58].

www.zdnet.com;
rechts:
www.plainlanguagenetwork.org.type/
utglossy.htm:
Hervorhebung mit Hilfe der
„Google Tool-Bar";
www.otto.de

extrem gefärbt, und dem entsprechend sind Farben mit hoher Sättigung und Reinheit mächtige Signale. Die Natur gebraucht diese immer mit Verstand, reserviert sie also für Wichtiges – nebenbei bemerkt, ist es in der Ergonomie genauso (vgl. Abbildung 190).

Eben wegen ihrer alarmierenden Wirkung ist die (Binsen-)Weisheit von der Verhältnismäßigkeit der Mittel im Umgang mit intensiven Farben besonders wichtig. Abbildung 192 zeigt, wie man es eher nicht machen sollte. Der Artikel ist auf den ersten Blick offenbar der Ansicht, ich sei eigentlich nicht an ihm interessiert, sondern an irgendwelchen Dingen, die sich in einer „TechRepublic" abspielen. Er irrt sich.

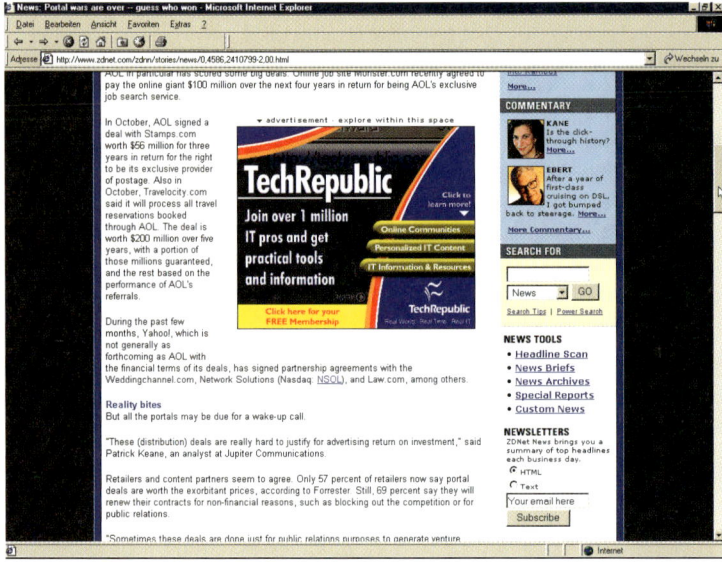

Abb. 192: Ein schönes Beispiel für das „Kombinationsgesetz" (S. 185): Eine für den Leser völlig irrelevante Information reißt aufgrund ihrer Größe, intensiven Färbung und zentralen Platzierung die Aufmerksamkeit gewaltsam an sich.

Das Beispiel in Abbildung 193 zeigt noch einmal die Stärke von Farben für die Lenkung der Aufmerksamkeit. Suchbegriffe in einem Text werden in intensiven Farben hervorgehoben (links). Die Suchzeit reduziert sich durch diese Darstellung natürlich ganz erheblich. Und die Hilfestellung funktioniert deshalb so gut, weil die Eye-catcher erstens sparsam und zweitens nur für eine defi-

Farben

nierte Zielfinformation eingesetzt werden. In den beiden folgenden Screenshots habe ich die Sättigung des Hintergrunds in zwei Stufen erhöht, um ein Prinzip zu verdeutlichen, das ich in Zusammenhang mit den allgemeinen Farbgesetzen (S. 149) schon erwähnt hatte:

> Große Flächen, die in reinen Farben in hoher Sättigunggehalten sind, erhöhen die optische Lautstärke so stark, dass alle Farb-Akzente trotz ihrer hohen Intensität untergehen.

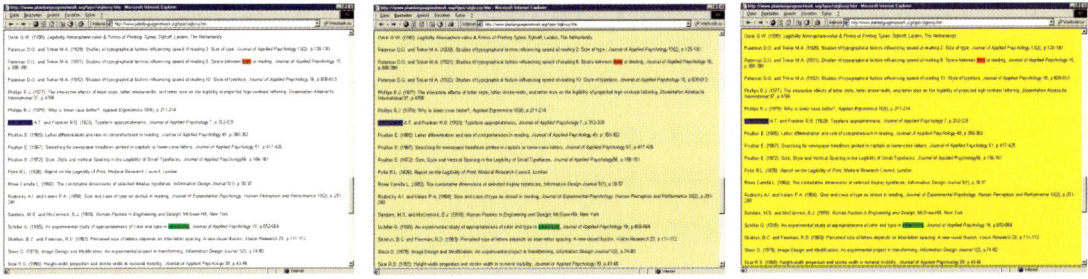

Abb. 193: Sinnvolles Eye-catching mit Farben: hervorgehobene Suchbegriffe in einem längeren Text (links). Beachten Sie die Wirkung, wenn die Farbintensität des Hintergrunds erhöht wird (in der Mitte und rechts): Je mehr die Gesamtlautstärke zunimmt, desto weniger können sich die Highlights durchsetzen und desto schwieriger ist ihre Wirkung zu kalkulieren.

Eine Website, die aus allen Farbrohren feuert, hat es also schwer, überhaupt noch etwas hervorzuheben. Und wenn Farbwelten sinnvoll geplant sind, kann man die Aufmerksamkeit auch sehr effektiv lenken, ohne auf grelle Highlights zurückgreifen zu müssen. Dies zeigt noch einmal das Beispiel in Abbildung 194. Vergleichen Sie dieses Design doch einmal mit den mikroskopischen Warenkörbchen auf Abbildung 131 (Seite 147) – der Unterschied ist eindrucksvoll.

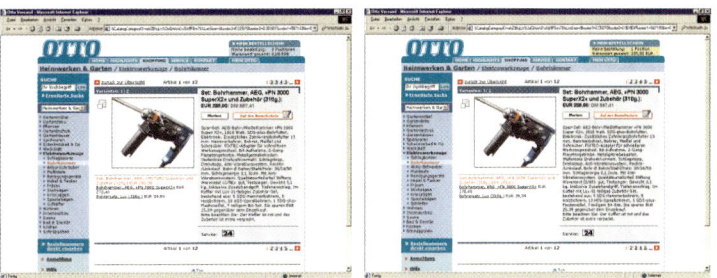

Abb. 194: Eye-catching mit Flüsterlautstärke: Der Füllzustand des Warenkorbs wird durch das Einfärben in dezentem Gelb angezeigt. Und mit Unterstützung des Ausnahmegesetzes funktioniert es vorzüglich.

8.4 Augen

Haben Sie beim Betrachten dieser Buchseite zuerst in die Augen auf den Abbildungen geschaut? Es wäre erklärlich, denn Augen ziehen unsere Aufmerksamkeit magisch an. Und wir reagieren auf diesen Reiz ganz unwillkürlich mit körperlicher Erregung (erhöhte Wachheit und Herzfrequenz, höherer Blutdruck etc.) – was letztlich zur Vorbereitung eines Angriffs- oder Fluchtverhaltens dient (s. Abbildung 195).

Es gibt einige völlig harmlose Tierarten, die dies ausnutzen, um Fressfeinde mit teils sehr realistisch wirkenden Augenflecken abzuschrecken. Das beeindruckendste Beispiel, das ich kenne, ist ein tropischer Falter, dem die Evolution mit fast fotografischer Genauigkeit die Augen einer Eule auf die Flügel gemalt hat (Abbildung 196). Augen sind also nicht nur wirksame Eye-catcher, sie haben eine *Alarmwirkung* – speziell wenn sie parallel stehen. Und natürlich ändert sich im Web daran rein gar nichts (vgl. Abbildungen 197 bis 200).

Abb. 195: Besonders wirksam sind parallel stehende Augen, das so genannte „Drohstarren". Wahrscheinlich beruht diese Reaktion auf einer biologisch programmierten Vorsicht, denn Raubtiere haben im Gegensatz zu friedlichen Pflanzenfressern parallel stehende Augen [59].

Abb. 196: Ein Caligo-Falter trägt zwei Ringe unter den Flügeln. Durch „Aufschlagen" der Augen kann das Tier seine Feinde verscheuchen [60].
InTerk

Abb. 197: Dieser rassig- betörende Blick begegnete mir auf der Website eines Telekommunikationsunternehmens. Man kann der Dame nur empfehlen, diesen nie auf einen Hund abzufeuern – er würde sofort zubeißen.

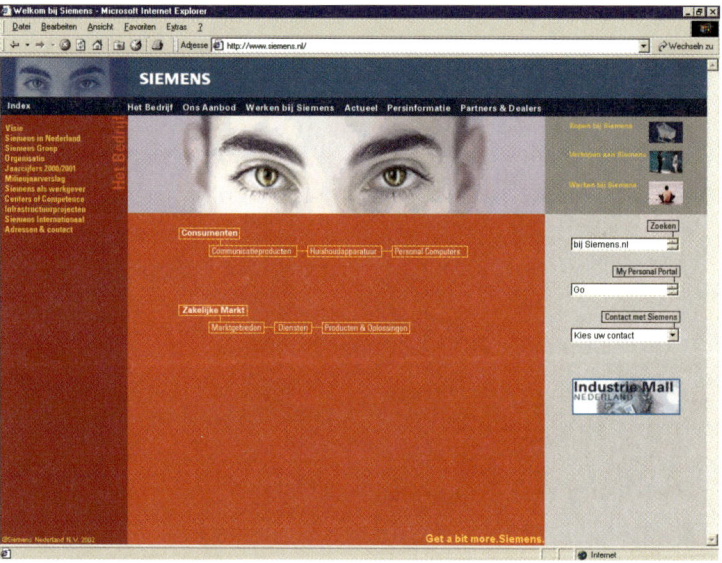

Abb. 198: Der Rekordhalter in Sachen Augensignal: Man hat nicht nur Mühe, diesem Blick längere Zeit mit ausgeglichenem Hormonhaushalt standzuhalten, es ist auch fast unmöglich, sich mit den Inhalten zu beschäftigen – der Sog der Augen ist zu stark.

8.5 Gesichter und Mimik

Große Areale unserer rechten Hirnhälfte sind auf das Erkennen von Gesichtern spezialisiert. Als soziale Wesen verfügen wir diesbezüglich über eine angeborene Aufmerksamkeit. Besonders sensibel reagiert sie auf Mimik. Bereits wenige Stunden alte Säuglinge können ein lächelndes Geicht von einem neutralen oder unfreundlichen unterscheiden. Mimik ist somit das erste visuelle Signal-System, das Menschen überhaupt verstehen.

Abb. 199: ... und diese Dame – die in der Bildbearbeitung so entstellt wurde, dass sie augenscheinlich (!) an einer extremen Schilddrüsenüberfunktion zu leiden scheint – auf der Website eines Fernsehsenders.

Das Zeigen von Gesichtern ist dem entsprechend ein beliebter Sport. Allenthalben lächeln uns attraktive, kommunikativ oder versonnen lächelnde Models aus dem Browser entgegen. Grundsätzlich ist dagegen auch nichts einzuwenden, doch Wiederholung ist, wie wir bei der Darstellung des Gewöhnungsgesetzes schon gesehen haben, der Feind der Verführung. Die biologische Signalwirkung ändert nichts daran, dass nach dem hundertsten freundlichen Gesicht eine gewisse unverbindliche Langeweile aufkommt. Da ich mich nun meinerseits nur ungern wiederhole, verweise ich auf das Kapitel über Bilder (S. 117), das dieses Problem ausführlich behandelt.

Abb. 200: Man kann mit Augen aber auch Sinnvolles bewerkstelligen, z.B. die Leser auf einen Rundgang aufmerksam machen.

Allerdings hat es schon seinen Sinn, wenn gelächelt wird. Zu der Alternative in Abbildung 202 würde ich z.B. nicht raten, nur weil sie *anders* ist. Aus der Forschung zur Wahrnehmung von Mimik ist bekannt, dass sie auf Minimal-Reizen beruht. Zusammengezogene Augenbrauen gehören zu den wichtigsten, und schon dieses Signal allein reicht aus, um ein unwiderstehliches Abwehrsignal zu senden.

Abb. 201: Nicht sehr originell, ich gebe es zu. Aber es ist nun einmal das berühmteste Lächeln der Kunstgeschichte [61].

Abb. 202: „He, Du da! Ja, Dich meine ich. Soll ich Dir etwas sagen? Ich mag Dich nicht!"

www.viag-interkom.de;
www.vox.de;
www.siemens.nl;
www.rotkaeppchen.de;
www.benetton.com

8.6 Erotische Signale

In einer Aufstellung von Eye-catchern dürfen sexuelle Reize natürlich nicht fehlen. Sie reichen von bruchstückhaften Informationen wie Augen oder Lippen bis zur Nacktheit in verschiedenen Graden in mehr oder weniger eindeutigen Posen beim Vollzug mehr oder weniger eindeutiger Handlungen. Sie bemerken vielleicht, wie vorsichtig ich mich ausdrücke, denn natürlich ist Sexualität – wie immer – ein heikles Thema, und es gibt nur weniges, das so ins Auge gehen kann, wie ihre Inszenierung. Allerdings ist Sex ein Top-Thema im Web (mehr hierzu S. 222). Man muss sich also nicht wundern, wenn es beim Eye-catchen teilweise alles andere als züchtig zugeht. Einige Medienanbieter verlassen sich in dieser Hinsicht auf Altbewährtes, d.h. sie gestalten die Startseite ihres Auftritts kurzerhand so, wie sie es gewohnt sind. Und so kann man das ebenso eye-catchende wie spärlich gekleidete Mädchen von Seite 1 auch im Web finden, genauso wie die abgehärmten und immer irgendwie misshandelt wirkenden Models der Modeagenturen (Abbildung 203).

 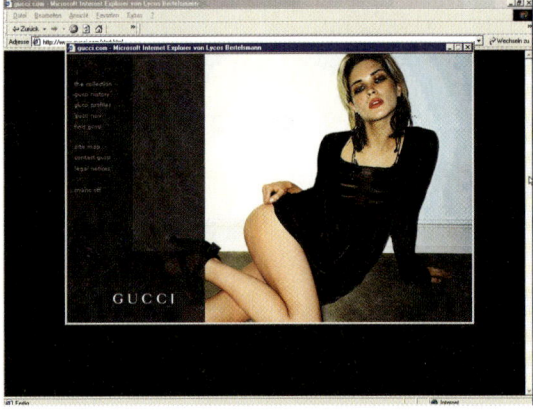

Abb. 203: Zwei konsequente Umsetzungen der „Unsere-Startseite-ist-ein-Titelbild"-Metapher. Erotische Eye-catcher in den Varianten unschuldiger Nackedei oder lasziver Vamp.

www.bild.de;
www.gucci.com

Es wäre kurzsichtig, solches pauschal zu verurteilen, denn natürlich sind erotische Bildwelten eine Frage von Stil, Kontext, Geschmack, Corporate Identity und Zielgruppen. Darüber will ich mich hier nicht weiter verbreiten. Andererseits gibt es Varianten,

Erotische Signale

Abb. 204: Was die Popos am Seitenende einer Schriften-Datenbank verloren haben? Jedenfalls sind sie gut dazu geeignet, unser Interesse für Serifen oder Laufweiten ins Stolpern zu bringen – sei es aus Interesse oder aus Entrüstung.

die nach meinem Urteil die Grenzlinie zum schlechten Geschmack ganz eindeutig überschreiten. Abbildung 205 ist besonders unglücklich. Natürlich gibt es Leute, die sich in den Dünen verstecken und mit dem Fernglas auf alles gaffen, was unter weiblichen Textilien hervorlugt. Gleichwohl sind solche Leute nicht sympathisch, und sie bilden sicherlich einen eher kleinen Anteil der Zielgruppen auf der Startseite eines Anbieters für Familienreisen. Und es sind ironischerweise (aus der Perspektive der erotischen Verführer) eher die Frauen, die im Web Reisen recherchieren und buchen – nach Ergebnissen des Marktforschungsunternehmens „Comcult Research" [62].

Das Beispiel auf Abbildung 206 zeigt noch einmal, wie die Wirkung von Eye-catchern als Waffe gegen den Besucher eingesetzt werden kann. Wer nicht willenlos triebgesteuert auf die verführerischen Damen klickt, wird versuchen, das Fenster zu schließen. Und vielleicht gibt es ja den einen oder anderen unerfahrenen Surfer, der noch nicht weiß, dass diese digitalen Störenfriede oft mit gefälschten Buttons zum Starten oder Schließen einer Anwendung gepflastert sind? Dann klickt man zur Freude des Betreibers auf eines der Geister-Bedienelemente, und schon wird man mitten ins Rotlichtviertel hineinkatapultiert (und kann sich beim Versuch, dieses zu verlassen, wieder mit immer neuen schelmischen Popup-Fenstern beschäftigen, die allesamt Dinge enthalten, die man noch nie sehen wollte). Meine persönliche Bilanz lautet hier am Ende: *Sex doesn't sell*. Es ist kein Zufall, dass Popup-Fenster, seit es sie gibt, auf der Liste der Top-10-Ärgernisse der Internet-Benutzer stehen (s. Seite 319).

Was auch immer man über Erotik in der Werbung oder im Web denken mag. Zwei Dinge sind sicher: Erstens wirkt sie als Blickfang, daran kann kein Zweifel bestehen. Zweitens ist Ihr Effekt auf die Wirksamkeit von Kommunikation eher paradox. Beispielsweise bringen uns Anzeigen, die mit erotischen Bildern ausgestattet sind, zwar tüchtig in Wallung (und/oder Harnisch), es ist jedoch allgemein bekannt, dass die Gedächtnisleistung für Informationen durch nebenbei präsentierte nackte Haut deutlich *verringert* wird [63]. Wer mit derart mächtigen Reizen spielt,

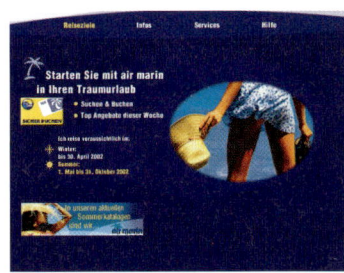

Abb. 205: Diesen Kommunikations-GAU kann man nun wirklich nicht ohne Ironie kommentieren: „Willkommen bei den Spanner-Reisen der Schlüpfer GmbH... möchten Sie auch einmal durchsehen? Gleich hebt sich das Röckchen!"

Abb. 206: Wenn die Maxime „Sex sells" stimmt, muss man dieses wohl als sellendes Popup bezeichnen. Wenn die Maxime „Popups sind eine Plage" stimmt, kommt man zu einer anderen Schlussfolgerung.

www.fontz.de;
www.airmarin.de;
www.clipartarchiv.de

muss sich also die Frage stellen, ob die eigentlichen Inhalte nicht zur Nebensache werden – und ob dies gewünscht oder in Kauf genommen wird.

8.7 Das Kindchenschema

Das Kindchenschema – ein runder Kopf mit verkürztem Profil, großen Augen und einer nach vorne gewölbten Stirn – ist ein weiteres angeborenes Reizschema, auf das wir unwillkürlich positiv reagieren (Abbildung 207). Auch dieser Mechanismus ist aus dem Tierreich bekannt. Nahezu alle Jungtiere sind mit dem Kindchen-Schema ausgestattet.

Obwohl wir uns der Wirkung des biologischen Signals, welches das Kindchenschema sendet, wohl kaum entziehen können, sollte man es nicht unüberlegt einsetzen. Es gibt noch eine zweite Ebene der Bewertung, nämlich die Stimmigkeit von Bild und Kontext. In Bezug auf das Kindchen-Schema kann man darüber streiten, ob es immer und in allen Fällen gelungen ist, Bilder zu präsentieren, die an das Brutpflegeverhalten des Betrachters appellieren.

Abb. 207: Das Kindchenschema beruht wie die Mimik auf Minimal-Signalen, die, jeweils für sich genommen, wenig wirksam wären. In der Summe wirken sie dann aber doch sehr herzig [64].

Abb. 208: Die kleinen Racker sind ja nun wirklich sympathisch, keine Frage. Ihre Funktion im Zusammenhang mit den Themen „Strategische Beschaffung & collaborative Commerce" oder „eCommerce Online-Check" erscheint allerdings nicht ganz leicht nachvollziehbar.

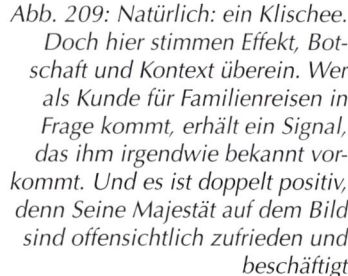

Abb. 209: Natürlich: ein Klischee. Doch hier stimmen Effekt, Botschaft und Kontext überein. Wer als Kunde für Familienreisen in Frage kommt, erhält ein Signal, das ihm irgendwie bekannt vorkommt. Und es ist doppelt positiv, denn Seine Majestät auf dem Bild sind offensichtlich zufrieden und beschäftigt

Abb. 210: Das Kindchenschema als Sympathiesignal in einer Flash-Intro. Man muss sie einfach lieb haben, diese knuddeligen Kerlchen, finden Sie nicht? Und deshalb habe ich diese Intro auch ausnahmsweise bis zum Ende angesehen.

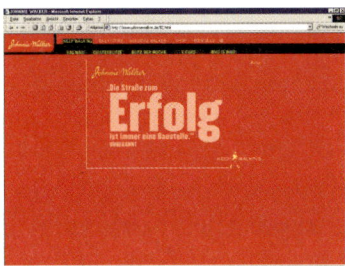

Abb. 211: Man muss es noch einmal sagen: Der Sympathiewert einer animierten Schrift, die mit Getöse über den Bildschirm zoomt und ruckelt, geht im Vergleich hierzu gegen Null. Was hieß doch noch gleich „Skip Intro"...?

<Nachdenkerei über Augenfängerei>

Das Eye-Catchen um des Catchens Willen ist ein relativ plumpes Handwerk. Es ist nicht schwer, eine Website mit Animationen, Farben und biologischen Signalen zu pflastern. Man erkennt dies unter anderem daran, dass vor allem erste Gehversuche im Web häufig dazu neigen, uns mit einem Durcheinander von flimmernden Bildchen auf krachendem Farbspiel zu verwöhnen.

Das gezielte Einsetzen der richtigen Signale im richtigen Kontext in der richtigen Dosierung ist allerdings eine Kunst. Wer sie beherrschen möchte, braucht vor allem eines: sehr genaue Vorstellungen über Prioritäten, speziell über die Prioritäten seiner Zielgruppe. Wirksame Eye-catcher bedienen ja *automatische Mechanismen*, man kann sich ihrer Wirkung nicht entziehen. Dies ist gerade im Web problematisch, denn die Empfänger der biologischen Signale verfolgen ihre eigenen Ziele und möchten nur unterbrochen oder abgelenkt werden, wenn es sich lohnt.

Ein anderer Gesichtspunkt ist noch wichtig. In der Realität und in anderen Medien wirken Eye-catcher *sehr schnell*, unter Umständen so schnell, dass das Bewusstsein gewissermaßen rechts

www.rwtuev-at.de;
www.newtron.net;
www.alltours.de

überholt wird. Die Zeitschwelle bis zum Einsetzen kontrollierter Denkvorgänge liegt etwa bei 0,5 Sekunden. Was länger dauert, wird vom Verstand bewertet und gefiltert. Geht das auch im Web? Ich habe meine Zweifel, denn hier sind das natürlich völlig utopische Zeiten, speziell wenn es um den Aufbau von Gafiken geht. Unterschwellige oder fast unterschwellige Signale können also über einen Web-Browser kaum gesendet werden. Was auf einer Print-Anzeige angenehm prickelt, wirkt im Zeitlupentempo einer Website als Störenfried. Gutes Eye-catching erkennt man daran, dass der Betrachter nicht nur weiß, *wohin* er blicken soll, sondern auch *warum*. Einige einfache Fragen können vielleicht dabei helfen, hier das richtige Maß der Dinge zu finden.

- *Wie viele* Eye-catcher gibt es auf einer Seite? Weniger ist mehr, drei sind schon reichlich, maximal wirksam ist ein einziger.
- Sind sie „einfach so" vorhanden oder an einen besonderen *Inhalt* geknüpft? Ersteres ist natürlich kompletter Unsinn.
- Ist der Inhalt auch *wichtig*, z.B. eine Warnung oder eine Top-Information?
- Ist der Inhalt an den *Bedürfnissen des Besuchers* orientiert (z.B. ein Zusatznutzen) oder kommt er nur dem Betreiber (z.B. Werbung) zugute? Hier verläuft die Grenzlinie zwischen einem Hinweis und einer Störung.
- Haben die Eye-catcher möglicherweise eine *ablenkende Wirkung*, sodass sie mit anderen (möglicherweise den eigentlichen) Kommunikationszielen kollidieren?

> Wenn man als Gestalter nicht genau weiß, was wo in welcher Dosis verträglich ist, sollte man die Eyes eher ungecatcht lassen und den Besuchern selbst die Steuerung ihrer Aufmerksamkeit überlassen.

</ ... >

9 Noch mehr über Aufmerksamkeit: Schweben oder Fokussieren

Was in diesem Kapitel geschieht:

- Ich beleuchte zwei unterschiedliche Formen von Aufmerksamkeit mit der tatkräftigen Unterstützung einer Taschenlampe.
- Sie stellen fest, dass man mit dem Wort „Lesen" im Web nicht sonderlich viel anfangen kann und beschäftigen sich mit dem feinen Unterschied zwischen „Scannen" und „Skimmen".
- Ich gebe Geschwindigkeitsschätzungen ab.
- Wir betrachten „funktionelle Kongruenz" auf einer Website ganz grundsätzlich im Querschnitt...
- ...und versuchen, jemanden ganz grundsätzlich zum Lesen zu bewegen
- Sie erfahren erstens, was „Banner-Blindness" ist, warum sich die Gelehrten zweitens über sie streiten – und warum das drittens vielleicht gar nicht nötig wäre.
- Es geht zum ersten aber nicht zum letzten Mal in diesem Buch um die Genauigkeit von Zielen.
- Wir werfen gemeinsam einen skeptischen Blick auf einige Exemplare der Spezies der „großen Suchportale" und fragen uns, für welche Art von Verstand diese Dinger eigentlich gemacht sein sollen.

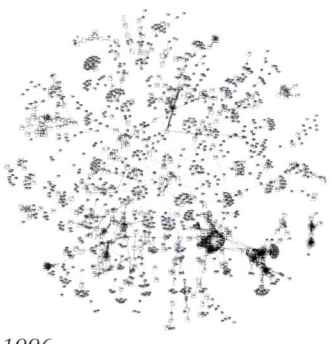

1996

Bisher habe ich von „Aufmerksamkeit" im Singular gesprochen, so als handele es sich um ein einzelnes, genau definiertes „Ding" ohne Varianten oder verschiedene Ausprägungen. Das ist eine Vereinfachung. Tatsächlich haben die Aufmerksamkeitsforscher viel gelitten, bis sich herausstellte, dass man viele Phänomene nur erklären kann, wenn man mehrere Aufmerksamkeitzustände unterscheidet. Ich mochte hier auf einen der wichtigsten Aspekte eingehen: Die Unterscheidung von schwebender und fokussierter Aufmerksamkeit.

9.1 Die schwebende Aufmerksamkeit

Eine schwebende Aufmerksamkeit liegt vor, wenn wir eine große Menge an Informationen „parallel" auf uns einwirken lassen und ganzheitlich bzw. „holistisch" betrachten, ohne uns um Einzelheiten zu kümmern. Die Wahrnehmung kommt dabei nicht (jedenfalls nicht gleich) zum Stehen, d.h. sie beachtet weder nur das, was besonders hervorsticht, noch frisst sie sich an Details fest.

Das freie Surfen im Web ist ein ausgezeichnetes Beispiel hierfür. Damit es funktionieren kann, muss unsere Aufmerksamkeit gelockert sein, das Bewusstsein muss sich ausklinken und „die Dinge laufen lassen". Gäbe es von vornherein eng gesteckte Kriterien dafür, was wichtig oder unwichtig ist, würde sich die Aufmerksamkeit rasch irgendwo festsaugen und Dinge, die auf den ersten Blick vielleicht uneindeutig oder unwichtig erscheinen, sofort ausblenden.

Gerade dies – *das Verarbeiten uneindeutiger oder auch ungewöhnlicher Informationen* – ist aber die besondere Stärke der schwebenden Aufmerksamkeit. Ihre Aufgabe ist nicht nur, uns einen Überblick über große Informationsmengen zu verschaffen. Sie hilft auch, Bedeutungen wahrzunehmen, die versteckt, unscharf, uneindeutig sind, also zwischen den Zeilen stecken. Diesen Funktionen entsprechend schwebt unsere Aufmerksamkeit vor allem dann, wenn wir – eben wie beim Surfen im Web – ohne feste Erwartungen in einer komplexen Situation stehen.

Eine schwebende Aufmerksamkeit kann aber auch sehr hilfreich sein, wenn wir beim Lösen eines Problems stecken bleiben und nach einem „ganz anderen Dreh" suchen. Wir können dann auf alle Arten von Informationen reagieren (Symbole, Text, Musik, oder räumliche Konfigurationen) und sie miteinander in Beziehung setzen – eine der wichtigsten Grundlagen für *Kreativität*.

<Exkurs 5: Über Lesen, Scannen und Skimmen >

Das Leseverhalten im Web liefert ein ausgezeichnetes Beispiel für das Funktionieren der schwebenden Aufmerksamkeit. Modellhaft kann man sich das Verhalten eines Internet-Nutzers, der sich auf einer Website über ein Thema informieren möchte, als dreistufigen Prozess vorstellen (s. Abbildung 212, S. 208).

- Es beginnt in der ersten Phase mit einem Vorgang, den man *Scannen* nennt. Beim Scannen ist die schwebende Aufmerksamkeit hoch aktiv. Die Inhalte der Seite werden grob mit dem Blick überflogen, besonders markante Informationen, wie Überschriften, Links, Grafiken usw., werden in rascher Folge nach relevanten Inhalten abgesucht. Die Informationsmenge, die beim Scannen bewältigt wird, ist sehr hoch. Der Preis hierfür ist allerdings ein Verlust an Qualität, d.h. die Aufmerksamkeit wird nicht systematisch gesteuert und die Verarbeitungstiefe (s. Seite 123) ist gering.
- In der zweiten Phase (die man nur erreicht, wenn der Inhalt der Seite beim Scannen als relevant bewertet wurde) wechselt der Lesestil zum *Skimmen*. Die Geschwindigkeit wird geringer, die Menge der aufgenommen Information nimmt zu, und nun werden auch Teile des Fließtextes, vor allem Zusammenfassungen, Absatzanfänge und hervorgehobener Text, z.B. in Zwischenüberschriften, beachtet. Auch hier dominiert noch eine schwebende Aufmerksamkeit.
- In der dritten Phase beginnt das eigentliche *Lesen*. Der Besucher bremst seine Geschwindigkeit weiter ab und beginnt, die dargestellten Informationen systematisch und vollständig aufzunehmen, die Aufmerksamkeit wird *fokussiert* (mehr hierzu im folgenden Abschnitt).

> Es gibt also ein Kontinuum der Rezeptionsgeschwindigkeit und -genauigkeit, das vom sorgfältigen Durcharbeiten bis zum rasend schnellen, aber genauso rasend oberflächlichen, Scannen reicht. Der Anteil der spontan und freiwillig lesenden Internet-Nutzer ist dabei sehr gering. Entsprechende Studien finden vernichtend geringe Anteile von echten Lesern, beispielsweise 16% [65] oder 6% [66].

Welcher Lesestil gewählt wird, hängt im wesentlichen von vier Faktoren ab: (a) der *Qualität* der Information, – je höher, desto eher wird gelesen, (b) dem Interesse bzw. der *Motivation* – bei hoher Motivation wird ebenfalls eher gelesen, (c) der zur Verfügung stehenden *Zeit* – Zeitdruck begünstigt Scannen oder Skimmen, und schließlich (d) individuellen *Gewohnheiten*.

	Scannen	Skimmen	Lesen
Was ist das Ziel?	Den Text bewerten, nach relevantem Inhalt suchen.	Die wichtigsten Inhalte schnell finden und aufnehmen.	Inhalte vollständig aufnehmen.
Wie viel wird aufgenommen?	25%	50%	100%
Wie schnell wird aufgenommen?	> 1000 Wörter / Minute	> 500 Wörter / Minute	250 Wörter / Minute
Was wird aufgenommen?	Hervorstechende Informationen, Überschriften, pägnante Bilder, Links, kaum Fließtext.	Sehr informative Elemente wie Listen, Tabellen, Links, Info-Grafiken, Textkästen, Anfänge von Absätzen, nur ein Argument je Absatz.	Die gesamte Text- und Bildinformation.

Abb. 212: Lesen ist nicht gleich Lesen: verschiedene Stile der Rezeption von Text.

Bei den in Abbildung 212 dargestellten Zahlen handelt es sich übrigens weniger um exakte Forschungsbefunde als um Richtwerte, die mir nach dem Studium der einschlägigen Literatur zu diesem Thema einigermaßen plausibel erscheinen. Ich hätte Sie sehr gerne mit genauen Zahlen zum Lesen, Skimmen und Scannen versorgt, doch wenn man nach diesen recherchiert, wird man früher oder später von der nackten Verzweiflung gepackt. Dies hängt damit zusammen, dass es Dutzende von Randbedingungen gibt, welche die Lesegeschwindigkeit beeinflussen: die Schwierigkeit des zu lesenden Textes, die Lesemotivation und -fähigkeiten der untersuchten Personen, der Abstand zum Bildschirm, der Bildschirmkontrast, die Bildschirmauflösung, Schriftgrößen und -arten, Zeilenabstände, Zeilenlängen, Seitenlängen, dem Aufgabentyp (z.B. Lesen oder Korrekturlesen) und vieles mehr.

Selbst die vielerorts noch in Granit gemeißelte Weisheit, die Lesegeschwindigkeit sei am Bildschirm gegenüber Papier um 25-30% verlängert, ist im Zeitalter hochauflösender Monitore und geglätteter Bildschirm-Fonts so pauschal nicht mehr haltbar [67].

Geht man von dem Modell in Abbildung 212 aus, ergibt sich die Schlussfolgerung, dass Informationen auf einer Website erst mit zunehmender Tiefe der Hypertext-Schicht allmählich an die Erfordernisse eines echten Lesers angepasst werden sollten (vgl. Abbildung 213). Fließtext auf einer Startseite wäre demnach genauso kontraproduktiv wie „Homepage-Design" mit reichlich Menüs, Teasern und Cross-Links – Hypertext-Verbindungen, die den Leser kreuz und quer durch eine Website katapultieren – in längeren Artikeln. Das Leitprinzip ist also einmal mehr das der funktionellen Kongruenz (s. Seite 111).

Kommen wir zu Bilanz: Wer aus einem scannenden Surfer einen echten Leser machen möchte (dies ist das wichtigste Ziel, das man sich in den redaktionellen Bereichen einer Website setzen kann), hat drei Aufgaben zu lösen:

- Erstens müssen die Inhalte *relevant* sein, sonst ist ohnehin alles verloren.
- Zweitens muss die relevante Information so *hervorgehoben* werden, dass die flüchtige, schwebende Aufmerksamkeit eines scannenden Besuchers sie ohne Mühe findet und nicht durch irrelevantes Füllmaterial abgelenkt wird (sonst ist spätestens jetzt alles verloren). In großen Überschriften, Listen oder hervorgehobenen Textteilen müssen also wichtige Schlüsselwörter platziert werden, Key-Visuals und informative Grafiken müssen ganz eindeutig auf die dargestellten Inhalte hinweisen.
- Drittens müssen Texte so aufbereitet sein, dass sie das *Skimmen* unterstützen. Hierbei geht es nun schon eher um den eigentlichen Fließtext. Absatzanfänge müssen dem Prinzip des Inverted-Pyramid-Style (d.h. das Wichtigste zuerst, s. S. 167) folgen. Zusammenfassungen am Anfang und am Ende der Seite, Zwischenüberschriften, hervorgehobene Schlüsselwörter im Text, Tabellen, Listen und Textkästen müssen das Wichtigste schnell auffindbar und verfügbar machen.
- Wenn alle diese Voraussetzungen gegeben sind, kann man viertens hoffen, dass ein scannender Surfer vielleicht zum echten Leser wird.

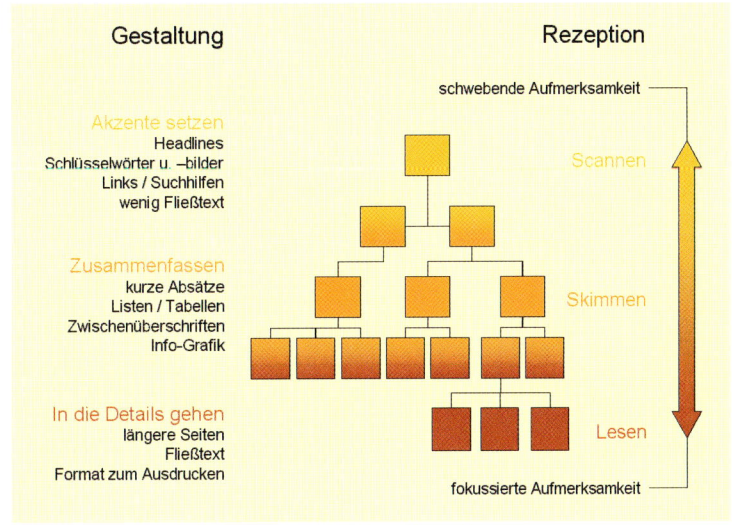

AAbb. 213: Ein Vorschlag zur Gestaltung von Information in den Schichten einer Website.

< /... >

9.2 Die fokussierte Aufmerksamkeit

Vielleicht können Sie nun schon erahnen, welches die speziellen Merkmale der *fokussierten Aufmerksamkeit* sind. Sie ist zur schwebenden komplementär und tritt auf, wenn wir mit einem bestimmten Ziel nach einer Information suchen oder eine geordnete Handlung ausführen. Bleiben wir im Web: Ich habe soeben ein Formular ausgefüllt und suche nun nach dem Absende-Knopf. Hier gibt es eindeutige Vorgaben für die Aufmerksamkeit und es wäre mehr als unsinnig, jetzt breit-global oder holistisch (ganzheitlich) wahrzunehmen und mich von allem Möglichen anregen zu lassen. Ich brauche einen Knopf, und zwar nur einen (den richtigen), sonst nichts. Im Zustand der fokussierten Aufmerksamkeit werden also nur aktuell passende Informationen wahrgenommen, alles Störende wird so weit wie möglich ausgefiltert. Die Verarbeitungskapazität ist dabei im Vergleich zur schwebenden Aufmerksamkeit umverteilt, d.h. es können nur relativ *wenige* Informationen gleichzeitig beachtet, diese dann aber sehr *tiefgehend* analysiert werden. Außerdem ist fokussierte Aufmerksamkeit mit „seriellen" Denk- oder Handlungsprozessen gekoppelt, Vorgängen also, bei welchen es eine systematische Abfolge von Schritten gibt, die zu einem bestimmten Ziel, z.B. dem Abschicken eines Formulars, führen. Hier ergibt sich zugleich deren Funktion: das bewusste Steuern von geordneten

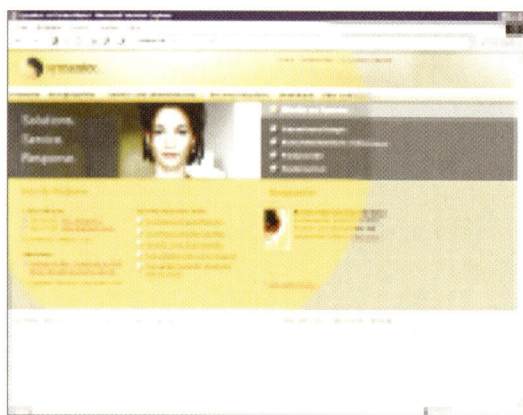 

Abb. 214: Die Taschenlampen-Metapher: Schwebende Aufmerksamkeit (links) beleuchtet eine relativ große Fläche, zeigt aber keine Details. Die fokussierte Aufmerksamkeit (rechts) ist auf einen kleinen Punkt begrenzt und zeigt diesen sehr scharf.

Die fokussierte Aufmerksamkeit

Handlungen und Denkvorgängen – Prozesse, mit denen wir uns im Zusammenhang mit dem Thema Handeln in Kapitel 11 (s. Seite 255) noch ausführlich beschäftigen werden. Da hierbei sprachliche Vorgänge oft eine wichtige Rolle spielen, ist die bevorzugte Informations-Modalität *sprachlich*.

Um den Unterschied zwischen den beiden Aufmerksamkeitsformen noch einmal zusammenfassend verständlich zu machen, werden in Abbildung 214 ihre wichtigsten Eigenschaften anhand einer sehr prägnanten Metapher visualisiert: dem verstellbaren Lichtkegel einer Taschenlampe.

< Fakten 9: Das Rätsel um die Banner-Blindness >

Dass es sich bei den beiden Aufmerksamkeitsformen um mehr als akademische Konstrukte handelt, haben Magnus Pagendarm und Heike Schaumburg von der freien Universität Berlin in einem interessanten Experiment nachweisen können [68]. Zunächst muss man allerdings erklären, was „Banner-Blindness" ist. Beschrieben wurde dieses Phänomen erstmals 1998 in dem Online-Magazin „internetworking" in einem Beitrag von Jan Panero Benway und David Lane mit dem vielsagenden Titel „Banner blindness: Web searchers often miss ‚obvious' links" [69]. Internet-Nutzer haben demnach offenbar eine Abneigung, auf Banner zu blicken. Wenn wichtige Bedienelemente in besonders auffälligen Grafiken untergebracht werden, können dann geradezu paradoxe Effekte entstehen: Das Wichtigste ist zwar besonders deutlich sichtbar, wird aber gerade deshalb ignoriert. Dies kann wiederum zur Folge haben, dass die Benutzer beim Lösen einer Aufgabe stecken bleiben, weil es der Gestalter besonders gut meint und die Zielinformation zu stark hervorhebt.

In der Folgezeit entstand eine Diskussion, in der sich verschiedene Autoren sehr widersprüchlich dazu äußerten, ob Internet-Nutzer Banner wahrnehmen, und wie gut sie sie im Gedächtnis behalten. Fatalerweise konnten alle ihre Urteile auf Beobachtungsdaten – Gedächtnisexperimente, Eye-Tracking-Studien oder Auswertungen von Logfiles – stützen. Eine solche Situation haben wir ja im Zusammenhang mit dem Grafik-Tabellen-Dilemma (S. 111) und dem Problem der optimalen Seitenlänge (S. 161) schon zur Genüge kennen gelernt. Ich selbst war übrigens aus reiner Selbsterfahrung schon immer ein glühender Anhänger der

links: www.symantec.de

Banner-Blindness-Hypothese. Ich achte und klicke nämlich genauso wenig auf Banner, wie ich es meiner Nachkommenschaft vergönne, Bestandteile der Quengelsüßwaren an der Supermarktkasse an sich zu reißen – man lässt sich ja nicht gern zum Hanswurst irgendwelcher (mutmaßlich kinderloser) Verkaufsstrategen machen. Da Selbsterfahrung aber kein Argument und ein außerordentlich schlechter Ratgeber in Designfragen ist...

In der Berliner Studie wurde eine interessante Manipulation vorgenommen, die uns der Lösung des Rätsels einen Schritt näher bringt – und zugleich die Wirkung fokussierter und schwebender Aufmerksamkeit hervorragend veranschaulicht. Die Versuchspersonen wurden darin aufgefordert, sich durch eine Website zu klicken, wobei zwei Untergruppen gebildet wurden: Eine Hälfte der Probanden erhielt Fragen zu den Inhalten, die später beantwortet werden sollten. Sie waren also mit einem definierten Ziel (und deshalb einer fokussierten Aufmerksamkeit) unterwegs. Die andere Hälfte wurde lediglich instruiert, sich die Website anzusehen, ohne eine vorgegebene Aufgabe. Die Personen in dieser Gruppe verhielten sich wie Site-Touristen, die ohne besondere Absicht auf einem Angebot unterwegs sind. Man kann hier eine schwebende Aufmerksamkeit voraussetzen. Im Anschluss an die Surf-Phase wurde die Gedächtnisleistung für die auf den Seiten gezeigten Banner gemessen. Dabei zeigte sich folgendes:

- Die Versuchspersonen, die Fragen beantworten sollten (fokussierte Aufmerksamkeit), erinnerten die Banner eher schlecht, d.h. sie beachteten sie anscheinend wenig und/oder verarbeiteten die in ihnen enthaltene Information nicht. Offensichtlich waren sie dazu in der Lage, sich zu einem gewissen Grad gegen die Wirkung der Banner abzuschirmen. Ein Ergebnis, das Mut macht.
- Die frei surfenden Site-Touristen (mit schwebender Aufmerksamkeit) konnten die Banner weit besser erinnern. Sie erwiesen sich also im Vergleich zu der ersten Gruppe als stärker ablenkbar, beachteten die in den Bannern enthaltene Information, und konnten sie sich deshalb auch besser merken.

rechts:www.viva.tv

Das Ergebnis erklärt, warum verschiedene Banner-Studien zu gegensätzlichen Schlussfolgerungen kommen können. Es genügt, dass man den Teilnehmern in einem Fall eine Suchaufgabe stellt und sie sich im anderen frei bewegen lässt, schon hat man die Bescherung (nämlich widersprüchliche Ergebnisse). Im Grunde muss man bei einem Forschungsvorhaben zur Wirkung von Information im Web immer *beide* Formen der Aufmerksamkeit untersuchen, da man die Ergebnisse sonst nicht verallgemeinern kann.

< / ... >

9.3 Konsequenzen für die Praxis

Das Thema ist so interessant, dass es sich wirklich lohnt, noch einmal anhand einiger Fallbeispiele über Schlussfolgerungen nachzudenken. Nehmen wir z.B. an, ein Kunde möchte schnell via e-Mail mit einer zuständigen Person Kontakt aufnehmen. Er befindet sich in einem Zustand fokussierter Aufmerksamkeit und hat natürlich – und völlig zu Recht – nur sein eigenes Anliegen im Sinn. Für diesen Zweck ist eine Site ideal, die das Gesuchte gut sichtbar anbietet und mit einem Klick ein Formular zur Verfügung stellt, mit dessen Hilfe man eine Botschaft formulieren und absenden kann. Multimediales ist da eher nicht zu empfehlen, denn es würde ablenken und auch der sprachlichen Orientierung der fokussierten Aufmerksamkeit nicht entsprechen. Für Personen mit schwebender Aufmerksamkeit ohne festes Ziel sind Einfachheit, Präzision und Eindeutigkeit in der Beschreibung von Wegen und Zielen dagegen nicht so wichtig. Sie sind durchaus willens, etwas auszuprobieren, wenn es nur interessant wirkt.

Betrachten wir hierzu einmal ein Beispiel. Abbildung 215 zeigt die Startseite eines TV Senders. Das Ganze ist hübsch bunt und

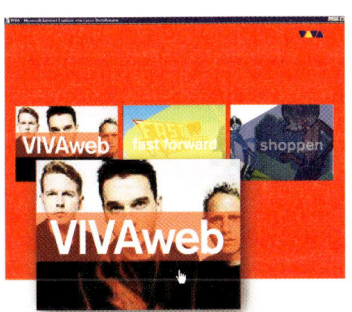  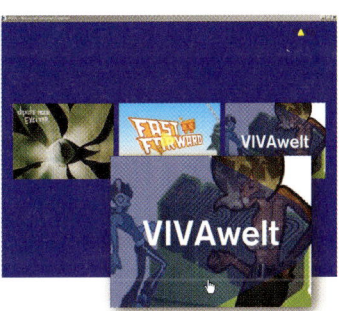

Abb. 215: Überlegen Sie einmal: Was ist der Unterschied zwischen VIVAweb, VIVAlive und VIVAwelt?

animiert, und man hat die Möglichkeit, zwischen den Optionen „VIVAweb", „VIVAlive" und „VIVAwelt" zu wählen. Das ist für ein Publikum ohne definiertes Ziel kein Problem: „Oh, das ist ja richtig spannend hier! Mal sehen, was ich hier so entdecken kann..." Ein Besucher mit präzisem Ziel wird schon beim Versuch, die drei Optionen zu unterscheiden, kläglich scheitern. „Wo kann ich hier denn sehen, wann das Interview mit meiner Boy-Group gesendet wird?"

Andererseits gibt es auch Designlösungen, bei denen man zu dem Schluss kommen muss, dass sie weder für eine schwebende noch für eine fokussierte Aufmerksamkeit geeignet (funktionell kongruent) sind. Meiner Meinung nach gehören die großen Such-Portale dazu (s. Abbildung 216).

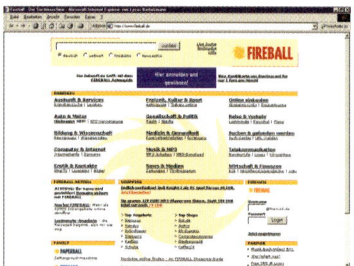  

Abb. 216: Im verständlichen Bemühen, für alle Fälle gerüstet zu sein, haben Such-Portale keine Skrupel, mehr als 150 Links in eine einzelne unschuldige HTML-Seite hineinzurammen.

www.fireball.de;
www.lycos.de;
www.yahoo.de;
www.bluewin.ch

Wie gut ist ein großes Such-Portal für die Erfordernisse einer *fokussierten Aufmerksamkeit* gerüstet? Für Besucher mit einem anspruchsvolleren Ziel dürfte ihre Bedienung ein eher mühsames und frustrierendes Geschäft sein. Sie müssen sich durch meist zahlreich vorhandene, längs und quer und oben und überall angeordnete (und in ihrer Einteilung oft kaum durchschaubare) Leisten und Listen wühlen. Die Anzahl der Alternativen sprengt ihre knappen Gedächtnis- und Aufmerksamkeitsressourcen. Wichtige Schlüsselwörter tauchen oft mehrfach oder in unterschiedlichen Schattierungen auf. Andere sind so unpräzise, dass es nicht möglich ist, sie überhaupt als relevant oder irrelevant zu bewerten.

Von überall her werden Ablenkungsmanöver gestartet, sei es mit Hilfe von Popup-Windows, blinkenden Bannern, brandheißen News, WAPs und Chats, Erotikschnäppchen und Dutzenden weiterer irrelevanter Handlungsalternativen. Hinzu kommt, dass selbst die Links, die eine Annäherung an das Ziel versprechen,

Konsequenzen für die Praxis

dies nicht immer halten. Für Besucher mit *schwebender Aufmerksamkeit* ohne festgefasste Absicht ist die Situation auf einer Portalseite allerdings auch nicht eben prickelnd. Große Anteile des Bildschirms sind mit kleinschriftigen Listen mehr oder weniger abstrakter Ein-Wort-Links übersät (Info, News, Shopping, Auto, Community, Wirtschaft, Erotik, WAP, SMS, undsoweiterundsoweiter). Zumeist fehlt es an einer Moderation (s. Seite 81), die unbedingt erforderlich wäre, um die attraktiven, unterhaltsamen, nützlichen Dinge zu finden, die hier irgendwo zwei oder drei Stockwerke tiefer verborgen sein mögen.

Die multimedial unterstützten Highlights – für schwebende Aufmerksamkeit besonders anziehende Elemente – sind in der Regel Werbung oder das, was der Anbieter als wichtig definiert, wie z.B. die Schnäppchen auf der Seite der Content-Partner (irgendwelcher E-Commerce-Anbieter, die ihre Köder auf dem großen Portal auslegen dürfen). Wegen der Strategie, dem Betrachter möglichst große Mengen an Informationsschnipseln entgegenzustreuen, gleichen auch die miniaturisierten Bildwelten von Such-Portalen meist eher einem Flohzirkus als einer interessanten, visuell ansprechenden, zum Lesen und Benutzen motivierenden Informationslandschaft. Auch in Sachen „News" bekommt der nach Abwechslung, Aktualität und Anregung gierende Surfer Dinge präsentiert, die weit davon entfernt sind, interessant zu sein. Was man auf Portal A liest, hat man eben auf Portal B schon einmal gelesen, und man wird es beim nächsten nochmals lesen, und beim übernächsten ein weiteres Mal – manchmal sogar wortwörtlich, denn alle beziehen ihre Top-News bei den gleichen Anbietern.

Was es anstatt großer Suchportale braucht, sind Auftritte, die einerseits eine moderierte Führung in die tieferen Schichten des Angebots anbieten und andererseits die Informationsmenge auf ein sinnvolles Maß reduzieren. Ein gutes Beispiel für diese Strategie ist die Startseite auf Abbildung 217. Die Menge der Information ist überschaubar, das Layout klar strukturiert, die Sprache moderierend und handlungsorientiert. Der Anbieter bemüht sich um schnörkellose Relevanz, und alles, was ablenken könnte, wird verbannt. Damit trifft er sicherlich den Nerv seiner Zielgruppe (Web-Entwickler). Allerdings ist ein solches Design für entertainment-orientierte Jugendliche mit schwebender Aufmerksamkeit weniger geeignet: zu viel Text, zu wenig anregende Zu-

Abb. 217: Funktionelles und zugleich gut kommunizierendes Design – für nüchtern denkende Zielgruppen.

www.ahref.com

taten, zu nüchtern, zu sachlich, alles in allem ziemlich *uncool*. Könnte man in einem solchen Informationsangebot auch die hereinschwebenden Site-Touristen bedienen, und zwar möglichst ohne die suchenden, nüchternen, sprachlich fokussierten Zielgruppen zu verprellen? Ich denke, dass dies machbar wäre, z.B. indem man eine eigene Spalte der Startseite für deren Belange reserviert. Für die Gestaltung würde dies bedeuten, dass man dort Entertainment-Angebote präsentiert und offensiver in Szene setzt (allerdings ohne dabei zu übertreiben, also beispielsweise auf animierte Banner-Links zurückzugreifen). Eine andere Möglichkeit wäre, die nüchternen von den zu vergnügungssüchtigen Besuchern zu trennen und für Information und Entertainment verschiedene Sub-Portale anzubieten, die sich dann im Angebot und in der Gestaltung durchaus unterscheiden können.

<Nachdenkerei über reichlich Hintergründiges>

Mit der Unterscheidung zwischen schwebender und fokussierter Aufmerksamkeit laufen verschiedene Stränge in diesem Buch zusammen: Konnotation und Denotation, das Prinzip der Verarbeitungstiefe, die Eigenschaften des peripheren und zentralen Gesichtsfeldes, Duale Kodierung, MAYA- und KISS-Regel, Lesen und Scannen. Alles dies lässt sich – wie in Tabelle 25 dargestellt – zu einer gemeinsamen Beschreibung zusammenfassen. Sie werden bemerken, dass dort ganz am Ende auch die beiden Hirnhälften auftauchen, und in der Tat kann man die dargestellten Funktionen, mit der gebotenen Vorsicht, der rechten und linken Hemisphäre des Gehirns zuordnen. Vorsicht ist deshalb angebracht, weil die Hirnhälften mit ein wenig Phantasie zu fast allem in Verbindung gesetzt werden können, das (a) paarweise auftritt und (b) irgendwie gegensätzlich ist – männlich und weiblich, Kreativität und Intelligenz, Ying und Yang usw. (Ich persönlich warte immer noch darauf, dass endlich jemand den Versuch unternimmt, Stan Laurel und Oliver Hardy als symbolische Vertreter der linken und rechten Hirnhälfte zu deuten.)

Der praktische Nährwert dieser bedeutungsschwangeren Zuordnung ist dann allerdings in den meisten Fällen doch eher dürftig. Ich erwähne sie hier der Vollständigkeit halber, weil man sie sich tatsächlich als roten Faden hinter den dargestellten Inhalten denken kann – auch wenn dies nicht notwendig ist. Wer sich genauer informieren möchte, wie komplex das Thema in Wahrheit ist, dem sei das (sehr verständlich geschriebene) Buch „Linkes / Rechtes Gehirn" von Sally Springer und Georg Deutsch [70] empfohlen.

Tab. 25: Ein zusammenfassender Überblick über die Merkmale der beiden Aufmerksamkeitstypen:

fokussierte Aufmerksamkeit	schwebende Aufmerksamkeit
wenige Informationen werden Schritt für Schritt ("seriell") verarbeitet, enges Kapazitätslimit	viele Informationen werden gleichzeitig ("parallel") verarbeitet, kein eindeutiges Kapazitätslimit
resistent gegenüber Ablenkung	sensibel für Ablenkung
Steuerung von Handlungen	Wahrnehmung, Suchprozesse
systematisch, bewusst kontrolliert	gelockert, Bewusstsein tritt in den Hintergrund
tritt auf in Verbindung mit der Verfolgung eines konkreten Ziels	tritt auf, wenn es keine gerichteten Motivationen oder Ziele gibt
verarbeitet v.a. sprachliche Information	verarbeitet alle Arten von Information
entschlüsselt denotative Bedeutungen	entschlüsselt konnotative Bedeutungen
verarbeitet Informationen aus dem zentralen Gesichtsfeld	verarbeitet Informationen aus dem peripheren Gesichtsfeld
bevorzugt das KISS-Prinzip	bevorzugt das MAYA-Prinzip
"Logogens" der Dualen Kodierungstheorie	"Imagens" der Dualen Kodierungstheorie
steuert Verstehensprozesse beim Lesen	steuert Blickbewegungen beim Scannen
linke Hirnhälfte	rechte Hirnhälfte

Ich möchte zum Abschluss des Themas „Aufmerksamkeit" noch einmal kurz die Perspektive wechseln und einen Blick in die Köpfe der Gestalter werfen. Jeder, der sich mit dem Design von Internetseiten beschäftigt, hat Theorien darüber, wie Aufmerksamkeit funktioniert. Diese sind nicht unbedingt bewusst, aber sie sind immer vorhanden, und sie steuern, wie die Dinge gestaltet werden. Allerdings beruhen sie oftmals auf falschen Annahmen.

- Ein erstes Missverständnis, das sich in den Theorien vieler Designer findet, ist z.B. der Glaube, multimediale Elemente seien etwas *Dekoratives*, das man einsetzen könne, um Seiten gefälliger oder pfiffiger zu gestalten. Tatsächlich ist Bewegung aber – wie wir gesehen haben – kein beliebiges Stilmittel, sondern ein biologischer Reiz, der höchste Priorität für unsere Aufmerksamkeit hat und niemals ohne triftigen Grund eingesetzt werden sollte.
- Eine zweite Fehleinschätzung ist die Hypothese der *„Attention Deficit Disorder"*, welche besagt, Internet-Benutzer seien nur für maximal 30 Sekunden dazu in der Lage, sich auf ein Thema zu konzentrieren – weshalb man im Web alles in mundgerechte Häppchen zerkleinern müsse. Natürlich: Internauten sind extrem flüchtig (im wahrsten Sinn des Wortes), dies liegt aber weniger an einem Aufmerksamkeitsdefizit, sondern an der Auswahl der Inhalte und der Gestaltung der Seiten. Wer die richtigen Inhalte für die richtige Zielgruppe anbietet, kann mit einem geduldigen Publikum rechnen.
- Ein dritter Fehler ist die Überzeugung, dass auf der eigenen Website einfach *alles* wichtig sei, weshalb man dafür sorgen müsse, dass erstens alles sichtbar ist und zweitens alles tüchtig hervorgehoben wird. Mit dieser Strategie erzeugt man letztlich genau das, was man eigentlich verhindern möchte: flüchtende Besucher.

> Das Problem ist nicht nur, dass diese (und andere) Annahmen in dieser Form unzutreffend sind, sie werden den Gestaltern und Entscheidern oft nicht einmal richtig bewusst, sodass sie kaum einer kritischen Prüfung unterzogen werden. Verfehlte Strategien bei der Auswahl von Inhalten und der Anwendung von Techniken zur Gestaltung, Vernetzung oder Hervorhebung von Informationen sind dann auch - immer noch - eher die Regel als die Ausnahme.

10 Über Motivationen

Was in diesem Kapitel geschieht:

- Ich stelle zum wiederholten Mal fest, dass das Internet den Homo sapiens als solchen noch nicht wirklich weitergebracht hat.
- Sie machen Bekanntschaft mit sechzehn Beweggründen.
- Sie sehen der Tatsache nüchtern ins Auge, dass Internet-Benutzer (vor allem die männlichen) ziemliche Ferkel sind.
- Es wird deutlich, dass zwei oder drei Motivationen besser sind als eine.
- Sie erfahren, dass es eine medizinisch anerkannte Internet-Sucht gibt und fragen sich vielleicht insgeheim, ob es Sie schon erwischt hat.
- Sie werden von wichtigen Menschen wortreich gegrüßt und interessieren sich wahrscheinlich nicht dafür. Genauso wenig möchten Sie noch einige andere Dinge sehen, denen Sie in diesem Kapitel begegnen werden.
- Ich komme einmal mehr auf mein Lieblingsthema zurück: Flash-Intros.
- Sie lernen Leute kennen, die sich gerade in diesem Moment auf Ihrer Website aufhalten könnten.

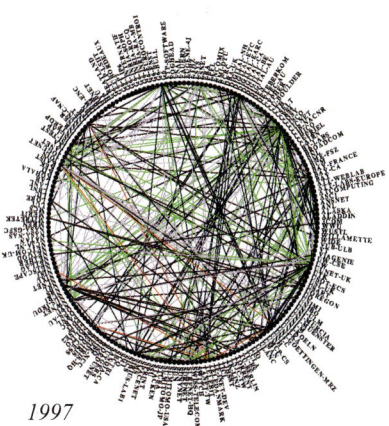

1997

In Zusammenhang mit dem Thema Eye-catcher (Kap. 8) habe ich schon einmal darauf hingewiesen, dass die Mechanik, die unsere Aufmerksamkeit steuert, sehr viel älter ist als das Internet. Das ist eine so offensichtliche Einsicht, dass man sie leicht übersieht oder vergisst, doch sie ist nicht zu widerlegen. Kultur und Sprache machen die Sache zwar komplexer und z.T. weniger durchschaubar, an unserer biologischen und sozialen Prägung ändert das jedoch nichts. Wir hatten noch keine Zeit, uns in dieser Hinsicht an einen „Cyberspace" anzupassen, und auch angesichts der coolsten Homepage funktionieren wir einfach hartnäckig weiter wie in der Realität.

Abb. 218: Das Internet hat in den knapp 10 Jahren seiner Existenz auch noch keine neuen Motivationen erfunden. Es gibt weder einen Flash-Hunger noch Java-Drüsen, geschweige denn so etwas wie Popup- oder Pulldown-Zentren in unserem Gehirn [71].

Bevor man die Frage stellt, was sich mit einer Website sinnvolles oder weniger sinnvolles anfangen läßt, ist es durchaus angebracht, einmal genauer darüber nachzudenken, was Menschen denn überhaupt „motiviert", also zum Handeln bewegt.

Der wesentliche Unterschied zwischen dem Web und den traditionellen Massenmedien liegt ja gerade darin, dass es ein *Handlungsmedium* ist – oder haben Sie in einer Zeitung, im Fernsehen oder im Radio schon einmal irgendetwas „unternommen"? Etwas, das man guten Gewissens als Handlung bezeichnen könnte? Ich meine nicht Umblättern oder das Wechseln des Kanals, sondern handfeste Dinge, die im Internet möglich sind oder zum Alltag gehören, wie...

> ...jemanden kennen lernen, ... Produkte vergleichen und bestellen, ... sich über etwas beschweren, ... etwas spielen, ... plaudern, ... an einer Auktion teilnehmen, ... sich auf einen Job bewerben, ... beraten werden, ... eine Reise buchen, ... sich mit jemandem verabreden, ... einen neuen Geschäftspartner suchen und kontaktieren ...

All dies sind Dinge, die weniger mit der (passiven) Rezeption eines Mediums, sondern mit realen Motivationen, also der (aktiven) Erreichung von Zielen zu tun haben.

10.1 Welche Motivationen gibt es?

In der Psychologie versucht man das Problem, wie sich Motivationen beschreiben lassen, mit ganz unterschiedlichen Denkansätzen zu lösen. Einer davon ist das Aufstellen von Listen – so genannte „Taxonomien" –, die wie eine Art Katalog möglichst vollständig beschreiben sollen, welche Motivationen es gibt, welche Funktionen diese haben, mit welchen Verhaltenszielen sie verknüpft sind, wodurch sie ausgelöst werden usw. In Tabelle 26 habe ich eine solche Taxonomie mit insgesamt 16 Motivationen zusammengestellt. Natürlich kann man sich darüber streiten, ob das die einzig mögliche und gültige Lösung ist, und ob die Begriffe im Einzelnen immer hundertprozentig glücklich gewählt sind. Für unsere Zwecke – die Bewertung der motivationalen Effekte von Internet-Angeboten – reicht sie sicherlich aus.

Tab. 26: *Eine relativ kleine Liste von Motivationen, mit deren Hilfe sich (fast) alle menschlichen Verhaltensweisen erklären lassen.*

Motivation	Ziele / Bedeutungen
1. Neugier	Abwechslung / Neuheit / Wissbegierde / Horizonterweiterung
2. Leistung	Ehrgeiz / Erfolg / Perfektionismus / Effizienz / Wettbewerb
3. Kontakt	Ausleben bestehender oder Aufbau neuer Beziehungen, Zugehörigkeit zu einer Gemeinschaft
4. Macht	Dominanz / Führung / Kontrolle über andere
5. Sicherheit	Risikovorsorge / Vermeiden von Mißerfolgen, Schmerz, Krankheit
6. Helfen	Hilfe oder Unterstützung leisten / Schützen / Fürsorge
7. Hilfe erhalten	unterstützt / angeleitet / beschützt werden
8. Bequemlichkeit	Vermeiden von Anstrengung, Zeitersparnis
9. Ordnung	Einfachheit, Verständlichkeit, Vorhersagbarkeit der Umwelt
10. Unterhaltung	Spiel / Zerstreuung / Ablenkung
11. Gewinn	Geld verdienen oder gewinnbringend anlegen / Sparen / günstige Geschäfte oder Käufe / Besitz mehren
12. Prestige	Bewunderung und Anerkennung durch sich selbst, reale oder nur vorgestellte Dritte
13. Sex	reale oder phantasierte sexuelle Aktivitäten
14. Emotion	Gefühlsbetonung / Aufregung, Risiko ("sensation seeking") / Vermeiden bzw. Herbeiführen negativer bzw. positiver Emotionen
15. Rückzug	Ruhe / Regeneration / Schlaf
16. Autonomie	Selbstbestimmung / Freiheit / Widerstand gegen Beeinflussung / Bestätigung und Verteidigung der eigenen Werte und Meinungen

> Der Grundnutzen eines Angebots sollte kinderleicht zu erkennen sein. Websites geraten leicht zu Un-Produkten, die versuchen, fehlenden Nutzen durch eine schicke Verpackung auszugleichen. Doch genausowenig, wie wir in einem Supermarkt unterwegs sind, um uns Verpackungen zu betrachten, investieren wir im Web Zeit in die Betrachtung eines schicken Designs.

Was kann man im Web mit einer solchen Liste anfangen? Die 16 Motivationen – eigentlich sind es eher Motivationsgruppen – beschreiben die möglichen Bedürfnisse, die man bei der Auswahl und Gestaltung von Angeboten im Web ansprechen, also gewissermaßen die „Knöpfe", auf die man drücken oder Schlösser, die man aufschließen kann.

Eine passendere Metapher, die das entscheidende Prinzip im Web, nämlich das von Angebot und Nachfrage, besser zum Ausdruck bringt, wäre die von *Produkten*, die man verkaufen möchte. Alle Produkte, seien es Computer, Küchenmesser, Musik-CDs (oder eben Websites), befriedigen Bedürfnisse, lösen Probleme, erleichtern das Leben oder helfen bei der Erreichung von Zielen. Kleidung schützt vor Witterung, Autos verhelfen zu Mobilität usw. Ein solcher Grundnutzen ist erforderlich, wenn etwas überhaupt gekauft werden soll, und bei den meisten Produkten können wir ihn auch ohne allzuviel Kopfzerbrechen erkennen.

10.1.1 Welche Angebote motivieren?

Man kann den Sinn und Zweck einer an Motivationen ansetzenden Gestaltung und Auswahl von Inhalten prüfen, wenn man sich vor Augen hält, welche Angebote im Web besonders hohe Besucherzahlen verzeichnen. Für diese sollte man ohne allzuviel Kopfzerbrechen eindeutige Motivationen (also Entsprechungen in der in Tabelle dargestellten Motivationstaxonomie) finden. Ich möchte kurz versuchen, dies in den folgenden Abschnitten an einigen besonders charakteristischen Beispielen zu zeigen.

Erotik

Was wäre an erster Stelle zu nennen, wenn man sich auf die Suche nach den „Killer"-Angeboten im Internet macht? Man würde gerne Dinge nennen, welche die Bildung heben, Sittlichkeit und Verantwortungsgefühl der Benutzer stützen oder die Wirtschaftskraft moralisch einwandfrei fördern.

Doch die Verhältnisse liegen anders – zumindest im Moment noch. Natürlich ist das Web in seiner Anonymität ein sehr effizienter Brutofen für die Verbreitung erotischer Inhalte. Meistgesucht und -genutzt sind Videoclips oder Bilder attraktiver Damen, Herren oder sogar mehrerer Personen gleichen oder gemischten Geschlechts (je nach Geschmack), die sich ihrer Kleidung ganz oder vollständig entledigen, um mehr oder weniger arterhaltend aufeinander einzuwirken.

Diese sind für unsere Motivation Nr. 13 (Sex, vgl. Tabelle 26) geeignet. Und dergleichen Dinge sind im Bewusstsein der Surfergemeinde sehr präsent. Laut Umfragen [72, 73] liegen die Verhältnisse so:

- Die Rubrik Erotik in den verschiedensten Schattierungen ist die meistgesuchte im Web überhaupt.
- Rund 70% des Geschäfts mit Inhalten im Internet wird mit Erotik-Angeboten gemacht.
- 80% der Besucher von Erotikseiten sind Männer, 20% Frauen.
- Statistisch gesehen verbringt jeder männliche Internetnutzer in Deutschland etwa 81 Minuten im Monat auf Sexseiten.
- Der weltweite Umsatz mit Sex im Internet lag im Jahr 2001 nach konservativen Schätzungen bei rund 1 Milliarde Dollar, bis 2003 soll er auf das Dreifache steigen.
- Hinzuzufügen wäre dann noch, dass Erotikangebote ein hohes Suchtpotential haben.

Wer all das nicht glauben mag, sollte sich einmal von einer Suchmaschine Suchbegriffe anzeigen lassen, die aktuell eingetippt werden. Dies ist auf so genannten Voyeur-Seiten möglich (der Begriff passt vorzüglich zum Thema), z.B. bei dem deutschen Suchdienst „Fireball" unter der Rubrik „Live Suche".

Dort muss man nicht lange warten, um Listen wie die in Abbildung 219 sehen zu können. Selbst wenn sich – wie in einer neueren Auswertung von Logfiles des Suchdienstes „Excite" – eine Trendwende vom E-Sex zum E-Commerce andeutet [74]: Sex wird für lange Zeit unter den Top-Themen im Web bleiben.

Abb. 219: Welches sind die wichtigsten Motivationen im Web? In den Live-Protokollen von Suchmaschinen kann man sich einen Eindruck bilden. Der – mutmaßlich männliche – Internaut verlangt vordringlich nach Sexsklavinnen, Swingerinnen (ob dieses Wort dudenfähig ist, möchte ich dahingestellt sein lassen), , Sex Stories und Playmates – nicht zu vergessen +pamela +sex.

www.fireball.de/fcgi/
voyeur.fcg?action=voyeur-queries

Multimotivational: Preisvergleiche und Auktionen

Wenn man Internet-Nutzer mit einem sozialwissenschaftlichen Instrumentarium klassifiziert, bildet sich der „Schnäppchenjäger" als eigener Typ heraus (vgl. hierzu die Nutzertypologie auf Seite 253). Schlüsselwörter wie „gratis", „Rabatt" oder „Preisvorteil" (Abbildung 220) wirken anscheinend auf viele Surfer unwiderstehlich – was natürlich ganz unmittelbar etwas mit Gewinnstreben (Nr. 11 in Tabelle 26) zu tun hat. Wer allerdings meint, dabei ginge es nur um schnöden Mammon (also materiellen Gewinn), greift zu kurz. Das Jagen von Schnäppchen hat auch einen Unterhaltungswert, es geht also auch um die schiere Freude an der Sache (Motivationen Nr. 10 und 14, Spiel und Emotion, in Tabelle 26). Der Zusammenhang mit starken Motivationen ist hier ganz offensichtlich und unmittelbar und es werden sogar mehrere zur gleichen Zeit angesprochen – weshalb ich zu ihrer Beschreibung den etwas sperrigen, aber praktischen Begriff „multimotivational" verwenden möchte. Aus dem gleichen Grund registrieren Auktionen mit dem zusätzlichen Moment des Nervenkitzels und Wettbewerbs und in vielen Fällen obendrein noch der Zugehörigkeit zu einer Gemeinschaft Gleichgesinnter gigantische Besucherzahlen (Abbildung 221).

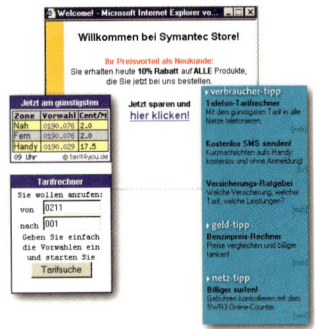

Abb. 220: Wenn glaubwürdig von Preisvorteilen und -vergleichen, Rabatten, Kostenkontrolle oder auch Gewinnspielen die Rede ist, gilt die einfache Gleichung: Motivation = Klick. Angebote mit „Schnäppchen"-Charakter oder Tipps zum Geldsparen haben also gute Chancen im Wettbewerb.

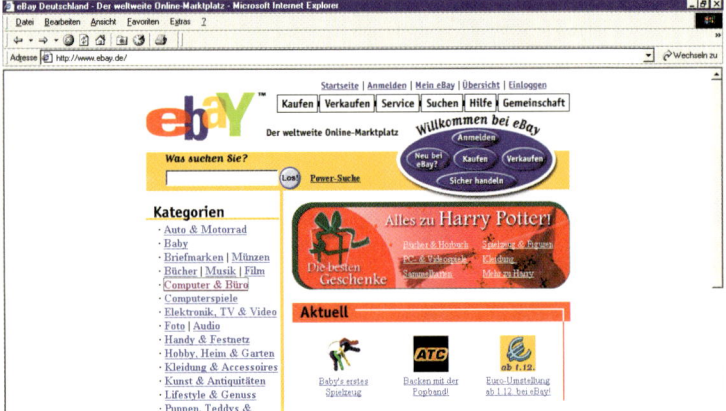

Abb. 221: Auf Online-Auktionen geht es natürlich vordergründig um Geld. Wenn man sich die Sache genauer ansieht, bemerkt man aber schnell, dass noch andere Motivationen mit hineinspielen, mindestens der Thrill beim Bieten und Verkaufen und die Zugehörigkeit zu einer „Community".

www.tarif4you.de;
www.symantec.de;
www.ard.de/service/index.html;
www.ebay.de

Communities, Chats, Foren

Auch Foren oder Newsgroups sind erfolgreich, weil es hierbei nicht nur um das einfache Bedürfnis nach Kontakt „an sich" geht, sondern um nahezu alle Motivationen, die in der Kommunikation mit anderen entstehen können. Und das sind sehr viele: vom Helfen und Hilfe-Erhalten (Nr. 6. und 7. in Tabelle 26) über Prestige (Nr. 12) und Autonomie (Nr. 16) bis hin zu Bequemlichkeit (Nr. 8), der Zugehörigkeit zu einer Gemeinschaft (Nr. 3) oder der u.U. destruktiven Ausübung von Macht (Nr. 4). Diese Zusammenhänge sind so offensichtlich, dass ich mich nicht weiter aufhalten möchte, sie zu erklären. Immerhin ist interessant, dass Chats und Communities ebenfalls auf der Liste der Web-Angebote mit dem höchsten Suchtpotenzial stehen (s. S. 233). Ich wüsste nicht, wie man ihre motivationale Wirksamkeit besser belegen könnte.

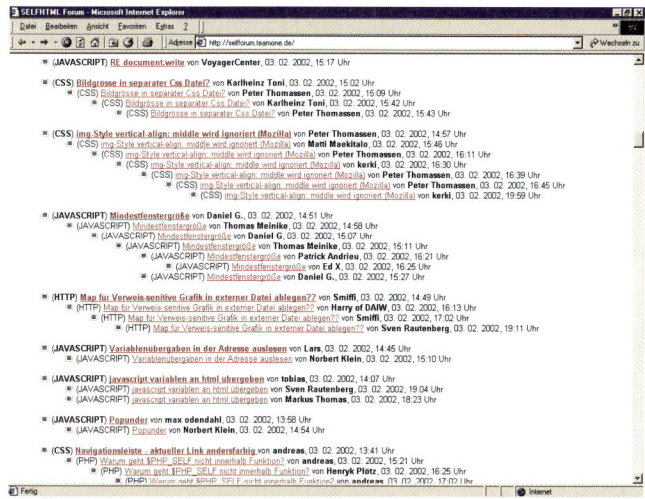

Abb. 222: Foren und Chats sind erfolgreich, weil sich dort Menschen begegnen. Und in der Begegnung mit anderen können fast alle nur denkbaren Motivationen wirksam werden.

Service, Unterstützung, Beratung

Die hohe Attraktivität und Nutzungsfrequenz von Beratungsangeboten im Web erklärt sich daraus, dass sie ebenfalls multimotivational sind. Im einfachsten Fall besteht die Beratungs-Funktion

www.selfforum.teamone.de;
www.chatcity.de

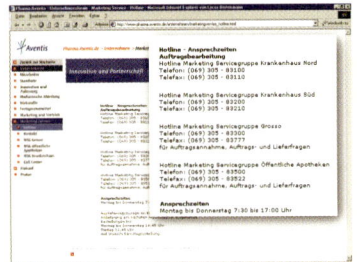

Abb. 223: Die Service-Seiten eines Unternehmens sprechen zumeist an erster Stelle das Motiv „Hilfe" (unterstützt, angeleitet werden) an.

einer Website gewissermaßen darin, eine Verbindung zu beratenden Personen herzustellen (Abbildung 223). Aber Beratung kann auch online stattfinden, und je nach Thema und Zielgruppe können dabei wiederum ganz unterschiedliche Motivationen angesprochen werden, z.B. aus den Bereichen...

- Sicherheit (einen Fehlkauf durch Inanspruchnahme einer Kriterien-Checkliste für ein Produkt vermeiden);
- Hilfe (Bedienungsprobleme bei einem Gerät durch Inanspruchnahme technischer FAQs oder einer „Knowledge Base" lösen);
- Gewinn (durch Web-Applikationen und Angebotsdatenbanken die Geldanlage mit der höchsten Rendite finden);
- Bequemlichkeit (eine komplizierte Kaufentscheidung mit Hilfe einer Online-Applikation vereinfachen);
- Gewinn / Leistung / Wettbewerb (Fördermittel recherchieren und Online-Anfragen und -Anträge ausfüllen).

Die Bandbreite der Möglichkeiten für die Implementierung von Beratung auf Websites ist schier unbegrenzt. Unternehmensberater und Marktforscher prognostizieren z.B. dem „„E-Health"-Sektor – der Gesundheitsberatung im Internet – einen Wachstumsboom. Gesundheitsportale verzeichnen schon heute Zugriffszahlen, die in die Millionen Pageimpressions pro Monat gehen. Patienten nutzen das Internet vermehrt zur Informationssuche – und sie fragen selbstredend vorher nicht ihren Arzt, was er davon hält. Wer erfindungsreich genug ist, kann sogar noch einen Schritt weiter gehen und Webauftritte zum Thema Gesundheit zur allseitigen Freude der Heilberufler mit Möglichkeiten zur Do-it-youself-Diagnostik aufrüsten (Abbildung 224).

Auch im E-Business ist faire, sachliche Beratung der Kunden ein entscheidender Faktor. Jedes E-Commerce-Angebot, das überleben will, muss entweder selbstmörderisch niedrige Preise bieten (was auch nicht einfach ist) oder eben Mehrwert durch Hintergrundinformation, Produktkonfiguratoren, Applikationen zum Preis- und Produktvergleich, individualisierbare und/oder besonders bequeme Such- und Bestellfunktionen. Damit hat man zwar noch nichts verkauft, aber man gewinnt etwas, ohne

www.aventis.de;
rechts:
www.netdoktor.de/
hoerentest.html;
www.netonnet.de

Welche Motivationen gibt es?

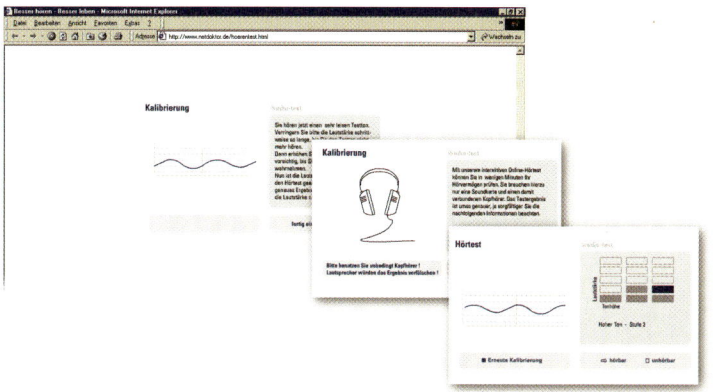

Abb. 224: (Beratungs-)Ideen muss man haben: Ein Hörtest auf der Website eines Gesundheitsportals

das man an Return on Investment erst gar nicht denken muss: die Gunst des Publikums. (Übrigens: Es ist kein Tippfehler, es heißt wirklich *on* Investment). Abbildung 225 zeigt als Beispiel einen sehr aufschlussreichen Produktvergleich, der als Zusatznutzen in einem Online-Shop für orientierungslos umherirrende Kunden aus dem Bereich Unterhaltungselektronik angeboten wird.

Und schließlich findet auch *Lebensberatung* zunehmend im Web statt – wobei das Spektrum von Selbsthilfe-Netzwerken über Angebote mehr oder weniger professioneller Psycho-Experten bis zu den sehr erfolgreichen „Doktor Sommer"-Seiten der Bravo-Online zur Beratung pubertierender Jugendlicher reicht.

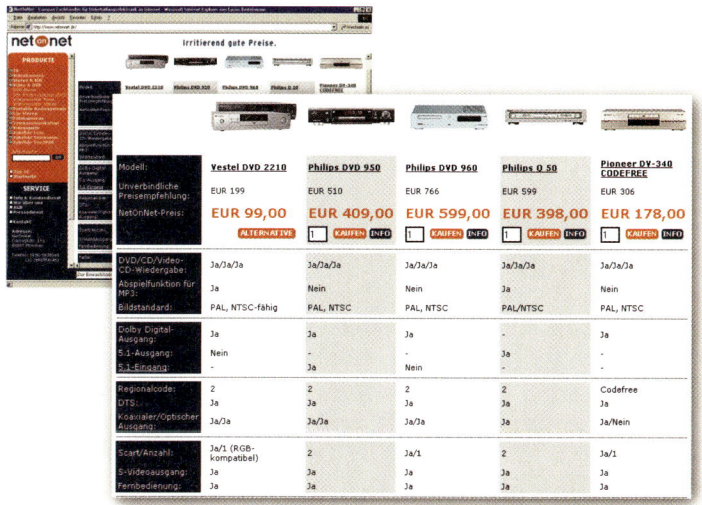

Abb. 225: In diesem Online-Shop kann eine vorher frei wählbare Menge von Produkten zusammengestellt und hinsichtlich aller relevanten Merkmale verglichen werden. Durch Anklicken der Links in der linken Spalte können zusätzlich Erklärungen der Fachbegriffe abgerufen werden. Das ist wirklich gut durchdachter Hypertext und ein nicht zu unterschätzender Zusatznutzen (wer weiss schon, was ein „5.1 Eingang" ist).

< Fakten 10: Internet-Nutzer wollen Beratung >

Wenn man die gängigen Online-Umfragen in Bezug auf die Wünsche der Benutzer auswertet, landen Verbraucherinformationen und Ratgeber sowie alle Begriffe, die sich direkt oder indirekt auf den Begriff „Hintergrundinformationen" beziehen, auf den obersten Rängen. Das war schon immer so, seit es solche Umfragen gibt. Abbildung 226 zeigt ein Beispiel, in dem dieser Trend besonders deutlich zu sehen ist. Das Ergebnis stammt aus einer Online-Umfrage, in der finanzinteressierte Internet-Nutzer über ihre Bedürfnisse auf den Websites von Finanzdienstleistern befragt wurden [75]. An erster Stelle steht Beratungsinformation, an zweiter Stelle Benutzerfreundlichkeit. Ästhetik und multimediale Gestaltung sind diesen zweckgebundenen Kriterien nachgeordnet. Ich würde dies allerdings keinesfalls so missverstehen, dass Ästhetik unwichtig sei. Allerdings leiden die derzeit im Web zugänglichen Angebote eben anscheinend weniger an Mängeln im Look and Feel als an Schwächen im Bereich der Inhalte und der Anwenderfreundlichkeit. Man kann diese Ergebnisse nicht auf alle Web-Angebote verallgemeinern, doch immerhin wird deutlich, dass Zielgruppen, die das Web in bestimmten Handlungszusammenhängen nutzen, sehr genaue Vorstellungen davon haben, was sie möchten. Wer diese Wünsche (Motivationen) nicht kennt, kann letztlich kein erfolgreiches Web-Projekt aufbauen.

Abb. 226: Anforderungen finanzinteressierter Surfer an einen Web-Auftritt zum Thema Geld und Vermögen.

Betrachten wir doch einmal mit diesem Wissen im Hinterkopf (Finanzinteressierte möchten Beratung) die beiden Seiten auf Abbildung 227. Links ist eine Seite für Privatkunden von „interhyp.de", rechts eine Seite für Geschäftskunden der Hypovereinsbank abgebildet. Beide haben die gleiche Anforderung zu erfüllen, nämlich (a) ihren Nutzen offen und direkt zu kommunizieren sowie (b) Inhalte zu präsentieren, welche die Beratungsbedürfnisse eines Menschen ansprechen, der sich anschickt, für viel Geld eine Immobilie zu kaufen bzw. zu finanzieren – sei es nun das eigene oder Investitionsmittel aus einem Unternehmen.

rechts: www.interhyp.de;
www.hypovereinsbank.de

Welche Lösung ist besser? In meinem Urteil ist das *linke* Bei-

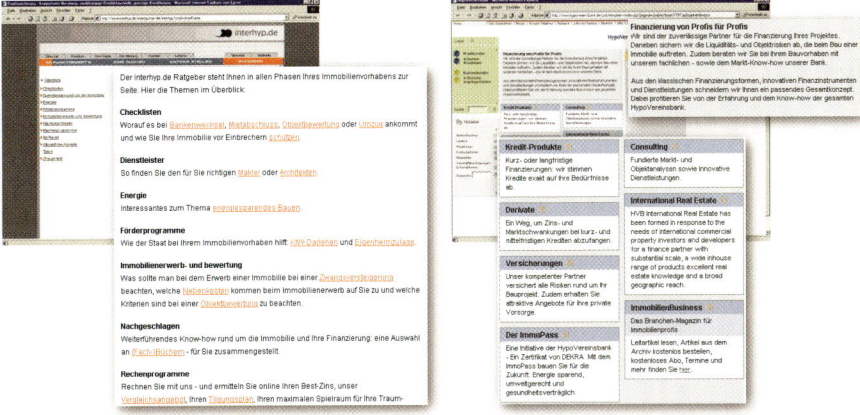

Abb. 227: Beratung gesucht...

spiel eindeutig vorteilhafter, denn es kommt direkt zur Sache, die Situation wird durch die Augen des Kunden gesehen. Die Seite eröffnet gleich eine ganze Reihe von Alternativen zum Thema Beratung und die Alternativen werden auch unmittelbar verständlich. Sie sind auch offensichtlich nur einen Mausklick entfernt, also in einer geringen psychologischen Distanz. Alles in allem – wieder einmal – ein Beispiel für gute Moderation (s. S. 84). Im rechten Beispiel geht es vergleichsweise sehr viel zögerlicher zu. Die Einleitung fällt in die Kategorie „Wir über uns" („zuverlässiger Partner", „fachliches und Markt-Know-how"), dürfte also niemanden mit einem Beratungswunsch wirklich interessieren. Auch die eigentliche Erklärung des Angebots bzw. die Beratungsinformation bleibt abstrakt („Wir stimmen Kredite auf Ihre Bedürfnisse ab", „Fundierte Markt- und Objektanalysen sowie innovative Dienstleistungen"). Irgendwie kann sich die Seite nicht recht davon lösen, *Werbung* zu machen. Allerdings ist Werbung eben keine Beratung, und das spüren Web-Nutzer sehr deutlich – und ziehen die Konsequenz.

Dieser Aspekt, das Vermischen oder Verwechseln von (sehr erwünschter) Beratungsinformation mit (unerwünschter) Marketing- und Werbekommunikation, ist eines der großen Missverständnisse bei der Gestaltung von Websites. Es gibt keine Motivation, die zu dem Verhalten „Lesen, wie jemand versucht, sich vorteilhaft in Szene zu setzen" passen würde.

Spiel und Infotainment

Der Drang zum Spielen ist eine uralte und starke Antriebsfeder für menschliches Verhalten, und wenn der Spieltrieb im Web einfallsreich angesprochen wird, kann man mit einem Publikum rechnen – sei es für animierte Flash-Kunstwerke, moderne Klassiker wie das notorische Moorhuhn, Knobelspiele oder Online-Adaptationen eines Brettspiels aus dem antiken Ägypten (Abbildung 228). Das ist eigentlich nicht verwunderlich, und wir müssen darüber nicht viele Worte verlieren. Immerhin sei noch erwähnt, dass das Spielen eine Tätigkeit mit hohem Sucht- und „Flow"-Potential ist (s. S. 324).

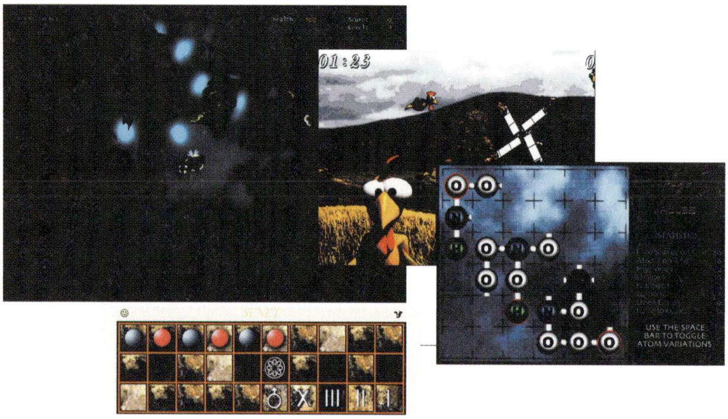

Und dann gibt es natürlich noch *sie*, die Motivation der Motivationen, ein menschliches Bedürfnis, das so universell ist, dass man es fast immer ansprechen kann: Neugier. Auf der Angebotsseite lautet das beste hierzu passende Schlagwort *Infotainment*. Und die Mutter allen Infotainments kommt aus einer Ecke, wo man sie vielleicht nicht vermutet: dem öffentlich-rechtlichen Fernsehen. Ich meine – natürlich – die „Sendung mit der Maus". Und es ist mir überhaupt nicht peinlich, im Zusammenhang mit intelligent gemachtem „Content" für die neuen Medien auf die Kinderstunde zu verweisen. Wer Kinder mit Erfolg neugierig macht, schafft das auch bei Erwachsenen. Neugier ist voll upgradefähig, und sie lässt sich in vielen Fällen am besten dadurch ansprechen, dass man ganz einfache Fragen stellt und verständliche Antworten gibt. Es gibt dabei ein „Set" von Leitfragen, an dem man sich orientieren kann:

- Wie und von wem werden Dinge gemacht?
- Wie entstehen Dinge?
- Wie funktionieren Dinge?
- Wofür und wie benutzt man Dinge?

Abb. 228: Wer jemanden zum Spielen bringt, kann damit ganz unabhängig von aller Zweckgebundenheit sehr starke Bindungen erzeugen.

www.titoonic.dk/testarea/spider/;
www.moorhuhn-world.de;
www.blinde-kuh.de;
www.digicc.com

- Woher hat ein Ding seinen Namen?
- Welche Dinge sind irgendwie „besonders" (groß oder klein, alt oder neu, einfach oder komplex, schnell oder langsam usw.)?
- Wie hat es auf der Welt in früheren Zeiten ausgesehen?

Tabelle 27 zeigt an einigen Beispielen, was aus typischen Web-Schlagzeilen wird, wenn man sie auf ihren eigentlichen Sinngehalt „eindampft" oder selbstzufriedene Schwadronie in einfache Fragen und/oder Aussagen verwandelt. Die Beispiele zwar plakativ, doch sie zeigen die Richtung.

Tab. 27: Wirksames Infotainment bedeutet: kein aufgeplustertes Marketing-Deutsch, sondern einfache Fragen und Antworten.

Entweder so:	Oder so:
Durch eine Qualitätsoffensive bei der Wurzel und Schmelz AG wurden Produktionsprozesse entscheidend optimiert.	Wie kommen die Streifen in die Zahnpasta?
Verarbeitung mariner Rohstoffe zu hochwertigen Nahrungsmitteln hat bei der Wels & Stör AG Tradition.	Wie kommt der Fisch in die Stäbchen?
Der Hagel & Schauer Wetterdienst gibt Einblicke in die kausalen Entstehungsbedingungen meteorologischer Phänomene.	Wo kommt der Regen her?
Die Top-Analysten von Gierschlund und Raffke machen die Hintergründe auf den Finanzmärkten transparent.	Warum Aktien steigen und fallen.
Die Tool-Box von Stirn & Runzel ermöglicht dem Anwender die multidimensionale Darstellung statistischer Daten.	Wie aus Zahlen Bilder werden.

Und die „Sendung mit der Maus" geht genauso vor: Sie stellt einfache Fragen in ihrer unverfälschten, ursprünglichen Form und gibt leicht verständliche Antworten. Obwohl man dieses Prinzip natürlich – wie immer – mit Fingerspitzengefühl handhaben, also am Thema und der Zielgruppe relativieren muss, ist es so tragfähig, dass man daraus sehr erfolgreiche Websites stricken kann (Abbildung 229).

Abb. 229: Der Name ist Programm: Auf „howstuffworks.com" wird erklärt, wie Dinge funktionieren. Von der Christbaumbeleuchtung über Formel 1 Rennwagen bis zum Rasenmäher.

www.howstuffworks.com

Zwischenbilanz

Damit möchte ich den kurzen Streifzug durch erfolgreiche und (bzw. *weil*) motivierende Web-Angebote abschließen. Vielleicht mögen die Beispiele ja irgendwie trivial wirken, doch das ist nicht meine Schuld. Man könnte sogar sagen, dass genau dies ihr Geheimnis ist: Wenn Angebot und Nachfrage übereinstimmen, ist das eigentlich natürlich. Alles andere wäre rätselhaft.

> Erfolgreiche Angebote zeichnen sich durch zwei Merkmale aus: Es gibt sehr direkte Verbindungen zu einer oder sogar mehreren Motivationen, und diese sind entweder selbstverständlich vorhanden oder für die Besucher sehr leicht zu erkennen. Eben deshalb sind diese Angebote erfolgreich, d.h. sie setzen Handlungen in Gang, sie werden genutzt, sie funktionieren, sie sind – motivationspsychologisch gesehen – sinnvoll (und können, wie wir gleich sehen werden, sogar süchtig machen).

Natürlich setzt dies voraus, dass die jeweils in Aussicht gestellten Ziele auch erreicht werden können. Nicht wenige Hotllines im Web entpuppen sich ja als Coldlines (vgl. E-Mails ohne Antwort, S. 50), und eine versprochene Beratungsinformation, die nur zugänglich gemacht wird, wenn man sich datenschutzrechtlich bis aufs Hemd auszieht, wird sicherlich verschmäht (vgl. hierzu die Top-10-Ärgernisse im Web, S. 319).

Wir werden auch noch an zahlreichen Beispielen sehen, dass das bloße Vorhandensein eines attraktiven Angebots nicht viel hilft, sofern es nicht auch einfach bedienbar ist oder den Besuchern zu viel abverlangt, seien es Anstrengung, Geduld oder die eben die Bereitschaft zur Preisgabe persönlicher Information. Andererseits ist eine leicht zu bedienende Nutzlosigkeit immer noch eine Nutzlosigkeit. Die Frage, welche Motivationen angesprochen werden können, sollte bei der Planung eines Angebots also immer an erster Stelle stehen.

<Fakten 11: Das Internet kann süchtig machen>

Dass das Web sehr mächtige Motivationssysteme bedienen kann, belegt das Phänomen der Internet-Sucht, das schon seit Mitte der 90er Jahre bekannt ist (man könnte also sagen, es ist so alt, wie das Web selbst). Die wichtigsten Kriterien für die Internet-Sucht werden je nach Autor unterschiedlich definiert, und es kursieren auch verschiedene Bergriffe für die Erkrankung selbst (Internet-Addiction, Internetabhängigkeit usw.). Als einigermaßen zuverlässige Grundlage für eine Diagnose können folgende Symptome gelten:

- Dauer, Beginn und Ende der Internetnutzung können nicht mehr frei gewählt werden, es kommt zu einem *Kontrollverlust*, gewissermaßen einem Surfen unter Zwang.
- Bei längerer Abstinenz stellen sich *Entzugserscheinungen* ein: Unzufriedenheit, Nervosität, Aggressivität und intensives Verlangen nach der Internet-Nutzung.
- Die Nutzungszeiten nehmen zu, es kommt also zu einer systematischen *Toleranzentwicklung* bzw. „Steigerung der Dosis".

Abb. 230 [76]:

- Der größte Teil der Tageszeit wird in das Web, die Wartung und Optimierung des Computers investiert, andere Aktivitäten gehen entsprechend zurück, das *Verhaltensspektrum wird eingeengt*.

- Es kommt zu allgemeinen *sozialen Beeinträchtigungen* in Beziehungen und in der beruflichen Leistungsfähigkeit.

- Die intensive Nutzung wird *wider besseres Wissen* aufrechterhalten, obwohl sich die Person der Folgen bewusst ist.

Wenn man 4 bis 5 dieser Symptome an sich beobachtet, besteht das ernsthafte Risiko einer Suchterkrankung in Zusammenhang mit der Internet-Nutzung, und man sollte ernstlich daran denken, die Unterstützung von Experten zu suchen. (Ich selbst würde Ihnen allerspätestens dann dazu raten, wenn Ihnen der Gedanke kommt, Ihren neugeborenen Stammhalter auf den Namen „Mozilla" zu taufen.)

Eine Recherche über Internet-Sucht im Web liefert – wie so oft – viel Gerede, aber wenig harte Daten. Die nach meinem Wissen bis heute umfangreichste Studie zum Thema in Deutschland wurde Ende 1999 an der Humboldt Universität in Berlin durchgeführt. Von den 7.000 Teilnehmern aus Deutschland wurden 3% als manifest süchtig und 7% als suchtgefährdet eingestuft [77]. Eines der wichtigsten Ergebnisse war, dass Suchtphänomene im Web mit bestimmten Angeboten besonders eng gekoppelt sind. Abbildung 231 zeigt die Intensität der Nutzung besonders suchtgefährdender Angebote von süchtigen und normalen Personen im Vergleich. Ganz offensichtlich haben Erotik- und Sex-Chats, Spiele und Communities eine besondere Sogwirkung. Internet-Süchtige nutzen diese jeweils doppelt so stark wie gesunde Personen.

Aus welchem Grund habe ich das Thema hier aufgegriffen? Jedenfalls nicht, weil ich dringend empfehlen möchte, einen Erotik-Chat oder eine Spielhölle einzurichten. Es geht eher darum, Ihnen und mir vor Augen zu führen, dass Verhalten im Web kein virtuelles Browsen durch einen ebensolchen Datenhighway ist. Eine Sucht entsteht ja nur, wenn sozusagen tief unten im Ma-

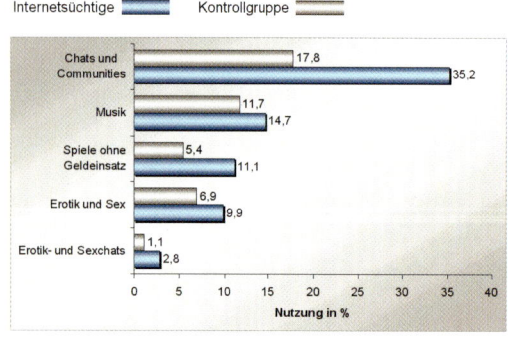

Abb. 231: Hier ist zu sehen, welche Web-Angebote von internetsüchtigen und „gesunden" Personen mit welcher Intensität genutzt werden. Entscheidend ist nicht so sehr die absolute Länge der Balken, sondern das Verhältnis zwischen den beiden Gruppen (weitere Erklärungen im Text).

schinenraum unserer Existenz starke bio-motivationale Hebel (Hormone, Überträgersubstanzen im Gehirn) bedient werden. Und anscheinend ist das Web hierzu sehr wohl in der Lage.

10.1.2 Unmotivierte Angebote

Betrachten wir die Sache nun noch einmal aus der Umkehrperspektive. Was geschieht, wenn sich für ein Angebot *kein* Äquivalent in unserer Motivationsliste in Tabelle 26 finden lässt? Die Antwort ist bestechend einfach: Dann ist es mit großer Wahrscheinlichkeit wirkungslos, weil es für die Besucher eben irrelevant ist. Und in irrelevante Dinge investiert man weder Zeit noch Mühe, geschweige denn Geld. Eine einfache und sehr wirksame Technik zur Evaluation (Bewertung) eines Web-Auftritts ist folgende: Betrachten Sie alle Inhalte der Seiten nacheinander und systematisch mit kritischem Blick und stellen Sie sich die Fragen: Wem nützt das? Welche Motivation spricht es an? Wenn Ihnen hierzu nicht schnell eine plausible Antwort einfällt oder der Nutzen ausschließlich auf Ihrer Seite als Informationsanbieter liegt, werden Ihnen die Visits und Pageviews nimmer mehr blühen.

Blabla

Das Top-Beispiel für ein motivationspsychologisch unwirksames Angebot ist selbstgefälliges PR-Material, das augenscheinlich mehr mit der Prestige-, Macht- und Gewinnmotivation der Anbieter als mit den Bedürfnissen und Interessen der Besucher zu tun hat (Abbildung 232). Wer sich damit auskennt, wie kommerzielle Websites entstehen, weiß allerdings, dass sie noch einen anderen Zweck erfüllen: Sie zeigen, dass irgendein Mensch, der dazu verurteilt wurde, hier einen Text zu schreiben, seine Pflicht getan hat – und nun bitteschön in Ruhe gelassen werden will, damit er sich wieder wichtigeren Dingen widmen kann. Wenn man für Zwangsleser schreibt (etwa im Fall eines Geschäftsberichts oder einer technischen Dokumentation), mag das noch in Ordnung sein. Lustlesern muss man mehr bieten, sonst werden sie zu Nichtlesern.

Abb. 232: Woran erkennt man dass solche Texte nichts taugen? Sie sind austauschbar.

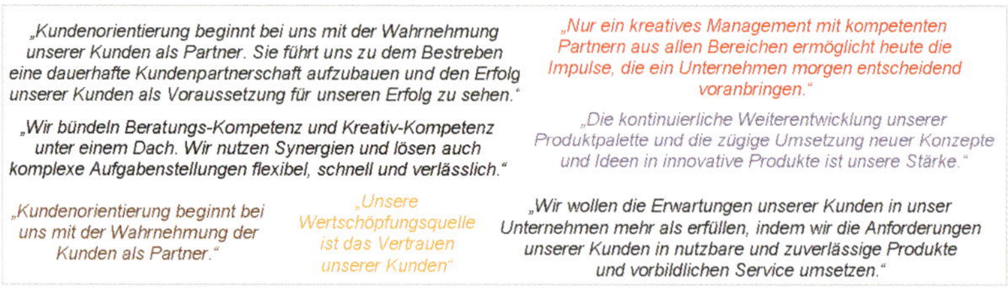

„Kundenorientierung beginnt bei uns mit der Wahrnehmung unserer Kunden als Partner. Sie führt uns zu dem Bestreben eine dauerhafte Kundenpartnerschaft aufzubauen und den Erfolg unserer Kunden als Voraussetzung für unseren Erfolg zu sehen."

„Nur ein kreatives Management mit kompetenten Partnern aus allen Bereichen ermöglicht heute die Impulse, die ein Unternehmen morgen entscheidend voranbringen."

„Wir bündeln Beratungs-Kompetenz und Kreativ-Kompetenz unter einem Dach. Wir nutzen Synergien und lösen auch komplexe Aufgabenstellungen flexibel, schnell und verlässlich."

„Die kontinuierliche Weiterentwicklung unserer Produktpalette und die zügige Umsetzung neuer Konzepte und Ideen in innovative Produkte ist unsere Stärke."

„Kundenorientierung beginnt bei uns mit der Wahrnehmung der Kunden als Partner."

„Unsere Wertschöpfungsquelle ist das Vertrauen unserer Kunden."

„Wir wollen die Erwartungen unserer Kunden in unser Unternehmen mehr als erfüllen, indem wir die Anforderungen unserer Kunden in nutzbare und zuverlässige Produkte und vorbildlichen Service umsetzen."

Awards

Ein weiteres Beispiel für unmotivierte Inhalte sind die „Awards", in die man im Web leider immer noch schnell hineintritt, wenn man nicht vorsichtig ist. Das Präsentieren dieser Preziosen spielt sich zwar vor allem im privaten Bereich und auf den Seiten von Agenturen ab, aber Google findet (Februar 2002) auf das Stichwort „unsere Awards" immerhin 25.000 deutschsprachige Seiten. Die internationale Recherche liefert 3,5 Millionen Seiten, die die Phrase „our awards" enthalten. Auf der Anbieter- und Agenturseite wäre hierfür das Motiv Nr. 12, also „Bewunderung durch sich selbst, reale oder vorgestellte Dritte" in unserer Motivationstabel-

www.quantass.de;
www.starkey.de;
www.beiersdorf.de; www.basf.de;
www.prpkronberg.com;
www.viveon.de; www.adig.de;
www.topqualityfreeware.com;
www.aritos.de

Abb. 233: Awards: Auch wenn sie noch so schön sind, kein Mensch – abgesehen von ihren Besitzern und vielleicht einigen passionierten Sammlern – will sie wirklich sehen. Allerdings haben Internet-Awards im Vergleich zu ihrem nächsten Verwandten, dem Pokal, immerhin zwei Vorteile: man braucht keine Vitrine für ihre Aufbewahrung, und man muss sie nicht abstauben [77].

le (vgl. Seite 221) relevant, bei den Agenturen vielleicht zusätzlich Gewinn (Awards beeindrucken unsere Auftraggeber) und Wettbewerb (weil die anderen vielleicht nicht so einen schönen Award haben).

Grußworte

Grußworte verraten ebenfalls einiges über das in der Regel nicht eben gering ausgeprägte Selbstpräsentationsbedürfnis der grüßenden Wichtigkeiten, seien es Minister, Rektoren, Aufsichtsratsmitglieder, Bürgermeister (oder die entsprechenden -innen). Ich habe auch hier einmal die Suchmaschine Google befragt und festgestellt, dass im Web allenthalben fleißig gegrüßt wird. 58.000 Grußwörter bzw. höchst grußwortverdächtige Seiten konnte ich finden. Unter den grüßenden Würdenträgern waren 12.470 Vorsitzende, 9.917 Bürgermeister, 8.170 Vorstände, 7.450 Präsidenten, 4.570 Geschäftsführer, 4.140 Minister, 3.923 Oberbürgermeister, 2.478 Staatssekretäre und 2.156 Bischöfe (die jeweiligen –innen mit eingeschlossen).

Das ist nicht wenig. Und es handelt sich hierbei wiederum um einen höchst verdächtigen Kandidat für einen unmotivierten Inhalt, denn außer dem Bedürfnis, sich selbst seelische Schmerzen zuzufügen und dem sehr speziellen Ziel, sich bei den wichtigtuerischen Damen oder Herren durch Zitate aus deren Gedankenwelt lieb Kind zu machen, gibt es keine Motivation, die zu dem Verhalten „Grußwort lesen" passt.

Der Prototyp eines Internet-Grußwortes sieht denn auch meistens aus wie ein ziemlich redseliger Personalausweis, und die Ähnlichkeit ist nicht zufällig. Aus Rücksicht auf die Persönlichkeitsrechte der grüßenden Honoratioren möchte ich hier ausnahmsweise kein Beispiel zeigen. Wenn sie irgendwo im Bereich „Wir über uns" mit der gebotenen Zurückhaltung platziert werden, mögen Grußworte noch zu ertragen sein. Allerdings ist es nicht weiter schwierig, Websites zu finden, in denen gleich als erstes Highlight der Website aufgegrüßt wird, oder in denen sie in der Navigation hartnäckig an erster Stelle stehen. Auf mich persönlich wirkt das wie das Dominanzverhalten eines Alpha-Männchens, das eine Art besitzanzeigende Duftmarke setzt. Getreu dem Grundsatz, dass alles Kommunikation ist, würde ich folgendermaßen frei übersetzen: „Wie Sie sehen können, bin ich der *Boss* und das hier ist alles *meins! Mein* Unternehmen und *meine* Website!"

Verpackungen und Werbung

Eines meiner Lieblingsbeispiele für Unmotiviertes im Web: Verpackungen. In einem Online-Shop können großformatige Bilder von Produkten sehr sinnvoll, ja sogar notwendig sein (s. S. 107). Und ist es sinnvoll, sie „einfach mal so" auf einer Website unterzubringen? Nur so zum Gucken? Für den Betreiber mag das von Nutzen sein, da die Kunden die Produkte später, in freier Wildbahn, leichter wiedererkennen – ein Effekt, der sich ja auch mit Werbeanzeigen auf Plakatwänden erzielen lässt. Indessen: Ob sich irgendjemand Verpackungen mit Interesse ansieht und möglicherweise sogar darauf wartet, sie sehen zu können, ist eher zu bezweifeln. Wenn Sie nun meinen, das sei selbstverständlich, und niemand, der einigermaßen bei Trost sei, könne auf den Gedanken kommen, im Web Verpackungen herumzuzeigen, sehen Sie sich einmal auf den Seiten der Food-Industrie um. Dort purzeln uns massenweise ebenso hochauflösende wie nutzlose Tüten, Kartons, Packungen und Päcken entgegen. In Abbildung 234 sind Beispiele zu sehen, und ich verbürge mich dafür, dass man hier wirklich nicht mehr tun kann, als sich die Verpackungen anzusehen.

Abb. 234: Wollten Sie sich nicht immer schon gerne ansehen, wie so eine Schokoladen- oder Gummibärchenverpackung wirklich aussieht?

www.trolli.de;
www.milka.de

In die gleiche Richtung gehen Werbeanzeigen, Plakate oder Spots, die der geneigte Verbraucher online abrufen und konzentriert betrachten soll. Nachdem das in Zeitungen und im Fernsehen schon keinen großen Spaß macht (abgesehen von den wenigen löblichen Ausnahmefällen, in denen wirklich humorvoll und unterhaltend geworben wird), kommt es als Online-Angebot fast schon einem Offenbarungseid gleich. Dergleichen Dinge findet man oft, wenn die Verantwortlichen eines Projekts meinen, das Web sei (a) ein Werbemedium, weshalb (b) Anzeigen, Spots und Kampagnen auch für den Internetauftritt zu gebrauchen seien, sodass (c) die Hausagentur das mit dem Internet nebenbei noch mit erledigen könne („Content-Recycling", könnte man das vielleicht nennen). Wer solches freiwillig betrachtet, muss in Bezug auf sein Informationsbedürfnis allerdings schon völlig ausgezehrt sein – für gemästete und übersättigte Internet-Nutzer also keine Erfolg versprechende Strategie.

Welche Motivationen gibt es?

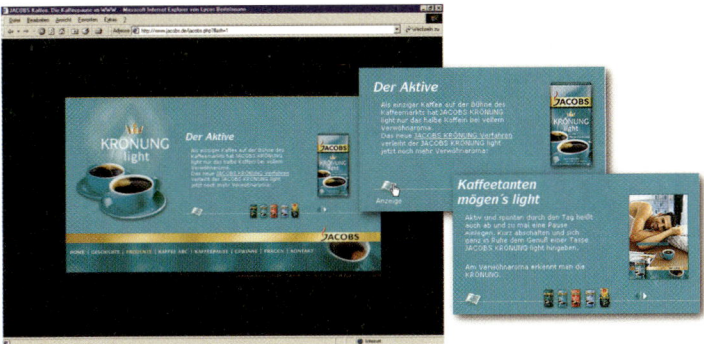

Abb. 235: Hier hat der Besucher die Möglichkeit, so erregende Dinge wie Anzeigen und Werbespots anzusehen. Fällt Ihnen hierzu eine passende Motivation ein?

Noch einmal: Flash-Intros

Das Thema Flash-Intros habe ich bereits angesprochen (s. S. 139) und war zu dem Schluss gekommen, dass sie mit wenigen Ausnahmen kaum Kommunikations-Substanz zu bieten haben. Ich möchte dem noch etwas hinzufügen: In der Regel kommunizieren sie nicht nur schlecht, sie sprechen auch keinerlei Motivationen an – beides hat natürlich direkt miteinander zu tun. Unter diesen Umständen stellt sich natürlich die Frage, warum es sie überhaupt gibt (und noch dazu in rauen Mengen). Hier muss man zunächst bedenken, dass sie verkauft werden können. Das ist schon ein sehr gewichtiger Grund, sie auch zu produzieren – so einfach ist das. Wenn man den Zynismus einmal ausklammert, gibt es aus psychologischer Sicht zwei wesentliche Argumente für Flash-Intros, die man mit den Stichworten „Aktivierung" und „Priming" bezeichnen kann. Beide Effekte sind aus Laboruntersuchungen und Studien zur Wirksamkeit und Funktion von Werbung in Print-Medien und im Fernsehen bestens bekannt.

- *Aktivierung* bedeutet, dass unsere Aufmerksamkeit durch Bewegungen und Sound-Effekte angesprochen, d.h. vor allem die Wachheit und Aufnahmebereitschaft für Information erhöht wird.

Quelle: http://www.jacobs.de

competent

creative

change driven

customer focused

Abb. 236: Begriffe, die das Unterbewußtsein des Betrachters in vorbildlicher Weise weichkneten. Man könnte sie allerdings auch leicht – pardon – mit dünnblütigem Schwulst verwechseln.

www.4cintermedia.de/

- *Priming* bezieht sich auf die präsentierten Inhalte. Die Logik dabei ist etwa folgende: Wenn man in einer Intro positive Bilder und Begriffe zeigt, macht man sich das Publikum vorsorglich gewogen, denn deren Bedeutung wird auch die eigentliche Startseite infizieren (vgl. Abbildung 237).

Und warum sollte das im Web nun *nicht* funktionieren? Die Antworten liegen an und für sich auf der Hand. Der erste Aspekt: Internet-Nutzer warten nicht gerne (s. S. 319). Wer das nicht weiß und stattdessen glaubt, dass sich ein Besucher reichlich Zeit nimmt, um zu lesen, dass ein Unternehmen sich selbst für innovativ, leistungsfähig und erfolgreich hält, sollte sich schämen (Abbildung 237). Der zweite Aspekt wird schnell klar, wenn man sich ein kleines Szenario ausmalt: Stellen Sie sich vor, auf der Fernbedienung Ihres TV-Geräts wäre eine Taste mit der Aufschrift „*Skip Commercial*" zu finden. Ich persönlich habe genaue Vorstellungen, was ich unter diesen Umständen mit Doktor Bests Zahnfleischlektion oder den allzeit fröhlich-beschürzten Leuten aus dem Kochstudio tun würde. Ich würde sie zum Teufel klicken – und gleich hinterher den Gesundheitsjoghurt mit den rechtsdrehenden Milchsäuren. Und das Publikum im Web wird ebenso gnadenlos verfahren. Die einzige Chance, die der Intro da bleibt, besteht in der Tatsache, dass viele Besucher nicht wissen, was „Skip Intro" überhaupt bedeutet (s. S. 58).

Der dritte Grund dafür, dass Flash-Intros im Web eher fehl am Platz sind, ist ein ganz grundsätzlicher. Das Besondere am Surfen im Netz ist das Erlebnis, aktiv zu sein, zu steuern, jederzeit in das Geschehen eingreifen und es kontrollieren zu können. Hierin liegt das Flow-Potential des Mediums (s. S. 324), und alles, was dieses Erleben aufweicht oder behindert, wirkt sozusagen nicht mehr „web-like". Ein besonders eingängiges Beispiel hierfür sind immer schwieriger zu kontrollierende Popup- und Popunder-Fenster, die nicht zufällig auf der Liste der Top-10-Ärgernisse im Internet stehen (s. S. 319). Flash-Intros verändern die Erlebnisqualität beim Surfen genauso. Sie stülpen sie um, indem sie aus Benutzern Zuschauer machen. Viertens erzeugen Flash-Intros *Kosten* (in Form von Warten, einer Unterbrechung und ei-

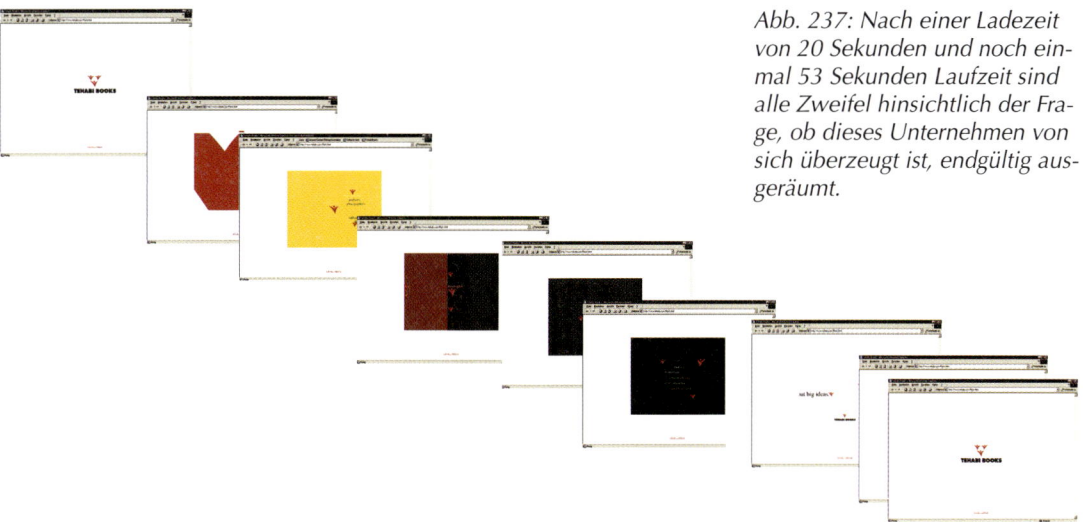

Abb. 237: Nach einer Ladezeit von 20 Sekunden und noch einmal 53 Sekunden Laufzeit sind alle Zweifel hinsichtlich der Frage, ob dieses Unternehmen von sich überzeugt ist, endgültig ausgeräumt.

ner größeren Distanz zum verfolgten Ziel). Wenn diese nicht mehr als aufgewogen werden, ist der Klick auf die Back-Taste oder „Skip Intro" vorhersehbar.

Das klingt nun so, als wäre ich eine fanatischer Intro-Hasser, aber ganz so einfach ist es nicht. Ich mache nur darauf aufmerksam, dass für sie das gleiche wie für jeden Inhalt gilt: Ohne Motivation auf Seiten des Betrachters geht nichts. Abbildung 238 zeigt z.B. ein Exemplar, das gänzlich ohne eine produkt- oder firmenbezogene Botschaft auskommt. Sie ist anscheinend völlig zweckfrei, aber eben *unterhaltsam*. Damit hat sie nicht nur echte Chancen, gesehen zu werden, es kann nun auch wirklich zu Priming-Effekten kommen. Ein anderes Beispiel aus dieser Kategorie waren die Flash-Müllmänner, die wir in Kapitel 9 gesehen haben (s. S. 203).

Besonders beeindruckend an der Jägermeister-Intro ist aber ein Gestaltungsdetail: Der Besucher erhält an Stelle des unsäglichen „Skip Intro"-Buttons gleich die Möglichkeit, sich in den Auftritt hinein zu bewegen, also zu *navigieren*. Natürlich erfüllen die unkommentierten Links nicht unbedingt die Anforderungen, die man an eine „echte" Startseite stellen muss, doch sie sind dem einsamen Introskipper um Klassen überlegen. Die Idee ist so einfach, plausibel und „web-like", dass man sich wundert, dass sie so selten zu finden ist. Vielleicht liegt es daran, dass Flash-Intros keine Götter neben sich dulden.

www.tehabi.com/Main.htm

Abb. 238: Die Ausnahme von der Regel und ein neuer Weg: Eine Flash-Intro, die nicht nur humorvoll, sondern auch mit einer Navigation ausgestattet ist (Erläuterungen im Text).

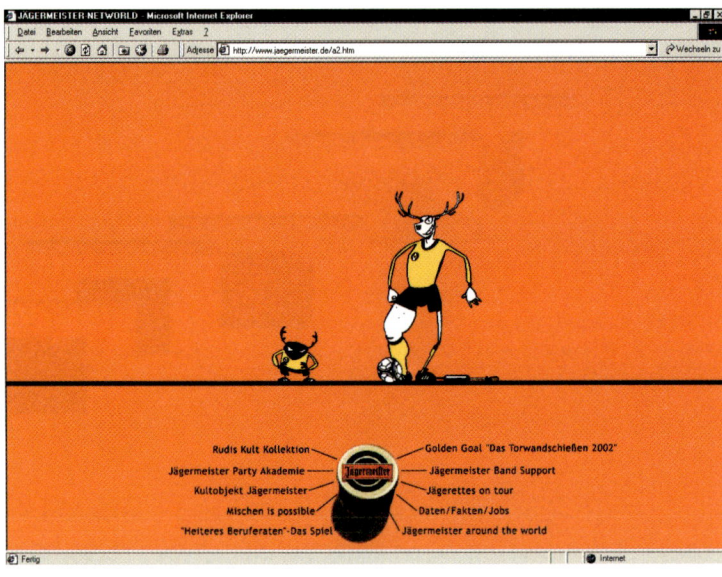

www.jaegermeister.de

<Fakten 12: Psychologische Zeitkonstanten im Web>

Nachdem nun schon wiederholt von Warten und Wartezeiten die Rede war, möchte ich einmal kurz der Frage nachgehen, welche Wartezeiten von den Besuchern einer Website toleriert werden, und ob es definierbare kritische Grenzen für das Warten gibt. Mittlerweile gibt es einige (wenn auch immer noch zu wenige) Erkenntnisse über das Verhalten von Internet-Benutzern beim Warten, ihre Toleranz gegenüber Wartezeiten und auch kritische Verzögerungszeiten. Abbildung 239 zeigt zunächst einmal die Zeitkonstanten, die man in Forschungsarbeiten zum Design von Computerprogrammen gefunden hat [78].

Man kann es so zusammenfassen: Bei ca. 10 Sekunden gibt es eine kritische Zeitmarke. Dauert die Reaktionszeit eines Programms länger, beginnen die Besucher gedanklich abzudriften. Sie denken also nicht mehr nur an ihr aktuelles Ziel, sondern vielleicht an andere private oder berufliche Aufgaben, die auch noch zu erledigen sind. (Wie war das beispielsweise noch mit der Steuererklärung...?) Oder sie überlegen, ob es nun nicht vielleicht an der Zeit wäre, dem eingefrorenen Bildschirm wieder Leben einzuhauchen, z.B. indem man auf „Abbrechen" klickt, die Anwendung kurzerhand schließt oder notfalls zu gewaltsamen Mitteln greift (den Computer warmstartet). Man kann also zunächst einmal ableiten, dass Wartezeiten am Computer möglichst nicht über 10 Sekunden liegen sollten.

Nun würde ich mir nicht die Mühe machen, über Zeitkonstanten bei Software zu schreiben, wenn es im Web grundlegend anders wäre. Dem ist nicht so, die Sollbruchstelle liegt auch hier bei zirka 10 Sekunden. Das haben verschiedene Untersuchungen bestätigt. Auf einen sehr ausgeklügelten und interessanten Beitrag, der von Usablity-Experten der Firma Hewlett-Packard veröffentlicht wurde [79], möchte ich kurz eingehen.

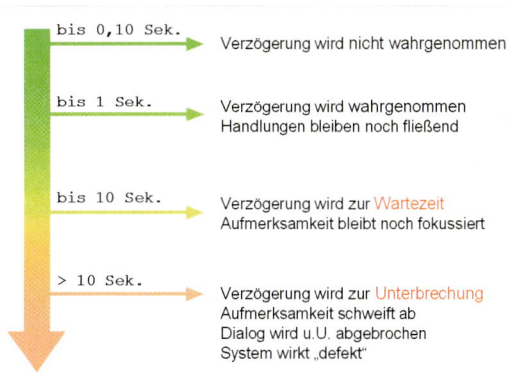

Abb. 239: Zeitkonstanten für Wartezeiten beim Bedienen einer Anwendung.

Die insgesamt 30 Teilnehmer dieser Studie surften durch Internet-Seiten, deren Ladezeiten unter verschiedenen Versuchsbedingungen genau kontrolliert und variiert wurden. In einer ersten Bedingung konnte die Geschwindigkeit der Seiten in drei Stufen eingeschätzt werden. Die Ergebnisse sind in Abbildung 240 zu sehen. Dort ist in Abhängigkeit von der Dauer des Ladevorgangs die Anzahl der Probanden wiedergegeben, die die Qualität der Übertragung als schnell, durchschnittlich oder langsam bewerteten. Man erkennt deutlich den Bruch zwischen 8 und 10 Sekunden, der den Übergang von einer akzeptablen zu einer inakzeptablen Wartezeit markiert. Schon eine Zeit von 12 Sekunden wurde von keinem Teilnehmer mehr als „schnell" eingeschätzt.

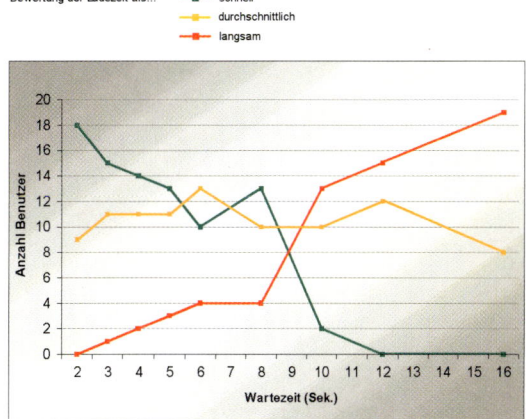

Abb. 240: Bewertungen der Ladezeit von Web-Seiten als schnell, durchschnittlich oder langsam (Erklärungen im Text).

In einer zweiten Bedingung hatten die Teilnehmer die Möglichkeit, einen Knopf mit der Aufschrift „*improve quality*" anzuklicken, wenn ihnen die Wartezeit zu lang wurde. Die Seite wurde dann sofort komplett angezeigt. Dieser Trick liefert sehr präzise und psychologisch plausible Schätzungen für den Beginn einer kritischen Wartezeit. Und die Grenze stimmte mit den in Abbildung 240 dargestellten Ergebnissen überein: 8,6 Sekunden. (Dies ist der über alle Teilnehmer errechnete Mittelwert der Zeit bis zum Klick auf den Beschleunigungsknopf.)

In einer dritten Bedingung wurde der Ladevorgang so manipuliert, dass die Inhalte allmählich aufgebaut wurden, d.h. Teile der Seiten waren sehr schnell zu sehen, während andere noch über einen längeren Zeitraum (maximal 70 Sekunden) nachgeladen wurden. Hier erhöhte sich die Toleranz dann erheblich. Leider bleiben die Autoren hier in ihrer Darstellung etwas unpräzise. Sie erwähnen nur, dass unter solchen Voraussetzungen eine Zeit von 39 Sekunden für die gesamte Seite noch als „schnell" bewertet werden könne.

Was bedeutet das nun für die Praxis? Zunächst glaube ich nicht, dass man schlussfolgern kann, der Ladevorgang einer Seite müsse innerhalb von 10 Sekunden abgeschlossen sein. Insofern schießen nach meinem Dafürhalten auch Geschwindigkeitsinitiativen, die im Dienst der Ladezeit Websites grafisch komplett leerfegen, über das Ziel hinaus. Allerdings sollte innerhalb von 10 Sekunden etwas geschehen, das dem Besucher erstens deutlich zeigt, dass die Website reagiert (dass der Ladevorgang also begonnen hat), und zweitens Informationen übermittelt werden, mit denen man etwas anfangen kann, also z.B. keine großen Grafiken und schmissigen Slogans, sondern Texte und Überschriften, die auf den Inhalt hinweisen und eine erste Orientierung ermöglichen.

Nach den Entscheidungs- und Handlungsmodellen, mit denen wir uns in Kapitel 11 und 12 noch beschäftigen werden, sollte man das Thema ohnehin etwas differenzierter beurteilen. Ich würde vorhersagen, dass längere Ladezeiten (im Sinn von Kosten und Distanz zu einem zu erreichenden Ziel) durchaus in Kauf genommen werden, wenn sie (a) vorhersagbar sind und (b) der zu erwartende Nutzen erkennbar und ausreichend hoch ist. Niemand wartet 30 Sekunden auf das Laden einer Seite, die irgendein kluger Mensch mit nutzlosen Panorama-Grafiken bestückt hat. Wenn es andererseits um das Betrachten einer Demo aus einem WBT (Web Based Training) oder den Download eines Programms geht, ist die Toleranz der Benutzer mit Sicherheit sehr viel größer. In diese Richtung weisen auch Beobachtungen in der eben dargestellten Studie: Formulare mit zwischengeschalteter Verarbeitung von Daten (Warenkörbe etc.) konnten mit einer höheren Toleranz rechnen als reine Text-Seiten, andererseits war die Ungeduld bei bereits gesehenen Seiten (die sich noch im Browser-Cache befinden sollten) besonders groß. Leider berücksichtigen die derzeit verfügbaren Experimente diesen Faktor nicht systematisch. Man müsste eigentlich zuerst eine Typologie von Seiten oder Inhalten entwerfen und dann jeweils spezifische Grenzen für Ladezeiten bestimmen, um zu wirklich brauchbaren Empfehlungen kommen zu können.

</ ... >

<Nachdenkerei: Waren wir bisher nicht auch ohne Motivations-Taxonomien" ganz zufrieden?>

Sicherlich. Unter der Voraussetzung, dass man eine Website für sich selbst gestaltet, ist alles kein Problem. Auch wenn man sich mit einiger Sicherheit als typischen Vertreter der eigenen Zielgruppe bezeichnen kann, kommt man bei bei der Auswahl und Gestaltung der Inhalte mit der Intuition recht weit. In allen anderen Fällen muss man versuchen, die Besucher einer Website und ihre Ziele systematischer zu beschreiben. Hierbei können Taxonomien helfen. Dabei sind natürlich alle Motivationen wichtig, die für die Zielgruppen einer Website relevant sind. Wir haben im Verlauf des Kapitels aber auch entdeckt, dass einige für das Web vielleicht ganz besonders typisch sind. Wenn wir das Thema „Sex" einmal als Sonderfall betrachten (nur wenige Websites können es sich leisten, ihr Angebot großflächig mit nacktem Fleisch aufzurüsten), sind das: (a) Neugier, (b) Hilfe (c) Bequemlichkeit und (d) Kontakt.

Die in diesem Abschnitt als „motivierend" beschriebenen Konzepte können dabei durchaus als Checkliste für die Bewertung von Inhalten verstanden werden.

- Gibt es Angebote mit einem Mehrwert in Form von Hintergrundwissen zu Produkten und Dienstleistungen?
- Entscheidungshilfen und Beratungstools?
- Informationen, die zum Shooten irgendwelcher Troubles geeignet sind?
- Etwas mit Unterhaltungswert, Geschichten, spielerische Dinge?
- Komfortabel ausgebaute Kontaktschnittstellen und Service-Informationen?

- Besteht das Potenzial zum Aufbau einer Community? Nicht jedes Thema ist hierfür geeignet, und ohne die erforderlichen Besucherzahlen gerät ein Forum leicht zum Flop.

Wenn man beim Betrachten einer Website alle diese Fragen verneinen muss, wird es mit dem Erfolg nicht ganz leicht werden. Und ist das nicht – einmal mehr – trivial? Die Antwort ist ganz eindeutig: Ja. Man muss keine dicken Bücher lesen, um erahnen zu können, dass sich z.B. Sex in einem anonymen Medium gut verkauft oder dass kostenlose Beratung attraktiv ist. Andererseits sind die genannten Dinge mitunter so schwer zu finden, dass ein wenig mehr und systematischers Nachdenken über Motivationen nicht schaden kann.

$< / ... >$

10.2 Wie motiviert man eigentlich?

Wenn Motivationen wirksam aktiviert werden sollen, braucht man natürlich an erster Stelle Eindeutigkeit in der Kommunikation. In der Realität wissen wir in der Regel, wofür ein „Ding" zu gebrauchen ist oder können doch zumindest sehr schnell beurteilen, zu welchen Motivationen es passen könnte. Im Web ist das völlig anders. Und was sich nicht selbst erklärt, muss erklärt werden. In Hinblick auf das Ansprechen von Motivationen sind dabei Genauigkeit und Konkretheit die ersten Ziele, die man verfolgen sollte. Begriffe wie „Dies & Das", „Info" oder das unsägliche „... and more" (vgl. Abbildung 241) verlinken vielleicht zu attraktiven Angeboten, ihr motivationaler Aufforderungscharakter geht aber gegen null – was natürlich auch damit zusammenhängt, dass sie praktisch keinen Inhalt haben.

Abb. 241: „& More", das bedeutet: „Da waren noch irgendwelche Dinge, die wir ansonsten einfach nicht unterbringen konnten. Die haben wir kurzerhand hier mit hineingepackt – schauen Sie doch einmal nach!" Und „Dies und Das"? Verweist auf die reine Verzweiflung beim Design.

Wenn im Web von „selbsterklärenden" Benutzeroberflächen die Rede ist, hat dies nicht nur einen ergonomischen Aspekt (Wissen, *wie* etwas zu bedienen ist), sondern auch einen motivationalen (Wissen, *warum* man etwas bedienen sollte).

Ansonsten muss ein ein Angebot als *Auslösereiz* funktionieren, d.h. es muss möglichst offen und direkt kommunizieren, wofür es gut ist. Nur so kann Verhalten angestoßen, also eine Motivation wirksam aktiviert werden. Dieses Schlüssel-Schloss-Prinzip entspricht exakt dem Vorgang des Kaufens und Verkaufens in der Realität. Ein Autohersteller wird potenziellen Kunden z.B. mitteilen, dass sein Produkt ...

- den ADAC Crashtestvergleich – oder Vergleichscrashtest? – mit Bravour gemeistert hat (Sicherheit);
- in der Grundausstattung mit Servolenkung, Klimaanlage und beheizbaren Sitzen ausgestattet ist (Bequemlichkeit);
- etwas an den Tag legt, was man „ein sportliches Fahrverhalten" nennt (Emotion);
- aber trotzdem ziemlich wenig Sprit verbraucht (Gewinn);
- beim Parken eine Traube Bewunderer um sich sammelt (Prestige);
- gegen geringen Aufpreis auch mit einer Mobilitätsgarantie zu haben ist (Sicherheit. Bequemlichkeit);
- ... undsoweiterundsoweiter.

Und er wird uns über all diese Dinge tunlichst nicht selbst nachgrübeln lassen, sondern jeden, der in die Nähe einer seiner Kommunikationsöffnungen gerät, mit entsprechenden Botschaften attackieren.

Im Internet geschieht exakt das Gleiche – oder vielfach eben auch nicht: Ein Angebot, das mich „einfach so" dröge anglotzt (sagen wir, unter dem Label „Service") bürdet mir die Last auf, nachzuschauen, was das denn genau sein könnte. Und obendrein muss ich mich auch noch selbst motivieren. „Hmm, könnte interessant sein, wenn das ein kostenloser Service mit interessanten Produkten wäre."

Wenn man mir allerdings direkt und ohne Umschweife erklärt, was es zu tun gibt, und mir dann noch andeutet, was ich Schönes damit anfangen kann, werde ich motiviert zu klicken – und nur dann funktioniert es.

Wichtig ist, dass dies eher keine Aufgabe für visuelle Kommunikation ist. Mit ihr kann man für ein stimmiges Look and Feel sorgen, Aufmerksamkeit gewinnen (was auch nicht zu verachten ist), ein Produkt- oder Markenimage unterstützen, aber nicht direkt zum Handeln bewegen. Hierzu benötigt man im Web –

> Man erkennt hier wieder die Ähnlichkeiten der Problemstellung in der Werbe-Kommunikation einerseits und der Gestaltung von Websites andererseits (s.S. 189).

linke Seite:
www.hapag24.de

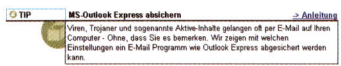

Abb. 242: Ein untrügliches Zeichen, dass es sich hier um ein motivierendes Angebot handelt: Ich habe es angeklickt, obwohl ich eigentlich Besseres zu tun hatte.

Abb. 243: Ein Beispiel für gute (weil erklärende und motivierende) Kommunikation: Man weiss zwar noch nicht, ob es funktioniert, aber es klingt vielversprechend.

www.securitypool.com;
Ausschnitt aus der Startseite des Service-Bereichs der Dt. Telekom
http://www.telekom.de

wieder einmal – Inhalte (an erster Stelle), und dann sprachliche Erklärungen. Die Beispiele auf den Abbildungen 242 und 243 sind in dieser Hinsicht besonders interessant, denn sie sind multimotivational, sie bringen jeweils gleich ein ganzes Bündel der Motivationen aus unserer Taxonomie aus Tabelle (Nr. 5: Sicherheit, Nr 1: Neugier, Nr. 7: Hilfe, und Nr. 9: Ordnung, Nr. 8: Bequemlichkeit) zur gleichen Zeit auf den Punkt. Und was besonders wichtig ist: Sie sprechen sie im wahrsten Sinn des Wortes an, sie kommunizieren offen, sie *moderieren*.

10.3 Viele viele unbekannte Wesen: Die Zielgruppe

Mindestens so wichtig wie eine Typologie von Motivationen ist eine Typologie von Personen. „Der User" ist ein Begriff, der im Web ähnlich nützlich ist wie „der Mensch an sich". Insofern gehört es zu den ersten Pflichten bei der Planung eines Internet-Auftritts, Zielgruppen zu identifizieren und zu beschreiben.

Ein Beispiel für eine *dimensionale* Beschreibung bzw. Unterscheidung von Zielgruppen haben wir schon kennengelernt: Personen mit präzisen oder unpräzisen Zielen bzw. schwebender oder fokusierter Aufmerksamkeit. Wie wir sehen konnten, unterscheiden sich diese Gruppen erheblich in ihren Wahrnehmungs- und Verhaltensstil. z.B. in Hinblick auf die Wahrnehmung von Bannern (s. S. 211). Auch in Bezug auf andere Dimensionen können sich die Besucher einer Website unterscheiden. Tabelle 28 zeigt einen Ausschnitt, der – natürlich – nicht vollständig ist.

Ein und dasselbe Design kann in Abhängigkeit davon, welche Eigenschaften eine Person besitzt, zu völlig unterschiedlichen Ergebnissen führen. Um zu dieser Einsicht zu gelangen, muss man natürlich nicht allzu lange nachdenken. Das Nachdenken ist notwendig in Bezug auf die Frage (a) welche Eigenschaften es gibt, (b) welche davon im Einzelfall relevant sind und (c) wie genau sie sich auswirken. Nehmen wir als Beispiel die Dimension Nr. 10: „Suchstil – erschöpfend vs. abbrechend". Zunächst: Was ist das überhaupt?

- Ein Benutzer mit einem *erschöpfenden* Suchstil betrachtet alle Möglichkeiten (z.B. in einem Menü), dann trifft er eine Entscheidung.

Tab. 28: Die Besucher einer Website können sich in einer Vielzahl von Merkmalen unterscheiden.

Merkmal / Dimension	Pole	
1. Aufmerksamkeit*	schwebend	fokussiert
2. Handlungsziel	nicht vorhanden	genau definiert
3. Web-Erfahrung	gering	hoch
4. technisches Wissen	Laie	Experte
5. Wissen über dargestellte Inhalte	Laie	Experte
6. Nutzungsfrequenz des Angebots	häufig	selten
7. Risikobereitschaft	gering	hoch
8. Wartetoleranz	ungeduldig	geduldig
9. Frustrationstoleranz	gering	hoch
10. Suchstil auf Seiten / in Menüs**	abbrechend	erschöpfend
11. Lebensalter	jung	alt
12. Browsing-Stil**	link-orientiert	suchhilfen-orientiert

* Erklärung Kap. 9 / ** Erklärung im Text

- Bei einem *abbrechenden* Suchstil wird hingegen die erste Alternative gewählt, die irgendwie vielversprechend erscheint, also zu den akuellen Zielen des Benutzers passt.

Abbildung 244 zeigt ein Menü aus der Website des Online-Auktionsanbieters eBay, das auf dieses Merkmal sehr empfindlich reagiert. Es enthält einen Link zur Anmeldung als neues Mitglied („Anmelden") und einen zum Einloggen für registrierte Mitglieder („Einloggen"). Das Problem besteht darin, dass die beiden Begriffe in ihrer Bedeutung nicht scharf voneinander abgegrenzt sind, vor allem heißt auf anderen Sites (z.B. Amazon Books) der Vorgang des *Einloggens* „Anmelden". Wer sich mit dieser Erfahrung im Hinterkopf bei eBay einloggen möchte, erlebt mit einer abbrechenden Suchstrate-

Abb 244: Einloggen oder Anmelden? Das ist hier die Frage. Die obere Grafik zeigt den wahrscheinlichen Weg eines Benutzers mit abbrechender Suchstrategie, der sich in die Auktionsdatenbank einloggen möchte. Die untere zeigt den gleichen Vorgang für einen Benutzer mit erschöpfender Suchstrategie. (Erklärungen im Text)

gie eine Überraschung. Er klickt auf den ersten passend erscheinenden Link (also „Anmelden") und landet prompt auf der falschen Seite, nämlich der Registrierung für neue Mitglieder. Besucher mit einer erschöpfenden Suchstrategie bemerken die weiter rechts im Menü platzierte Option „Einloggen" natürlich, denn sie beachten ja definitionsgemäß alle Möglichkeiten. Kennt man beide Alternativen, kann man dann mit etwas Stirnrunzeln und einem Quentchen Glück die richtige Entscheidung treffen.

Hat man das Problem einmal erkannt, kann man natürlich auch versuchen, es zu lösen. In Tabelle 29 habe ich noch einmal die Originaloptionen und zwei Änderungsvorschläge schematisch dargestellt.

Tab. 29: Original und Fälschung: Das Menü aus Abbildung 244 im verwirrenden Original (oben), darunter zwei Alternativen, die besser funktionieren (Erklärungen im Text).

Original	Anmelden	Mein eBay	Übersicht	Einloggen
Alternative I	Registrieren	Mein eBay	Übersicht	Einloggen
Alternative II	Einloggen	Registrieren	Mein eBay	Übersicht

Alternative I macht die Begriffe schon einmal besser unterscheidbar. Wer sich enloggen möchte, wird tunlichst nicht auf „Registrieren" klicken, denn dieser Begriff ist im Web einigermaßen zuverlässig mit dem Erstellen eines neuen Zugangs zu einem Angebot (mit Passwort, Benutzer-ID usw.) verbunden. In Alternative II wird auch die *Reihenfolge* der Optionen verbessert. Mit Sicherheit loggen sich an einem Tag sehr viel mehr Stammgäste ein, als sich neue Besucher registrieren. Aus diesem Grund sollte die häufiger genutzte Option nach meinem Dafürhalten an den Anfang der Liste gerückt werden.

Man kann an diesem Beispiel also erkennen, wie sich die in Tabelle 28 beschriebenen Dimensionen auf das Benutzerverhalten auswirken. Betrachten wir noch ein zweites, diesmal zur Dimension „Browsing-Stil – link-orientiert vs. suchhilfen-orientiert". Auch hier zunächst eine kurze Erklärung der Begriffe:

www.ebay.de;
rechte Seite:
www.kraft.de;
www.handelsblatt.com

- Personen mit *link-orientiertem* Browsing-Stil navigieren ausschließlich mit Hilfe der Menüs auf einer Website, Links in Listen oder Katalogen. Suchmaschinen und Sitemaps verschmähen sie. Nebenbei bemerkt haben sie damit gar nicht so Unrecht, denn es gibt Hinweise, dass diese Strategie bei Suchaufgaben eher zum Erfolg führt als die Bedienung von On-Site Suchhilfen [80]. (Woraus man die pikante Schlussfolgerung ziehen kann, dass diese eigentlich Versteckmaschinen heißen sollten).

- Der *suchhilfen-orientierte* Surfer ist hingegen – wie der Name schon nahelegt – bei der Recherche nach Inhalten ein ausgesprochener Freund von Suchmaschinen. Links lässt er zunächst links liegen.

Dabei darf man diese Browsing-Stile natürlich nicht als fixiertes Persönlichkeitsmerkmal verstehen. Es ist sehr gut möglich, dass ein Besucher z.B. in Abhängigkeit von der Genauigkeit seines Ziels entweder den einen oder den anderen bevorzugt.

Die Website auf Abbildung 245 (links) ist für einen link-orientierten Browsingstil kein Problem. Es gibt ein Menü am Seitenanfang, mit dessen Hilfe man das Navigieren beginnen kann, und auch im Text tun sich allerlei Möglichkeiten auf. Wer suchhilfenorientiert vorgehen möchte, gerät aber in Schwierigkeiten: Es gibt nämlich keine Suchhilfen. Daneben ein Beispiel für schlechte (unverständliche) Links.

Kommen wir zur zweiten Möglichkeit, Zielgruppen zu beschreiben: der Bildung von *Kategorien*. Hier muss man natürlich sehr individuell denken, denn die Struktur der Zielgruppen einer Schule, eines Maschinenbauunternehmens, einer Web-Agentur, einer Chat-Community, und eines Online-Buchhandels müssen nicht sehr viel gemeinsam haben. Naheliegend ist z.B. eine Orientierung...

 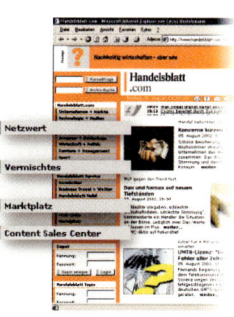

Abb. 245: Websites ohne Suchhilfe stellen für suchhilfen-orientierte Surfer – logischerweise – ein Problem dar, genauso wie die Themen „Netzwert", „Vermischtes" „Marktplatz" oder „Content Sales Center" für link-orientierte.

- an *funktionellen Rollen* (Stammkunden, potentielle Kunden, Investoren, Jobsuchende, Journalisten, Neugierige, Privatkunden, Geschäftskunden, Einkäufer usw.);

- an *Berufsrollen* (Studenten, Lehrer, Künstler, Fachpublikum, Handwerker, Politiker, Wissenschaftler usw.);

- an *Lebenssituationen* (Ausbildung, Umzug, Jobsuche, Schulabschluss, Studienabschluss, Jobwechsel, Heirat, Trennung, Elternschaft, Krankheit, Ruhestand usw.)

- am *Bildungsstand* (Personen mit „einfacher" oder „höherer" Bildung bis hin zum Voll-Akademiker);

- an *Nationalitäten*.

Und wozu mag es beispielsweise gut sein, „Lebenssituationen" zu klassifizieren? Nun: Lebensereignisse sind schlicht und einfach *wichtig* für uns. In der Psychologie spielt die „Live-Event"-Forschung eine wichtige Rolle, wenn es darum geht, motivationale bzw. emotionale Faktoren wie Lebenszufriedenheit, Stress, Krankheit und Gesundheit zu verstehen [81]. Wenn man sich in der Auswahl von Inhalten und bei der Strukturierung einer Website an Kategorien orientiert, welche die Lebenssituation der Benutzer spiegeln, werden sie sich also einerseits besser verstanden fühlen, andererseits aber auch leichter orientieren können. Wie man das im Web nutzen kann, verdeutlichen die Screenshots auf Abbildung 246. Sie stammen aus zwei „virtuellen Rathäusern". Das linke Exemplar hat sich offensichtlich die Mühe mit dem Klassifizieren und den Lebenssituationen erspart und verlautbart deshalb in typischem Amtsinhaberdeutsch die Erreichbarkeit solch Ehrfurcht gebietender Dinge wie des städtischen „Personenstandswesens" oder „Bildungswesens". Das rechts zu sehende ist mit einer Navigation ausgestattet, die für einen Bürger viel plausibler ist. Er weiß zwar nicht, was „Personenstandswesen" bedeutet, aber er weiß sehr gut, ob ein Angehöriger verstorben ist oder ob er in Kürze heiratet. Auch wenn die Idee nicht optimal realisiert ist (was hat der Begriff „Gewerbe" unter „Lebenssituationen" verloren?): Das Prinzip stimmt.

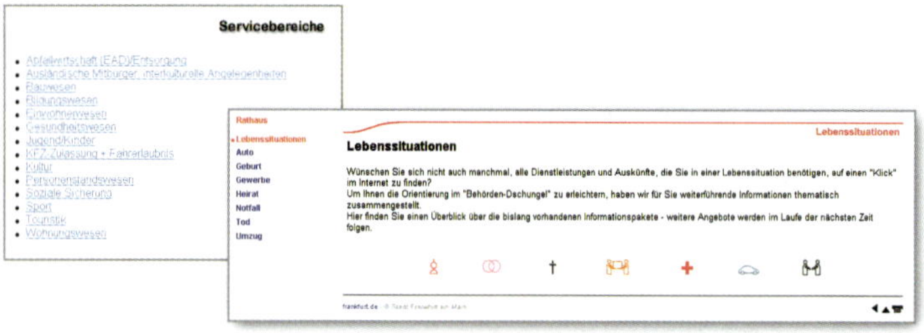

Abb. 246: Vorne: Ein Ergebnis zielgruppenorientierten Denkens sind Navigationen, die in ihren Inhalten und Strukturen auf der Lebenslage des Besuchers aufbauen. Das Exemplar dahinter hat sich noch nicht so recht aus der behördlichen Architektur gelöst.

www.frankfurt.de;
www.darmstadt.de

< Fakten 13: Eine kalkulierte Nutzer-Typologie >

Wer Zahlenmaterial über das Verhalten seiner Zielgruppen sammeln kann und mit der statistischen Methodik umzugehen weiß, kann sich Typologien mit Hilfe spezieller Methoden mathematisch berechnen lassen. Leider sind solche empirisch (durch konkretes Zahlenmaterial) untermauerten Nutzertypologien rar. Die Unternehmensberatung McKinsey hat im Jahr 2000 einen Vorschlag erstellt, der interessante Hinweise gibt, wie man das Publikum im Web klassifizieren kann [82]. Grundlage waren Angaben von 8.000 Teilnehmern aus Deutschland, England, Frankreich und den USA. Die Studie gibt recht interessante Anhaltspunkte bzw. Anregungen für eine Klassifikation. Die Nutzertypen werden im Folgenden kurz beschrieben:

- *Schnupperer* – orientiert sich an Offline-Marken; bewegt sich schnell von Seite zu Seite; wechselt schnell die Themen; besucht häufig Offline-Marken wie BILD-online oder WDR-online.

- *Convenience-Orientierter* – sucht nach Nutzen; hat lange Erfahrung im Netz; nutzt das Internet für die „praktischen" Dinge des Lebens (z.B. Transaktionen); verbringt weniger Zeit im Netz und nutzt weniger Domains als der Durchschnitt.

- *Kontakter* – kommuniziert 90% der Online-Zeit; ist erst kurze Zeit im Netz aktiv und besucht weniger Sites als der Durchschnitt; verbringt wenig Zeit online (eine halbe Stunde pro Woche); konzentriert sich auf E-Mail. Favoriten: Freemail-Anbieter; 61% sind Frauen (Durchschnitt: 33%).

- *Surfer* – nutzt ein breites Angebot; technologie-orientiert; bewegt sich durch viele Domains; 88% sind männlich; typische „Early Adopters", auch im Bereich E-Commerce; verbringt nur 57% (Durchschnitt 82%) Online-Zeit auf seinen Top 10 Sites.

- *Routinier* – informiert sich schnell und gezielt; verbringt relativ wenig Zeit online; konzentriert sich auf Seiten, die News, Wirtschafts- und Finanzinformationen liefern; verbringt durchschnittlich 44 Sekunden auf einer Seite (im

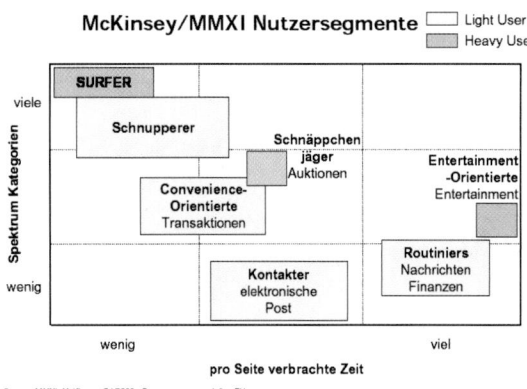

Abb. 247: Besucher-Typen können nach der pro Site verbrachten Zeit und nach dem Spektrum der Themen oder Kategorien, die sie aufsuchen, klassifiziert werden.

Schnitt 31); typische Sites: SPIEGEL-Online; FOCUS-Online.

• *Schnäppchenjäger* – stöbert und kauft online; häufig steht die Suche, nicht das Finden im Vordergrund; zählt zu den intensiven Online-Nutzern; verbringt die Hälfte seiner Online-Zeit bei Auktionen; u.a. bei ebay.de oder Shopping-Enablern wie letsbuyit.com oder WEBMILES.

• *Entertainment-Orientierter* – nutzt das Web für Unterhaltung; konzentriert sich dabei auf Hobbies wie Computerspiele; ist länger im Netz als der Durchschnitt, nutzt aber wenige Domains; verbringt auf einzelnen Seiten viel Zeit (76 Sekunden vs. Durchschnitt von 31); bevorzugte Sites z.B. mp3.com; sport1.de; swr3.de oder rtl.de.

Mit diesen Leuten bekommt man es also zu tun, wenn man Websites betreibt oder gestaltet. Der Beitrag liefert nicht nur eine Klassifikation von Besuchern (also eine Einteilung in Gruppen), sondern auch ein dimensionales Modell, welches sich einerseits aus der Anzahl der besuchten Websites bzw. Themenkategorien, und andererseits aus der im Durchschnitt auf einer Website verbrachten Zeit zusammensetzt. Wenn man die Typen hier einordnet, entsteht das in Abbildung 247 gezeigte Bild.

</ ... >

Abb. 248: Unterschiedliche Systeme zur Klassifikation von Zielgruppen.

Abbildung 248 fasst die Inhalte dieses Kapitels noch einmal unter der Perspektive zusammen, welche Beschreibungsmöglichkeiten für Zielgruppen entwickelt wurden. Man kann bei der Gestaltung und bei der Auswahl von Inhalten natürlich nicht alle im gleichen Umfang berücksichtigen, doch zumindest sollte man sie alle einmal durchdenken, denn: Je mehr solcher Klassifikations-Systeme man (er)kennt und berücksichtigt, desto geringer ist die Wahrscheinlichkeit, dass man vergisst, worum es eigentlich geht: die Ziele, Bedürfnisse und Kenntnisse der Besucher.

11 Über das Entscheiden

Was in diesem Kapitel geschieht:

- Wir denken über Alternativen, Attraktivitäten, Kosten, Nutzen, Distanzen und Gerechtigkeit nach. Tatkräftig unterstützt werden wir dabei von einer Pizza (mit Sardellen), einem Esel und einer Taube.
- Sie wechseln Ziele und lassen sich ablenken.
- Jemand konfrontiert Sie mit 80.000 (in Worten: Achtzigtausend) Alternativen – was etwas zu reichlich ist.
- Man versucht, Sie mit 250 Zeichen zu überzeugen – was eher zu wenig ist.
- Sie stellen fest, dass 2,96 Megabyte im Web eigentlich schon der Rede wert sind.
- Wir schätzen Distanzen, versuchen, Zeit zu sparen u. Div. z. vrkrz.
- Sie lesen – einmal mehr – dass die Größe von Dingen wichtig ist.
- Wir beschaffen uns einige Peanuts und rechnen ganz exakt aus, wieviel Mist Kleinvieh machen kann.
- Sie versuchen aus verschiedenen Richtungen das gleiche zu erreichen.
- Sie werden endgültig davon überzeugt, dass Datenschutz mehr als nur Datenschutz ist.
- Sie erfahren, warum Sie sich so schrecklich über Popup-Fenster ärgern.
- Sie beobachten mich bei einem heroischen Selbstversuch, bei dem ich einer Website ein Dokument abzukaufen versuche.

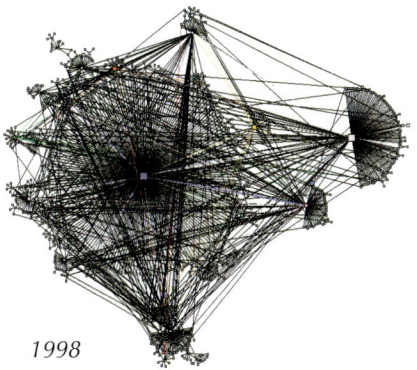

1998

Die im vorigen Abschnitt angestellten Überlegungen sind geeignet, um zu beschreiben, welche Motivations-Systeme es gibt und (in der Folge) über welche Inhalte man sie ansprechen kann. Wer in einem Wettbewerb steht, sollte mehr wissen, nämlich wie mehrere konkurrierenden Alternativen so verarbeitet werden, dass es zu (a) einer Auswahl, (b) einer Absicht und letzen Endes auch (c) zu Handlungen kommt. Diese Punkte, vor allem die beiden zuerst genannten, sind das Thema des vorliegenden Kapitels. Hierfür möchte ich im folgenden Abschnitt zunächst einmal Grundlagenarbeit leisten, sprich: alle Screenshots und Beispiele für ein Weilchen beiseite legen und ein einfaches Modell für Entscheidungen entwickeln.

11.1 Wir basteln uns eine Entscheidungtheorie

Lassen Sie sich von dem Begriff „Theorie" an dieser Stelle nicht täuschen. Auch wenn die folgenden Ausführungen auf den ersten Blick etwas blutleer erscheinen mögen: sie haben eine sehr hohe praktische Relevanz für die Informationsgestaltung im Web, und viele Probleme lassen sich mit ihrer Hilfe besser verstehen. (Es wird mir hoffentlich gelingen, dies dann anschließend auch zu zeigen.) Fangen wir an, indem wir zwei Varianten von Entscheidungen unterscheiden:

- *Auswahlentscheidungen* finden statt, wenn wir mehrere Alternativen miteinander vergleichen und eine davon auswählen. Ein typisches Beispiel aus dem Internet-Alltag ist die Trefferliste einer Suchmaschine, die uns auf einer einzelnen Bildschirmseite 30 alternative Navigationswege anzeigt. Worauf soll man nun klicken?

- *Sequentielle Entscheidungen* finden im Verlauf von Handlungen statt. Sie betreffen die Frage, ob man an dem erreichten Punkt in einer Kette von Schritten weiter fortfahren, abbrechen oder ein alternatives Ziel verfolgen möchte. (Diese Prozesse werden uns vor allem im nächsten Kapitel, in dem das Thema Handeln im Zentrum steht, noch im Detail beschäftigen.)

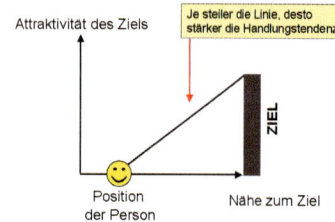

Abb. 249: Ein einfaches Modell zur Erklärung von Entscheidungen: Die Höhe des Balkens drückt die Attraktivität des Ziels aus, der Abstand der Person zum Balken die Nähe zum Ziel. Je attraktiver ein Ziel ist und je geringer die Distanz, desto stärker ist die Handlungstendenz (die sich graphisch in der Steigung der Verbindungslinie zwischen Person und Ziel ausdrückt).

Die wichtigsten Faktoren, durch die beide Varianten von Entscheidungen beeinflusst werden, sind relativ einfach:

- Die *Attraktivität* des Ziels. Hierunter ist natürlich immer die subjektive Attraktivität in einer bestimmten Situation zu verstehen. Was für eine Person attraktiv ist, mag für die andere abstoßend sein, z.B. eine Pizza mit Sardellen. Genauso kann ein Ziel in einer bestimmten Situation hoch attraktiv, in einer anderen ausgesprochen unattraktiv sein, z.B. eine Pizza mit Sardellen zum Frühstück oder zum Abendessen.

- Die *Distanz* zum Ziel. Der Begriff ist hier etwas weiter zu fassen. Die Distanz kann natürlich die (geschätzte) räumliche oder zeitliche Entfernung sein. In gleicher Weise wirkt auch die Wahrscheinlichkeit der Erreichung des Ziels. Ist sie gering (hoch), kommt dies einer großen (geringen) Distanz gleich.

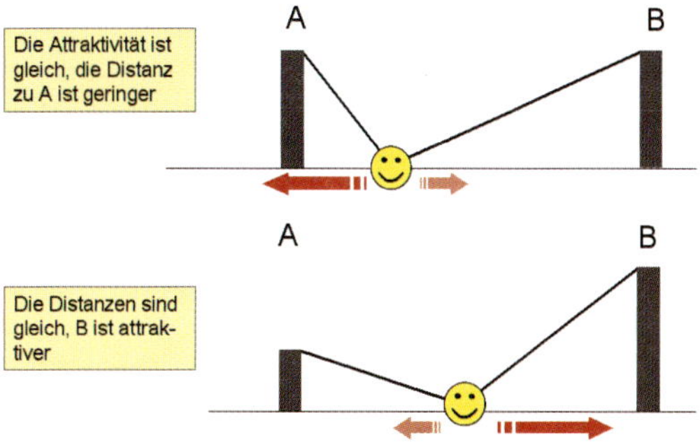

Abb. 250: Bei gleicher Attraktivität entscheidet man sich für das Ziel, das mit geringerem Aufwand oder mit höherer Wahrscheinlichkeit zu erreichen (also „näher") ist. Ist der Aufwand gleich, entscheidet man sich für das attraktivere Ziel.

Natürlich ist das gesunder Menschenverstand. Wenn ich tüchtig Hunger und die freie Wahl zwischen einer kleinen oder einer großen Pizza mit Sardellen habe, wähle ich natürlich Letztere, denn sie ist attraktiver – vorausgesetzt, die Alternativen unterscheiden sich ansonsten nicht durch irgendwelche Randbedingungen (vielleicht gibt es in einem Fall noch andere Leckereien auf dem Belag). Umgekehrt ist die Rechnung genauso einfach: Wenn ich eine Pizza mit Sardellen jetzt gleich oder in 3 Stunden haben kann, greife ich lieber gleich zu, denn die (zeitliche) Distanz ist geringer. Auf Abbildung 250 werden diese Zusammenhänge noch einmal schematisch dargestellt.

Was geschieht nun, wenn mehrere Alternativen gleichzeitig vorhanden sind? (Das ist im Web ja eher die Regel als die Ausnahme.) Dann werden Vergleiche angestellt: Die Distanzen und die Attraktivität der Ziele werden gegeneinander aufgerechnet, und die Entscheidung fällt schließlich für diejenige, die „unterm Strich" die stärkste Handlungstendenz auslöst. Solange die Ergebnisse dieser Berechnungen eindeutig ausfallen, sind Entscheidungen kein Problem.

Natürlich kann es auch schwieriger und unter Umständen sogar geradezu heimtückisch werden. Dies ist z.B. immer dann der Fall, wenn die Kalkulation so ausfällt, dass mehrere Handlungstendenzen gleich stark sind. Das Ergebnis ist ein *Konflikt* (zwei solche Fälle sind in Abbildung 251 dargestellt), und die Konsequenz: Man kann sich nicht entscheiden.

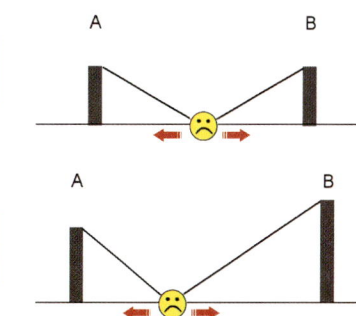

Abb. 251: Zwei klassische Konflikte: Das Der-Esel-zwischen-den-Heuhaufen-Dilemma (oben) kommt zustande, wenn wir mit Alternativen konfrontiert sind, deren Attraktivität und Distanzen gleich sind. Das Die-Taube-auf-dem-Dach-oder-der-Spatz-in-der-Hand-Dilemma entsteht, wenn Unterschiede in der Attraktivität durch verschiedene Distanzen ausgeglichen werden, sodass sich die Handlungstendenzen in der Summe wiederum nicht unterscheiden.

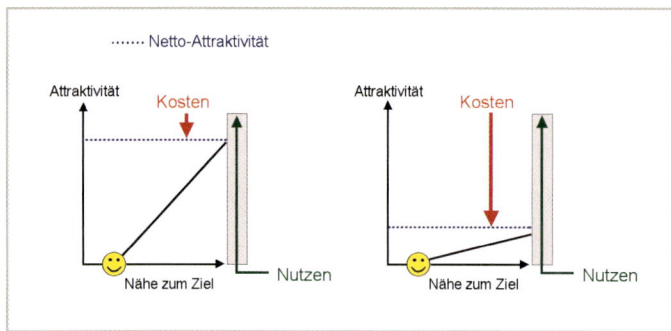

Abb. 252: Wenn man die Attraktiviät eines Ziels vorhersagen möchte, muss man nicht nur den Nutzen, sondern auch die Kosten betrachten. Ein Ziel kann völlig unattraktiv werden, wenn die Kosten zur Erreichung des damit verbundenen Nutzens zu hoch sind.

Nun fehlen uns nur noch drei Gesichtspunkte, um ein einigermaßen brauchbares Modell für das Erklären und Verstehen von Entscheidungen zur Verfügung zu haben. Der erste betrifft die Schätzung der Attraktivität. Diese ist keine einfache, eindimensionale Größe, sondern hängt immer auch von den *Kosten* ab, die mit dem Erreichen des erwarteten Nutzens verbunden sind (Abbildung 252).

Der gleiche Nutzen kann also je nachdem, wie viel investiert werden muss, eine Handlung auslösen oder nicht. Eine Pizza mit Sardellen für 4 Euro ist ein faires Geschäft. Für 10 Euro würde sie auch satt machen, wäre aber eher überteuert. Und natürlich gibt es auch Kosten, die sich nicht in Euro und Cent messen lassen. Wird die preiswerte Pizza in einer vergammelten Kaschemme verkauft, sodass man den Verdacht haben muss, dass sie nicht nur mit Sard- sondern auch mit Salmonellen belegt sein könnte, könnte uns die Angst vor möglichen Folgen (Kosten) entsagen und zum teureren aber einwandfreien Produkt greifen lassen. Das Gleiche gilt, wenn der Wirt mit dem billigen Angebot ein schrecklich unsympathischer Kerl ist, sodass man die teurere Pizza dort kauft, wo man vielleicht sogar mit der netten Bedienung flirten kann (was den Nutzen dann noch weiter erhöht).

Die zweite Ergänzung unseres Modells betrifft einen auch im Web ganz wesentlichen Sachverhalt:

> Beim Austausch von Informationen, Besitztümern oder Werten werden immer Kosten und Nutzen *aller Beteiligten* berechnet. Als akzeptabel gelten nur ausgeglichene Situationen, also solche, in denen es für keine der beteiligten Parteien ungerechtfertigte Vor- oder Nachteile gibt.

Für unser Pizza-Beispiel wäre da natürlich wieder der Preis der springende Punkt: Selbst wenn uns die 10 Euro für die Pizza mit Sardellen nicht übermäßig in den Beutel schneiden: Der Profit für den Verkäufer ist einfach zu hoch, und deshalb wird man unter Umständen eben lieber hungern als übervorteilt zu werden. Im Web wird diese Regel immer dann relevant, wenn man – ganz allgemein formuliert – den Besuchern einer Website etwas abverlangt, das nur zum eigenen Nutzen ist. Ohne einen mindestens gleichwertigen Ausgleich wird man längerfristig gesehen damit wenig Erfolg haben.

Die dritte und letzte Ergänzung hat eher allgemeinen Charakter, d.h. sie fügt dem Modell keine neue Annahmen hinzu. Trotzdem ist sie sehr wichtig: Die bislang beschriebenen Vorgänge sind „normativ", d.h. sie bilden ein Modell, das – wie das bei Modellen nicht selten vorkommt – mit sich selbst sehr zufrieden ist. Sie beschreiben aber keinesfalls reales Entscheidungsverhalten. Dieses ist zugleich einfacher und komplizierter. Einfacher deshalb, weil wir natürlich keine Datenbank zur präzisen Kalkulation und Verrechnung von Kosten, Nutzen, Distanzen und Attraktivitätswerten im Kopf haben. Entscheidungen werden oft von einfachen Faustregeln (so genannten *Heuristiken*) gesteuert, etwa dann, wenn man sich in einer komplexen Situation aus Bequemlichkeit für die Alternative entscheidet, die man schon kennt, obwohl andere – vielleicht – vernünftiger wären. Oder man wählt eine Alternative einfach deshalb, weil sie schon von anderen gewählt wurde oder weil sie uns als Erstes in den Sinn kommt. Und dann gibt es Dutzende weiterer Randbedingungen, die Entscheidungsverhalten in der Realität beeinflussen, nicht zuletzt Vorurteile und systematische Denkfehler. Eben deshalb ist das reale Verhalten komplizierter als unser Modell. Allerdings ändert dies nichts an seinem Nutzen, denn mit einem Entscheidungsmodell im Hinterkopf lässt sich Design sehr viel effektiver analysieren als nur mit den Mitteln der Intuition.

Bleibt noch anzumerken, dass die geschilderten Zusammenhänge auch für sequentielle Entscheidungen gelten. Attraktivität, Distanzen, Kosten und Nutzen werden fortlaufend kalkuliert, auch nachdem eine Entscheidung getroffen und eine Handlung begonnen wurde. Schon ein einzelner Mausklick kann z.B. die Bilanz im Web grundlegend verändern (wenn sich ein Registrierungsformular öffnet oder eine sperrige Applikation eine lange Wartezeit verursacht). Ebenso können sich laufende Kosten, die durch Fehlklicks entstehen, so lange aufaddieren, bis die Kosten den Nutzen überwiegen und eine Entscheidung zum Abbruch der Handlung getroffen wird. (Wir werden dies später noch an einem ausgedehnten Szenario sehen, s. Seite 282.)

<Nachdenkerei über Ablenkungen>

Unser Modell ist auch geeignet, um einen sehr wesentlichen Vorgang zu erklären, der uns auch in späteren Kapiteln dieses Buches wieder begegnen wird: Das Wechseln des Ziels bzw. die Wirkung von *ablenkenden* Informationen. Eine der Besonderheiten des World Wide Web sind extrem kurze Distanzen zu Millionen von Zielen. Dies ist zugleich ein Segen und ein Fluch. Ein Segen, weil viele Ziele wirklich mühelos erreichbar sind. Nicht umsonst kann man allenthalben davon lesen, was „mit einem Mausklick" alles möglich ist. Ein Fluch ist dies jedoch deshalb, weil irrelevante Verhaltensalternativen jederzeit in unser Entscheiden und Handeln hineindrängen und ganz frech das Ruder übernehmen können. Wohlgemerkt: nicht weil die mit ihnen verbundenen Ziele so attraktiv wären, sondern *weil die Distanzen so gering sind*. Abbildung 253 zeigt, wie man sich das im Rahmen unseres Entscheidungsmodells vorstellen kann.

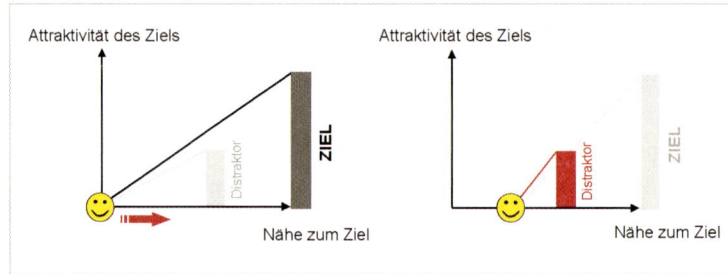

Abb. 253: Die Wirkung von „Distraktoren" beruht darauf, dass sie sich in geringer Distanz zur Person vor das Ziel schieben. Gelingt es ihnen, müssen sie dann unter Umständen nicht einmal sonderlich attraktiv sein, um einen Zielwechsel auszulösen.

Die Wirkung dieses Prinzips ist leicht zu erkennen, wenn man die Beispiele auf Abbildung 254 betrachtet. Links ist eine Treffer-Seite auf „Altavista" abgebildet. Fasst man den Entschluss, sich die folgende Seite anzeigen zu lassen, muss man eigentlich nur auf den Link „*>>Weiter*" am Seitenende klicken. Das wäre auch ganz leicht, doch der Weg vom letzten Eintrag bis dorthin ist (a) künstlich verlängert und (b) mit einem wahren Link-Minenfeld gepflastert. Sobald der Blick den letzten Treffer verlässt und auf den Ort zusteuert, an dem man den Link zum Weiterblättern vermutet, drängeln sich in dichter Folge Dutzende von Distraktoren.

rechts: www.altavista.de;
www.gratissoftware.de

Das ist gut für Altavista (wegen der Werbe-Einnahmen) aber schlecht für die Benutzer (wegen der andauernden Störung). Das Beispiel rechts geht dreister zur Sache, denn es nutzt nicht nur den Hoppla-hier-komme-ich-Effekt eines Popups, es versucht auch obendrein, sich als attraktives Ziel darzustellen – wer's glaubt...

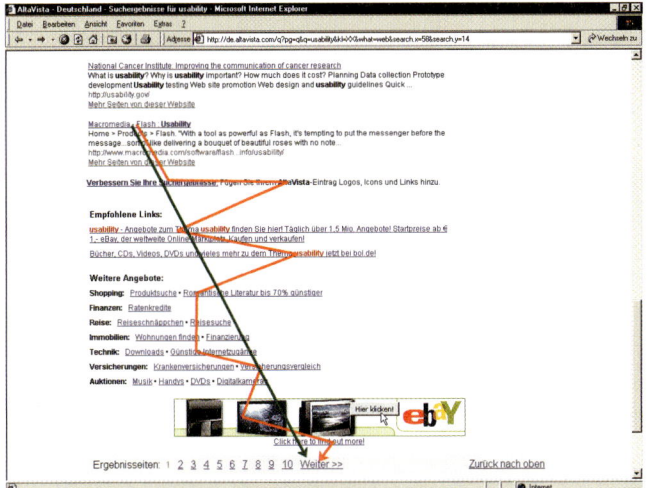

Abb. 254: Bildschirm-Distraktoren: Der grüne Pfeil auf der Abbildung links gibt die Distanz vom Ausgangspunkt zum Ziel in der Luftlinie wieder. Der Rote Pfeil zeigt an einem (hypothetischen) Blickverlauf, welches Fixationsverhalten durch das zwischengeschaltete Störfeuer ausgelöst wird. Warum es sich bei dem Beispiel rechts um einen Distraktor handelt, muss, glaube ich, nicht erklärt werden.

Natürlich können wir uns gegen solche Wegelagerer wehren, sprich: einer Versuchung widerstehen. Dies erfordert allerdings einen mehr oder weniger ausgeprägten *Willen*. Wenn es in dieser Hinsicht nicht zum Besten bestellt ist, kann es leicht geschehen, dass man durchs Web taumelt und sich immer wieder für neue irrelevante Ziele entscheidet, ohne jemals eines zu erreichen. Hinzu kommt, dass sich Handlungstendenzen mit der Zeit abschwächen (s. S. 291), sodass man trotz guter Vorsätze irgendwann gegenüber der Wirkung von Distraktoren verwundbar wird. Damit können wir – im Vorgriff auf die folgenden Abschnitte – schon ein erstes wesentliches Gebot für entscheidungsfreundliches Webdesign formulieren:

> Du sollst Deine Besucher nicht ablenken und mit irrelevanten Handlungsalternativen in Versuchung führen.

</...>

11.2 Entscheidungsfreundliches Webdesign

Um sinnvolle Kriterien für die Gestaltung von Angeboten im Internet ableiten zu können, müssen wir dort zunächst die Bestimmungsstücke zusammensuchen, die wir in unserem Modell als bestimmende Größen für Entscheidungen festgelegt haben. Und das ist eigentlich nicht weiter schwierig.

- Es gibt gleich eine ganze Reihe von Faktoren, die die reale oder vermutete *Distanz* zu einem Ziel im Web beeinflussen: Wartezeiten, die durch das Laden der Seiten selbst oder auch multimedialer Zutaten bedingt sind, die Gesamtzeit bis zum endgültigen Erreichen des Ziels, die Anzahl der Klicks, die für das Erreichen des Ziels erforderlich sind, Zwischen- oder vorgeschaltete Registrierungsprozeduren, die Anzahl der Fehltritte in der Navigation bis zum Erreichen des Ziels, Unterbrechungen, z.B. durch Einblendung von Werbeinformation oder Downloads von Plugins oder Programmen.
- Zum *Nutzen* eines Ziels: Wie dieser entsteht, haben wir im vorigen Kapitel ausführlich besprochen. Der gemeinsame Nenner: Motivationen werden aktiviert und Bedürfnisse befriedigt. Je stärker die Motivation, je dringlicher das Bedürfnis, je höher der (materielle oder immaterielle) Wert des zu Erreichenden und je höher dessen Wichtigkeit ist, desto höher ist der Nutzen.
- Die *Kosten* im Web sind ebenfalls vielfältig: Es gibt materielle Kosten (für Produkte oder Dienstleistungen, Telefonkosten oder gebührenpflichtige Angebote), immaterielle Kosten wie die Preisgabe persönlicher Daten, die Anstrengung beim Lesen und bei Bedienvorgängen, der Anteil irrelevanter Information der ausgewertet werden muss, und emotionale Kosten wie Ärger und Frustration durch Mängel in der Gestaltung oder Misserfolgserlebnisse beim Versuch, ein Ziel zu erreichen. Insofern überschneiden sich im Web die Begriffe Kosten und Distanz bis zu einem gewissen Grad.
- Die *Attraktivität* eines Ziels müssen wir nicht lange suchen. Sie ergibt sich aus der Verrechnung von Kosten und Nutzen (s. S. 258).

Auch dann, wenn wir scheinbar ohne sichtbaren Austausch von Nutzen im Sinn von Waren, Geld oder Dienstleistungen im Web unterwegs sind, werden unsere Entscheidungen durch eben diese Faktoren bestimmt. Ob die Funktion eines Angebots nicht zu erkennen ist, die „echten" (also materiellen) Kosten für ein Produkt zu hoch sind, der Weg zum Finden eines Artikels zu weit erscheint, ein Download zu lange dauert, die Erklärungen in einer Trefferliste unverständlich sind oder ein indiskretes Registrierungsformular an der falschen Stelle aufpoppt: Die Logik, mit der Entscheidungen getroffen werden, ist immer die gleiche. Und in allen genannten Fällen wird auch die Konsequenz die gleiche sein: Man bricht ab bzw. beginnt erst gar nicht, den dunklen Weg einzuschlagen. Aber natürlich geht es auch umgekehrt, nämlich wenn Preisnachlässe für den Online-Kauf gewährt werden, die gesuchte Information schnell zu finden ist, ein Formular nicht mehr Pflichteingaben verlangt als erforderlich, auskommentierte Links eine Auswahl verständlich machen oder eine multimediale Installation sich mit der technischen Standardausstattung begnügt.

Kommen wir zu der Frage, wie man aus unserem Entscheidungsmodell praxistaugliche Kriterien für die Gestaltung eines Angebots ableiten kann. Allgemein ist hierzu zu sagen, dass eine gute Website Voraussetzungen bietet, Entscheidungen schnell und sicher treffen zu können. Aber: Wann *genau* ist Webdesign entscheidungsfreundlich? Diese Frage soll im weiteren Verlauf dieses Kapitels beantwortet werden.

Die Anzahl der Alternativen sollte für die Besucher überschaubar sein

Wie viele Alternativen können wir beim Entscheiden überhaupt gleichzeitig auswerten und vergleichen? Anders gesagt: wo beginnt der vielzitierte *„Information Overload"*? Das ist eine wichtige Frage, denn entscheidungsfreundliches Webdesign sollte die natürlichen Grenzen unserer mentalen Leistungsfähigkeit berücksichtigen. Zunächst ist hierzu zu sagen, dass wir sehr viele Alternativen wahrnehmen können. Die sensorischen (Sinnes-) Zentren unseres Gehirns arbeiten vollautomatisch und analysieren alle Informationen, deren sie habhaft werden können. Dies geschieht parallel für alle Sinnesmodalitäten, und bisher ist es nicht möglich, den Umfang dieser Prozesse in genaue Zahlen zu fassen. Die reine *Wahrnehmung* ist also nicht der Engpass. Der „Overload" beginnt, wenn das Bewusstsein ins Spiel kommt. Dessen Leistungsfähigkeit wird durch die Kapazität unseres Kurzzeitgedächtnisses bestimmt, und die ist eng beschränkt. Sie liegt bei Behaltensintervallen von einigen Sekunden bei ca. *vier bis fünf Informationen* (z.B. Wörtern), nicht bei den „magischen Sieben", wie man oft liest. Die sind eine eher schmeichelhafte Schätzung aus Laborexperimenten, die mit bis an die Zähne motivierten studentischen Versuchspersonen gemacht wurden (die nichts zu tun hatten, außer sich die meist ziemlich sinnlosen Informationen zu merken). In der Realität werden unsere mentalen Ressourcen durch allerlei widrige Bedingungen an- oder aufgefressen – von Ermüdung und Stress über diverse Ablenkungen bis hin zu fehlender Motivation. Diesem Kapazitätslimit kann man in der Gestaltung nur begegnen, wenn man immer alle erforderlichen Informationen anzeigt, also den Bildschirm zum Kurzzeitgedächtnis umfunktioniert.

Wirklich eng wird es aber dann, wenn eine Entscheidung fällt, denn es kann nur *eine einzige* Alternative zu einer Absicht werden. Wir können nicht mehrere Ziele gleichzeitig verfolgen. Nüchtern betrachtet verwundert es also nicht, dass Suchmaschinen zwar viel genutzt, aber wenig geliebt sind. Auf die alles Menschenmögliche sprengende Gestaltung von Suchportalen bin ich ja schon einmal zu sprechen gekommen (s. S. 214). Vom Standpunkt eines entscheidungsorientierten Designs ist auch eine Trefferliste wie die der Suchmaschine auf Abbildung 255 geradezu aberwitzig. Unsere mentale Ausstattung ist nicht einmal darauf vorbereitet, zehn Dinge gleichzeitig zu beachten, geschweige denn zu vergleichen und begründete Entscheidungen zu treffen. Die mehr als achtzigtausend, mit denen Altavista uns hier bewirtet, kann man selbst bei nüchterner Wertung nur als schieren Irrsinn betrachten.

Unter solchen Voraussetzungen sind kalkulierte Entscheidungen also nicht mög-

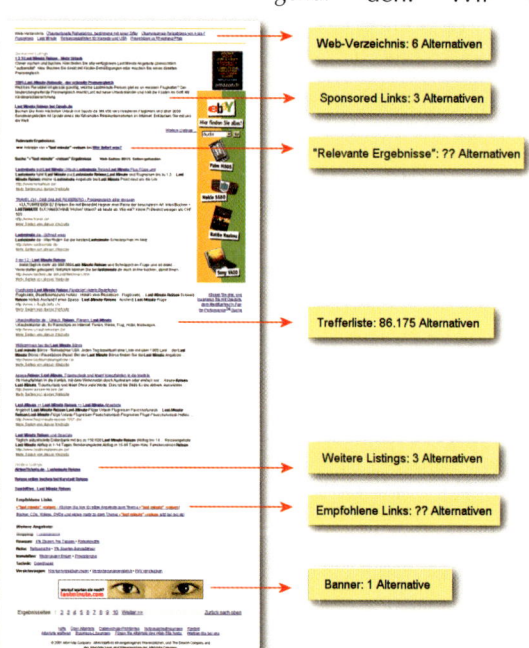

Abb. 255: Als Input für eine Datenbank ist der Output einer Suchmaschine sicherlich geeignet. Da unser Gehirn aber kein Pentium-Prozessor ist, sind die 24 direkt angezeigten und 80.000 theoretisch gefundenen Alternativen, die der dienstbare Geist hier findet, doch etwas üppig – man könnte auch sagen: überwältigend.

lich. Man verhält sich entweder mehr oder weniger zufällig – was nicht eben Spaß macht – oder versucht, die Situation mit brachial vereinfachenden Strategien zu bewältigen. Das typische Verhalten von Internet-Nutzern auf Suchmaschinen spricht in diesem Zusammenhang Bände: Der durchschnittliche Surfer klickt kurzerhand auf den ersten Link in der Liste, oder er betrachtet nur eine Ergebnis-Seite (s. S. 291). Damit wären in diesem Fall (Abb. 255) 79.976 Treffer umsonst gewesen.

Die Besucher sollten Ziele erkennen und unterscheiden können

Das ist auf den ersten Blick eine sehr triviale Forderung. Natürlich: Wenn ich (a) nicht verstehe, wozu ein Angebot gut ist, kann ich (b) Distanzen, Kosten und Nutzen nicht bewerten, und dann werde ich mich (c) für seine Attraktivität erst gar nicht interessieren, sodass ich (d) meine Maus zunächst einmal hübsch dort lasse, wo sie ist, um letzten Endes wahrscheinlich (e) den Rückzug anzutreten.

Unsicherheiten über Ziele treten allerdings im Web sehr häufig auf, an erster Stelle natürlich immer dann, wenn wir uns für Dinge entscheiden sollen, die wir nicht verstehen. Abbildung 256 zeigt zwei Beispiele. Im Menü links werden unter der Rubrik „Partner" Auswahlmöglichkeiten namens „ZAW", „ÖAK", oder „WHAF" angeboten. Von der Option „Werberat" einmal großzügig (als andeutungsweise eine Bedeutung tragend) abgesehen, benötigt man nun also 5 Versuche bzw. 10 Einzelschritte, um diese Möglichkeiten miteinander zu vergleichen – die Back-Taste mitberechnet. Das Beispiel rechts richtet sich an Benutzer, die Schriftsteller alleine aufgrund ihres Konterfeis unterscheiden können. Auch wenn es andere Möglichkeiten gibt, die Autoren zu finden: „Mixed Modality" (s. S. 95) wäre besser, denn dann könnten nicht nur literarisch hypergebildete Zielgruppen mit Hilfe des Systems Entscheidungen treffen, also navigieren.

Abbildung 257 zeigt ein Beispiel für Alternativen, die einen neuen Besucher erheblich ins Schleudern bringen können. In der

Abb. 256: Eine Technik, um das Bewerten von Alternativen im Keim zu ersticken, sind kryptische Links, und die beste Methode, kryptische Links zu formulieren, sind Abkürzungen (links). In der Mitte das visuelle Äquivalent: Personen, die man vielleicht noch nie gesehen hat, obwohl man möglicherweise ihre Namen kennt und eventuell sogar nach einem ihrer Bücher sucht. Rechts eine entscheidungsfreundliche Alternative.

links: www.altavista.de;
rechts: www.ivw.de;
www.suhrkamp.de

> Man muss allerdings an dieser Stelle einmal mehr auf das Thema Zielgruppen hinweisen. Optionen, die für ein breites Publikum unverständlich sind, müssen nicht immer und überall ein Problem darstellen. Auf einer Website für Web-Entwickler sind Bezeichnungen wie „PHP" oder „ASP" völlig unbedenklich. Wenn sich ein Angebot an Fachpublikum richtet, müssen vor allem diese Personen Entscheidungen treffen können.

Abb. 257: Geringe Bandbreite oder Tagesprogramm? Das ist hier die (etwas befremdliche) Frage.

www.wissen.de

Flash-Version dieser Website gibt es also ein Tagesprogramm? Das ist schön, und wenn man wüsste, um *welche* Art von Programm es sich handelt (Fernsehen?, Rundfunk?, alle Sender, nur einer oder einige?), könnte man sogar die Attraktivität dieser Alternative schon jetzt bewerten. Was aber eigentlich verwirrt und eine Entscheidung erschwert: Die HTML-Version ist im Unterschied zum Tagesprogramm der Flash-Version „für geringe Bandbreiten" gemacht. Habe ich also auf der HTML-Version *kein* Tagesprogramm? Wenn man ein straff denkender Logiker ist, muss man die Frage bejahen, nur: Sind die Macher der Site auch straff denkende Logiker? Diese Frage lässt sich nur durch Ausprobieren beantworten, was halb so wild wäre, wenn dies nicht wiederum Kosten in Form von Zeit, Wartezeiten und Anstrengung verursachen würde.

Die Besucher sollten die Attraktivität der Ziele bewerten können

Wenn wir Ziele erkennen und differenzieren können, ist zwar eine Vorbedingung für das Entscheiden erfüllt, die eigentliche Arbeit liegt aber noch vor uns. Die Attraktivität der Ziele muss bewertet werden, und hierfür müssen wir etwas über Kosten und Nutzen in Erfahrung bringen können. Auf der Startseite einer Website sind dies typische Aufgaben für eine Moderation (s. S. 81). Ich möchte an dieser Stelle aber an das Beispiel von Abbildung 255 anknüpfen: die Trefferliste einer Suchmaschine. Dies hat zwar mit Webdesign im Sinn von Seiten- oder Interface-Design nichts zu tun, es eignet sich aber für unsere Zwecke sehr gut. Nach meiner Erfahrung haben viele Entscheider in Web-Projekten nicht bemerkt, dass der eigentliche Wettbewerb nicht auf der Startseite beginnt (wenn man hier für eine gute Kommunikation sorgt, hat man ja schon fast gewonnen), sondern eben irgendwo weit draußen in der Wüste, auf den Trefferlisten der Suchmaschinen. Und obwohl allenthalben über das eigenwillige Verhalten dieser dienstbaren Geister geklagt wird, stehen sie bei den Recherche-Techniken immer noch an erster Stelle [83]. Wer gefunden werden möchte, muss erstens auf den Trefferlisten gut platziert sein und sich dort zweitens möglichst gut präsentieren.

Die zweihundert bis zweihundertfünfzig Zeichen Text, die auf der Treffer-Liste einer Suchmaschine angezeigt werden, sind also für viele Surfer der Erstkontakt mit einem Web-Auftritt. Sie bilden die Grundlage für die erste Bewertung seiner Attraktivität und die Entscheidung für oder gegen einen Besuch.

Auf Abbildung 258 (s. S. 268) habe ich einmal eine Auswahl von Treffern zusammengestellt, die man erhält, wenn man auf der Suchmaschine Altavista den Begriff „webdesign" eingibt. Um die Attraktivität der angezeigten Alternativen bewerten zu können, benötigt ein potentieller Kunde nun Anhaltspunkte bezüglich der folgenden Fragen:

- Wo ist der Anbieter angesiedelt? Das gehört in weiterem Sinn zum Thema Distanz, denn vor allem kleine und mittelständische Unternehmen bevorzugen nach meiner Erfahrung ganz eindeutig Dienstleister in ihrer Nähe. Der Unternehmer aus Garmisch Partenkirchen wird wenig erfreut sein, wenn er einen vielversprechenden Link zu einer Agentur in Flensburg angeklickt hat.
- Ist der Anbieter für meine Bedürfnisse fachkompetent? Bietet er den Service, den ich mir wünsche? Hat er Alleinstellungsmerkmale? Dies alles betrifft den zu erwartenden Nutzen einer Zusammenarbeit.
- Kann man etwas über das Preisniveau (also Kosten) erfahren oder zumindest erahnen?

Eine vollständige Beantwortung dieser Fragen ist alleine wegen der Kürze der Texte, die in einer Suchmaschine angezeigt werden, kaum möglich. Allerdings ist trotzdem leicht zu erkennen, dass sich die Treffer in ihrer Qualität deutlich unterscheiden. Um dies zu verdeutlichen, habe ich in Tabelle 30 (s. S. 269) eine – sicherlich auch subjektive – Bewertung der Texte zusammengefasst.

Was wäre besser? Ich habe mich einmal gequält und einen Alternativtext (191 Zeichen, Kasten rechts) entworfen, der meiner Meinung nach im Feld der Bewerber in Tabelle 30 gewinnen würde. Ich bin dabei von der Voraussetzung ausgegangen, dass es sich um eine kleinere Agentur handelt, die mittelständische Unternehmen mit beschränktem Budget als Kunden gewinnen möchte.

Analysieren wir dies nun noch einmal nach den oben genannten Kriterien: Die Herkunft des Anbieters wird genannt. Die Frage des Preises wird angesprochen („faire und feste Preise"). Es

> HTML aus München – professionelles Webdesign von A - Z
> Wir realisieren Ihr Web-Projekt zu fairen und festen Preisen. Auf unseren Seiten finden Sie kostenlose Tipps und Checklisten für die Planung Ihres Projekts. Informieren Sie sich unverbindlich.

Abb. 258: Ausschnitte aus der Trefferliste einer Suchmaschine. Aus Gründen der Neutralität wurden die Anbieter und Internet-Adressen unkenntlich gemacht.

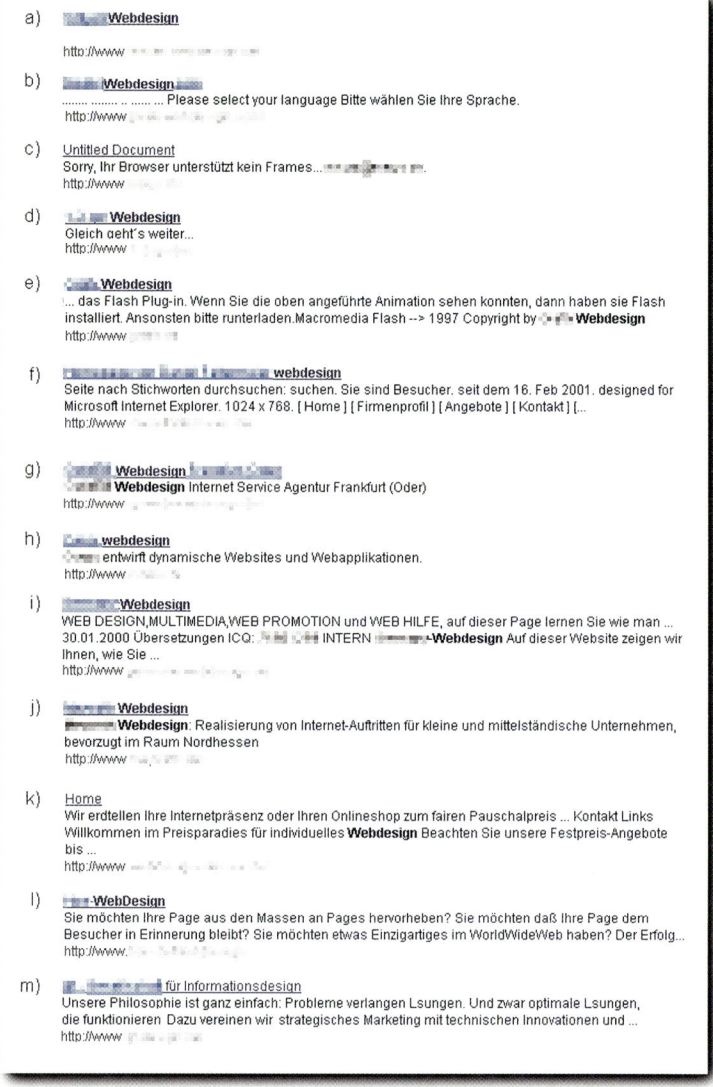

www.altavista.de

wird deutlich, dass ganze Projekte realisiert werden können (A bis Z). Ein Zusatznutzen wird versprochen (Gratis-Tipps und Checklisten). Eine Handlungsaufforderung schließt den Text ab. Kein Brüller, ich gebe es zu, doch einigermaßen brauchbar. Nebenbei bemerkt gehört Brüllen auch nicht zu den Kommunikationspflichten eines Textes auf einer Suchmaschine.

Tab. 30: Gestaltung von Information in Treffer-Listen (Kommentare der Beispiele auf Abbildung 258).

Abb. 187	Kommentar
a)	Ein nackter Link, ganz ohne Kommentar. Damit hat die Entscheidung, diese Website aufzusuchen, keine Grundlage.
b) - d)	Wollte man jemanden davon abbringen, auf einen Link zu klicken, wäre dies so leicht möglich: "Gleich geht's weiter" oder "Sorry, Ihr Browser unterstützt keine Frames".
e) - f)	Diese sind nur länger, nicht besser.
g) - h)	Hier geschieht nichts, was Kunden abschreckt. Als Lockmittel und Entscheidungsgrundlage trotzdem eher ungeeignet. Variante g) gibt immerhin eine geografische Auskunft.
i)	Macht einen eher konfusen Eindruck, was auf die Großbuchstaben und abgerissene Sätze ("Zeigen wir Ihnen, wie Sie...") zurückzuführen ist.
j)	Nüchtern und sachlich. Hier werden die Dienstleistung, die Zielgruppen und der geografische Einzugsbereich genannt. Man könnte hinsichtlich Qualität und Kosten noch offensiver vorgehen.
k)	Fokussiert auf Kosten, schießt dabei aber über das Ziel hinaus. "Preisparadiese" findet man bei Teppichhändlern, nicht bei Agenturen (schön wär's). Hierdurch werden Zweifel geweckt, ob die Qualität stimmt. Gestützt wird dies durch den Tippfehler zu Beginn ("erdtellen").
l)	Für die Zeit nach dem Crash in der New Economy für meinen Geschmack etwas zu enthusiastisch. Diese Leute sind wohl mehr an multimedialen Ideen als an der termingerechten Erstellung eines nüchtern kalkulierten Web-Auftritts interessiert.
m)	Der Versuch, mit minimalen Mitteln maximales Know-how zu demonstrieren. Die aufgefahrenen Geschütze "Vereinigung von strategischem Marketing mit technischen Innovationen" - sind aber zu abstrakt, um etwas aussagen zu können. Auch hier ein fataler Tippfehler: "Optimale Lsungen die funktionieren" ist nicht nur stilistisch etwas schwerfällig (gibt es eine optimale Lsung, die *nicht* funktioniert?), es wirkt auch unfreiwillig komisch.

Für mich ergibt sich aus diesem Beispiel eine einfache und ganz grundsätzliche Schlussfolgerung: Nimmt man die Perspektive des Besuchers ein, um Websites entscheidungsfreundlich zu gestalten, ergeben sich die Grundlagen für gute Kommunikation ganz automatisch. Es ist schwer, schlecht zu kommunizieren, wenn man entscheidungsfreundlich kommuniziert.

Die Besucher sollten Distanzen schätzen können

Das ist eigentlich selbstverständlich, denn natürlich steuern wir nur ungern Ziele an, die irgendwo im Nebel liegen – es sei denn, die Abenteuerlust hat uns gepackt. Nach der Betätigung von ein bis zwei Dutzend typischer Internet-Falltüren kann man allerdings davon ausgehen, dass es mit der Experimentierfreudigkeit nicht mehr weit her ist. Der Zeitaufwand und die Anzahl der zum Ziel führenden Klicks und Operationen sollten also zu erahnen sein, und zwar möglichst *bevor* man sich auf den Weg macht. Wichtiger noch: Die Erwartungen der Benutzer sollten in dieser Hinsicht nicht fehlgeleitet werden. Wenn etwas den Eindruck erweckt, es sei in einem Klick zu erreichen, sollte das auch so sein, sonst wird die Attraktivitätskurve vom genasführten Besucher unter Umständen in Sekundenbruchteilen in den roten Bereich korrigiert.

Abbildung 259 zeigt ein Beispiel für eine Situation, die auf den ersten Blick ganz unverfänglich wirkt: ein Formular, das die Daten zur Person vom Online-Bewerber abfragt und ihm dann einen Button mit der Aufschrift „weiter" anbietet. Aber: Wie viele Formulare wird man wohl ausfüllen müssen, bis die Bewerbung abgesendet werden kann? Welche Informationen muss man eingeben? Wie lange wird das dauern? Man weiß es nicht, die Distanz zum Ziel ist nicht einmal zu erahnen, und im vorliegenden Fall mag das auch nicht so schlimm sein. Ein neuer Job hat als Ziel eine derart große Bedeutung, dass ein motivierter Bewerber sicherlich größere Distanzen zu überwinden bereit ist. Andererseits kann man die Information auch ohne allzuviel Aufwand gleich mitliefern, und dann hat man die Sache nicht nur entscheidungsfreundlich gemacht, sondern gleichzeitig eine Kommunikationsaufgabe gelöst – nämlich zu signalisieren, dass man sich um das Wohlergehen der Bewerber kümmert.

Eine Standardsituation für die Abschätzung von Distanzen im Web sind Downloads. Zwischen dem Klick auf den Button mit der Aufschrift „Download" und dem Lesen des Dokuments oder Installieren des Programms kann unterschiedlich viel Zeit vergehen, die sich gleich auf zwei Parameter unseres Entscheidungsmodells auswirkt: Distanz und Kosten. Insofern gehört es zu den Pflichtübungen, Informationen zu Downloads transparent zu machen, sodass der Benutzer eine Entscheidung treffen kann. Abbildung 260 zeigt zunächst einmal, was man eher nicht ma-

Abb. 259: Original (oben) und Fälschung (unten): Das Versenden einer Online-Bewerbung ist vielleicht noch angenehmer, wenn man weiß, wie lange es dauern wird, wieviele Themenblöcke bzw. auszufüllende Formulare es gibt und wieviel Mühe man investieren muss.

www.sap.com

chen sollte, nämlich: gar nichts. Hier muss man probeweise klicken, bis man weiß, wie lange man auf den Download warten muss. Stellt sich dann heraus, dass das Dokument 2,69 Megabyte groß ist, wird sicherlich ein Teil der Besucher zurückschrecken. Allerdings hat man dann schon wieder einmal umsonst geklickt.

Wenn ich einen Knigge für Downloads schreiben sollte, würde ich Folgendes fordern: Teilen Sie ihren Besuchern mit...

- welchen *Umfang* die Datei aufweist;
- welches *Format* die Datei hat;
- den *Namen* der Datei;
- welche *Software* sie benötigen, um die Datei verwenden zu können;
- mit welcher *Wartezeit* sie voraussichtlich rechnen müssen.

Abb. 260: Glücklich ist, wer über ein schnelles Firmennetz oder eine DSL-Verbindung verfügt. In diesen Fällen werden sich die 2,69 Megabyte, die dieses Dokument umfaßt, nicht weiter auswirken. In allen anderen Fällen wäre es ganz nett, gewarnt zu werden.

Abbildung 261 zeigt das eben besprochene Beispiel noch einmal, zusammen mit einer Alternative, die in der Manier dieses Download-Knigge gestaltet ist.

Die Besucher sollten Kosten bewerten können

Man muss auch hier gleich hinzufügen: Sie sollten die Kosten *möglichst früh* bewerten können. Dabei zählt jeder Klick, denn wenn sich ein Besucher durch ein halbes Dutzend Seiten wurstelt, um dann am Ende zu erfahren, dass das begehrte Produkt sein Budget sprengt, kann man eine gewisse Verdrossenheit vorhersagen (die dann wiederum der vom Betreiber gewollten Bindung an das Angebot nicht eben zuträglich ist). Abbildung 262 (oben) zeigt hierzu ein Beispiel. Diese Produktliste zeichnet sich zunächst dadurch aus, dass man nicht sicher entscheiden kann, zu welchem Produkt welcher weiterführende Link gehört. Im ungünstigsten Fall bedeutet das für den potenziellen Käufer zwei unnötige Klicks, nämlich erstens auf den falschen Link und zweitens wieder retour. In Bezug auf die schon genannten Regeln, dass Alternativen eindeutig unterschieden und Distanzen minimiert werden sollten, schneidet diese Gestaltung schon einmal nicht sehr gut ab.

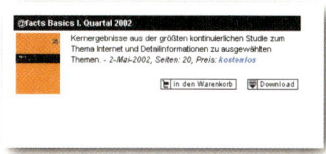

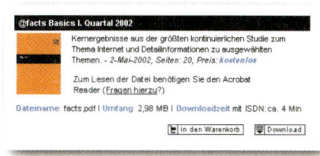

Abb. 261: Original (oben) und eine Fälschung, die den Download-Knigge befolgt (unten).

www.sevenonemedia.de

Wichtiger ist noch, dass der Preis der Artikel nicht aufgeführt wird – mit Ausnahme der ersten CD in der Liste, bei der er aus völlig unerfindlichen Gründen *doch* genannt wird. Der untere Screenshot zeigt die Lösung des Problems, und sie ist ganz einfach: Der Preis ist sichtbar und durch die horizontalen Trennlinien können die Links eindeutig den Produkten zugeordnet werden.

Design, das Kosten verschleiert, ist deshalb so gefährlich, weil sich Menschen ungern für Handlungsalternativen entscheiden, deren Folgen nicht hundertprozentig transparent sind. Die Wahrscheinlichkeit dafür, dass etwas verschmäht oder eine schon getroffene Entscheidung revidiert wird, ist natürlich umso höher, je weit reichender die Folgen, also die Kosten sind. Abbildung 263 zeigt ein Beispiel, das dies verdeutlicht.

Wenn es um die Ersteigerung eines Produkts im Wert von mehr als 1.000 Euro geht, wird ein Besucher sich sehr vorsichtig verhalten – nicht zuletzt deshalb, weil die rechtlichen Konsequenzen seines Klicks gleich noch eindringlichst erklärt werden. Nun kann man sich wieder auf den Standpunkt stellen, die Nutzer des Angebots seien zu 90% Stammkunden und als solche mit der Bedienung des Systems vertraut. Das mag sogar zutreffen, doch selbst dann spricht nichts dagegen, die Sache ohne viel Aufwand so umzugestalten, dass die 10% „Newbies" die Zusammenhänge auch verstehen, und zwar ohne eine „Guided Tour" oder Hilfefunktionen zu bemühen (beides sind Dinge, die die Distanz zum Ziel oft hoffnungslos vergrößern, weil man uns erfahrungsgemäß irgendwo im Guided Gestrüpp verenden lässt). Man erreicht damit nicht nur, dass die Folgen eines Klicks verständlich werden, es wird auch deutlich, dass hier noch keine Kosten entstehen.

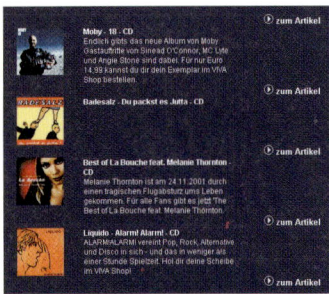

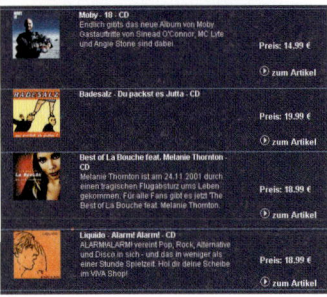

Abb. 262: Original (oben) und Fälschung (unten): Bedenkt man, dass bei der jugendlichen Zielgruppe dieses Shops 5 Euro das Zünglein an der Entscheidungswaage sein können, ist einigermaßen rätselhaft, wieso die Kosten nicht gleich genannt werden.

www.viva.tv;
www.ebay.de

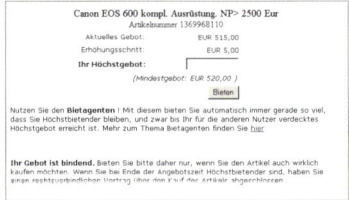 

Abb. 263: Original (links) und Fälschung (rechts): Oft genügen minimale Ergänzungen, um Hemmungen, die durch Unsicherheiten über die Kosten einer Entscheidung entstehen, abzubauen.

Die Distanz zum Ziel sollte minimiert werden

Eine wichtige Annahme unseres Entscheidungsmodells ist, dass Handlungstendenzen vor allem dann entstehen, wenn die (wahrgenommene) Distanz zum Ziel gering ist bzw. als gering bewertet wird. Dieser Mechanismus wird z.B. durch „Quickfinder" angesprochen, die die wichtigsten Ziele auf einer Website auf eine Distanz von einem Mausklick an den Besucher heranbringen (Abbildung 264). Obwohl mir leider keine entsprechenden Studien bekannt sind, würde ich vorhersagen, dass Optionen in solchen Listen alleine wegen der extrem kurzen Distanzen eher angewählt werden – vorausgesetzt, dass sich unter den angebotenen Auswahlmöglichkeiten solche mit einer gewissen Mindestattraktivität befinden.

Abb. 264: Eine Drop-Down-Listbox als Abkürzungsweg bringt Ziele auf minimale Distanz.

Das Vermitteln von Wissen über Distanzen ist allerdings – wie wir im Zusammenhang mit unserem Download-Knigge (s. S. 271) bereits gesehen haben – eine Kommunikationsaufgabe, der sich viele Websites nur sehr zögerlich und unvollständig annehmen. Abbildung 265 zeigt eine Ausnahme.

Hier geht es um den Einbau einer Suchfunktionalität auf Websites über einen externen „Crawler". Anstatt den Besucher gleich auf eine ungewisse Reise mit immer neuen „weiter"-Buttons zu schicken, sendet die Grafik eine Botschaft, die man folgendermaßen übersetzen könnte: „Es wird schnell gehen und es wird nicht anstrengend sein." Natürlich hat die Grafik auch werblichen Charakter, denn ganz so einfach, wie hier zu sehen, wird es wohl nicht sein. Trotzdem: Der Anbieter greift das Thema Distanz auf und nutzt es in positivem Sinn. Das baut unter Umständen die letzten Hemmungen ab, die eine positive Entscheidung verhindern.

Abb. 265: Eine Info-Grafik, die gleich mehrere wichtige Dinge erledigt: Sie vermittelt einen Eindruck von der Distanz zum Ziel, erlaubt es, einen groben Handlungsplan zu entwerfen, und verdeutlicht, dass die Distanz gering ist.

Man kann den Begriff der Distanz aber auch ganz wörtllich nehmen, also auf Entfernungen auf dem Bildschirm übersetzen. Auch hier gilt natürlich, dass Alternativen umso eher gewählt (und anschließend in Handlungen umgesetzt) werden, je kürzer die Wege sind, die das Auge und die Maus von einem gegebenen Punkt aus zurücklegen müssen. Auf diesen Aspekt möchte ich im nächsten Abschnitt noch einmal genauer eingehen.

www.wdr.de;
www.crawl-it.de

Die Kosten für die Besucher sollten minimiert werden

Als mögliche Kosten hatten wir weiter oben (s. S. 262) materielle und immaterielle Faktoren definiert. Zu Letzteren gehören die Anstrengung beim Lesen und bei Bedienvorgängen, der Anteil irrelevanter Information, der ausgewertet werden muss, und emotionale Kosten wie Ärger und Frustration durch Mängel in der Gestaltung oder Misserfolgserlebnisse. In diesem Bereich liegt eine der wichtigsten Funktionen der Benutzerfreundlichkeit von Web-Auftritten:

> Eine der wichtigsten Aufgaben der Benutzerfreundlichkeit im Web besteht darin, die immateriellen Kosten für die Bedienung eines Angebots zu reduzieren bzw. minimal zu halten. Damit schafft sie zwar keinen direkten Nutzen, doch sie sorgt dafür, dass die implementierten Angebote wirksam werden können. Durch Mängel in der Benutzerfreundlichkeit können die Kosten für die Besucher so ansteigen, dass die nützlichsten Dienste ruiniert werden.

Und es gibt Dutzende von Faktoren, die man in diesem Sinn als kostenwirksam bewerten muss:

> … kleine Schriften … unverständliche Instruktionen … Links, die zu abstrakt formuliert sind … Fehlklicks bei zu klein dimensionierten Bedienelementen … schlechte Kontraste von Schriften, Icons, deren Inhalt man nicht erkennt … Dropdown-Menüs, die zu träge reagieren … versteckte Bedienelemente … zu viel irrelevante Information … zu wenig relevante Information...

Alle diese Faktoren können die Bedienung erschweren, Ärger auslösen, die geschätzte Distanz zur Erreichung des Ziels verlängern und somit dafür sorgen, dass Entscheidungen negativ ausfallen.

<Exkurs 6: Über Mikro-Kosten >

Geht man davon aus, dass die Schnelligkeit der Bedienung einer Website nicht nur eine Art besonderer Luxus, ein „nice to have", sondern kosten- und damit auch entscheidungsrelevant ist, kann man beim Nachdenken über entscheidungsfreundliches Webdesign sehr weit gehen, bis zu den physikalischen Abständen auf dem Bildschirm. Tatsächlich summieren sich ja alle Zeiten und Wege auf der sichtbaren Oberfläche einer Website, auch wenn sie für sich betrachtet nur Bruchteile von Sekunden oder Zentimeterchen betragen mögen. Möchte man Design optimieren, kann man durchaus bei diesen „Mikro-Kosten" ansetzen. Die Besucher werden es spüren. Natürlich sagt sich niemand Sätze wie „Oh, wie einfach und schnell hier alles geht! Und es hat mich überhaupt nicht angestrengt!" Nein, Benutzerfreundlichkeit wird in der Regel – leider – eher kommentarlos konsumiert. Trotzdem: Die Erfahrung, sich *schnell* bewegen zu können, reduziert Kosten und erhöht so die Bereitschaft, sich für ein Angebot zu entscheiden. Ähnliches gilt für den Experimentierwillen: Wenn es schnell geht (die Kosten gering sind), wird man eher einmal probeweise ein Ziel ansteuern, über dessen Attraktivität man sich nicht im Klaren ist. Unser Entscheidungsmodell würde dies jedenfalls so voraussagen, und sicherlich wäre der gesunde Menschenverstand mit ihm einer Meinung.

Abbildung 266 zeigt etwas plakativ, worum es dabei (unter anderem) geht, wenn man an Screen-Design denkt: Optimal bedienbar im Sinn der Vermeidung von Mikro-Kosten (Anstrengung und Zeit) sind große Ziele in geringem Abstand. Dies ist eine Empfeh-

Abb. 266: Größen und Entfernungen sind die wichtigsten räumlichen Eigenschaften der Bedienelemente auf einer Website (z.B. Menüleisten oder Buttons). Und ergonomisch sind große Ziele und kurze Wege.

lungen der klassischen Software-Ergonomie [84], auf deren formale Herleitung und Begründung ich nicht im Einzelnen eingehen möchte. Sie ist auch intuitiv nachvollziehbar, und wer sich einmal auf einer Website mit miniaturisierten Bedienelementen herumgequält hat, weiß, dass die Verletzung dieser Regel dem Benutzer wenig Freude bereitet. Ein fast schon übertrieben wirkendes Beispiel für deren Anwendung im positiven Sinn sind die farbigen Bedienflächen – das Wort „Link" oder „Button" alleine wirkt da wie eine glatte Untertreibung – auf der Startseite von Hewlett-Packard (Abbildung 267 links). Ich möchte die Frage, ob es sinnvoll ist, Buttons in dieser gewaltigen Größe auf einer Startseite anzubringen, einmal beiseite lassen. Hier geht es darum, dass sie wirklich kinderleicht und mit minimalem Zeitverbrauch (minimalen Kosten) zu treffen sind. Das Beispiel rechts

Abb. 267: Große Ziele, kurze Wege (rechts) und kleine Ziele, kurze Wege (links). Keine Frage, was leichter zu bedienen ist, also weniger „Mikro-Kosten" verursacht.

zeigt, wie man es eindeutig *nicht* machen sollte: Ein Registerleinchen mit einer Schriftgröße von 5 Pixeln. Die kleinen Distanzen helfen in diesem Fall dann auch nicht mehr.

Man kann Mikro-Kosten, die durch Bedienvorgänge entstehen, sogar sekundengenau schätzen. Hierfür gibt es Erfahrungswerte und formale Beschreibungsmodelle. In Tabelle 31 sind Durchschnittszeiten für die Ausführung bestimmter Handlungen am Rechner aufgelistet. Abbildung 268 zeigt dann, wie sich die Zeit errechnet, die beim Markieren zweier Linien in einem Grafik-Programm verbraucht wird. (Ich habe das Beispiel dem Buch „Entwicklung Interaktiver Systeme" von Bernhard Preim [85] entnommen und etwas vereinfacht.)

Tab. 31: Durchschnitts- oder Normzeiten für Handlungen bei der Bedienung eines graphischen Interfaces.

Handlung	Zeit
Betätigung einer Taste, auch der Maustaste (die Zeit hängt davon ab, wie gut der Anwender trainiert ist)	0,08 - 0,28
Zeigen mit einer Maus auf ein Objekt im Mittelwert (die genaue Zeit hängt von der Distanz ab)	1,1 Sek.
Mentale Vorbereitung (Zeit zwischen dem Identifizieren eines Ziels und dem Beginn der Handlung)	1,35 Sek

Das Beispiel verdeutlicht den Gesichtspunkt, um den es mir in diesem Exkurs geht: Alle Bedienvorgänge verbrauchen Zeit. Und ich möchte nun nicht den abgedroschenen Zeit-ist-Geld-Spruch bemühen, um zu erklären, dass dies eine kritische Größe ist.

Betrachten wir uns einmal an einigen Beispielen, wie im Web solche zeitlichen Mikro-Kosten entstehen und wie sie reduziert werden können. Eines haben wir übrigens schon kennen gelernt, der weiter oben (Abbildung 254) dargestellte Hürdenlauf am Seitenende auf Altavista. Abbildung 269 zeigt einen anderen Fall: zwei Startseiten, deren Menüs so ungeschickt über den Bildschirm verteilt sind, dass die Strecken, die Augen und Mauszeiger zurücklegen müssen (symbolisiert durch die farbigen Pfei-

www.hewlett-packard.de;
www.focus.de;
rechts:
www.cdu.de;
www.volkswagen.de

Entscheidungsfreundliches Webdesign

le), sehr stark gedehnt werden. Der Gewinn, der aus einem Redesign erwachsen könnte, liegt auf der Hand. Entsprechende Vorschläge sind auf den jeweils unteren Bildern zu sehen. Bei dem linken Beispiel ist die Veränderung besonders drastisch. Es verdeutlicht zugleich die Ersparnis, die man erzielen kann, wenn man bei der Gestaltung von Menüs von einer zeilen- auf eine spaltenorientierte Anordnung wechselt. Dies ist – nebenbei bemerkt – eine Grundregel der Ergonomie:

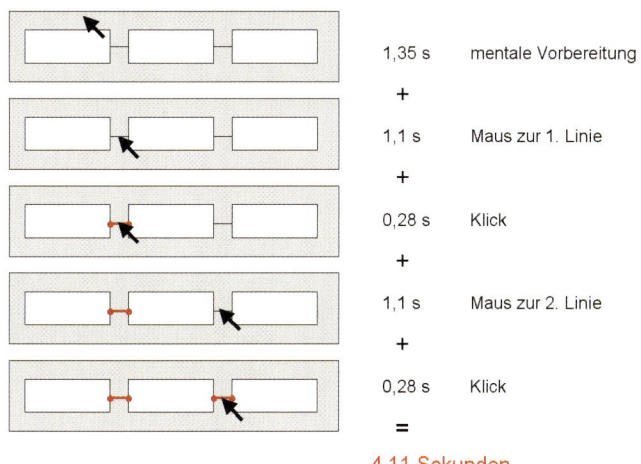

> Listen werden einfacher und schneller durchsucht, wenn sie in Spalten angeordnet sind. Die zeilenweise Anordnung verursacht höhere Mikro-Kosten

Abb. 268: Wenn man die Normzeiten aus Tabelle 31 annimmt, ergeben sich für eine einfache Handlung wie das Markieren zweier Verbindungslinien in einem Grafikprogramm die hier genannten Zeiten. Sie addieren sich zu einem Gesamtbetrag von 4,11 Sekunden. Bei der Bestimmung der Zeit für den Mausklick wurde der Wert für untrainierte Anwender eingesetzt.

Aber auch bei der Startseite rechts in der Abbildung kann man einiges an Strecke einsparen, indem man die Menüs am oberen Seitenrand übersichtlich gruppiert.

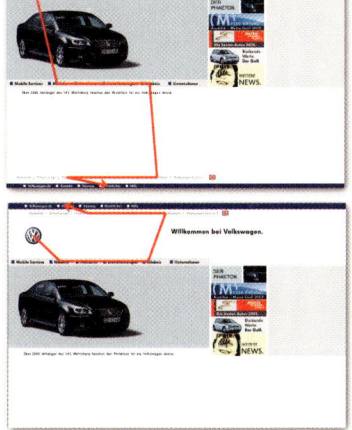

Abb. 269: Original und Fälschung: Die oberen Varianten (die Originale) folgen der Maxime „kleine Ziele, lange Wege", indem sie ihre Menüleisten kurzerhand quer über den Bildschirm verstreuen. Unabhängig von der Frage, ob dies ästhetisch zwingend ist (meiner Meinung nach ist dies nicht der Fall), werden die Kosten für den Benutzer hierdurch erhöht. Die Varianten unten sind vom Look and Feel her gleichwertig, die Strecken sind dabei aber deutlich kürzer.

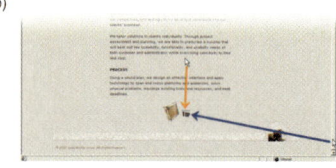

Abb. 270: Original (oben) und Fälschungen (unten): Mauswege in Abhängigkeit von der verwendeten Maus und der Position des Links. Der Pfeil in orange bzw. blau beschreibt den Weg für eine Wheel-Mouse bzw. eine konventionelle Maus.

www.inetz.com

Eines meiner Lieblingsbeispiele um die Prinzipien der Planung ökonomischer Mauswege zu erklären, ist das „Wheel-Mouse-Dilemma": Manche Gestalter platzieren am Seitenende den Link zum Rücksprung an den Seitenanfang am äußersten *linken* Seitenbereich, also in maximaler Entfernung von der Scroll-Leiste am rechten Bildschirmrand. Das ist problematisch, denn für eine konventionelle Maus gehört er natürlich nach *rechts*, dorthin, wo sich das Tierchen bzw. sein Zeiger in der Regel aufhält. Bevor man mit der Maus die zeitaufwändige, Mikro-Kosten verursachende Reise quer über den Bildschirm antritt, ist es viel einfacher, den Scroll-Balken zu benutzen, um zum Seitenanfang zu gelangen.

Und für eine Wheel-Mouse? Dies sind Mäuse, bei denen man ohne den Scroll-Balken, nur durch Drehen eines kleinen Rades zwischen der rechten und linken Maustaste scrollen kann. Da wird die Sache knifflig. Auf Abbildung 270 habe ich an einem Beispiel eingezeichnet, welche Mauswege sich für eine konventionelle und eine Wheel-Mouse ergeben, wenn der Top of Page-Link links, in der Mitte oder rechts platziert wird. Ich gehe dabei davon aus, dass beim Scrollen durch längere Seiten der Mauszeiger der Wheel-Mouse im Zentrum des Bildschirms positioniert wird und im Fall der konventionellen Maus auf dem Scroll-Balken ganz unten. Wenn man nun die Wege zu dem Top of Page-Link einzeichnet, ergibt sich Folgendes:

- Die Position des Links ganz links (a) ist eindeutig die schlechteste. Hier ist der Weg für die Wheel-Mouse aus dem Zentrum des Bildschirms schon relativ weit, für die konventionelle geradezu endlos.
- Die Position in der Mitte (b) verkürzt den Weg für beide Mäuse. Für die Wheel-Mouse wäre das die optimale Position.
- Die Position rechts (c) macht die Sache für die konventionelle Maus zu einem Kinderspiel, die Wheel-Mouse hat jedoch gegenüber der Variante unter (a) wiederum keinen Vorteil.

Vielleicht ahnen Sie, warum ich das Ganze ein „Dilemma" genannt habe: Unter der Voraussetzung, dass die Annahmen bezüglich der Positionierung des Mauszeigers stimmen, kann man die Position nicht für beide Ausstattungen optimieren. Im Grunde genommen müsste man *mehrere* Top of Page-Links anbieten, um allen Anforderungen gerecht zu werden. Eines ist jedoch immerhin sicher: Die Position am linken Bildschirmrand ist eindeutig die schlechteste, hier sollte es auf keinen Fall platziert werden.

< / ... >

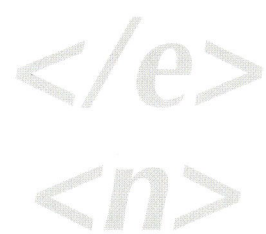

<Nachdenkerei über Peanuts>

Moment, Moment! Nun einmal im Ernst: Soll *das* denn wirklich etwas bringen, ein Menü in einer Spalte anstatt als Zeile darzustellen? Oder ein paar Zentimeter Weg für die Maus einzusparen? Das klingt doch verdächtig nach einer ungesunden Mischung aus Peanuts und Fliegenbeinzählerei. Ich sehe das eigentlich genauso. Eine Peanut ist wirklich nicht der Rede wert, vergessen wir's, ich nehme alles zurück. ... obwohl: *Zehn Kilo Peanuts* wären schon etwas anderes (von zehn Kilo Fliegenbeinen gar nicht zu reden). Mit anderen Worten: Ein einzelne kleine Verbesserung führt vielleicht dazu, dass bei einem Bedienvorgang ein halbes Sekündchen eingespart wird. Handelt es sich um eine Funktion, die häufiger bedient wird, werden aus der halben Sekunde dann im Verlauf eines Aufenthalts auf einer Website beispielsweise drei. Nimmt man nicht nur eine, sondern zehn Verbesserungen vor, kommt man rein rechnerisch dann schnell auf dreißig Sekunden. Das ist kein Scherz, sondern einfache Mathematik. Und wie wir noch sehen werden, sind dreissig Sekunden im Web eine halbe Ewigkeit. Es lohnt sich also sehr wohl, über Einsparmaßnahmen bei Fliegenbeinen und Peanuts nachzudenken.

Betrachten wir noch einmal den Fall eines Intranets, in dem 3.000 Mitarbeiter das Web täglich benutzen, und dehnen die Zeitperspektive auf ein Jahr. Ein bis an die Zähne bewaffneter Fliegenbeinzähler kann sicherlich eine Minute Zeitersparnis pro Mitarbeiter und Tag herausschlagen (vorsichtig geschätzt). Dann ergibt sich die Modellrechnung in Tabelle 32. Die Ersparnis in Euro und Cent lässt sich ausrechnen, wenn man weiß, was ein Manntag der Belegschaft durchschnittlich kostet. So weit will ich es aber gar nicht treiben. Der wesentliche Gesichtspunkt ist – denke ich – deutlich geworden: *Mikro-Kosten können auf der Makro-Ebene massive Auswirkungen haben.*

Tab. 32: Eine Modellrechnung zu den Auswirkungen der Verminderung zeitlicher Mikro-Kosten in einem Intranet mit 3.000 Mitarbeitern, die im Durchschnitt 220 Tage im Jahr, täglich 8 Stunden arbeiten.

Zeitersparnis / Tag:	= 1 Minute
multipliziert mit 3.000 (Mitarbeitern):	= 3.000 Minuten / Tag
dividiert durch 60:	= 50 Stunden / Tag
multipliziert mit 220 (Arbeitstagen):	= 11.000 Stunden / Jahr
dividiert durch 8 Arbeitsstunden):	= 1.375 Manntage / Jahr

< / ... >

Kosten und Nutzen sollten im Gleichgewicht sein

Natürlich müssen die Besucher einer entscheidungsfreundlich gestalteten Website auch Kosten und Nutzen für den Betreiber bewerten können. Dieser Gesichtspunkt ist immer wichtig, besonders aber dann, wenn Besucher ohne eine genau definierte Gegenleistung im Interesse des Anbieters etwas tun sollen. Anhand von Datenschutzhinweisen lässt sich dieses Prinzip sehr schön verdeutlichen. Diese haben ja nicht nur die Funktion, Vertrauen zu schaffen und rechtlichen Vorschriften Genüge zu tun, sie betreffen auch ganz unmittelbar einen Nutzen für den Anbieter. Das Übergeben persönlicher Daten ist ja im Grunde eine einseitige Sache: Der Besucher übermittelt Informationen, und der Betreiber kann diese mehr oder weniger intensiv und zu verschiedenen Zwecken verwerten – sei es um Statistiken über das Publikum auf seiner Website zu erhalten, Informationen über potenzielle Kunden zu sammeln oder das Adressmaterial wirtschaftlich weiterzuverwerten. Unser Entscheidungsmodell würde vorhersagen, dass die Wahrscheinlichkeit dafür, dass ein Formular ausgefüllt wird, umso größer ist, je härter die angekündigten Kriterien sind. Dieser Zusammenhang ist in Tabelle 33 beispielhaft dargestellt. Der Anbieternutzen hängt natürlich auch davon ab, *welche* Informationen abgefragt werden.

Tab. 33: Das Ausmaß des Datenschutzes definiert, wie hoch der Nutzen der in einem Formular übergebenen Informationen für den Betreiber ist.

Ihre Daten werden nur für die Transaktion gespeichert und dann gelöscht.	Ihre Daten werden nicht an Dritte weitergegeben.	Ihre Daten werden gespeichert und für Informationszwecke verwendet.
bedeutet...	bedeutet...	bedeutet...
Wir können die Daten nicht weiterverwenden.	Wir können die Daten für eigene statistische Zwecken oder Werbeaktionen weiterverwerten.	Wir können die Daten selbst verwerten und möglicherweise verkaufen.
bedeutet...	bedeutet...	bedeutet...
Kein Nutzen für den Anbieter.	Mäßiger Nutzen für den Anbieter.	Hoher Nutzen für den Anbieter.

Je weniger intim und ausführlich, desto geringer sind die Kosten für den Besucher (Zeit und Mühe), aber auch der Nutzen für den Betreiber. Das Sammeln von E-Mail-Adressen und Informationen über Kunden, das marketingtechnisch oft als Argument für die Einrichtung von registrierungspflichtigen Angeboten oder Transaktionen ins Feld geführt wird (es kann sich dabei schon um ein einfaches E-Mail-Formular handeln), ist insofern ein zweischneidiges Schwert. Ich denke, man kann heutzutage nicht davon ausgehen, dass man es im Web mit Stimmvieh zu tun hat, das den Nutzen einer Registrierung für den Anbieter nicht kalkulieren kann. Die Konsequenz ist klar:

> Wer ernstlich daran interessiert ist, dass ein Formular ohne Gegenleistung ausgefüllt und abgeschickt wird, sollte ausdrücklich erklären, dass die Daten nicht mit hohem Nutzen weiter verwertet werden.

Wenn man eine Registrierung entscheidungsfreundlich gestalten möchte, muss man auch dafür sorgen, dass der Besucher den zu erwartenden *eigenen* Nutzen bewerten kann. Abbildung 271 zeigt, wie man dies verhindern kann. Auf der Startseite einer Website mit Fachinformationen zu Themen aus dem Bereich E-Commerce und E-Marketing gibt es in der Hauptnavigation einen Link namens „Publications", der „Research Reports" in Aussicht stellt.

Bevor man auch nur das kleinste Zipfelchen eines Reports gesehen hat, verbrennt man sich aber die Finger an einem indiskreten Formular. Das einzige, was der Anbieter darin nicht als Pflichtangabe abfragt, sind die Blutgruppe und die Kontonummer, Angaben zum Datenschutz fehlen vollständig. Würde nur die E-Mail-Adresse und der Name abgefragt und Diskretion zugesichert, wäre der Gewinn für den Anbieter kleiner, die Kosten für den Besucher ebenfalls, und man könnte vielleicht darüber nachdenken, ob man es einmal versuchen soll. Und so? Nun, es gibt noch andere Anbieter von „Research Reports".

Auch bei einem anderen Ärgernis sind Kosten-Nutzen-Kalkulationen von Bedeutung: Popup-Banner. Zunächst ist das Knöpfchen zum Schließen eines Popup-Windows ein typischer Fall von langem Weg und kleinem Ziel, seine Bedienung ist also eine anstrengende und zeitraubende Angelegenheit (s. Abbildung 272). Und diesen Kosten steht nicht nur kein Gegenwert gegenüber, es verhält sich sogar so, dass sowohl der Betreiber als auch der Auftraggeber des Banners einen Nutzen haben (Ersterer, indem er Geld dafür kassiert, Letzterer, indem er seine Werbebotschaften hinausposaunt). Nach allem, was wir über das Entscheiden wissen, ist das eine maximal ungünstige Situation für den

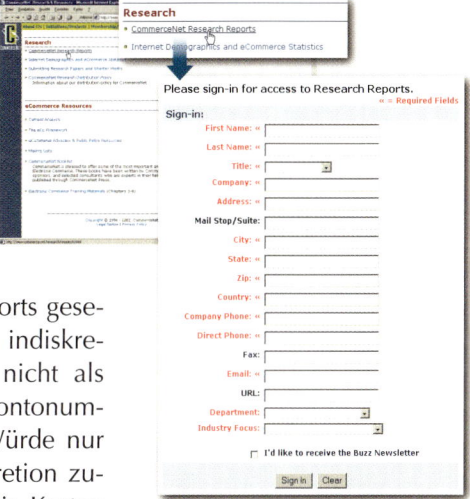

Abb. 271: Registrierungen wirken vor allem dann als Barrieren, wenn Kosten-Nutzen Verhältnisse nicht bewertet werden können – und wenn der Betreiber sich als zu gierig erweist.

www.commercenet.com

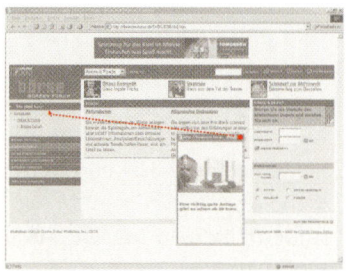

Abb. 272: Besucher, die ein Popup-Fenster im Zaum halten müssen, das sich immer wieder zwischen sie und die Website hineindrängelt, haben etwas zu tun, denn sie müssen jedesmal eine Fläche von 16 x 14 Pixeln treffen.

Besucher: nicht nur teuer, sondern auch noch ungerecht. Nun kann man sich natürlich nicht dafür entscheiden, keine Popup-Fenster einblenden zu lassen (schön wär's), aber man kann durchaus das Weite suchen, und in meiner persönlichen Surfhistorie gibt es nicht wenige Websites, die aus genau diesem Grund auf Dauer einen Besucher weniger in der Statistik haben.

11.3 Ein Szenario zum Thema „Entscheidungen im Web"

Anhand des folgenden ausführlicheren Beispiels, in dem es um sequentielle Entscheidungen beim Surfen geht (Kosten-, Nutzen-, Distanzbewertungen im Verlauf eines Bedienvorgangs), möchte ich die wichtigsten in den vorigen Abschnitten entwickelten Kriterien noch einmal zusammenhängend für den Internet-Alltag erläutern. Dabei ist wichtig, dass eben *nicht* einzelne Screenshots, sondern ein längerer Bedienvorgang betrachtet wird:
Es handelt sich um ein Erlebnis vom Kauf eines Fachartikels auf der Website der ehrwürdigen „Association for Computing Machinery" (ACM) in den USA. Zielgruppe dieser Website sind Menschen wie Sie und ich, also interessiertes Publikum, seiende oder werdende Experten, die sich über aktuelle Forschungsergebnisse und den theoretischen Fortschritt im Bereich Benutzerfreundlichkeit von Websites informieren möchten.

> Webdesign ist nicht die Gestaltung und anschließende Aneinanderreihung von Seiten, sondern Design von *Prozessen*. Um es bewerten zu können, muss man sich also die Mühe machen, Bedienvorgänge immer wieder vollständig von Anfang bis Ende durchzuspielen oder – besser noch – reale Menschen beim Handeln beobachten.

Und die ACM ist hierfür (als eine der angesehensten Fachorganisationen im Bereich der Informationstechnologie überhaupt) eine gute Adresse. Den vorgeschalteten Schritt, das Finden eines Artikels über eine Recherche in einer Suchmaschine, lasse ich der Einfachheit halber weg. Wir beginnen auf einem Inhaltsverzeichnis, in das uns die Suchmaschine geführt hat. Dort werden Titel von Fach-Artikeln gelistet (Abbildung 273 a).

www.focus.de;
rechts u. S. 284, Ab. 273a - h:
portal.acm.org/
citation.cfm?doid=505248.505271)

a) „Tools for navigating in social cyberspaces". Das ist ein interessantes Thema (= hohe Attraktivität). Der Link verspricht: „Hier gelangen Sie zum Text!" (= geringe Distanz) Und: keine Kosten. Da ist die Entscheidung einfach, solche Links klickt man gerne an. Mit dem nächsten Schritt sollte es dann so weit sein.

b) Ein neues Browserfenster öffnet sich, womit zugleich der erste unnötige Klick (Maximieren des Fensters) fällig wird. So weit kein Problem, denn die Motivation (Neugier) der Besucher ist sicherlich noch hoch. Mit dem nächsten Schritt sollte es so weit sein.

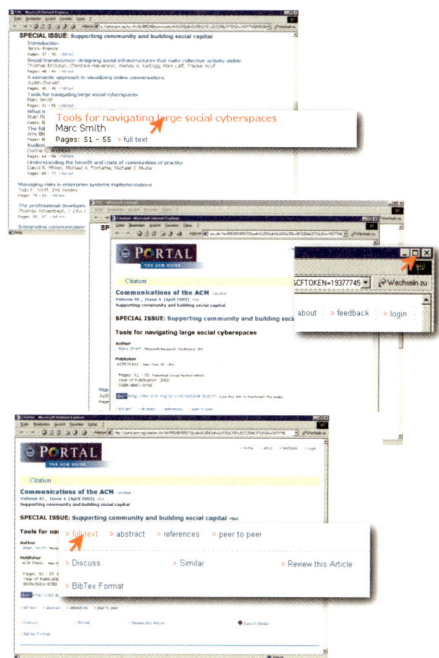

c) Der Link unter a) war offensichtlich nicht das, was er zu sein schien: Hier wird noch einmal eine Entscheidung für „full text" verlangt. Die Kosten beginnen (geringfügig) zu steigen, denn bis jetzt hat es keinen Spaß gemacht. Auch die Distanz zum Ziel scheint größer als erwartet, immerhin scheint sie sich zu verringern. (Das „abstract" will hier niemand lesen, denn das ist bei wissenschaftlichen Publikationen ohnehin dem Text vorangestellt.) Mit dem nächsten Schritt sollte es jetzt aber endgültig so weit sein.

d) Immer noch kein „full text", sondern eine Auswahl verschiedener Dinge, die für den nächsten Klick in Frage kommen. „Access Rules" wird hier niemand lesen. Auch wenn sie nur einen Klick entfernt sind: ihre Attraktivität ist zu gering, um die Gier nach dem Artikel irritieren zu können. Die mit vertrauten Icons versehenen Links „html" oder „pdf" springen ins Auge und scheinen das Erreichen des Ziels anzukündigen. Sie sind aber vollständig taub (zwei Fehlklicks). Stattdessen muss man auf „Click here to gain access..." klicken. Mit dem nächsten Klick... naja, Sie wissen schon.

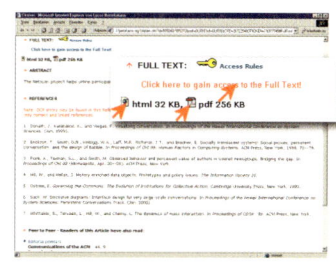

e) Es öffnet sich ein Popup-Fenster, das eine komplette Neubewertung der Situation erforderlich macht. „Full-Text is a controlled feature." Man kann den Artikel bekommen, muss sich aber registrieren? Das macht die Distanz zum Ziel zum ersten Mal fühlbar – und erhöht sie beträchtlich. Auch die Vorstellungen zu den Kosten müssen revidiert werden. Genaueres lässt sich nicht sagen, denn es waren ja bisher keine Preise zu sehen. Zum Ausgleich ist die Attraktivität des Artikels ebenfalls

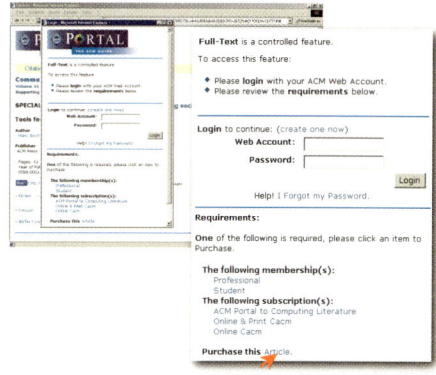

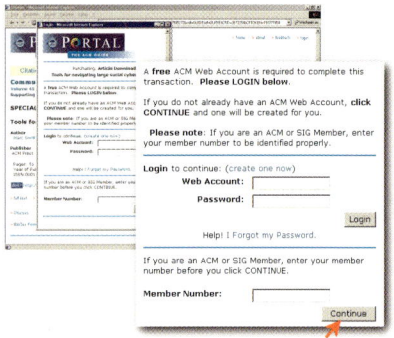

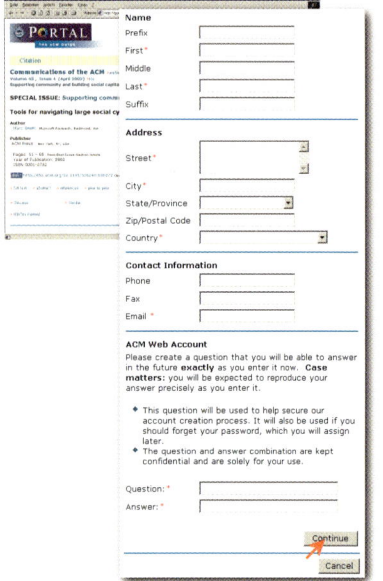

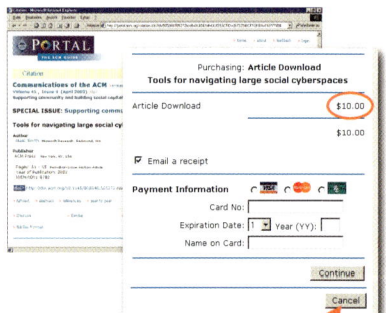

nicht feststellbar. Wir machen aber unbeirrt weiter, denn wir gehören nicht zu den Personen mit abbrechendem Suchverhalten (QV), und deshalb finden wir ganz am Seitenende den Rettungsanker: *„Purchase this article"*.

f) Es öffnet sich ein neues Popup-Fenster, das dem Besucher nun nochmals verschärft anempfiehlt, sich zu registrieren. Das Design legt nahe, man müsse eine „Member Number" haben, um fortfahren zu können. Wer keine hat, soll sich aber keine Kopfschmerzen machen (in der Tat war meine Verfassung an dieser Stelle nicht mehr ganz einwandfrei) und trotzdem „Continue" klicken.

g) Jetzt beginnt des Internauten liebste Tätigkeit, nämlich das zeitaufwändige (Distanz) und mühsame (Kosten) Ausfüllen zahlreicher Eingabefelder. Natürlich wird auch einiges an Auskunftsbereitschaft in Bezug auf die eigene Person verlangt (Kosten). Hoch motivierte Besucher gehen auch diesen steinigen Weg. Jetzt müsste es aber... man getraut sich kaum, es auszusprechen.

h) Fast am Ziel! Nachdem wir nach dem Klick auf „Continue" wie die Jungfrau zum Kind zu einer Registrierung bei der ACM gekommen sind, erfahren wir: Der Artikel (mit einem Umfang von 5 Seiten) kostet 10 Dollar.

Ich persönlich wollte aber nicht zahlen, denn ich wusste noch immer zu wenig über den Inhalt, und deshalb ist unsere Reise hier auch endlich zu Ende. Welche Hürden hinter der aktuellen Maske noch verborgen sein mögen, erfahren wir nicht, allerdings kann man vermuten, dass bis zum endgültigen Erreichen des Ziels noch Einiges an Anstrengung zu leisten sein wird.

Könnte man nun einen der Verantwortlichen befragen, würde ich meinen taufrischen ACM-Gastzugang darauf verwetten, dass man in etwa folgende Antwort erhält: „Jaja, wir wissen, dass das nicht optimal ist. Aber wir haben die Erfahrung gemacht, dass der Service von Nicht-Mitgliedern so gut wie gar nicht genutzt wird. Da lohnt es doch nicht, die Seiten mit hohem Aufwand für diese Zielgruppe umzubauen..."

Mich wundert immer, dass niemand auf den Gedanken kommt, diese Kausalität umzudrehen – obwohl das ja genauso logisch ist: *„Weil* wir die Seiten nicht besser gestalten, bleiben sie für die Zielgruppe unbedienbar und uninteressant, und *deshalb* werden sie auch nicht genutzt."

Ich möchte nun aber die Probleme, die sich bei der Bestellung ergeben haben, noch einmal anhand einer Checkliste von Fragen aus unserem Entscheidungemodell genauer analysieren. Damit werden zugleich die Inhalte dieses Kapitels noch einmal handlich zusammengefasst:

- *War die Distanz abzuschätzen?* Nein. Der erste Link erweckte den Eindruck, der Artikel sei mit einem Mausklick zu erreichen. Niemand hätte ahnen können, dass es auf dem Weg zum Objekt der Begierde sage und schreibe 9 Mausklicks (3 ins Leere verlaufend) und ein aufwändiges Formular gibt.
- *Konnte die Attraktivität bewertet werden?* Im dritten Schritt, also unter c), wäre dies durch Lesen der Zusammenfassung des Artikels möglich gewesen. Aber der „full text" ist bei – anscheinend – gleicher Distanz natürlich attraktiver.
- *Waren die Kosten abzuschätzen?* Nein. Die materiellen Kosten erfährt der Besucher sehr spät, immaterielle Kosten (Anstrengung etc.) haben sich erst im Verlauf des Prozesses aufgeschaukelt.
- *Konnte der Nutzen für den Anbieter geschätzt werden?* Dies ist erforderlich, um bewerten zu können, ob es sich um eine gerechte Situation handelt. Natürlich hat die ACM von registrierten Besuchern einen Nutzen, genauso von den 10 $, die sie für ein Dokument einnimmt. Beides war aber so nicht vorherzusehen.
- *Waren Kosten und Nutzen ausgeglichen?* Nein. Man wurde ohne irgendeinen Nutzen mit hohen Kosten belastet. Andererseits kann die ACM durchaus einen Nutzen verbuchen, nämlich eine beachtliche Zahl von Pageimpressions in der Besucherstatistik und einen neu registrierten Gast. Beide Faktoren gehören ja zu den klassischen Erfolgsmaßen für Internet-Auftritte.
- *Wurden Kosten minimiert?* Hier geht es einerseits um die Preisgestaltung. Ob 10 $ für ein fünfseitiges Dokument ein angemessener Preis sind, möchte ich dahingestellt sein lassen. In jedem Fall hätten aber die *immateriellen* Kosten (durch mühsames Herumstochern) minimiert werden können – dazu gleich noch ein Vorschlag.
- *Wurde Nutzen maximiert?* Nein. Es gibt auch keine verkaufsfördernden Maßnahmen, wie z.B. Rabatte beim Kauf mehrerer Artikel. Der Erwerb einer Mitgliedschaft, die zum freien Download berechtigt und das gesamte Angebot zugänglich macht, wird ebenfalls nicht nahegelegt.

Aus der Perspektive eines entscheidungsfreundlichen Webdesigns war das also alles in allem nicht schmeichelhaft. In Abbildung 271 habe ich versucht zu zeigen, wie man die erste Seite, die Ausgangspunkt unseres Szenarios war, besser gestalten könnte (der Einfachheit halber sind die Formulierungen in Deutsch). Zunächst wird man bei der Darstellung der Themen durch das Einfügen von Links zu den „Abstracts" dazu aufgefordert, die Attraktivität des Ziels zu bewerten. Die gelbe Box am Seitenanfang des Inhaltsverzeichnisses hat folgenden Sinn:

- Die Besucher erfahren, dass Mitglieder und Gastnutzer verschiedene Rechte haben.
- Die Distanz zum Ziel kann besser abgeschätzt werden (man benötigt einen Login und ggf. eine Registrierung).
- Gastnutzer erfahren, dass die Artikel nicht frei zugänglich sind und können die Preisinformation mit einem Mausklick erreichen.

Abb. 274: Ein Entwurf, in dem die Besucher über die Zusammenhänge und Kosten aufgeklärt werden, und zwar bevor sie beginnen, sich genauer mit den Inhalten zu beschäftigen.

- Mitglieder und Gäste können sich gleich einloggen.

Die Entscheidung, wann man sich über Details der Registrierung informieren möchte (Distanz und Kosten werden hierdurch ja vergrößert) bleibt dem Besucher überlassen. Er kann dies gleich tun oder erst dann, wenn er wirklich einen Artikel findet, den er kaufen möchte. Das Popup-Fenster zeigt schließlich, welche Anforderungen hier an ein entscheidungsfreundliches Login-System zu stellen sind: Die Zielgruppen werden klar getrennt und die Handlungsalternativen eindeutig beschrieben.

12 Über das Handeln

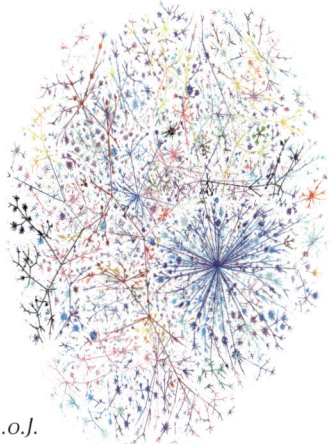

.o.J.

Was in diesem Kapitel geschieht:

- Ich versuche Sie zu überzeugen, dass Surfen sehr viel mehr ist als das Lesen nicht-linearer, vernetzter Dokumente – falls Sie es nicht ohnehin wußten.
- Sie erfahren, dass TOTE nicht unbedingt makaber sein müssen, und werden dann aber Zeuge, wie der Weg zu einem Online-Shop seziert wird.
- Sie finden noch einmal eines dieser avantgardistischen räumlich-semantischen Navigationsnetze und denken in diesem Zusammenhang über Einarbeitungszeiten nach.
- Sie bestätigen Ihre Erfahrung, dass man im Web wie im Leben leicht die Lust verliert.
- Wir denken darüber nach, wie man richtig Briefe schreibt.
- Sie beobachten das typische Verhalten typischer Benutzer an einer typischen Suchmaschine...
- ... und Beispiele, die mehr oder weniger beispielhaft sind.
- Wir gehen zur Abwechslung einmal wieder gemeinsam shoppen – wie immer mit gemischtem Erfolg – und werden zwei mal unterbrochen, einmal eher sanft, einmal sehr unsanft.
- Sie nehmen eine ausgebuchte Reise und 71 Diamanten in Augenschein.
- Fortuna schlägt die Bayern.
- Ich finde zu dreissig Prozent die Schillerstraße.
- Sie entdecken gewisse Parallelen zwischen Websites und Korkenziehern.

Und noch ein (kleines) Szenario...

Ich habe die Startseite eines Reiseanbieters aufgerufen und möchte nun erfahren, was eine dreiwöchige Reise für zwei Erwachsene und drei Kinder auf die Malediven in einem 4-Sterne Hotel direkt am Strand kostet (nur nicht kleinlich sein). Außerdem möchte ich wissen, welche Angebote für den Zeitraum, in dem ich verreisen möchte, frei sind. Und schließlich möchte ich die Reise gleich jetzt und hier buchen – ich habe es nämlich eilig und bin ziemlich urlaubsreif.

Die Homepage bietet mir nun allerlei Buttons und Links an, und ich mache mich daran, das Ganze zu durchstöbern. Wenn ich dabei innehalten und mich fragen würde, was ich da mache (das soll ja gelegentlich nicht schaden, wie man hört), würde ich wahrscheinlich zu dem Schluss kommen, dass ich im Internet surfe oder online eine Reise buche. Ich könnte es aber auch abstrakter ausdrücken: „Ich versuche, ein Ziel zu erreichen. Ich führe eine Handlung aus."

12.1 Was ist eine Handlung?

Was haben zielgerichtete Handlungen – sei es der Aufbau von Discount-Möbeln oder das Buchen einer Reise über eine Website – miteinander gemeinsam? Es gibt einen *Ausgangs-*, meist mehrere *Zwischen-* und schließlich einen erwünschten *Endzustand*.

Außerdem gibt es bestimmte Werkzeuge, um vom einen zum anderen zu gelangen – nennen wir sie *Operatoren*. Der Ausgangs- und Endzustand erklärt sich bei den Beispielen von selbst, interessanter ist die Frage, was die Operatoren sind. Beim Discount-Möbelstück wären dies eine Bauanleitung, die aussieht wie viermal verkleinert und durch ein schlechtes Faxgerät gejagt, eine Menge Schrauben, noch mehr Stahlstifte und einige undefinierbare Gegenstände (denen man erst anmerkt, dass sie kein Verpackungsmaterial waren, wenn man sie schon weggeworfen hat).

Und die Reise-Website enthält als Operatoren Dinge wie Hypertextlinks, Buttons, Formulare und eine im Hintergrund verborgene Datenbank, welche sich hoffentlich bald anschickt, uns attraktive Reiseangebote zu zeigen.

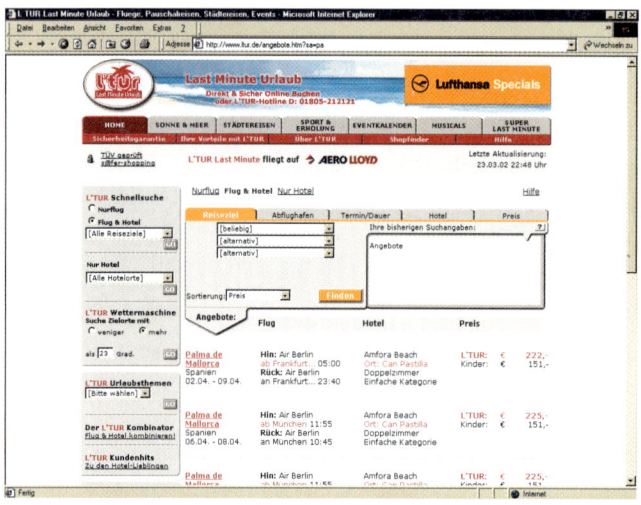

Abb. 275: Das ist nicht nur eine Internet-Seite, sondern auch ein Werkzeug, ein Operator, der dazu dient, ein Ziel zu erreichen.

http://www.ltur.de

12.2 Das Atom des Handelns: Die TOTE-Einheit

Es gibt unterschiedliche Ansichten darüber, welche Prozesse beim Handeln nach welchen Gesetzmäßigkeiten ablaufen. Für unsere Zwecke ist die Vorstellung geeignet, dass es zeitlich und logisch geordnete Vorgänge sind, in deren Verlauf ...

- von einem *Ausgangzustand* ausgehend
- *Unterziele* definiert,
- *Mittel-Ziel-Analysen* vorgenommen,
- *Operatoren* gesucht und
- *angewendet* werden, so dass schließlich
- in mehreren Schritten bzw. *Zwischenzuständen*
- das *Ziel* erreicht wird (oder auch nicht).

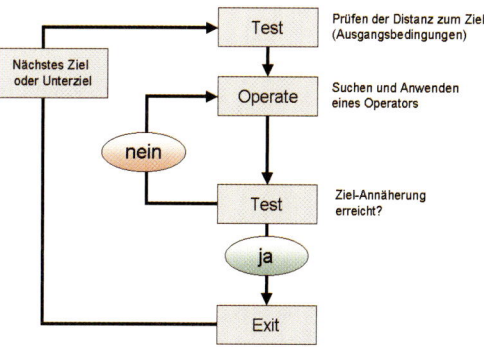

Abb.276: Die TOTE-Einheit: in einem Regelkreis werden Handlungen (Operate) ausgeführt und Effekte abgeglichen (Test), bis das Ziel erreicht ist. Danach wird ein neues Ziel gesucht, und der Zyklus beginnt von neuem.

Wir können dies ganz direkt auf unser Reisebeispiel übertragen: Der Ausgangszustand bin ich, urlaubsreif ohne Reisebuchung vor dem Monitor sitzend. Zwischenzustände sind alle Seiten, die zwischen der Startseite und der fertig abgeschickten Buchungsmaske liegen. Der Zielzustand ist eine gebuchte Reise. Als Operatoren kommt alles in Frage, was ich auf der Website des Reiseanbieters finde. In erster Linie sind dies die Links, aber auch erklärende Grafiken, Formulare, und Skripte oder E-Mail-Schnittstellen kann man als Operatoren ansehen.

Eines der einflussreichsten und meistzitierten Modelle zur Beschreibung von Denk- und Handlungsvorgängen wurde von George Miller, Eugene Galanter und Karl Pribram erdacht und im Jahr 1960 publiziert [86]. Es ist immer noch von genialer Schlichtheit und reicht aus, um zu verstehen, was handlungsfreundliches Webdesign ausmacht. Sein wichtigster Teil, die „TOTE"-Einheit, ist in Abbildung 276 dargestellt.

Das einfachste Beispiel für eine TOTE-Einheit ist das Einschlagen eines Nagels. Der „Test" (Abgleich des Ist-Zustandes dem erwünschten Ziel-Zustand) lautet hier: „Ist der Nagel versenkt?" Wenn nein, folgt das „Operate": „Schlag mit dem Hammer ausführen", wenn ja, wird die Handlung beendet, also „Exit".

Das TOTE-Modell beschreibt sozusagen die kleinste logische Einheit des Surfens. Jedem Klick auf einen Hypertext-Link oder

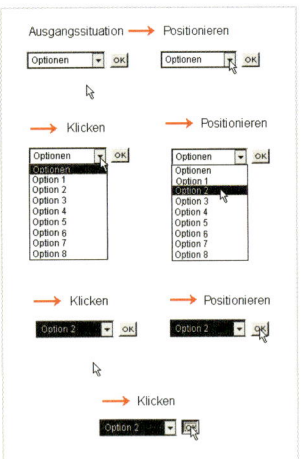

Abb. 277: Das Auswählen einer Option in einer Drop-Down-Listbox ist eigentlich eine komplexe Kette von TOTE-Einheiten. Erfahrene Nutzer erledigen das sozusagen „in einem Rutsch", ihnen wird nicht mehr bewusst, welche Teilbewegungen und -entscheidungen hierfür erforderlich sind.

Abb.278: Man ist immer wieder beeindruckt von der visuellen Dynamik solcher Navigationslösungen. Allerdings müssen hier auch erfahrene Benutzer die Bedienung neu lernen, d.h. sie können nicht auf automatisierte Handlungsprogramme zurückgreifen.

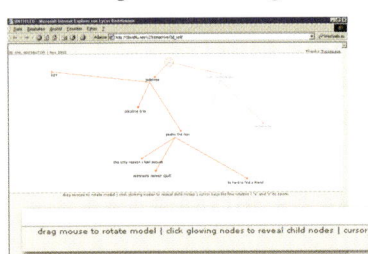

auf die Back-Taste, jedem ausgefüllten Feld in einem Formular, jedem markierten Kästchen liegen eine oder mehrere TOTE-Einheiten zugrunde. Man kann das bis auf die Ebene eines einzelnen Tastendrucks herunterskalieren, doch dann wird die Sache eher spitzfindig. Dies ist auch gar nicht sinnvoll, denn durch Übung werden einfache, atomare TOTE-Einheiten zu größeren Einheiten zusammengefasst. Ein Beispiel hierfür ist die Bedienung von Screen-Elementen wie z.B. einer Drop-Down-Listbox, die für einen Computer-Neuling zunächst einmal ein geheimnisvolles Wunderwerk der Technik ist, und ihm einiges an konzentrierter Arbeit abverlangt (s. Abb. 277). Von erfahrenen Benutzern wird die Auswahl einer Option dann reflexartig ausgeführt – weshalb sie den Aufwand, der für Anfänger bei ganz einfachen Bedienvorgängen entsteht, oft unterschätzen. Bei der Darstellung des Konzepts der „Mikro-Kosten" hatte ich über die praktische Bedeutung dieser kleinen, unauffälligen Handlungsschritte schon einmal gesprochen, s.S. 274.

Mit etwas Phantasie kann man aber auch dem erfahrenen Nutzer wieder Erlebnisse aus seiner Anfängerzeit vermitteln. Nach meinem Dafürhalten ist dies letztlich der Grund dafür, dass avantgardistische Netzwerk-, Geflecht- und 3D-Navigatoren mit ganz wenigen Ausnahmen eher ein Schattendasein fristen (s. Abbildung 278). Erfahrene Computer- und Internet-Nutzer sind ungeduldig und möchten die Bedienung einer Website nicht lernen müssen. Wenn man ihnen neue Navigatoren präsentiert, muss deren Bedienung hundertprozentig selbsterklärend sein, oder der Mehrwert gegenüber dem Gewohnten muss so ins Auge springen, dass hierdurch die zu erwartenden Kosten, also Lernaufwand und Einarbeitungszeit, mehr als ausgeglichen werden. Doch den meisten Turbo-Navigatoren mangelt es an dem einen (Benutzerfreundlichkeit) oder dem anderen (Effektivität).

Kommen wir zurück zum zum TOTE-Modell. Abbildung 279 zeigt einen kleinen Ausschnitt eines Vorgangs, der für die meisten Internet-Nutzer vertraut sein dürfte: Einkaufen im Web. Wiedergegeben ist der Beginn dieser Handlung, nämlich das Suchen eines Online-Shops. Der erste Schritt ist aus einer Sequenz von 4 TOTE-Einheiten zusammengesetzt, die jeweils für sich abgearbeitet werden: (a) Suchmaschine aufrufen, (b) Suchbegriff eingeben (c) Trefferliste durchsuchen und (d) Link anklicken. Mit dem letzten „Operate" wäre das erste Zwischenziel auf dem Weg zum gekauften Produkt erreicht. Man könnte die Vorgänge auch etwas ordnen oder benennen, aber es geht darum, das Prinzip zu verdeutlichen, deshalb sind auch alle möglichen Verzweigungen und Schleifen ausgeblendet (denn natürlich verlaufen Handlungen im Web nicht so einfach – schön wär´s).

Wenn wir das bisher Gesagte zusammenfassen, verläuft Handeln also (a) *modular* = in festen Einheiten, (b) *sequentiell* = Schritt für Schritt und (c) *hierarchisch* = in einer Abfolge von Zielen und Unterzielen.

Bevor wir beginnen, die gewonnenen Erkenntnisse auf die Praxis zu übertragen, muss ich allerdings noch einen sehr wichtigen Punkt ergänzen: Der wichtigste Motor des Handelns ist eine *Annäherung an das Ziel*. Nur unter dieser Voraussetzung bleibt die Motivation, die eine Handlung antreibt, erhalten oder nimmt sogar zu. Umgekehrt formuliert: verringert sich die Distanz zum Ziel nicht sehr schnell, wird die Bereitschaft, eine Handlung zu verfolgen, kleiner. Abbildung 280 zeigt diesen Zusammenhang schematisch. Bei der Darstellung der Wirkung von Distraktoren auf Entscheidungen (s.S. 266) hatte ich dieses Prinzip schon erwähnt. Es bewirkt beispielsweise, dass die Bereitschaft, eine Handlung vorzeitig abzubrechen und das Ziel zu wechseln, mit der Länge des Weges größer wird.

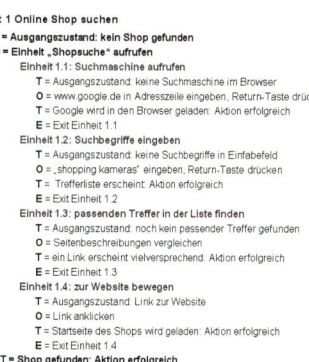

Abb.279: Es wirkt zwar etwas leblos und mechanisch, aber es ergibt durchaus Sinn, Handeln als Abarbeiten von Programmen, Unterprogrammen und Unter-Unterprogrammen zu verstehen.

==Ich kenne leider keine wirklich zitierbaren Zahlen hierzu, aber bei vorsichtiger Schätzung gehe ich von folgender Faustregel aus: Mit jedem zusätzlichen (vergeblichen) Mausklick auf dem Weg zu einem Ziel auf einer Website verliert man ca. 20% der Besucher.==

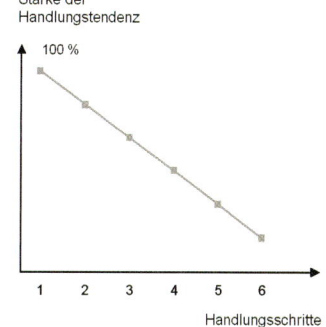

Abb. 280: Wenn es nicht ganz eindeutige Anzeichen für eine Annäherung an das aktuelle Ziel gibt, geht es mit der Motivation bergab.

Wenn man diese Regel beim Wort nimmt, kann man also bei einer Distanz von mehr als 5 Klicks zwischen Ausgangspunkt und Zielzustand von einem hundertprozentigen Verlust des Publikums ausgehen. Verhindern lässt sich dies nur durch handlungsfreundliches Design, das für kurze Wege und erkennbare Erfolgsrückmeldungen für jeden einzelnen Klick sorgt.

< Fakten 14: Nutzerverhalten auf Suchmaschinen >

Das Prinzip der abnehmenden Handlungstendenz findet eine Parallele in dem Verhalten, das Internet-Benutzer auf den Trefferlisten von Suchmaschinen an den Tag legen. Die einschlägigen

david-lu.net/v2/interactive/3d_xml/

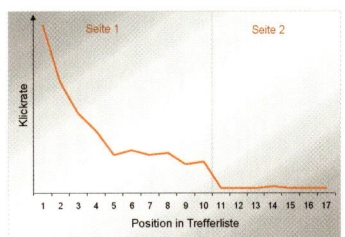

Abb. 281: Nur sehr wenige Benutzer klicken sich durch mehrere Ergebnisseiten einer Suchmaschine.

> Und wieder einmal gilt es zu differenzieren: Ist das „Involvement" der Besucher hoch – ihre Motivation bzw. ihr Interesse an einem Thema –, sind sie nämlich deutlich geduldiger [91]. Wer wirklich interessiert ist, wartet auch und geht längere Wege, um sein Ziel zu erreichen. In diesem Fall sind also weniger die kurzen Wege, sondern die Qualität der Inhalte der entscheidende Faktor im Wettbewerb.

Studien hierzu [z.B. 87, 88, 89], kommen übereinstimmend zu folgenden Ergebnissen:

- Der erste Link der Trefferliste hat die höchste Wahrscheinlichkeit, angeklickt zu werden, für die folgenden Links nehmen die Klickraten rasch ab.
- Die zweite und folgende Trefferseiten werden von der überwiegenden Mehrheit der Benutzer nicht mehr beachtet.

Ein Beispiel zeigt die Abbildung 281. Es stammt aus einer Studie, die von Gunther Eysenbach und Christian Köhler an der Universität Heidelberg durchgeführt wurde [90]. Die Versuchspersonen hatten die Aufgabe, auf vorgegebene Fragen zu gesundheitsbezogenen Themen im Web zu recherchieren. Man erkennt, dass die Klickrate dramatisch sinkt, je weiter unten ein Link platziert ist. Der gleiche Trend tritt auf, wenn man aufeinander folgende Seiten betrachtet – dies zeigt der Knick zwischen der 10. und 11. Position in der Grafik, der den Übergang von der ersten zur zweiten Seite der Trefferliste markiert.

Dieses Verhalten ist nicht unbedingt rational (wer genügend Erfahrung mit Suchmaschinen hat, weiß, dass der entscheidende Treffer sehr wohl auf der dritten oder vierten Seite erscheinen kann). Aber es spricht dafür, dass die Energie, die in die Handlungen „Studieren längerer Trefferlisten" oder „Browsen durch Ergebnisseiten" investiert wird, sehr schnell verpufft. Ganz offensichtlich bedienen die meisten Benutzer Suchmaschinen mit einem abbrechenden Suchstil. Dieses Kurzstreckenverhalten ist nicht nur für die Bedienung von Suchmaschinen, sondern auch für das freie Surfen charakteristisch.

</ ... >

12.3 Handlungsfreundliches Webdesign

Aus einer handlungstheoretischen Sicht lassen sich glasklare Anforderungen für die Gestaltung von Internet-Seiten ableiten. Nach meinem Dafürhalten gibt es kaum einen Betrachtungswinkel, der eindeutigere und bessere Kriterien für die Gestaltung liefert. Welche dies sind, wird in den nun folgenden Abschnitten besprochen.

Die Besucher sollten Handlungspläne entwickeln können

Während eine Handlung ausgeführt wird, sollte sich das Verständnis dessen, was geschieht, nicht nur auf den vorhergehenden und nachfolgenden Schritt erstrecken. Vor allem für komplexere Bedienvorgänge ist es sehr zweckmäßig, wenn die Besucher einen *Handlungsplan* erhalten, der ihnen hilft, die Zusammenhänge insgesamt zu verstehen. Wichtig ist dies auch, weil man ohne Handlungsplan die Distanz zum Ziel nicht recht bewerten kann, sodass aus Entscheidungsprozessen Ratespiele werden. Der Bezahlvorgang in einem Online-Shop ist ein typisches Beispiel für eine linear und geordnet ablaufende Handlung. Durch Einblenden einer Statusanzeige wie in Abbildung 282 zu sehen, werden zwei Ziele erreicht: Erstens wird dem Besucher die aktuelle Position in der Sequenz angezeigt, er erhält also Feedback über den Erfolg seiner Handlungen. Zweitens erhält er einen Eindruck davon, wie viele Schritte es geben wird, welche dies sind, und wie sie logisch angeordnet sind. Er entwickelt so ganz mühelos ein mentales Modell von dem gesamten Vorgang.

Abb. 282: Ein Indikator für den Fortschritt einer Handlung. Er gibt Antworten auf wichtige Fragen: Wo bin ich? Was ist der nächste Schritt? Welches war der vorhergehende? Wie viele Schritte gibt es insgesamt? Habe ich meinen vorigen Schritt mit Erfolg abgeschlossen?

Für eine optimale Gestaltung muss man einerseits genaue und möglichst vollständige Vorstellungen von *Handlungsbögen*, also dem gesamten Prozess vom Ausgangszustand über Zwischenzustände bzw. –ziele und die endgültige Zielerreichung bis hin zum Suchen eines neuen Ziels entwickeln.

Natürlich ist das Navigieren im Web auch eine Handlung. Ziele sind mehr oder weniger genau definierte „Orte" im Web oder auf einer Website, die Operatoren sind alle Interface-Elemente (Aktionstasten, Drop-Down-Menüs, Imagemaps, Menüs, Links etc.), die für die Bewegung zur Verfügung stehen. Und auch hier gilt, dass sich die Besucher im optimalen Fall nicht blind von Seite zu Seite tasten, sondern einen übergeordneten Bewegungsplan haben. Ein Stilmittel, mit dem man dies erreichen und fördern kann, ist fast so alt wie das Web: die „Breadcrumb-Navigation" (Abbildung 283). Falls Sie nun fragen sollten, was Navigation im Web mit Brotkrumen zu tun hat, kann ich Ihnen nur mit der Assoziation an Hänsel und Gretel dienen. Allerdings sollte es dann eigentlich Pebble(Kieselstein)-Navigation heißen, denn die Brotkrumen haben sich ja, wie wir alle wissen, als sicheres Navi-Tool im Märchenwald nicht bewährt.

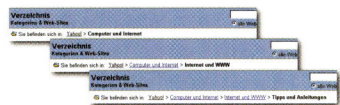

Abb. 283: Eine Breadcrumb-Navigation liefert den Besuchern Informationen, die sie für den Aufbau einer „mentalen Landkarte" und eine sichere (quasi)räumliche Orientierung in einer Website benötigen.

www.bol.de;
www.yahoo.de

Handlungen sollen natürlich strukturiert sein

Das ist ein Punkt, der auf den ersten Blick zugebenermaßen etwas wischi-waschi klingt. Schön, alles soll natürlich sein, das kann nie schaden. Was ist also damit gemeint? Handlungsfreundliches Design berücksichtigt natürliche und/oder logische Reihen in der Folge der Schritte, die gemeinsam eine abgeschlossene Handlung bilden. Das ist auch nicht viel besser, deshalb erkläre ich es an einem Beispiel:

Der Shop auf Abbildung 284 zeigt dem Besucher in der seitlichen Spalte, welche Schritte bis zum Abschluss der Kaufhandlung erforderlich sein werden, und an welcher Position in diesem Prozess er sich gerade aufhält. Das ist unbedenklich und – wie wir im vorigen Abschnitt gesehen haben – sogar lobenswert. Betrachten wir aber einmal die Reihenfolge der Schitte: 1. Kundendaten eingeben, 2. Liefer-/Zahlungsart ändern, 3. Lieferauskunft einholen, 4. Bestellung abschicken.

Was stimmt da nicht? Die Lieferauskunft wird erst eingeholt, *nachdem* man die Kundendaten eingegeben hat. Mit anderen Worten: Der Betreiber fragt zuerst die persönlichen Daten ab (das Ausfüllen von Formularen macht uns ja so viel Spaß) und bunkert sie irgendwo in einer Adressdatenbank. Erst dann erteilt er Auskunft, ob das Produkt lieferbar ist. Und eben dies ist unnatürlich – jedenfalls aus der Sicht eines Neukunden, der seinen Namen und seine Anschrift nur preisgeben möchte, wenn er wirklich etwas kauft, was ja Lieferbarkeit *voraussetzt*.

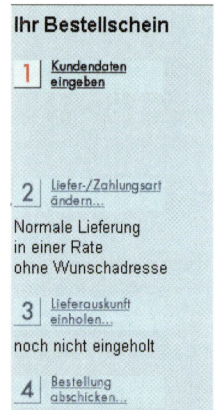

Abb. 284: Wer die Lieferauskunft erst erteilt, nachdem persönliche Daten eingegeben wurden, schreckt Neukunden ab.

www.heine.de

Die natürliche Reihenfolge wäre also: 1. Produkt suchen, 2. Lieferbarkeit prüfen, 3. Kundendaten eingeben, 4. Zahlungsart bestimmen, 5. Bestellung abschicken. Oder – noch besser – man vernetzt alle Formularseiten so, dass der Besucher die Reihenfolge der Schritte selbst wählen kann. Lösen lässt sich dieses Problem aus der Benutzerperspektive relativ einfach, indem man kurzerhand falsche Daten eingibt und die Lieferbarkeit des Produkts ganz unverbindlich prüft, wie es sich gehört. Bestellen kann man dann ja gegebenenfalls unter dem echten Namen. Aber das ist dann eben genau das Gegenteil einer natürlichen Handlungsstruktur.

Natürliche Handlungsstrukturen entstehen auch, wenn Vorgänge so gestaltet sind, dass sie an das Alltagswissen der Besucher anknüpfen. Das Shoppen im Web, das uns im vorigen und vielen anderen Beispielen ja schon beschäftigt hat, ist ein gutes Beispiel hierfür. Weil jeder weiß, wie man einkauft, kann man Abläufe im Web so gestalten, dass sie einem natürlichen Einkauf ähneln. Das muss dann aber auch perfekt gemacht sein. Wer z.B. den Warenkorb und die Katalogseiten in zwei verschiedenen Browser-Fenstern anzeigt, verhält sich ungefähr so vernünftig wie eine Supermarktkette, die ihre Kunden dazu zwingt, den Einkaufswagen mit den erbeuteten Konsumgütern in einer Garage neben den Verkaufsräumen zu parken.

Oder nehmen wir das Beispiel einer E-Mail. Wie schreibt man eigentlich einen *echten* Brief aus Fleisch und Blut bzw. Papier und Tinte? Wahrscheinlich so: (a) Man nimmt einen Umschlag. (b) Man kramt eine Briefmarke heraus und klebt sie darauf. (c) Man schreibt die Empfängeradresse auf die Vorderseite. (d) Man schreibt den Absender auf die Rückseite. (d) Man holt einen Bogen Briefpapier (d) Man beginnt zu schreiben...

Nein, so ergibt das keinen Sinn. Ich denke, in neunzig von hundert Fällen beginnt man zunächst einmal mit dem *Schreiben* des Briefs und überlegt voher sogar noch, was man eigentlich mitteilen möchte. Der formale Rest (Adressieren etc.) folgt ganz zum Schluss, wenn das Kommunikative getan ist.

Hierzu ein Beispiel: Das Formular auf Abbildung 285 kennen Sie vielleicht noch aus dem ersten Kapitel (s. S. 40). Wir können den verschiedenen Untugenden, die wir ihm festgestellt haben, noch eine weitere hinzufügen: Die Handlung „E-Mail schreiben" wird nicht natürlich strukturiert. Der Besucher öffnet das Formular mit einer bestimmten Absicht, hat vielleicht schon einen halb formulierten Satz im Hinterkopf und konzentriert sich auf die Botschaft, die er senden möchte.

Und nun kommt quasi folgende Aufforderung: „Füllen Sie zunächst einmal diese Felder aus – aber vergessen Sie nicht, was sie uns mitteilen wollten!" Natürlich kann man die oberen Eingabefelder ignorieren und gleich mit dem Schreiben loslegen, aber es soll ja natürlich zugehen, und dann wäre die zweite Variante sinnvoller: „Schreiben Sie zunächst einmal, was Ihnen auf der Seele liegt, und füllen Sie dann die Angaben weiter unten aus." Das ist im Übrigen nicht nur natürlicher, sondern auch die bessere Kommunikation.

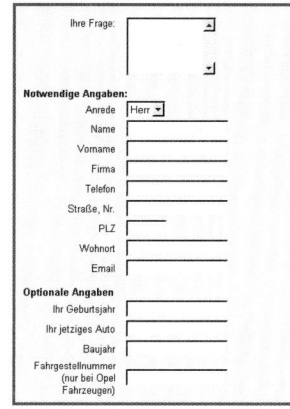

Abb. 285: Original (oben) und Fälschung (unten): Was in der natürlichen Logik einer Handlung an erster Stelle steht, sollte auch auf dem Bildschirm an erster Stelle stehen. Im Fall des Schreibens einer Nachricht gehört das Fenster zum Abfassen der Nachricht also nicht mitten hinein in die freiwilligen und optionalen Angaben oder gar ans Ende, sondern an den Anfang der Seite.

www.opel.de

Die Besucher sollten Auswirkungen Ihrer Handlungen vorher verstehen

Diesen Aspekt haben wir in ähnlicher Form schon als Kriterium für entscheidungsfreundliches Webdesign kennen gelernt (s. S. 266). Und er betrifft nicht nur die Kosten eines Klicks, sondern *alle* seine Folgen. Das ist keine Selbstverständlichkeit. Bevor ich irgendwo im Web auf „weiter", „Kaufen", „Bieten", „Bestellen", „Absenden", „GO" oder „Submit" klicke, stellen sich mir häufiger, als mir lieb ist, Fragen wie die folgenden:

- Wohin dieser Link wohl führen mag?
- Muss ich mich registrieren, bevor ich das Angebot nutzen kann?
- Ist jetzt gleich eine Bestellung ausgelöst?
- Ist das Produkt jetzt im Warenkorb?
- Ist meine Adresse schon in der Datenbank des Anbieters?
- Ist das Gebot jetzt schon abgegeben, die Anfrage gesendet?
- Muss ich wirklich alle Felder ausfüllen?
- Werde ich später noch etwas verändern oder abbrechen können?

> Handlungsfreundliches Webdesign zeichnet sich dann durch drei Merkmale aus. Es liefert erstens die Informationen, die wir für das Bilden von Hypothesen brauchen. Zweitens minimiert es die Ungewissheit über die Folgen einer Handlung. Drittens sorgt es dafür, dass die Hypothesen auch zutreffen.

Immer wenn man sich eine dieser Fragen stellt, war jemand nachlässig im Design. Und man kommt so schnell zu einem Punkt, der für ein Verständnis des Bedienvorgangs einer Applikation oder des Surfens wichtig ist: Im Web gibt es keine hundertprozentige Gewissheit über die Folgen einer Handlung. Vor jedem Mausklick werden also, mehr oder weniger bewusst, vorbereitende *Hypothesen* über das nachfolgende Geschehen gebildet. Die Aufgabe der Gestaltung ist, diese Prozesse zu unterstützen.

Auf Abbildung 286 ist ein Beispiel zu sehen, bei dem man die Auswirkungen einer Handlung nicht vorhersagen oder verschiedene Hypothesen über das Funktionieren eines Bedienelements haben kann. Man könnte es auch etwas weniger gepflegt ausdrücken: Man blickt nicht durch, wozu dieses Ding gut sein soll. Gemeint ist das Eingabefeld in dem seitlich vergrößerten Ausschnitt der Seite. Es sieht aus wie eine Art Suchmaschine – wahrscheinlich. Aber: *Wonach sucht sie?*

rechts: www.t-online.de;
www.real.com

Die Gestaltung legt nahe, es könne wahlweise eine Telefonnummer, ein Verkehrsstau oder ein Börsenkurs sein. Das ist aber dann doch eher abenteuerlich. Es bedarf schon einiger Konzentration, um zu schlussfolgern, dass es eigentlich nur die „Kursabfrage" sein kann. Ein weiteres Beispiel für Mängel durch eine irreführende Gruppierung von Information zeigt Abbildung 287 – zusammen mit einem einfachen Verbesserungsvorschlag.

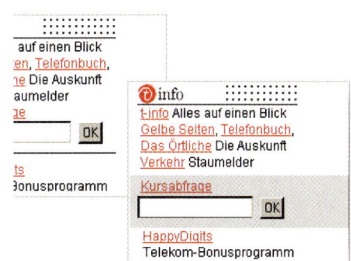

Abb. 286: Original (oben) und Fälschung (unten): Wofür mag das Eingabefeld auf dem oberen vergrößerten Ausschnitt gut sein? Die einzige plausible Antwort kann man durch Hinterlegen mit einem grauen Feld sichtbar machen.

Handlungswege sollten möglichst kurz, einfach und direkt sein

Diesen Aspekt hatten wir ebenfalls schon als Kriterium für entscheidungsfreundliches Webdesign kennen gelernt (s. Seite 273). Dort wurde argumentiert, dass Handlungstendenzen stärker sind, wenn die Zieldistanz gering ist, und dass lange Wege außerdem Kosten verursachen, die einen Benutzer einen eingeschlagenen Weg abbrechen oder erst gar nicht beginnen lassen. Aus handlungstheoretischer Sicht gelangt man zu der gleichen Schlussfolgerung: Wenn sich die Stärke von Handlungstendenzen mit der Zeit abbaut (vgl. Abbildung 280), ist bei längeren Klick-Wegen mit Abbrüchen und/oder Zielwechseln zu rechnen.

Ich möchte hierfür einmal ein „richtig positives" Beispiel anführen. Es stammt aus dem Wunderreich der Suchmaschinen. Gerade Suchprozesse im Web sind häufig zu vielschrittig – ein Wort, das wahrscheinlich nicht im Duden steht, aber trotzdem vorzüglich ausdrückt, wie einem Benutzer zumute ist, wenn er sich beispielsweise fünf Minuten ergebnislos durch die Trefferseiten einer Suchmaschine, die Produkt-Datenbank eines Shops oder auch eine Sammlung mit Publikationen geklickt hat.

Abbildung 288 (S. 298) zeigt ein Interface, das lange Suchwanderungen überflüssig macht oder doch zumindest entscheidend verkürzt. Die übliche Form der Formulierung von Suchanfragen über Text-Eingabefelder mit Booleschen Operatoren („and, or, not") für Hartgesottene wird völlig über Bord geworfen. Stattdessen kann der Benutzer mit Hilfe von „Slidern" (Schiebereglern) die Merkmale des gesuchten Produkts – es handelt sich um Diamanten – einstellen.

„Falsche" Eingaben sind hier ausgeschlossen (man kann keine nicht vorhandenen Slider bewegen, also mit sinnlosen Suchkriterien arbeiten.). Es ist auch nicht möglich, Suchkriterien falsch zu spezifizieren (die Regler auf nicht existierende Werte einzustel-

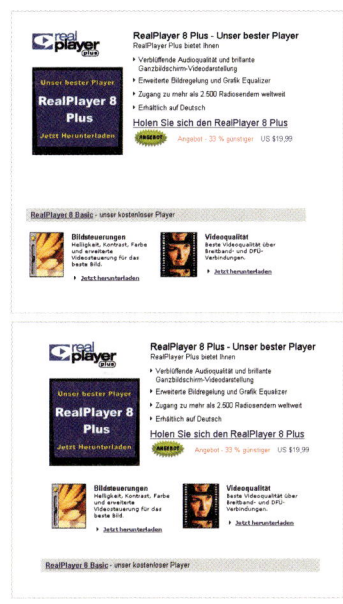

Abb. 287: Original (oben): Hier entsteht der Eindruck, die Links zum Download ganz unten („jetzt herunterladen") seien dem „Real Player Basic" zugeordnet. Dass sie zum „Real Player Plus" führen, bemerkt man erst, wenn man es ausprobiert. Links eine Anordnung, in der diese Verwechslung ausgeschlossen wird.

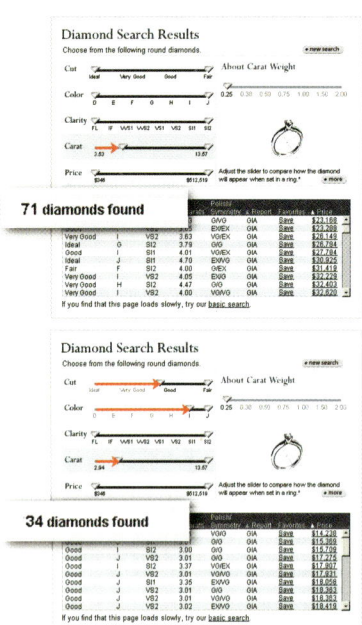

Abb. 288: Ein Suche mit „Slidern" macht aus vielen Suchschritten einen einzigen analogen Bedienvorgang – leider sind die Produkte, die man hier finden kann, nicht ganz billig (um es vorsichtig auszudrücken). Auf der Abbildung sind zwei verschiedene Einstellungen der Slider und die entsprechenden Ergebnismengen dargestellt.

www.bluenile.com

len). Noch interessanter ist, dass die Anzahl der Treffer während man die Stellungen der Slider verschiebt kontinuierlich angezeigt *wird*. Man kann also ganz unmittelbar ablesen, wie eine Veränderung der Kriterien die Ergebnismenge beeinflusst, ohne den trägen, linearen Klick-Prozess, der ansonsten bei den meisten Suchen üblich ist (Anfrage eingeben – Anfrage absenden – Ausgabe abwarten – Ergebnis bewerten – Anfrage modifizieren – Ausgabe abschicken usw.). Prinzipiell ließe sich eine solche Lösung in vielen Zusammenhängen als handlungsfreundliches Suchwerkzeug einsetzen, ich kenne allerdings nur dieses eine Exemplar.

Die Besucher sollten nicht unterbrochen oder abgelenkt werden

Längere Wartezeiten und Unterbrechungen sind – natürlich – mit allen Mitteln zu vermeiden, möglichst auszuschließen. Sie führen aus den verschiedensten Gründen leicht zu Übellaunigkeit: Sie vergrößern die Distanz zum Ziel, erhöhen die psychologischen Kosten und können auch bewirken, dass es zu einem Zielwechsel und/oder einem Abbruch der Handlung kommt. Dies betrifft nicht nur das Design von Applikationen (also interaktiven Vorgängen), sondern auch das Layout von Texten, wie das Beispiel auf Abbildung 289 zeigt. Hier haben wir einen potenziellen Störenfried bei einer für das Web sehr elementaren Tätigkeit: dem Lesen (natürlich ist dies auch eine Handlung). In der Mitte einer längeren Seite, die zwei Artikel enthält, findet sich eine Auswahlbox, die mit Links zum Programm oder zu aktuellen Wettervorhersagen gepflastert ist. Sie unterstreicht ihre auffordernde Wirkung mit einem großen Schriftzug: „KLICK". Obwohl das auf den ersten Blick ganz unverfänglich aussehen mag, ist die Platzierung der Box *zwischen* den Artikeln ein kritischer Punkt. Die Seite macht uns gewissermaßen folgenden Vorschlag: „Lesen Sie diesen Artikel, dann informieren Sie sich bitte über das Wetter, und wenn Sie damit fertig sind, kommen Sie zurück und lesen den zweiten Artikel – aber nicht mogeln!" Das ist natürlich Unsinn, der „richtige" Handlungsbogen wäre, zuerst die beiden Artikel zu lesen und dann zu entscheiden, was weiter zu tun ist.

Dies ist eine eher subtile Form der Ablenkung oder Unterbrechung. Eine ähnliche (das Pflastern von natürlichen Blickwegen mit Dutzenden von Links) haben wir in Zusammenhang mit dem Thema Distanzen beim Entscheiden schon einmal kennen gelernt. (s. S. 261).

Es gibt auch Störenfriede, die herzhafter zur Sache gehen (Sie ahnen vielleicht, dass es gleich wieder um meine Intimfeinde gehen wird). Das Beispiel in Abbildung 290 ist ein solcher: beim Versuch, eine Freeware aus dem Netz herunterzuladen, poppt ein Fenster auf, das mit allen zur Verfügung stehenden Mitteln (Größe, zentrale Position, intensive Farbe, gigantische Schrift, Bewegung, vgl. hierzu die Aufmerksamkeitsgesetze in Kap. 7) unsere verschärfteste Aufmerksamkeit fordert. Nur: es gibt keinen Zusammenhang mit dem aktuellen Handlungsprogramm (Download) und für die überwiegende Mehrheit des Publikums ist die dargebotene Information so nutzlos wie ein Kropf.

> Ein wichtiger Begriff, der sehr hilfreich ist, wenn man sich handlungsfreundliches Webdesign zum Ziel setzt, ist das Gegenteil von Ablenkung und Unterbrechung: *Abschirmung*. Besucher sollten beim Handeln von allen konkurrierenden und störenden Einflüssen abgeschirmt werden.

Es ist kein Zufall, dass die Suchmaschine „Google", die in Sachen Design und Funktionalität das krasse Gegenteil von allen wild um sich schießenden Such-Portalen ist (s. S. 214), diesen in der Publikumsgunst mittlerweile meilenweit den Rang abläuft (s. Abbildung 291). Für die Belange einer Recherche im Web ist dieses fast schon provozierend leere, von allen ablenkenden Informationen gereinigte Anti-Portal optimal geeignet.

Abb. 289: Original und Fälschung: Links ist zu sehen, welcher Versuchung ein Leser widerstehen muss, der den zweiten Artikel auf der Seite lesen möchte. Rechts ein neues Layout, in dem der Störenfried ans Ende der Seite verbannt wurde. Zur optischen Trennung der Beiträge sind die Headlines nun mit hellen Balken unterlegt.

www.br-online.de/bayern-regionen

Abb. 290: So gerät Internet-Werbung in Verruf: Man übergieße den Betrachter mit knalligem Grün, um ihm eine völlig irrelevante Information ins Auge zu trompeten. Nun gilt es also, das kleine Knöpfchen zum Schließen des Fensters zu treffen. Wenn Fortuna die Bayern genauso schlägt wie dieses Popup seine Betrachter, müssen sie sich warm anziehen, die Bayern.

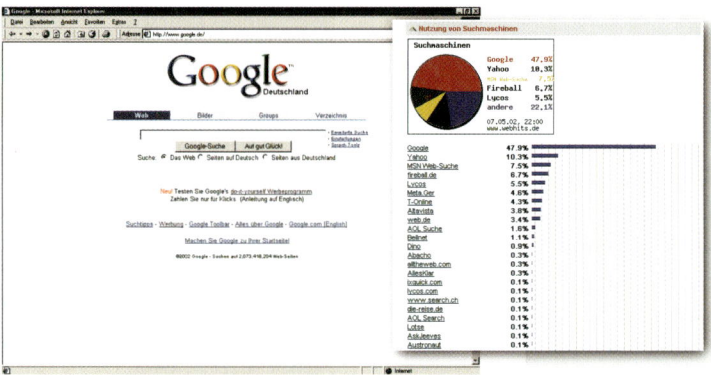

Abb. 291: Zen-Design: Der Erfolg von „Google" ist sicher nicht nur durch die Qualität der Treffer bedingt. Mindestens ebenso wichtig ist, dass man von allen Werbe-Einblendungen, Service-Leisten, Freemail-Schnäppchen, Shopping-Popups, Handy-Logos, kostenlosen Webspace-Bannern, und heißen Gewinnchancen verschont wird. Die Grafik rechts zeigt die Häufigkeit der Nutzung verschiedener Suchmaschinen mit Google als Spitzenreiter.

Die Besucher sollten über jeden Teilschritt eine Rückmeldung erhalten

Nach jedem „Operate", also Bedienungsschritt, brauchen wir eine klare, deutlich erkennbare Rückmeldung, ob das Unterziel erreicht wurde und/oder eine Annäherung an das Ziel stattfindet. Nur dann können wir entscheiden, ob das nächste Unterprogramm aufgerufen werden kann. Das betrifft schon so elementare Dinge wie das Browsen durch die Seiten eines Auftritts.

Abb. 292: Original und Fälschung: ein Suchbild für Fortgeschrittene. Finden Sie die Unterschiede! Die Anforderungen, die man an eine verständliche und effektive Rückmeldung der Ergebnisse einer Handlung stellen muss, werden hier nicht erfüllt. Rechts eine Lösung, die dem Besucher eine angemessene Rückmeldung gibt. Der gewählte Bereich wird in der Karte farblich markiert und in einer gut lesbaren Überschrift angezeigt.

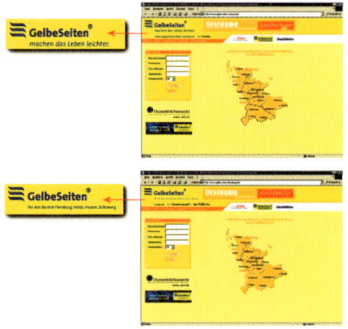
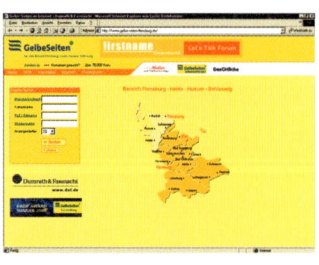

Handlungsfreundliches Webdesign

Jeder Klick muss eine neue Information liefern, die uns signalisiert, dass wir einen Schritt weitergekommen sind. Das mag selbstverständlich klingen? Ist es nicht. Die beiden Screenshots auf Abbildung 292 (rechts) zeigen ein Online-Branchenbuch (oben) und den Zustand, nachdem man sich von der Startseite in einen geografischen Unterbereich hineingeklickt hat (unten). Sie sehen auf den ersten, zweiten und dritten Blick völlig identisch aus. Beim vierten Hinsehen bemerkt man, dass sich unter dem Logo links oben ein winzig kleiner Schriftzug verändert hat. (Die kleinen Ausschnitte auf der linken Seite der Abbildung zeigen eine Vergrößerung des einzigen Bereichs, in dem sich die Seiten unterscheiden.)

Wenn Ergebnisse von Handlungen rückgemeldet werden, betrifft dies natürlich auch den Fall, dass das direkte Erreichen eines (Unter-)Ziels *misslingt*. Findet eine Suchmaschine keine Dokumente, sollte sie dies z.B. nicht verschämt in der unteren Ecke der Suchmaske in Mikroschrift rückmelden (Abbildung 293).

Fehlende Angaben in einem Formular sind eine weitere Standard-Situation, in der eine Website eine handlungsfreundliche Rückmeldung geben muss. Die meisten tun es nicht: Fehlermeldungen erscheinen in Popup-Fenstern (die man überflüssigerweise wieder zuklicken muss), oder man erfährt erst dann, dass etwas fehlt, wenn das Formular schon abgeschickt ist (ein überflüssiger Schritt rückwärts), oder das relevante Feld wird nicht hervorgehoben (muss überflüssigerweise gesucht werden). Eine vorbildliche Lösung für dieses Problem zeigt Abb. 294.

Die Besucher sollten den jeweils nächsten Schritt verstehen

Nach jedem „Exit" (Beenden eines Teilprogramms), muss wiederum klar und deutlich sichtbar sein, *wo es weitergeht*, welches das nächste logische Zwischenziel und der hierzu passende Operator ist. Und es ist Aufgabe des Designs, dafür zu sorgen, dass dies ohne Anstrengung möglich ist. Die Karte in Abbildung 295 (oben) dient beispielsweise dem Zweck, die Geschäftsstelle einer Bank zu finden. Über die Radio-Buttons an der Seite kann man einstellen, welche Aktion durch einen Mausklick auf die Karte ausgelöst wird. Zur Auswahl stehen „Verschieben" (dies ist voreingestellt), „Hineinzoomen" und „Herauszoomen". So weit ist das alles eigentlich unverdächtig. Es gibt allerdings ein Problem: Man klickt als Besucher sofort instinktiv in die Karte hin-

Abb. 293: Original und Fälschung: Durch Verstecken der Schlüsselinformationen wird das Handeln beim Bedienen einer Suchmaschine erschwert (oben). Die Alternative unten ist grobschlächtiger, aber der Besucher kann sie ohne Anstrengung auswerten und das Ergebnis seiner Handlung verstehen.

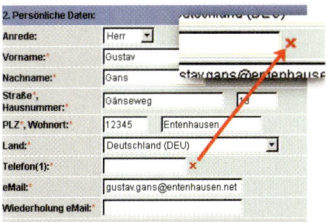

Abb. 294: Handlungsfreundliche Fehlerbehandlung durch direkte Rückmeldungen: Sobald beim Ausfüllen dieses Formulars eine Pflicht-Angabe ausgelassen wird, erscheint ein rotes Kreuz hinter dem betreffenden Feld.

links:
www.chip-online.de;
www.google.de;
www.webhits.de;
www.gelbe-seiten-service.de;
rechts: www.computerwoche.de;
www.bahn.de

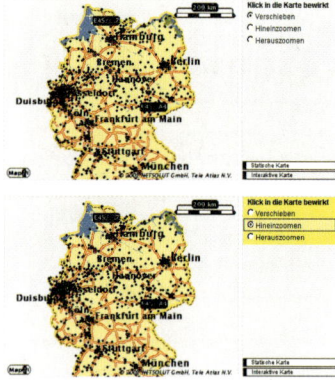

Abb. 295: Original und Fälschung: Zwei Varianten einer „interaktiven Landkarte" zur Geschäftsstellensuche, das Original ist oben (Erläuterungen im Text).

www.deutsche-bank.de

ein, in der Erwartung, nun die erste Vergrößerung zu sehen. Es geschieht natürlich gar nichts, weil der Button ja auf „Verschieben" eingestellt ist, und diese Aktion ist an dieser Stelle überhaupt nicht möglich. Da die seitlichen Bedienelemente sehr unauffällig sind, braucht es einige Zeit, bis man versteht, was hier zu tun ist: zuerst auf „Hineinzoomen" und dann auf die Karte klicken. Die eben formulierte Anforderung, den nächsten Handlungsschritt bei der Bedienung einer Website verständlich und sichtbar zu machen, wird hier also nicht erfüllt. Die Karte hat als Operator an dieser Stelle einen zu hohen Aufforderungscharakter („klick mich an!") und ist auch aufgrund der Komplexität und Farbgebung sehr viel auffälliger als die Radio-Buttons an der Seite. Der wichtigste Punkt aber ist: Man *erwartet*, dass man gleich auf die Karte klicken kann.

Was könnte man tun, um die Gestaltung der Karte zu verbessern? An erster Stelle wäre die Vorauswahl in dem seitlichen Bedienfeld natürlich auf die einzig sinnvolle Alternative, nämlich Vergrößern voreinzustellen (Verkleinern und Verschieben ist beim ersten Aufruf nicht möglich). Die intuitiven Erwartungen der Besucher wären somit erfüllt und außerdem würde die Distanz zum Ziel um einen Klick verringert (was auch nicht zu verachten ist). Die weitere Aufgabe wäre jedoch, die *Aufmerksamkeit* auf das Bedienfeld zu lenken und die Zusammenhänge insgesamt verständlich zu machen. Die Variante auf Abbildung 295 unten zeigt, wie man dabei vorgehen könnte: Die Radio-Buttons werden mit einem blassgelben Feld unterlegt und die derzeit aktive Auswahl mit einem Rahmen markiert. Das Element springt dem Besucher auf diese Weise stärker ins Auge, und er kann die Zusammenhänge leichter verstehen.

Die Besucher sollen Handlungen abschließen können

Dieser Gesichtspunkt bezieht sich nun nicht (nur) auf Teilhandlungen und Zwischenziele, sondern vor allem auch auf das *Endergebnis* der Handlung. Es mag zwar Fälle geben, in denen der sprichwörtliche Weg das Ziel ist, aber die Befriedigung von Bedürfnissen ist in den meisten Fällen eben erst mit dem letzten Schritt erreicht. Umgekehrt übrigens genauso: Der Gewinn für den Anbieter winkt erst dann, wenn die Kunden auf den allerletzten verbindlichen Button mit der Aufschrift „Bestellung ab-

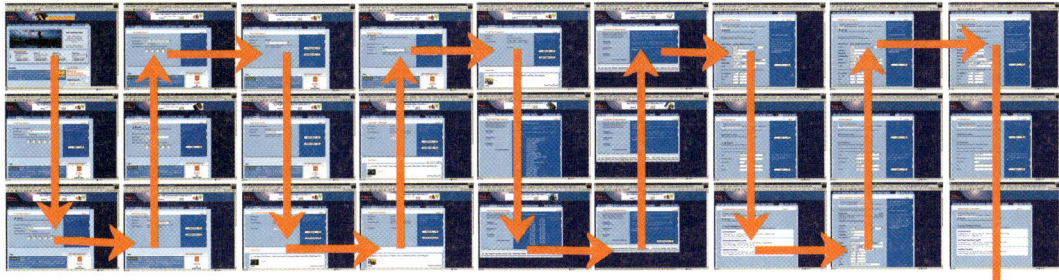

Abb. 296: Urlaubsreif ist man spätestens dann, wenn man nach 27 Mausklicks, mehreren ausgefüllten Formularen und 10 Minuten Arbeit ein ausgebuchtes Angebot findet.

senden" klicken. Dass dies allzuoft nicht der Fall ist, dass Online-Shopper sogar im Gegenteil gerade kurz vor dem letzten Klick die Flinte ins Korn werfen, wird uns später noch beschäftigen (s. S. 306).

Aber dies gilt nicht nur für Einkäufe, sondern für alle Ziele, die ein Besucher erreichen will. Bevor die Versandabteilung auf die Probe gestellt wird, kommt allerdings noch das *Finden* eines Produkts als wichtigstes Zwischenziel. Und wenn das schon nicht erreicht wird, braucht man sich um die Logistik eigentlich keine Gedanken mehr zu machen. Abbildung 296 zeigt so einen Fall von Nichtfinden.

Nach einer anstrengenden Tour durch zwei Dutzend Formulare erfährt man, dass das maßgeschneiderte Angebot, das uns die freundliche Datenbank ans Herz legt, ausgebucht ist. Bedauerlich. Das ist kein Einzelfall, und ich würde vorschlagen, das etwas halbherzig-entschuldigende „leider" in solchen Fällen durch „Herrje, so ein Mist, das ist uns jetzt aber entsetzlich peinlich, wie können wir das nur je wieder gutmachen" zu ersetzen.

Halten wir hier einmal kurz inne. Erfüllt denn das Web die Anforderungen, die sich aus dieser Perspektive für die Gestaltung ergeben? Ist es wirklich ein Handlungsmedium, also ein Operator? Und wenn ja, ist es ein *effizienter* Operator? Wenn wir uns Umfrage-Ergebnisse zu den Problemen und den emtionalen Reaktionen der Surfer (s. S. 319 vor Augen führen, könnte man misstrauisch werden. Ich möchte diese Frage hier einmal in Hinblick auf das Endergebnis beantworten. Man kann nämlich die Leistungsfähigkeit von Websites durchaus messen.

Abb. 297: Zum Glück geht es auch schneller. Diese Website verrät nach einem Mausklick, dass sie nicht liefern kann, was sie eine Seite zuvor versprochen hat. Die Handlung kann auch hier nicht abgeschlossen werden, doch die Kosten waren deutlich geringer.

www.tui.de;
www.wochenquiz.de

< Fakten 15: Websites auf dem Besucher-Simulator>

Eine einfache, doch sehr wirksame Technik zur Bewertung von Internet-Angeboten besteht darin, Anwendungsszenarien zu entwickeln. Handeln ist ja ein dynamischer Vorgang, und das Durchspielen von Szenarien trägt dem Rechnung. Bei Menschen, die für einen Auftritt verantwortlich sind oder ihn sogar selbst gestaltet haben, lässt sich nach meiner Erfahrung leicht eine gewisse Verblüffung erreichen, wenn man zeigt, dass das mit Schweiß und Tränen erstellte System sich plötzlich ganz eigenartig verhält, sobald man es wirklich zu benutzen beginnt. Hierzu fehlt in der Planungs- und Entwicklungsphase oft die Zeit, oder man schlussfolgert aus der Tatsache, dass man selbst die Zusammenhänge bestens versteht, dass andere das eigentlich auch können müssten.

Was bei Szenarien-Tests geschieht, ist relativ einfach: Man definiert zunächst Modell-Besucher, die realistische und konkrete Ziele auf der Website verfolgen. Im Anschluss daran simuliert man, welche Wege diese Personen wahrscheinlich nehmen würden, und prüft, ob sie ihr Ziel erreichen, was ihnen dabei hilft oder sie möglicherweise behindert. Man kann solche Szenarien sehr detailliert durchspielen, indem man z.B. die technische Ausstattung, die Vorkenntnisse oder die Suchstrategien der Besucher-Modelle berücksichtigt. Aber bei der Fülle an Merkmalen, die man berücksichtigen kann (s. S. 249), wird das sehr schnell kompliziert. Auch mit relativ groben Vorgaben kann man manchmal schon recht interessante Ergebnisse erzielen. Unser Beispiel vom missglückten Kauf eines Fachartikels (s. S. 282) hätte als Simulation – „wir tun jetzt einfach einmal so, als seien wir ein Besucher von irgendwo, der hier diesen Artikel lesen möchte" – jeden stutzig werden lassen. Hierzu noch ein Beispiel: Im Herbst 2001 habe ich eine Reihe von städtischen Websites mit Hilfe von Szenarien evaluiert. Ich bin dabei von einem erfahrenen Benutzer-Modell ausgegangen, also einer Person, die sich nicht schnell irritieren lässt und reichlich Geduld mitbringt (das ist natürlich nicht sehr realistisch, verhindert aber erfahrungsgemäß das totale Desaster bei der Auswertung). Die Szenarien selbst fächerten sich über relativ breite Inhaltsbereiche auf, angefangen bei Anliegen, die alle Bürger einer Stadt haben könnten, über Verkehr, Touristik, Wirtschaft, Kultur bis hin zu Familienangelegenheiten

Tab. 34: Evaluation kommunaler Websites: Fragestellungen und Kodierung der Ergebnisse.

Szenarien:	Kodierung der Ergebnisse:
1. Öffnungszeiten des Rathauses?	Ziel erreicht: Innerhalb von 5 Klicks muss eine deutliche Annäherung an das Ziel stattfinden. Außerdem muss die Information letztlich gefunden und die Frage erschöpfend beantwortet werden.
2. Finde ich den städtischen Mietspiegel?	
3. Wo sind innerstädtische Nahverkehrspläne?	
4. Wer sind die Web-Verantwortlichen und wie kann man sie kontaktieren?	Ziel bedingt erreicht: Das Ziel wird erreicht, aber mit Einschränkungen, z.B. weil die Wege zu lange oder Informationen unvollständig sind.
5. Wo ist die Schillerstraße?	
6. Programm der städtischen Musikschule?	
7. Gibt es Online-Ausschreibungen der Stadt und wie nimmt man daran teil?	Ziel nicht erreicht: Die gesuchte Information ist nicht vorhanden oder nicht auffindbar.
8. Wo sind Kindergärten im Stadtgebiet?	
9. Wo gibt es Kinos?	

(siehe Tab. 34). Es handelte sich nicht um hochspezielle Ziele. Eine kommunale Website, die einigermaßen bei Kräften ist, sollte eigentlich die meisten dieser Informationsbedürfnisse bedienen können.

Für fünf kommunale Websites wurden die Szenarien durchgespielt, sodass sich in der Summe 45 Einzelszenarien (9 Szenarien x 5 Städte) als Beobachtungsgrundlage ergeben. Abbildung 298 zeigt die Verteilung der Ergebnisse.

Um bewerten zu können, was dieses Ergebnis bedeutet, müssen wir es zu unseren Erfahrungen mit anderen Operatoren in Beziehung setzen. Was würden Sie, liebe Leserinnen und Leser, beispielshalber von einem Korkenzieher halten, der nur ein Drittel der Flaschen öffnet, bei einem weiteren Drittel nur mit härtester Muskelarbeit funktioniert, reichlich Korken in die Flasche krümelt und ansonsten vollständig versagt? Wenn Sie mich fragen: Kein gutes Ergebnis für einen Korkenzieher, der nicht weggeworfen werden will.

Moment! Sie meinen, Szenarien seien keine „echten" Benutzer? Und so ein Ergebnis sei nimmermehr repräsentativ für das Web als Ganzes? Sicherlich, es wurden ja nur wenige Auftritte

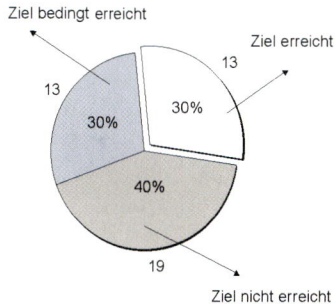

Abb. 298: 30% der Szenarien verliefen erfolgreich, in 70% der Fälle wurde das definierte Ziel gar nicht, nur mit Mühe oder nicht vollständig erreicht.

mit wenigen Szenarien getestet, und vielleicht wäre das Ergebnis heute auch besser (es wird ja allenthalben viel und gerne relauncht). Allerdings ändert das nichts am Ergebnis, und größere Beobachtungsstudien mit echten Personen liefern nicht selten ganz ähnliche Resultate. Das US-Beratungsunternehmen „Creativegood" untersuchte z.B., wie hoch der Prozentsatz der ganz realen Internet-Nutzer ist, die auf insgesamt 8 großen E-Commerce Websites einen ganz realen Einkauf bewerkstelligen konnten. Das Ergebnis: 43% der Kaufversuche scheiterten, die meisten deshalb, weil die geschätzte Kundschaft beim „Checkout", also beim Bezahlen überfordert war – ganz real [92].

Zusammenfassend kann man festhalten: Wer Websites handlungsfreundlich gestalten will, hat ein Stück harte Arbeit vor sich. Er muss...

- möglichst präzise Vorstellungen von den *Zielen* haben, die Besucher auf seiner Website erreichen möchten;
- dafür sorgen, dass man rasch *erkennt*, welche Ziele erreicht werden können und welche nicht;
- dafür sorgen, dass die *Qualität der Inhalte* so überzeugend ist, dass die Besucher zum Handeln motiviert werden;
- den Besuchern den Entwurf von *Handlungsplänen* ermöglichen;
- alle wichtigen Ziele auf *kurzen Wegen* erreichbar machen;
- überlegen, welche Bedingungen gegeben sein müssen, damit ein Besucher sein Ziel wirklich *endgültig* erreicht;
- dem Besucher ermöglichen, die Folgen einer Handlung richtig *vorherzusagen*;
- dafür sorgen, dass der Besucher seine Handlungen *überwachen*, also den Erfolg jedes einzelnen Schritts unmittelbar erkennen kann;
- darauf achten, wo der Handlungsfluss durch *Unterbrechungen* und/oder ablenkende Inhalte gestört werden könnte, und diese ggf. aus dem Weg räumen;
- Bedienungsvorgänge *im Ganzen* simulieren, genauso, wie sie in der Realität stattfinden.

13 Über das Problemlösen

Was in diesem Kapitel geschieht:

- Wir lösen das Problem, Problemlösen zu definieren – diesmal brauchen wir hierzu ein Taschenmesser und einen Kompass.
- Zwei Websites offerieren Unterstützung.
- Eine Reise muss ins Wasser fallen, und wir versetzen uns in Steuerzahler.
- Verschiedene Seiten werden nicht gefunden – was dann ganz unterschiedliche Konsequenzen hat.
- Sie begegnen einer Website, die mit einem Adventskalender wetteifert.
- Etwas, das nicht funktioniert, sieht nicht so aus.
- Sie werfen einen Blick in das Innenleben der Internet-Nutzer und sind möglicherweise erschüttert von dem, was sie dort sehen.
- Danach entspannen Sie sich in einem Parkhaus.
- Sie stellen fest, dass wir in den letzten Kapiteln sehr viel über Emotionen gesprochen haben, ohne dass dies direkt sichtbar war.
- Die Dinge geraten in Fluss, und ich versuche zu beschreiben, was Perfektion ist.

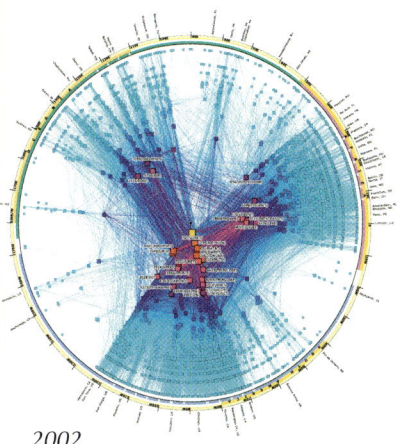

2002

Wie jeder Internet-Nutzer weiß, gelangt man im Web in vielen Fällen nicht einfach von selbst und reibungslos vom Ausgangs- zum Zielzustand. Öfter als uns lieb ist, gibt es mehr oder weniger hohe *Barrieren*. In den vorigen Abschnitten haben wir schon einige Möglichkeiten kennen gelernt (mit einer Prise Zynismus könnte man die Hälfte dieses Buches als Barrierensammlung bezeichnen). Und wenn wir auf Barrieren treffen, wird das Ganze zu einem *Problem*, das Handeln zum Problemlösen. Probleme entstehen also, wenn Handeln ins Stocken gerät - sei es bei der Definition der Ziele und/oder dem Finden und Anwenden von Operatoren (hierzu gleich noch mehr). Das Abheben von Geld an einem Automaten ist also z.B. eine einfache zielgerichtete

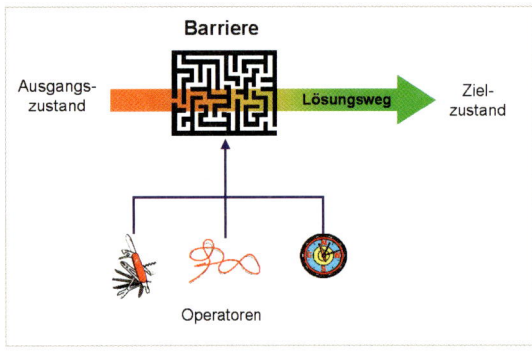

Abb. 299: Ein typisches Problem: Ausgangzustand und Endzustand sind definiert, als Operatoren haben wir einen roten Faden, um den Weg zurück zu finden, einen Kompass und ein Schweizer Taschenmesser (die sollen ja immer ganz nützlich sein, wie man hört). Das Problem besteht nun darin, den richtigen Weg zu finden.

Handlung, man könnte auch sagen: eine Aufgabe. Zum Problem wird die Sache erst, wenn man die PIN vergessen hat oder wenn die Karte eingezogen wird. Ebenso ist das Einschlagen eines Nagels so lange eine einfache Handlung, bis man den Nagel krumm- oder den Daumen plattschlägt. Dann wird die Sache zum Problem. Abbildung 299 zeigt die Zusammenhänge schematisch am Beispiel eines klassischen Problems, das psychologisch mit dem Navigieren im Web eng verwandt ist: dem Finden eines Weges durch ein Labyrinth. Wieder haben wir einen Ausgangs- und einen Zielzustand und Operatoren, also Werkzeuge, die diesmal nicht für das direkte Erreichen eines Ziels, sondern eben zur Beseitigung der Barriere bzw. zur Lösung des Problems eingesetzt werden.

Wenn nun alles im Web selbsterklärend wäre und optimal funktionieren würde, gäbe es keine Barrieren – und auch keine Probleme. Wie wir alle wissen, sind Websites jedoch mit allerlei Haken und Ösen, Umwegen, Fallen und Unzulänglichkeiten gespickt, die uns auf Umwege führen, ablenken, irritieren, und damit Barrieren aufbauen, die das entspannte Handeln zu einem Problemlöseprozess machen. Nehmen wir noch einmal das Reisebeispiel aus dem vorigen Kapitel: Ich habe mich zu einem Angebot durchgeklickt, das meinen Wünschen entspricht. Ich klicke auf den Button mit der vielversprechenden Aufschrift: „online buchen". Prompt öffnet sich ein eifriges Fensterchen, in welchem bestimmt gleich die Eingabemaske für die Reservierung auftaucht. Als sich nach 4 Minuten immer noch nichts getan hat, gebe ich auf (keine Fiktion, sondern genau so erlebt.). Was geschieht hier? Der Operator ist da und signalisiert dies auch – wozu sonst das eifrige Popup-Window –, offensichtlich ist es auch der richtige, aber er ist defekt oder reagiert zu träge. Und nun habe ich ein Problem. Ich kann dies natürlich durch Ausweichen auf andere, funktionierende Operatoren, nämlich die Seiten des Mitbewerbers oder (gehen wir lieber auf Nummer Sicher) einen Katalog nebst Telefonanruf beim Reisebüro, effektiv lösen. Die Website ist dann allerdings ein Flop und das viele schöne Geld glattweg verschwendet.

In Abhängigkeit davon, wie exakt der Zielzustand definiert ist, und wie viel eine Person über die relevanten, d.h. zum Ziel führenden Operatoren weiß, können Probleme sehr unterschiedlich gelagert sein. Man kann dies anhand von Beispielen aus dem Alltag des Websurfens sehr schön verdeutlichen.

Probleme beim Finden von Zielen

Bei einem nicht geringen Anteil von Online-Nutzern kann man davon ausgehen, dass es keine klaren Vorstellungen über Zielzustände gibt. Sicherlich muss sich jeder Anbieter auf Besucher einstellen, die seine Website aus Neugier aufsuchen und sich „irgendwie" unterhalten oder „irgendwelche" interessanten Informationen finden wollen. In Kapitel 9 (S. 206) haben wir diese Haltung schon einmal kennen gelernt und festgestellt, dass sie mit einer schwebenden Aufmerksamkeit gekoppelt ist. Genau betrachtet wissen diese Site-Touristen also nicht recht, was sie wollen. Handlungstheoretisch gesehen, wirkt dies als Barriere und stellt also ein waschechtes Problem dar. Für dessen Lösung sind natürlich nicht die Besucher verantwortlich (nach dem Motto: „Na, schauen Sie doch nach!"), sondern die Betreiber. So selbstverständlich das klingt: Es ist nicht leicht, Ziele sichtbar zu machen. Das obere Exemplar einer Startseite auf Abbildung 300 gibt sich beispielsweise eher zugeknöpft. Hätten Sie geahnt, dass es hier einen Online-Shop gibt, in dem Produkte konfiguriert und gekauft werden können? Dass man detaillierte technische Datenblätter zu Produkten downloaden kann? Dass es einen technischen Support mit echten, lebenden Ansprechpartnern gibt? Zugegeben: Schönes, sparsames Design. Nur: Die Schönheit verrät geradezu gar nichts darüber, wozu diese Website gut sein soll. Wer Erfahrungen mit anderen Konzern-Auftritten hat, wird immerhin ahnen, dass hier wahrscheinlich die „üblichen" Dinge zu finden sind, doch wer erfolgreiche Websites bauen will, sollte Begriffe wie „Ahnung" und „wahrscheinlich" aus seinem Vokabular streichen. Nach dem, was wir vierten Kapitel dieses Buches über Kommunikation gelernt haben, können wir diagnostizieren: Es mangelt an Moderation (s. S. 84).

Die Startseite unten hat eine andere Strategie. Es werden in Abhängigkeit von Bedürfnissen und Vorkenntnissen drei Zielgruppen unterschieden, und mit kurzen moderierenden Texten wird erklärt, was diese tun, welche Ziele sie erreichen können. Das Entscheidungs-Vakuum, das sich leicht einstellt, wenn Websites

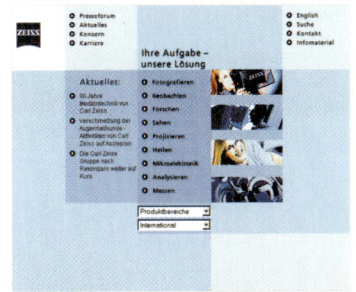

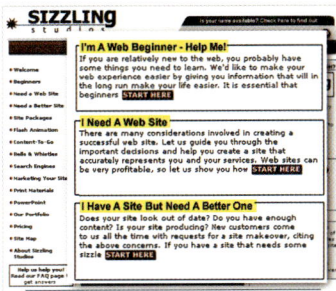

Abb. 300: Die oben zu sehende Startseite ist überaus schön gestaltet, aber unterm Strich doch eher rätselhaft. Das untere Exemplar tritt nicht so schön auf, verrät uns aber etwas über die Zielgruppen, für die der Auftritt gestaltet wurde, erläutert Ziele, die man erreichen kann und fordert zum Handeln auf.

www.zeiss.de;
www.sizzling-studios.com

nur visuell optimiert und von vermeintlich verunzierenden Texten weitgehend bereinigt werden, bleibt aus. Man erkennt hier noch einmal unmittelbar den Vorteil eines moderierten Auftritts: Die Besucher müssen sich nicht nach der Methode Versuch und Irrtum in den Auftritt hineinklicken. Allerdings bringt dieses Design auch gewisse Risiken mit sich – nämlich dann, wenn man hinsichtlich seiner Hypothesen über Zielgruppen daneben liegt. Ohne Voruntersuchungen oder zumindest systematisch gesteuerte Überlegungen über Zielgruppen und deren Bedürfnisse kann man eben kaum eine gute Startseite, geschweige denn eine Website planen. Das wussten Sie schon? Sicherlich: wir alle wissen es, und deshalb gibt es auch keine Websites, die uns auf der Startseite völlig uninformiert in Regen stehen lassen...

Probleme beim Finden von Operatoren

Eine Person, die sich erst seit kurzer Zeit im Web bewegt und spezielle Informationen sucht (z.B. die Preise von Produkten vergleichen will), weiß, dass sie diese wahrscheinlich „irgendwie" erhalten kann. Der Ausgangs- und der Zielzustand sind also bekannt, die geeigneten Operatoren (Browserfunktionen, Websites, Suchmaschinen, Datenbanken etc.) allerdings nicht. Da die sich nun nicht von selbst anbieten und erklären, müssen sie erst noch gefunden werden – und wie wir alle wissen, kann das sogar für Oldbies zu einem Problem werden.

Nehmen wir das Beispiel eines Bürgers, dem zu Ohren gekommen ist, dass man amtliche Formulare neuerdings auf städtischen Websites abrufen kann. Sein Handlungsziel könnte eine fertig ausgefüllte Steuererklärung sein, der wichtigste Operator ist dann das Steuererklärungsformular, und die Website dient zum Erreichen des ganz konkret definierten Zwischenziels „Formular besorgen". In Abhängigkeit vom Angebot, seiner Ausdauer und seinem Suchstil (nicht zu vergessen seiner Cleverness und Geduld) erleidet unser E-Government-Bürger ganz unterschiedliche Schicksale. Abbildung 301 zeigt die Lage in Hamburg. Hier findet man auf der Startseite gleich vier Links, die zu dem gewünschten Angebot führen – möglicherweise: „Finanzen" (gleich zweifach), einen Link „Bürgerportal" und einen weiteren „Bürgerservice DIBis". Wer hier voreilig auf „Finanzen" klickt, ist genauso verloren wie derjenige, der sich zum „Bürgerportal" aufmacht. Hier sind die Formulare nämlich nicht zu finden (oder die Distanz ist so groß, dass ein durchschnittlicher Benutzer zur Aufgabe gezwungen wird). Das Ziel erreicht man nur mit „Bürgerservice DIBis", doch woran denkt der Bürger bei seinem Vorhaben: an „DIBisse"? =der nicht vielleicht doch an „Forumlare" und „Steuererklärungen"?

Für den Fall, dass die Finanzen oder das Bürgerportal angeklickt und die Formulare nicht gefunden wurden, beginnt nun also ein Problemlöseprozess. Hierfür bietet sich die On-site-Suchmaschine an. Die Eingabe von „Steuererklärung" führt allerdings trotz vielversprechender Link-Beschreibung nicht zum Ziel, sondern zu einem WISO-Produkt, das alles andere als ein amtlicher Formular-Download ist.

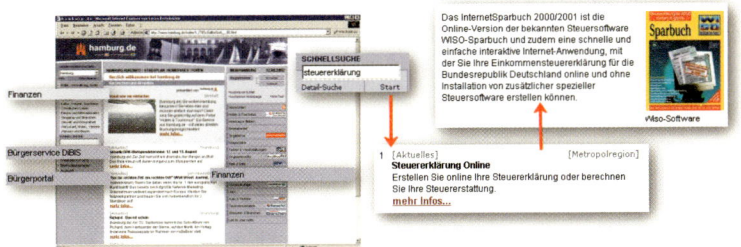

Abb. 301: Eine typische Web-Barriere: Wer hier Formulare für seine Steuererkärung finden möchte, muss DIBis kennen. Wer DIBis nicht kennt, und unvorsichtigerweise die Suchmaschine bemüht, bekommt es mit WISO zu tun.

Ist das Portal einer Großstadt nicht naturgemäß eine derart komplexe Angelegenheit, dass solche Probleme unvermeidlich sind? Sicherlich ist das so – allerdings: mehr oder weniger. Das Beispiel aus Berlin (Abb. 302) zeigt, dass zumindest das Finden eines Formulars für die Steuererklärung ganz einfach sein kann. Beim Klick auf den einzigen passenden Link „Bürgerservice", öffnet sich ein Menü, und einer der Einträge darin lautet: „Formulare". Zwei Klicks später ist unser Bürger dort, wo er hin möchte, nämlich auf einer Download-Seite, in der es vom „Mantelbogen" bis zur „Anlage KSO" alles gibt, was das Herz des Steuerzahlers höher schlagen lässt. Sein endgültiges Ziel hat er damit zwar nicht erreicht, die Formulare müssen ja noch ausgefüllt werden, doch der Operator ist gefunden, die Website hat

Abb. 302: Ein Weniger-ist-mehr-Menü: Unter dem Haupteintrag „Bürgerservice" findet sich eine Übersicht, und dann die wichtigsten und beliebtesten Optionen der Rubrik. Für das Suchen eines Formulars eine ideale Lösung.

www.hamburg.de;
www.berlin.de;

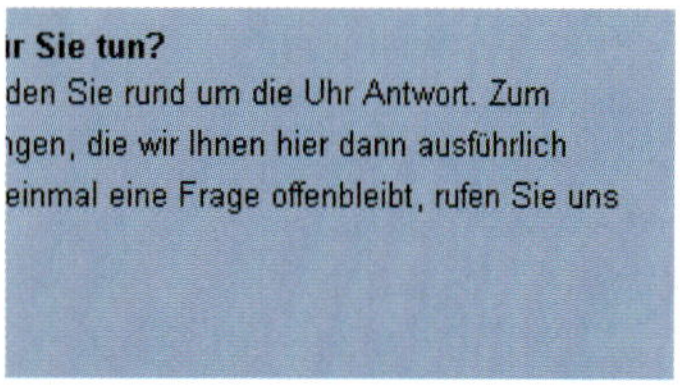

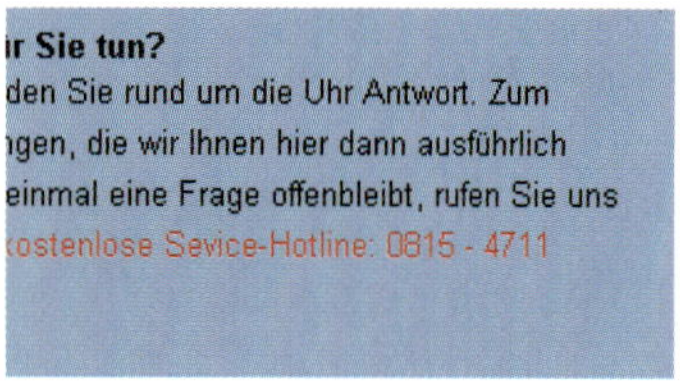

funktioniert. Und wenn sie wirklich *gut* funktioniert, bietet sie nun noch eine verständliche Unterstützung beim Ausfüllen der Formulare. Abbildung 303 zeigt ein Beispiel zum Thema versteckte Operatoren aus der Wirtschaft. Es ist eine Service-Seite aus dem Reich der Telekommunikation. Auch hier hat man Probleme beim Finden einer Information, die unbedingt erforderlich ist, wenn man die vom Betreiber angeregte Handlung ausführen möchte. Das Kundencenter erklärt sich wachsam und hilfsbereit, doch die Telefonnummer, die man braucht, um das freundliche Team auch wirklich zu belästigen, ist nicht angegeben – weder dort, wo sie hingehört, nämlich direkt unter den anbiedernden Text – noch an irgendeiner anderen Stelle auf der Seite.

An diesem Beispiel kann man die Grenzlinie zwischen Handeln und Problemlösen sehr schön sichtbar machen:

- Findet man die Telefonnummer, kann man bei Bedarf einfach zum Hörer greifen, das Handeln bleibt im Fluss.
- Findet man sie nicht, muss man sie suchen, und damit wird das Ziel „Kontakt aufnehmen" durch das Problem „Telefonnummer finden" ersetzt.

Probleme beim Anwenden von Operatoren

Ein erfahrener Online-Benutzer, der ein bestimmtes Reiseangebot über ein Formular aus einer Datenbank herausfischen möchte, kennt sowohl den Ausgangs- und den Zielzustand als auch die erforderlichen Operatoren. Der Lösungsweg ist aber nicht selbstverständlich. Der genaue Weg, der zur Lösung führt, also die *richtigen* Filtereinstellungen für die *richtigen* Suchkriterien, muss noch gefunden werden.

Abbildung 304 zeigt eine besonders prägnante Anwendungs-Barriere: ein Interface, das es nicht zulässt, eine gewünschte Anforderung für eine Such-Datenbank überhaupt zu definieren. Auf den ersten Blick wirkt alles unverfänglich, bis man versucht, eine Reise für 2 Erwachsene und 3 Kinder zu buchen. Die Drop-Down-Listbox sieht diese Möglichkeit nämlich gar nicht vor, sodass man...

- bei der Anwendung des Operators „Reisedatenbank",
- im Unterprogramm „Personenzahl definieren",

Abb. 303: Original und Fälschung. Was wir für Sie tun können? Ohne Angabe einer Telefonnummer nicht zum Anrufen auffordern. Das geht nämlich nicht. Der Ausschnitt unten zeigt, wie es sein sollte: Die Information, die man benötigt, um das Ziel (Telefonkontakt mit der Service-Hotline) zu erreichen, befindet sich genau dort, wo man sie braucht.

www.arcor.de

- für die Erreichung des Unterziels „freies Angebot finden",
- im Rahmen der übergeordneten Unterziele „Angebote vergleichen und Reise buchen"
- mit dem endgültigen Handlungsziel „Urlaub machen"

... Schiffbruch erleidet. Nun könnte man als ehrgeiziger Problemlöser eine alternative Anfrage improvisieren (z.B. 4 Erwachsene und 1 Kind oder 3 Erwachsene und 2 Kinder), was aber natürlich kompletter Unsinn ist, denn die Preise stimmen dann hinten und vorne nicht. Alternative Strategien wären: bei der Hot-Line des Anbieters anzurufen (warum dann nicht gleich beim Reisebüro?) oder die Website wieder zu schließen, um bei einem anderen Anbieter an einer anderen Hürde zu scheitern. Ein beliebter Sport bei Reisebuchungen ist ja z.B. das Anzeigen von belegten Hotelbetten (s. Abb. 296, S. 303).

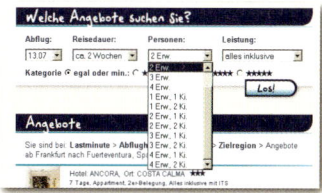

Abb. 304: Diese Datenbank hat eine beachtliche soziale Intelligenz, denn sie vertritt die im Grunde ganz vernünftige Auffassung, dass Familien mit mehr als 2 Kindern ohnehin kein Geld für einen Urlaub haben – wozu brauchen die also Angebote?

Natürlich kann es der Fall sein, dass Reisen für zwei Erwachsene und drei Kinder gar nicht in der Datenbank enthalten sind, sodass es keinen Sinn ergeben würde, diese Möglichkeit anzubieten. Allerdings ist dies dann das Problem des Anbieters, der eben weniger Reisen verkauft. Es *gibt* ja Reisen für Familien mit mehr als zwei Kindern.

Abbildung 305 zeigt, wie Anwendungs-Barrieren durch eine ungeschickte Steuerung der Aufmerksamkeit errichtet werden können. Der Screenshot links gibt den normalen Zustand eines Online-Tools zur Messung der „Link-Popularity" wieder (dies ist die Anzahl der Links, die auf eine Website verweisen). In der Mitte ist der Zustand während einer Wartung abgebildet, d.h. hier wurde die Anwendung stillgelegt. Sollten Sie auf Anhieb keinen Unterschied zwischen den beiden Varianten erkennen, haben Sie das Problem schon gefunden: Die stillgelegte Anwendung sieht völlig „normal" aus. Man muss als Benutzer also die wichtigste Information längere Zeit suchen (Problem Nr. 1), bis man verstehen kann, dass die Anwendung nicht funktioniert (Problem Nr. 2). Die Aufgabe eines handlungsfreundlichen Designs wäre, den Ausnahmezustand deutlich sichtbar zu machen. Hierfür könnte der erklärende Text *über* den Eingabefeldern für die Web-Adressen platziert werden – wo man als Benutzer zuerst hinsieht. Weiter wäre dies durchaus ein passender Anlass für Eye-Catching: Die Information über die Stillegung sollte den höchsten Zug-Effekt für die Aufmerksamkeit haben. Der Screen-

www.lastminute.de

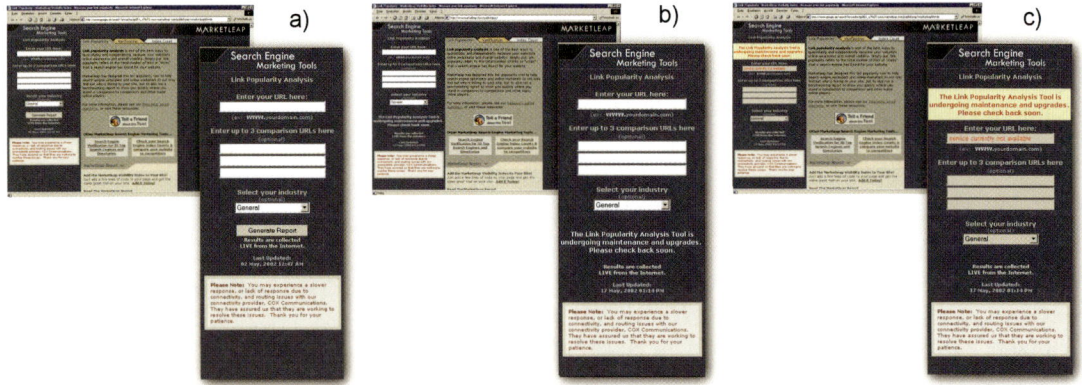

Abb. 305: Original (a, b) und Fälschung (c): Für den Fall, dass eine Anwendung stillgelegt wurde, gibt es eine wichtige Botschaft: „Diese Anwendung wurde stillgelegt."

Abb. 306: Das vielleicht alltäglichste Problem im Web: eine „404 Fehler-Meldung" (hier aus dem Internet Explorer der Fa. Microsoft).

www.marketleap.com/
publinkpop/;
rechts:
www.hewlett-packard.com;
www.fastcompany.com

shot rechts zeigt einen Lösungsvorschlag. In diesem Fall bleibt Problem Nr. 2 bestehen (die Anwendung ist ja immer noch defekt), doch immerhin tritt Problem Nr. 1 nicht auf.

Ein Problem, das jeder Internet-Benutzer kennt, zeigt Abbildung 306: Nach dem Klick auf einen Link zeigt sich eine „404-Meldung", die erklärt, dass diese Seite nicht gefunden wurde. Es wurde also ein „defekter" Operator bedient. Die Meldung, die wir hier üblicherweise zu sehen bekommen, wird vom Browser erzeugt, und wie die meisten Fehlermeldungen ist sie letzten Endes nicht sonderlich erhellend. Immerhin erklärt sie, was geschehen ist, und bietet uns einige Handlungsmöglichkeiten an:

- Die Startseite des Angebots aufrufen (was unter Umständen sinnvoll sein kann).
- Einen Schritt zurückgehen (was nicht sehr viel weiterhelfen wird und den Zielen einer Website, die ja Besucher eben *binden* möchte, eher zuwiderläuft).
- Eine Internet-Suchmaschine aufrufen (ebenfalls in den meisten Fällen nicht sonderlich hilfreich und für den Anbieter unproduktiv).

Natürlich muss man berücksichtigen, dass der Web-Browser selbst keine individuelle Rückmeldung beim Aufruf einer nicht existierenden Seite geben kann. Allerdings ist es möglich, individuelle Fehlerseiten zu gestalten und 404-Besuchern effektiver zu helfen – womit man zugleich etwas dagegen unternimmt, dass sie kommentarlos den Rückwärtsgang einlegen. Werfen wir zu diesem Zweck zunächst einmal einen kurzen Blick auf die wichtigsten Kriterien für die Gestaltung ergonomischer System- und Fehlermeldungen. Diese lauten:

- Gib eine verständliche und auswertbare Rückmeldung über den *Systemzustand*.
- Benenne mögliche *Ursachen* für das Problem.
- Gib Instruktionen zur *Problembeseitigung* und erkläre, welche Handlungsalternativen welche Konsequenzen haben.
- Tu dies in einer *verständlichen Sprache*.

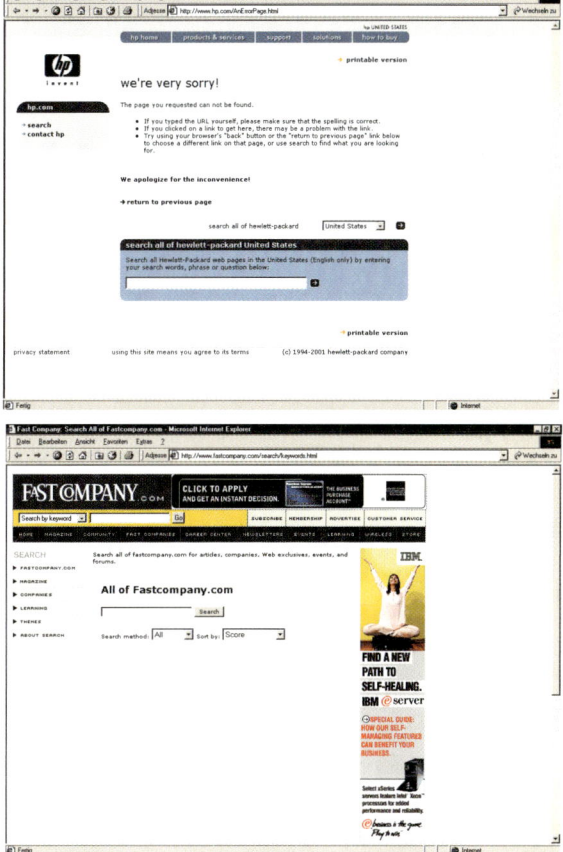

Abb. 307: Individuelle Fehlerseiten können zum Rettungsanker werden (Erläuterungen im Text).

Betrachten wir nun die 404-Meldungen in Abbildung 307. Das obere Beispiel macht dem Besucher durch die grafische Gestaltung deutlich, dass es sich nicht um eine standardisierte Sackgasse, sondern um eine individuelle Seite eines bestimmten Web-Auftritts handelt. Das völlige Verfehlen eines Ziels verwandelt sich sozusagen in einen Teilerfolg. Die Botschaft: „Sie sind angekommen, allerdings nicht genau auf der Seite, die Sie sehen möchten." Nach meinem Dafürhalten ist bereits dies gut geeignet, den unerquicklichen Eindruck abzumildern, hier sei irgendetwas „kaputt". Es beginnt dann mit einer Entschuldigung („we're very sorry") und einer kurzen Erklärung der möglichen Ursachen für das Problem, z.B. einen Fehler beim Eintippen der Adresse in den Browser (hierzu könnte man vielleicht noch etwas mehr und auch Verständlicheres schreiben). Wichtiger für beide Beteiligten – Betreiber und Benutzer – ist aber, dass man Operatoren vorfindet, mit deren Hilfe man versuchen kann, die gesuchte Information vielleicht doch noch zu finden bzw. das Problem zu lösen. Dies sind im Wesentlichen drei Möglichkeiten:

(a) Eingeben eines Suchbegriffs in die Suchmaske. (b) Navigieren mit Hilfe der Leiste am Seitenanfang. (c) Schreiben einer E-Mail an den Betreiber. Letzteres wird eher unwahrscheinlich sein, doch eine lokale Suchmaschine oder eine Navigationsleiste kann einen Besucher, der schon auf dem Sprung ist, vielleicht zum Bleiben bewegen. Auch wenn dies nicht gelingt, hat man doch ein Minimum getan, um individuell auf die Besucher zu reagieren – alles ist Kommunikation.

Im unteren Beispiel auf Abbildung 307 werden Besucher, die nicht existierende Seiten aufrufen, kommentarlos auf den Suchbereich der Website geleitet. Dort gibt es ebenfalls eine Reihe von Möglichkeiten, das Gesuchte noch zu finden, allerdings wird mit keiner Silbe erklärt, was eigentlich geschehen ist, und es werden auch keine möglichen Ursachen benannt. Obwohl die Funktionalität zum Weitermachen vorhanden ist, erhält diese Lösung in meinem Urteil keine guten Noten: Im Sinn einer effektiven Handlungssteuerung, die ja auf eindeutige Rückmeldungen über jeden Zwischenschritt angewiesen ist (s. S. 300), wäre eine Beschreibung des Zustands (Seite wurde nicht gefunden) und eine Aufklärung über Ursachen wichtig. Und auf mich wirkt es ausgesprochen tollpatschig, dass hier Werbung geschaltet wird. „Die von Ihnen gewünschte Seite haben wir nicht – aber vielleicht möchten Sie eines der Banner ansehen, mit denen wir Geld verdienen?" Dies mag auf einer lokalen Suchmaschine, die bewusst aufgesucht wird, sinnvoll sein, doch hier gehört dergleichen sicherlich nicht hin.

Ironischerweise sind viele Barrieren im Web nicht Defizite (im Sinne von etwas Fehlendem), sondern regelrechte „Operator-Leichen", welche mit hohem Zeit-, Denk-, Programmier- und Gestaltungsaufwand eigens geschaffen werden.

Eine Barriere, die uns vor allem von professionellen Agenturen gerne in den Weg gelegt wird, ist z.B. das Öffnen zusätzlicher Popup- und Browser-Fenster. Gelegentlich findet man Exemplare, die für jeden einzelnen Mausklick ein neues Fenster bereit halten. In dem Beispiel in Abbildung 308 sind es beispielsweise gleich sechs, wobei sich das erste, ganz im Hintergrund zu sehende, durch das völlige Fehlen der vertrauten Bedienelemente des Browsers auszeichnet. Und wenn man, wie es bei erfahrenen Anwendern üblich ist, bereits fünf bis sechs Anwendungen und drei Browser geöffnet hatte? Dann beginnt das fröhliche

> Durch Ungeschicklichkeiten im Webdesign werden Barrieren aufgebaut, die einfache Handlungen in Problemlöseprozesse verwandeln. Aus Besuchern, die ein Ziel erreichen möchten, werden genervte Besucher, die eventuell gleich mehrere Probleme lösen müssen.

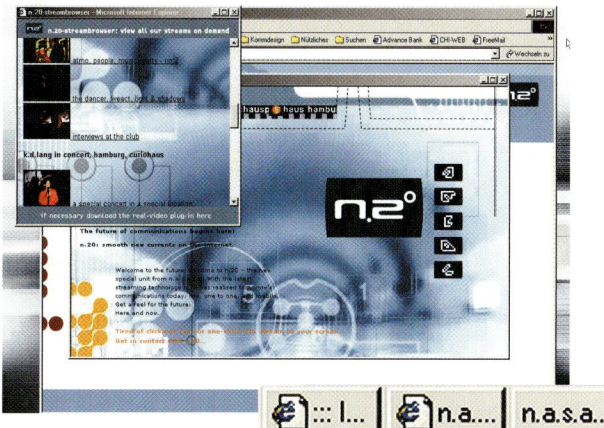

Abb. 308: Wenn ein einzelner Auftritt gleich sechs Browser-Fenster verbraucht, um seine Informationen zu präsentieren, erfordert das Navigieren hohe Kunstfertigkeit. Merke: Jetzt nur nicht danebenklicken!

Fensterln. Und wenn zwei Mitbewerber zuvor es genauso gemacht haben? Dann beginnt der System-Absturz.

Ich möchte zum Schluss auf zwei Dinge hinweisen: Erstens begleiten uns Barrieren und Problemlöseprozesse in diesem Buch schon seit geraumer Zeit, auch wenn die Begriffe nicht ausdrücklich verwendet wurden. Die meisten Designmängel und Schwierigkeiten, die wir besprochen haben, sind Beispiele für Barrieren. Zweitens ist Problemlösen formal gesehen eigentlich nur eine spezielle Variante von Handeln. Alle Bestimmungsstücke einer Handlung (Ziele, Operatoren, TOTE-Einheiten usw.) lassen beim Problemlösen ebenfalls finden. Wo sind dann die Unterschiede? Sie liegen auf anderen Ebenen. Sie sind einerseits *motivational*, denn das Beseitigen von Barrieren ist ja kein freiwillig gewähltes Ziel (Spiele, bei welchen das Ausknobeln von Problemlösungen zum Selbstzweck betrieben wird, seien nicht berücksichtigt). Andererseits sind sie *emotional*, denn Barrieren bereiten uns ja in der Regel Unbehagen – womit wir eine vorzügliche Überleitung zum nächsten Abschnitt haben.

13.1 Handeln und Emotionen

Handlungs- und Problemlöseprozesse können zwar nach der Logik von Computerprogrammen beschrieben werden, sie sind aber keinesfalls nur eine rationale Angelegenheit. Ganz im Gegenteil: sie sind in vielerlei Hinsicht mit emotionalen Erfahrungen verbunden. Die in allen möglichen und unmöglichen Kom-

www.nasa20.com

> Die Frage, ob ein Besucher eine Website noch einmal aufsucht oder in seine schwarze Liste der niemals wiederzusehenden Angebote aufnimmt, entscheidet sich letztlich daran, was er während seines Aufenthalts emotional erlebt.

binationen verwendeten Begriffe „Cyber-" und „virtuell" mögen ja glauben machen, das Web sei keine Wirklichkeit, sondern eine „Als-ob Realität" in der man nichts so wirklich ernst nehmen müsse. Das ist aber natürlich ein Trugschluss. Emotionen, die im Web durch geschickte oder ungeschickte Kommunikation und gutes oder schlechtes Design entstehen, sind überaus real.

Im letzten Abschnitt dieses Buches möchte ich also noch einmal darauf zu sprechen kommen, wie man emotionale Erfahrungen im Web auf dem Hintergrund unseres bisherigen Rüstzeugs an Wissen über menschliche Motivationen, Entscheidungen und Handlungen verstehen kann. Und ich möchte damit versuchen, dem Thema etwas präzisere Konturen zu geben. In der Regel werden ja Emotionen in die missverständliche Rubrik „weiche Faktoren" einsortiert – mit dem Unterton, das sei etwas für allzeit echt betroffene Birkenstockträger und darüber müsse man sich doch nun *wirklich* nicht auch noch Gedanken machen. Aber das ist natürlich kompletter Unsinn.

Vorher möchte ich aber an dieser Stelle einmal jene zu Wort kommen lassen, um die es geht: die Besucher, Benutzer, Gäste, User oder wie man sie auch immer nennen mag. Gelegentlich kommt es ja vor, dass diese zu ihrem emotionalen Erleben und Problemen beim Surfen im Web befragt werden. Die Ergebnisse sind mit schöner Regelmäßigkeit ein Desaster, wenn man bedenkt, dass wir es ja eigentlich mit „dem" hypermodernen Medium des dritten Jahrtausends zu tun haben.

< Fakten 16: Die Probleme der Internet-Benutzer >

Abbildung 309 zeigt Ergebnisse aus einer der größten Online-Umfragen im deutschsprachigen Raum, der ARD/ZDF Online-Studie [93]. Gefragt wurde, was den Internetnutzern beim Gebrauch des Mediums unangenehm auffällt. Spitzenreiter bei den Problemen ist hier die Werbung. In den Vorjahren war das Warten mit großer Zuverlässigkeit an Position 1 zu finden, und auch hier liegt es nur hauchdünn zurück. Darüber hinaus werden defekte Links beklagt, und offensichtlich kommt das Medium auch in Sachen Übersichtlichkeit und Auffindbarkeit von Information insgesamt nicht gut weg.

Handeln und Emotionen

Zu beachten ist allerdings, dass bei Studien dieser Art nur herauskommen kann, was hineingesteckt wird, sprich: Die Antworten werden von den Meinungsforschern vorgegeben. Ich möchte deshalb noch eine zweite Studie erwähnen. Eine Umfrage zum Thema Cyber-Ärger, die im gleichen Jahr von der britischen Abbey National Group, einem britischen Bankhaus, in Auftrag gegeben wurde [94]. Interessant ist sie deshalb, weil nicht nur nach Meinungen, sondern auch nach Verhalten gefragt wurde. Und hier zeigte sich dann auch wahrlich Erschütterndes: Nicht wenige Teilnehmer berichteten von Gewaltausbrüchen gegenüber wehrlosen Mäusen, Tastaturen und Bildschirmen. In einzelnen Fällen wurden teure Notebooks mutwillig zerstört, andere reagierten aufgestaute Frustration ab, indem sie sich Mitmenschen gegenüber nicht eben fein verhielten. Die Ergebnisse sind umso gravierender, wenn man berücksichtigt, dass die Studie in England durchgeführt wurde. Der Angelsachse als solcher neigt ja nicht eben zu unkontrollierten Affektausbrüchen (ohne hier nationale Stereotype bedienen zu wollen).

Auf Abbildung 310 ist die Hitliste der Ärgernisse gelistet, die in dieser Umfrage genannt wurden. Das Bild ähnelt im Groben dem der deutschen Studie: Mangelnde Ordnung, Übersichtlichkeit und Navigations- und Hilfefunktionen werden genauso bemängelt wie Werbung und Popup-Fenster. Diese kann man im Übrigen in allen Studien zum Thema finden, sofern danach gefragt wird. Besonders interessant sind zwei Ergebnisse: Erstens tauchen *Registrierungsprozeduren* („Abfrage persönlicher Daten") als eines der Top-Ärgernisse auf. Wer die Besucher seiner Website in Harnisch bringen möchte, muss also nur irgendwo eine kleine Registrierung dazwischenschieben. Vielleicht erinnert Sie das an unser kleines Szenario vom Online-Kauf eines Dokuments (S. 282)? Zweitens sind *„zu lange Seiten"* anscheinend ein typisches Web-

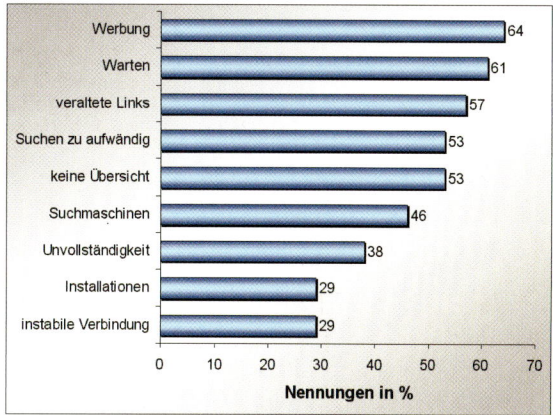

Abb. 309: Welches sind die Probleme der Internet-Nutzer? Hier die Ergebnisse einer der größten Web-Umfragen, der ARD/ZDF Online-Studie aus dem Jahr 2001 mit über 1.000 Teilnehmern.

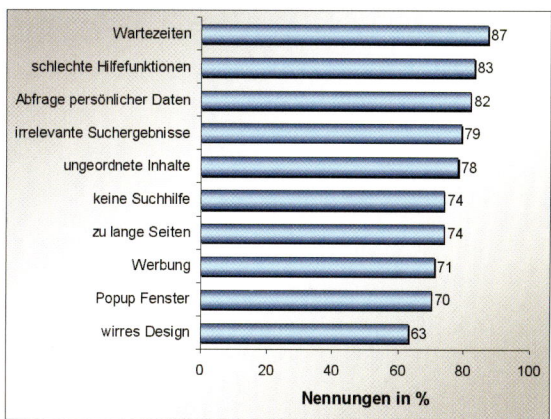

Abb. 310: Top-10-Ärgernisse beim Surfen im Internet.

Abb. 311: Moments of Simplicity: Ein virtueller Entspannungsraum zur Beseitigung realer Frustration.

Abb. 312: Mein Favorit: Las-Vegas Supergewinnkartenlottoroulette-blackjacks, denen auch durch wiederholtes geduldiges Zureden nicht klarzumachen ist, dass man niemals, aber wirklich niemals an ihnen teilnehmen wird. Sie hören einfach nicht hin und jonglieren weiter mit ihren dämlichen Würfeln.

www.momentsofsimplicity.co.uk/; Quelle Casino on Net: Die mögen die Götter kennen

Ärgernis. Natürlich lassen sich aus dieser Information alleine (leider) keine entsprechenden Regeln ableiten, aber man kann zumindest feststellen, dass Benutzer sensibel darauf reagieren, ob die Seitenlänge den Zwecken und Inhalten einer Website angemessen ist (s. S. 161).

Erwähnenswert ist schließlich noch die Konsequenz, die die Bank aus der Studie gezogen hat: Die Einrichtung einer Entspannungszone, in der wir unsere geschundenen Seelen balsamieren können – wahlweise durch den mentalen Verzehr betörender Farbspiele oder Natur-Szenerien (Abbildung 311). Mein erklärter Favorit ist jedoch die auf der Abbildung zu sehende Innenansicht eines Parkhauses. Diese wirkt nur so lange Klaustrophobie auslösend, bis man bemerkt, dass man in der dargestellten Situation *den einzigen noch freien Parkplatz des Parkhauses vor der Kühlerhaube hat*. Eine blinkende Anzeige macht darauf aufmerksam – nebenbei bemerkt ein wirklich gutes Beispiel für die Verwendung von Blinken als Aufmerksamkeitssignal. Dies ist ein urbanes Erfolgserlebnis von so erlesener Qualität, dass es den Ärger über die im Hintergrund keuchende Internet-Verbindung rasch vergessen macht. Jetzt muss man also nur noch vorsichtig Gasgeben und einparken.

All das ist nicht weiter erstaunlich – eigentlich. Wir könnten auch die ganze Marktforschung umgehen und wieder einmal den gesunden Menschenverstand befragen. Dieser würde uns dann geduldig erklären, dass niemand gerne wartet, dass das Eintippen intimer Daten in Registrierungsformulare keinen Spaß macht, dass penetrante Werbung unangenehm ist oder dass niemand gerne auf Links klickt, die ins Nirvana führen. (Und er würde sich wieder einmal insgeheim wundern, dass man ihm so eine einfältige Frage überhaupt stellt.)

Andererseits sind die Ergebnisse solcher Umfragen natürlich ein Fingerabdruck der Realität im Web, d.h. Werbung steht z.B.

deshalb an erster Stelle, *weil es sie gibt*, und zwar in *zunehmend aggressiver Form*. (Ich merke gerade, dass ich bei diesem Thema selbst zu *gereizter Kursivschrift* neige.) Ich habe auf diesen Punkt bereits wiederholt hingewiesen, in diesem Zusammenhang möchte noch einmal Popunder-Windows erwähnen, die Antwort der Werbeschaffenden auf das reflexartige Wegklicken der überall lauernden Popup-Piraterie durch die Verbraucher. Beim Öffnen einer neuen URL schummeln sich diese Plagegeister geschickt *unter* bzw. hinter die neue Seite, um uns irgendwann beim Schließen des letzten Browser-Fensters hämisch entgegenzublinkern (Abbildung 312).

< / ... >

Nachdem wir nun also wissen, dass es die Frustration gibt, wollen wir uns auf die Suche nach den Erklärungen oder mindestens einer systematischen Beschreibung begeben. Die in den vorigen Kapiteln ausgebreiteten Modellvorstellungen über Entscheiden, Handeln und Problemlösen sind dafür sehr gut geeignet.

Ein einflussreicher Denkansatz der Emotionspsychologie [95] baut auf der Idee auf, dass Emotionen in Zusammenhang mit dem Gelingen oder Misslingen von Handlungen und Problemlöseprozessen nach ganz systematischen Regeln entstehen. Die wichtigsten Fragen, die man dann beantworten muss, um emotionale Reaktionen verstehen und vorhersagen zu können, sind folgende:

- Sind *Ziele* vorhanden oder nicht vorhanden?
- *Nähert* sich die Person dem Ziel oder entfernt sie sich davon?
- Trifft sie auf *Barrieren*?
- Hat sie *Strategien* verfügbar, um Ziele zu erreichen oder Hindernisse aus dem Weg zu räumen?
- Wird das Ziel am Ende auch *erreicht*?

Ich habe die spezielleren Zusammenhänge auf den Abbildungen 313 a) – i) dargestellt. Es mag auf den ersten Blick erschlagend wirken, aber auf dem Hintergrund der Informationen, die wir in den letzten Kapiteln zusammengetragen haben, sind die Dinge eigentlich ganz einfach und einleuchtend.

Tab. 35 und Abb. 313 a) – i):
Emotionen entstehen in Zusammenhang gelungenen oder misslungenen Handlungen.

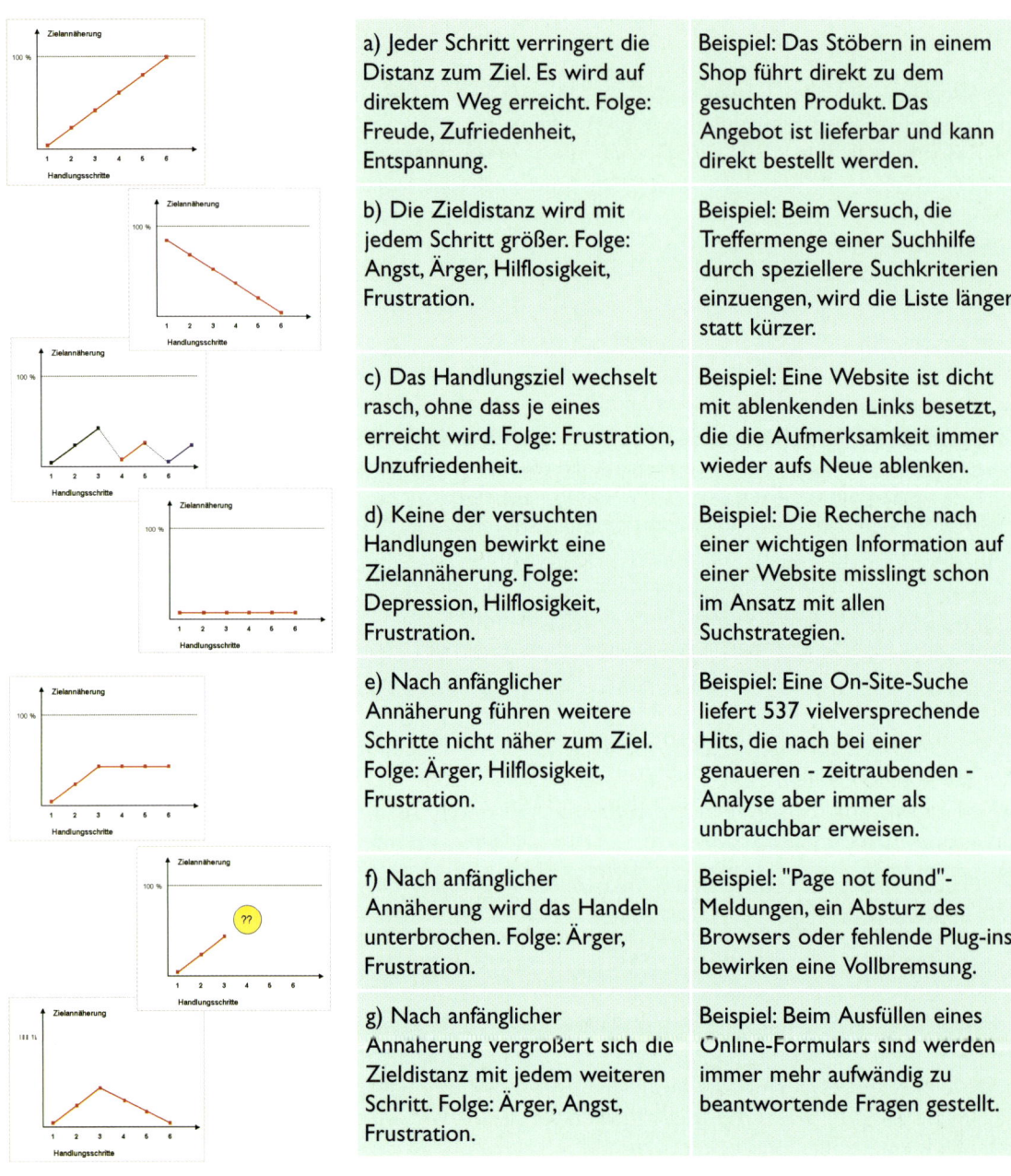

a) Jeder Schritt verringert die Distanz zum Ziel. Es wird auf direktem Weg erreicht. Folge: Freude, Zufriedenheit, Entspannung.	Beispiel: Das Stöbern in einem Shop führt direkt zu dem gesuchten Produkt. Das Angebot ist lieferbar und kann direkt bestellt werden.	
b) Die Zieldistanz wird mit jedem Schritt größer. Folge: Angst, Ärger, Hilflosigkeit, Frustration.	Beispiel: Beim Versuch, die Treffermenge einer Suchhilfe durch speziellere Suchkriterien einzuengen, wird die Liste länger statt kürzer.	
c) Das Handlungsziel wechselt rasch, ohne dass je eines erreicht wird. Folge: Frustration, Unzufriedenheit.	Beispiel: Eine Website ist dicht mit ablenkenden Links besetzt, die die Aufmerksamkeit immer wieder aufs Neue ablenken.	
d) Keine der versuchten Handlungen bewirkt eine Zielannäherung. Folge: Depression, Hilflosigkeit, Frustration.	Beispiel: Die Recherche nach einer wichtigen Information auf einer Website misslingt schon im Ansatz mit allen Suchstrategien.	
e) Nach anfänglicher Annäherung führen weitere Schritte nicht näher zum Ziel. Folge: Ärger, Hilflosigkeit, Frustration.	Beispiel: Eine On-Site-Suche liefert 537 vielversprechende Hits, die nach bei einer genaueren - zeitraubenden - Analyse aber immer als unbrauchbar erweisen.	
f) Nach anfänglicher Annäherung wird das Handeln unterbrochen. Folge: Ärger, Frustration.	Beispiel: "Page not found"-Meldungen, ein Absturz des Browsers oder fehlende Plug-ins bewirken eine Vollbremsung.	
g) Nach anfänglicher Annäherung vergrößert sich die Zieldistanz mit jedem weiteren Schritt. Folge: Ärger, Angst, Frustration.	Beispiel: Beim Ausfüllen eines Online-Formulars sind werden immer mehr aufwändig zu beantwortende Fragen gestellt.	

h) Es gibt keine zum Ziel führenden Handlungsalternativen. Folge: Angst, Ärger, Hilflosigkeit.	Beispiel: Eine Startseite bietet keine Anhaltspunkte für eine Entscheidung, ob eine gesuchte Information vorhanden ist und wo man sie finden könnte.	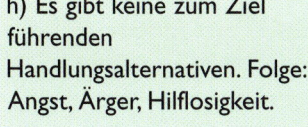
i) Das Erreichen eines fast schon erreichten Ziels gelingt nicht vollständig. Folge: Ärger, Hilflosigkeit, Frustration.	Beispiel: Nach der Auswahl eines Produkts wird der Bezahlvorgang ständig mit Fehlermeldungen quittiert.	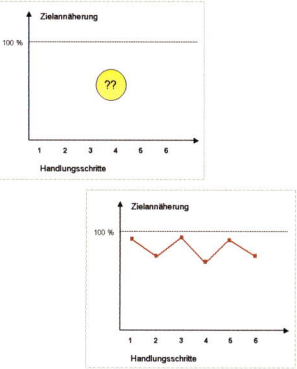

Eine positive Situation habe ich in der Serie – in Ermangelung einer aussagefähigen Visualisierung – unterschlagen, nämlich...

j) *Das Finden eines neuen Ziels.* Dies löst positive Gefühle aus: Interesse, Spannung oder Freude. Beispiel: Beim Studieren des Programms einer Kino-Website ergibt sich die Möglichkeit, Karten online zu kaufen und einen Platz zu reservieren.

Fällt Ihnen auf, dass es nur zwei positive, aber acht negative Verläufe bzw. Situationen gibt? Und dass in sechs von zehn Fällen Ärger als emotionale Konsequenz genannt wird? Dies erklärt in gewisser Weise die Ergebnisse der Studie über Cyber-Ärger (s. S. 319). Versteht man das Web als Handlungsmedium, gibt es also nur eine Strategie, den Besuchern positive Erlebnisse zu vermitteln: sie müssen attraktive Ziele finden und erreichen können. Auf der anderen Seite lauern, wie wir in den letzten Kapiteln gesehen haben, Dutzende von Möglichkeiten für das Erzeugen von Ärger und Frustration. Nach meinem Verständnis liegt dies in der Natur des Mediums, denn auf einer Website gibt es für einen Besucher fast immer mehr falsche als richtige Wege. Eben deshalb ist es so wichtig, systematisch über aufmerksamkeits-, entscheidungs- und handlungsfreundliches Webdesign nachzudenken.

> Emotionen, die im Verlauf von gelingenden (oder misslingenden) Handlungen entstehen, sind für die Bewertung der Qualität einer Website sehr viel gewichtiger als z.B. eine angenehme Farbgebung. Und es kann kein Zweifel daran bestehen, dass es diese emotionalen Reaktionen sind, die über die Bereitschaft zum erneuten Besuch oder Nicht-Besuch eines Angebots entscheiden.

<Exkurs 7:
Über das Surfen in einer idealen Welt: Flow >

Alle Maßnahmen, die in diesem Buch besprochen wurden, laufen also letztlich auf ein gemeinsames Ziel hinaus, nämlich (so eigenwillig es klingt): positive emotionale Erfahrungen beim Benutzer zu erzeugen und negative zu verhindern. Dabei gibt es eine Befindlichkeit, von der bisher noch nicht die Rede war, obwohl sie sehr hilfreich ist, wenn man auf einer etwas abstrakteren Ebene nach Kritererien für gutes Webdesign sucht: „*Flow*". Dieser Begriff wurde von einem amerikanischen Psychologen mit dem einprägsamen Namen Mihalyi Csikzentmyhalyi geprägt [96]. Er meint damit den Zustand des „Versenktseins" in eine Tätigkeit. Flow erlebt man, wenn man so in eine Handlung vertieft ist, dass man völlig absorbiert wird, also alles um sich herum vergisst. Dies ist vor allem der Fall bei kreativer Arbeit, Spielen oder Leistungen, die hohe Anforderungen an die Konzentration und den Intellekt stellen. Die ersten Bestimmungsstücke, die für die Definition des Begriffs wichtig sind, wären demnach eine intensive *Fokussierung* des Bewusstseins auf eine Tätigkeit und, als Konsequenz, ein *Abgeschirmtsein* gegenüber Ablenkungen. Diese Erfahrung kann so intensiv sein, dass das Zeitgitter, in welches wir unsere Handlungen und Erfahrungen gewöhnlich einordnen, vergessen wird. Damit haben wir ein weiteres wichtiges Merkmal dingfest gemacht, nämlich den *Verlust des Zeitgefühls*. Am Beispiel des Spielens kann man dies sehr leicht verdeutlichen: Wer sehr konzentriert spielt, z.B. ein Computerspiel, macht dabei die Erfahrung, dass die Zeit fast unbemerkt vergehen kann. Wenn eine Tätigkeit kurzweilig ist, ist sie also ein guter Kandidat für eine Flow-Aktivität.

Das Beispiel der Computerspiele führt uns zum nächsten wichtigen Punkt: Flow ist eine uneingeschränkt *positive* Erfahrung, die sich aus einem eigentümlichen Gemisch von Anstrengung und spielerischer Leichtigkeit, hoher Konzentration und Selbstvergessenheit zusammensetzt. Dies geht einher mit einem Gefühl von Effizienz und „Können". Flow-trächtige Handlungen werden deshalb gerne und oft wiederholt, und sie werden oft um ihrer selbst willen ausgeführt, selbst wenn sie letzten Endes bestimmten Zielen dienen mögen (etwa konzentriertes Musizieren, das für einen Musiker letztlich dazu dienen mag, Geld zu verdienen). Der Motor, der sie in einer Situation antreibt, liegt also nicht in einem später eintretenden Erfolg oder einer von außen kommenden Belohnung, sondern im Ausführen der Handlung selbst. Dies unterscheidet das Flow-Erlebnis von Freude, die ja eher beim *Erreichen* eines Ziels auftritt.

Damit Flow-Erfahrungen zustande kommen, müssen allerdings bestimmte Voraussetzungen gegeben sein. Ein wichtiger Aspekt ist, dass die Anforderungen der Aufgabe und die Fähigkeiten der Person im Gleichgewicht sind. Wenn eine Aufgabe *zu schwierig* wird, besteht andauernd die Gefahr von Fehlern. Man beschäftigt sich gedanklich mit einem möglichen Misserfolg, der Handlungsfluss wird unterbrochen, und auf diese Weise entsteht Angst oder Ärger, aber kein Flow. Im umgekehrten Fall, also einer Unterforderung durch eine *zu leichte* Aufgabe, hat es sich ebenfalls schnell ausgeflowt. Interesse und Konzentration lassen nach, und es kommt Langeweile auf. Nun sind natürlich bei sehr primitiven Tätigkeiten (etwa beim Kauen von Kaugummi) Anforderungen und Fähigkeiten ebenfalls im Gleichgewicht, doch käme niemand auf den Gedanken, hier von einer besonders intensiven Erfahrung zu sprechen. Was „keine Kunst" ist, erzeugt also keinen Flow. Tabelle 36 fasst diese Zusammenhänge noch einmal zusammen.

Tabelle 36: To flow or not to flow: Das Zustandekommen von Flow wird durch Zusammenhänge zwischen den Anforderungen einer Aufgabe und den Fähigkeiten der Person bestimmt.

Anforderungen der Aufgabe	Fähigkeit der Person	
	gering	hoch
hoch	Angst	**Flow**
gering	--	Langeweile

Natürlich stellt sich nun die Frage: Wie erzeugt man flow-trächtige Websites?

- Man muss an erster Stelle Ziele und Informationen anbieten, die es wert sind, erreicht und gelernt bzw. aufgenommen zu werden. Dies ist primär eine Frage der Inhalte. Nur wer ein

- Zweitens ist zu beachten, dass Flow nicht in Sekunden entsteht. Man benötigt also *viele* Inhalte – was sich in Sekunden konsumieren lässt, kann zwar nützlich sein, ist aber als Flow-Auslöser eher nicht geeignet.
- Drittens gilt es, alles, was die Besucher beim Erreichen ihrer Ziele und der Aufnahme von Informationen behindern oder ablenken könnte, aus dem Weg zu räumen.
- Viertens ist alles zu vermeiden, was den Besuchern die Kontrolle über das Geschehen entzieht, denn Grundlage von Flow ist ja das Empfinden, selbst wirksam steuern zu können.

lohnendes Ziel vor Augen hat, ist bereit, sich in ein Angebot zu versenken.

Wenn die Besucher dann noch neue, attraktive Ziele entdecken und sich dabei sogar unterhalten, hat man eine wirklich perfekte Website. Derzeit könnten neun von zehn Sites bescheidener, einfacher, flacher, schlichter, leerer, ruhiger, übersichtlicher, prägnanter, kurzum: *besser* sein, und zwar ohne dass die Anbieter an ihren eigenen Zielen auch nur die geringsten Abstriche machen müssten.

$</...>$

Index

Symbole

3D-Navigatoren 290
404-Meldung 314

A

Abbruch einer Aktion 187
Abbrüche 297
Abgeschirmtsein 324
Ablenkung 260
Absatzanfänge 207
Abschirmung 299
Absicht 264
Accessoires 119, 184
ACM 282
Aktivierung 239
Alarm-Reflex 129
(Alarm-)Signal 194
Alarmwirkung 198
Alleinstellungsmerkmal 55
Alltagswissen 294
Anatomie 110
Anforderungen 325
Angebot und Nachfrage 222, 232
Angebote
unmotivierte 235
Angriffsverhalten 198
Angst 322
Animation
sinnvolle 134
Anmutung 31
Anordnung
spaltenorientiert 277
zeilenorientiert 277
Anwendung
stillgelegte 313
Anwendungs-Barrieren 313
Anwendungsszenarien 304
ARD/ZDF Online-Studie 318
Ärger 322
Ärgernisse
Hitliste der 319
Ästhetik 228

attention deficit disorder 218
Attraktivität
Schätzung der 258
Aufforderungscharakter 146, 246
Aufgabe 308
Aufmerksamkeit
130, 142, 155, 191
fokussierte 210, 212, 214
schwebende 206, 212, 215
Steuerung der 313
Aufmerksamkeitsgesetze 144
Aufmerksamkeitsressourcen
143, 214
Augen 198
Ausfallquoten 51
Ausgangszustand 288
Auslösereiz 192, 246
Ausnahmegesetz 173
Ausnahmezustand 313
Auswahlentscheidungen 256
Autonomie 221
Awards 236

B

Balkengrafik 110
Banner 212, 214
animierte 168
Banner-Blindness 211
Barrieren 307, 321
Baumstrukturen 99
Baustellen-Seite 52
Baustellenschilder 97
Bedienvorgänge 276, 282
Beenden des Programms 187
Benetton 62
Benutzer
trainierte und untrainierte 82
Benutzer-Modell 304
Benutzerfreundlichkeit
82, 179, 228, 274, 290
Benutzerführung
sprachliche 68
Bequemlichkeit 221
Beratung 225

Bernard, Michael 170
Berufsrollen 252
Beschreibungsmodelle
formale 276
Best-viewed-Meldung 26, 185
Bewegung 130, 193
Bewegungsplan 293
Bewusstsein
142, 203, 206, 264
Fokussierung von 324
Beziehungsaspekt 25, 26, 45
Beziehungsbotschaft
26, 27, 28, 36, 39, 53, 59, 60
Bildbearbeitung 91
Bilder
Kriterium für gute 120
optimale Größe 92
optimieren 90
Bildschirmauflösung 156, 208
Bildschirmkontrast 208
Bildschirmrand 156
Bildungsstand 252
Bildunterschrift 121, 181
Bildwelten 200
Blickbewegungen 130
Blickfänger 191
Blickreflexe 131
Blinken 131
Botschaft 24
Breadcrumb- Navigation 293
Browser-Fenster 316
Browsing-Stil 249, 250
Bühler, Karl 71
Buntheit 149, 152

C

Chats 225
Checkliste 285
Checkout 306
Comic 121
Communities 225, 234, 246
Computer-Neuling 290
Computerspiel 324
Convenience-Orientierter 253

Cookie 58
Corporate Identity 200
corporate wording 75
Cross-Links 208

D

Dateigröße 90
Datenschutz 42
Datenschutzhinweis 280
Dekorbilder 117
Denk- oder Handlungsprozesse
serielle 210
Denkfehler 259
Denkstrukturen 74
Denotation 76, 78
Depression 322
depth of processing 123
Design von Prozessen 282
deus ex machina 59
Diagramme 109, 111
Differential
semantisches 81
Dissonanz 147, 175, 177
Dissonanzgesetz 175
Distanz
psychologische 229
schätzen können 270
Wissen über 273
Distraktoren 260
Download 244, 262, 270
Drop-Down-Listbox 290
Druckversion 97

E

E-Business 226
E-Commerce 226
e-Commerce 41
E-Health 226
E-Mail 21, 51, 295
unbeantwortet 50
E-Mail-Adressen 281
Effektivität 290
Effizienz
Vergleich Grafiken und Tabellen 112
Eigendarstellung 54
Eindeutigkeit 246

Eindruck
erster 38
Eisberg-Effekt 156
Elaboration 124
Elemente
multimediale 218
Emotionen 221, 317, 318
Emotionspsychologie 321
Empfänger 24
Endzustand 288
Entertainment-Orientierter 254
Entscheidung
Modell für 256
sequentielle 256, 259, 282
entscheidungsfreundlich 262
Entscheidungshilfen 245
Entspannung 322
ermüden 143
Erotik 222, 234
Erstkontakt 156, 167, 266
Erwartung 34, 35, 206
Erwartungen 175, 270
der Besucher 68
erwartungstreu 83
Evaluation 235
Experten 73
Expertenjargon 56
eye-catcher 191
Eye-Catching 313
Eye-Tracking-Studien 211

F

Farb-Akzente 197
Farben 33, 193
intensive 195
Regeln für die Verwendung 148
verbotene 149
Vorder- und Hintergrund 149, 152
Farbenblindheit 150
Farbgesetze 148
Farbkodes
kulturspezifische 148
Farbkodierung 103
Farbsymbolik 149
Farbwelt 35
Feedback 293
Fehlermeldung 314

ergonomische 315
Fehlerseiten
individuelle 314
Fernsehen 137, 220, 239
Filtern 142
Finden
von Operatoren 310
Fingerabdruck 45
Fixationspunkt 128
Flaggen 97
Flash 66, 138
Flash-Intros 139, 239
Fließtext 207, 209
Flow 324
Flow-Aktivität 324
Flow-Potential 240
Fluchtverhalten 198
Foren 225
form follows function 155
Formenwelt 35
Formular 244, 270, 295, 301

frequently asked questions 57, 58
Freude 322
Freundlichkeit 82
Frustration 319, 322
function follows form 156
Funktionieren von Sprache 72

G

Galanter, Eugene 289
Gedächtnis 102, 123, 143
bildhaftes 105
geographisches 100
Gedächtnisleistung 201, 212
Gedächtnismodell 105
Gedächtnispsychologie 166
Gedächtnisressourcen 214
Gedächtnisspur 132
Gefühle 35
Gegensätzlichkeit 147
Genauigkeit 246
Geodatenserver 101
Gesetz vom
Nichtkommunizieren 52
Gesichter 102, 118, 199
Gesichtsfeld 128

Gestaltung
Kriterien für 263, 292
sprachliche 75, 83
Gestik 29
Gewinn 221
Gewinnstreben 224
Gleichgewicht 325
Grafik
Miniuarisierung von 92
Grafik-Tabellen-Dilemma 112
Großbuchstaben 30
Größengesetz 146
Größenverhältnisse 39
Grundnutzen 222
Grußworte 237
Guided Tour 272
Gütesiegel 44

H

Handeln 312, 317
Handlung 288
abschließen 302
Auswirkung von 296
Endergebnis der 302
strukturierte 294
zielgerichtete 288
Misslingen von 321
am Rechner 276
Normzeiten für 276
Handlungsalternativen 261
Handlungsaufforderung 268
Handlungsbögen 293
Handlungsmedium 220
handlungsorientiert 85
Handlungspläne 293
Handlungsstrukturen 294
Handlungstendenz 261, 273
abnehmende 291
Handlungswege 297
Handlungsziel 310, 322
Heuristik 259
Hierarchie-Ebenen 104
hierarchisch 291
Hilfe 80
Hilflosigkeit 322
Hintergrund 150
Hintergrundinformation 228

Hirnhälfte 199, 216
linke und rechte 63
Hormone 235
Humor 20, 136, 176
Hypertext-Links 83, 85
Hypertext-Schicht 208
Hypertext-System
Ebene 103
Hypothesen 175

I

Icons 43, 93, 95
Eindeutigkeit von 95
Image 35
Infografik 110
Information
ablenkende 260
Modi von 115
textbasierte 65
topographische 100
visuelle 65
information overload 99, 263
Informationen
irrelevante 168
Informationsarchitektur 73
Informationsmengen 143
Informationsnetze 99
Infotainment 230
Inhalt
Positionierung von 170
unmotivierter 237
Inhaltsaspekt 25
Inhaltsverzeichnis 159
interaktiv 125
Interesse 121, 142, 176, 325
Interface-Design 80
Internet-Sucht 233
Intranet 96, 279
Intros 139
inverted pyramid style 167, 209
Involvement 292
Irritation 121

J

Johns, Jasper 125

K

Kapazitätslimit 264
Karten 100, 109
Kartographie 110
Kaufentscheidung 37
Kaufversuch 306
key visuals 102, 132, 209
Kindchenschema 202
KISS-Regel 180
Klassifikation 253
Klick-Prozess
linearer 298
Klickrate 292
Knigge für Downloads 271
Kodierungstheorie
duale 104, 115
kognitiv 113
Kognitiver Fit 113
Köhler, Wolfgang 33
Kombinationsgesetz 185
Kommunikation 246
bildliche 61
durch Reihemfolgen 40
gute 269
sprachliche 61, 66
visuelle 117, 247
Kommunikation, nonverbale 29, 40
Konflikt 257
Kongruenz 111
funktionelle
111, 113, 135, 139, 164, 208
Konkretheit 246
Konnotation 77, 78, 80, 81
Konsistenz 153
Kontakter 253
Kontaktformulare 39
Kontaktschnittstelle 79, 245
Kontrast 145
Kontrolle 142
Konturen 145
Korrekturlesen 87, 208
Kosten 262
bewerten 271
emotionale 262
für Besucher 274
Kosten und Nutzen 266, 280

Kreativität 206
Kreditkarten-Systeme 43
Kundenvertrauen 43
Kurzstreckenverhalten 292
Kurzzeitgedächtnis 264

L

Ladevorgang 244
Laien 59
Langeweile 199, 325
Lautstärke
optische 197
Layout
strukturieren 107
Lebenssituationen 252
Leistung 221
Leistungsfähigkeit
mentale 263
von Websites messen 303
Leit-System 155
Lesegeschwindigkeit 208
Lesemotivation 168
Lesen 128, 206, 207, 298
Lesen am Bildschirm 87
Lesesituation
am Bildschirm 143
Leseverhalten 206
Lieferauskunft 294
Link-Popularity 313
Links 68
Listen 209
Live-Event-Forschung 252
Logfiles 211
Login-System 286
Logos 43
Lokalisation
einer Hilfefunktion 170
look and feel 31, 118, 152, 228
Lupe 97

M

Macht 221
magische Sieben 264
Magritte, René 121
Maluma 33
map of the market 100
Maps 99

Markennamen 43
Marketing-Sprachhülsen 184
MAYA-Regel 176
Medium 24
Mehrwert 245
Mengengerüst 85
Menü 81, 86
Menüleiste 68, 83
Menüs 82, 84
Merkfähigkeit für Bilder 63
Metapher 181
Mikro-Kosten 274
Miller, George 289
Mimik 29, 31, 199
Mind-Catching 123, 126
Misserfolgserlebnisse 262
Mittel-Ziel-Analyse 289
mixed modality
95, 96, 103, 105, 265
Modell
mentales 293
Moderation
81, 84, 86, 215, 229, 248, 266
modular 291
Motivation 207, 220
Mouse-Over-Effekt 174
multimotivational 224, 225

N

Nationalität 252
Navigation 97, 98, 100
site-interne 170
Navigations-Elemente 64
Navigationsentscheidungen 85
Navigieren 73, 293
in Inhalten 68
Netzhaut 128
Neugier 142, 176, 221, 230
Nicht-Kommunizieren 55
durch Irrelevanz 54
Nutzen 235, 258
nutzerorientiert 83
Nutzertypen 253
Nutzerverhalten 291

O

On-Site Suchhilfen 251
On-site-Suchmaschine 311
Online-Banking 96
Online-Kommunikation 47
Online-Shop 96, 227, 293, 294
Online-Shopping 41
Operatoren 288
versteckte 312
Ordnung 221
Organigramm 64, 74
Organon Modell 71
Orientierung 142
Orientierungsreflex 129

P

Pagendarm, Magnus 211
Paging 161
Paivio, Allan 104
Parteien
politische 54
personalisieren 58
Perspektivübernahme 72
Plakate 238
Popunder-Fenster 240
Popup-Banner 281
Popup-Fenster 240
Popup-Windows 214
Popups 261
Portal 311
Portrait-Bilder 118
Positionsgesetz 156
Positionskurve
serielle 166
Praxis-Übungen 125
Preisvergleich 226
Prestige 221
Pribram, Karl 289
Primacy- Effekt 166
Priming 239, 240
Problem 308
beim Anwenden von Operatoren
312
beim Finden von Zielen 309
der Internetbenutzer 318
lösen 206, 307, 312
Produktbilder 107, 108

Produktkonfiguratoren 226
Produktvergleich 226
Putten 118

Q

Qualität 292
Quickfinder 273

R

Radio 220
Rathaus
virtuelles 252
Recency- Effekt 166
Regel
vom Nichtkommunizieren 49
Registrierung 281
Registrierungsprozeduren
262, 319
Reihenfolge 38, 167, 294
Reihenfolgengesetz 156
Reize
komplexe 145
sexuelle 200
Rezeptionsgenauigkeit 207
Rezeptionsgeschwindigkeit 207
Richtung 142
Risikobereitschaft 249
Rollen
funktionelle 251
Routenplaner 114
Routinier 253
Rückmeldung 300

S

Satellitenaufnahmen 136
Sättigung 197
Scannen 206
Schaumburg, Heike 211
Schieberegler 297
Schlüsselwörter 209, 214, 224
Schnäppchenjäger 254
Schnupperer 253
schreiben
akademisch 167
Schreiben im Web 88
Schrift, Anmutung 30
Schriftart 30

Kommunikation mit 30
Screen-Design 275
Scroll-Leiste 278
Scrolling 161
Seite für Kinder 152
Seiten , Verkleinerung 32
Seitenanfang 159
Seitenlänge 164, 320
Seitenzahl 164
Selbstbezogenheit 133
Selbstdarstellung 55
Sender 24
Sendung mit der Maus 231
Sensibilisierung 176
sequentiell 291
Service 225
Sex 221
Sexualität 200
Shop-Design 158
Shop-System 147
Sicherheit 221
Signal 72
Signale
biologische 192, 202
erotische 200
missverständliche 35
nonverbale 32
unterschwellig 204
single modality 95
Site-Touristen 212, 216, 309
Sitemap 58, 64
Skimmen 206, 207, 209
Skip Intro 58, 240
slider 297
Softsites 82
Software-Anwendung 82
Spannung 106, 123
Spiel 230, 234
Splash-Seite 28
Spool, Jared 80, 162
Sprach-Anmutung 75
Sprachbetonung 29
Sprache zum Navigieren 81
Sprachgestaltung 36
Sprachjargon 36
Sprachstil 57
Standard-Erwartungen 170
Standard-Symbole 97

Standards 99, 171
Standards für Bezeichnungen 83
Stärke von Bildern 63
Startseite 191
Stereotyp
mentaler 171
Stimmigkeit
von Bild und Kontext 202
Stress 264
Struktur 85
Such-Portale 214, 299
Suchmaschine
264, 266, 290, 291,
297, 301
Suchprozesse 297
Suchstil 310
abbrechender 248, 249
erschöpfender 248, 249
Suchzeit 171, 196
Surfer 253
Symbole 41, 72, 93, 102
Symptom 72
System
peripheres 128
visuelles 130
zentrales 128
Systemmeldung 315
Szenarien-Tests 304

T

Tabellen 111
Takete 33
Taxonomien 220
Teaser 208
Teilschritt 300
Texte
moderierende 309
Texte am Bildschirm 87
Texte auf Papier 87
Texten
moderierendes 85
Textgestaltung 167
Textlayout 298
Textverständlichkeit 76
Themenkarten 101
Thumbnail 108
akustisches 138
Ticker 133

Tipps 80
Toleranz 242
Top of Page-Link 278
Toscani, Oliviero 62
TOTE-Einheit 289
Trefferliste 264, 266, 290, 292
Typologie 253
von Personen 248

U

überschneidungsfrei 83
Überschriften 209
Überträgersubstanzen 235
Übertragungskanal 24
umgangssprachlich 84
under construction 52
Unterbrechung 298
Unterhaltung 221
Unternehmensdarstellung 79
Unterschiede Bild/Text 61

V

Verarbeitungskapazität 210
Verarbeitungstiefe
 123, 140, 181, 207
Verbraucherinformation 228
Verhaltensalternativen
irrelevante 260
Verhaltensforschung 192
Verhältnis von
Seitenzahl zu Seitenlänge 164
Versalien 30
Verständlichkeit von Texten 73
Vertrauenswürdigkeit 43
Videos 137
Visualisierung 99
von Zahlen 111
Vorschaubilder 93, 98
Vorstellungsbilder 68
Vorurteil 259
Voyeur-Seiten 223

W

Wachheit 142
Warenkorb
 97, 147, 157, 158, 295

Warnfärbung 195
Wartetoleranz 249
Wartezeiten
 242, 243, 262, 298
Wearout Effekt 182
Web-Leitfragen 85
Webdesign
handlungsfreundlich 292
Websites
handlungsfreundlich gestalten
 306
Webware 82
Wechselwirkungen
von Bild und Sprache 121
Werbe-Kommunikation 247
Werbeanzeigen 238
Werbung
 189, 191, 215, 229, 238, 318
Wheel-Mouse-Dilemma 278
Willen 261
Wir über uns 55
Wirkung, emotionale
von Bildern 62
Wissen
deklaratives 68
räumliches 100
Wortbedeutung 71
Wörter 66, 147
Wortwahl 80

Z

Zeichen 71, 97
Zeilenabstände 208
Zeitdruck 207
Zeitgefühl
Verlust von 324
Zeitkonstanten
psychologische 242
Zeitmarke 242
Zelatzny, Gene 111
Ziel(e) 321
Annäherung 291, 300
Attraktivität 256, 266
Distanz 257, 262, 273, 293
Erreichen von 86, 220, 301
finden 309
finden von neuen 86, 323

Unsicherheit über 265
Zielerreichung 293
Zielgruppe
 27, 47, 228, 245, 248, 254, 266
Zielgruppen 76, 178, 216, 309
Zielgruppenfallen 37
Zielwechsel 260, 297
Zufriedenheit 322
Zusatznutzen 268
Zwischenziel 301
Zwischenzustand 288, 289

Die Grafiken an den Kapitelanfängen

Die Grafiken an den Kapitelanfängen zeichnen nach, wie sich das Internet von 1969 bis zur Gegenwart (2002) entwickelt hat. Es beginnt mit nach heutigen Maßstäben lächerlich anmutenden Rechner-Netzen im Jahr 1969 (Kapitel 1-2). Die Ausbreitung des noch überwiegend militärisch und wissenschaftlich genutzten ARPANET bis 1987 in den USA zeichnen die Kapitel 3-6 nach. In den Grafiken zu Beginn der Kapitel 8-13 breitet sich das Netz bis zu den heutigen Dimensionen aus. Seine Struktur ist mittlerweile so komplex, dass sie nur noch in Teilen und mit Hilfe spezieller Mess- und Visualisierungstechniken sichtbar gemacht werden kann. Wer sich dafür interessiert, wie diese Karten und Visualisierungen entstehen, sei auf zwei ausgezeichnete Internet-Quellen hingewiesen: http://www.cybergeography.org und http://www.mappa.mundi.net.

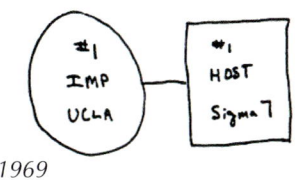

1969

Die Quellen:

Kapitel 1, 2, 3, 5: Computer History Museum Online Exhibits. Internet History and Microprocessor Timeline, http://www.computerhistory.org/exhibits/internet_history/; **Kapitel 4, 6**: Heart, F., McKenzie, A., McQuillian, J., and Walden, D., ARPANET Completion Report, Bolt, Beranek and Newman, Burlington, MA, January 4, 1978. http://som.csudh.edu/cis/lpress/history/arpamaps/; **Kapitel 7**: Cox, Donna; Patterson, Robert Visualization Study of the NSFNET http://archive.ncsa.uiuc.edu/SCMS/DigLib/text/technology/Visualization-Study-NSFNET-Cox.html; **Kapitel 8**: Stephen E. Lamm and Daniel A. Reed, Real-Time Geographic Visualization of World Wide Web Traffic Fifth International World Wide Web Conference, May 6-10, 1996, Paris, France http://www5conf.inria.fr/fich_html/papers/P49/Overview.html **Kapitel 9, 10**: www.cybergeography.org. **Kapitel 11** K. Claffy, Tracie E. Monk & Daniel McRobb Internet tomography, Nature – web matters 7.1.1999 http://www.nature.com/nature/webmatters/tomog/tomog.html **Kapitel 12**: Lumenta Corporation: Internet Mapping Project http://research.lumeta.com/ches/map/index.html **Kapitel 13**: Visualizing Internet Topology at a Macroscopic Scale http://www.caida.org/analysis/topology/as_core_network/

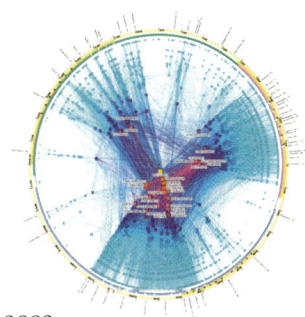

2002

Quellen- und Literaturverzeichnis

Kap. 1
[1] Frank Thissen (2001) Screen-Design Handbuch. Berlin, Heidelberg, New York, Springer.
[2] Ralf Turschi (2000) Mediendesign. Zeitungen, Magazine Screendesign. Zürich: Niggli.
[3] Wolfgang Köhler, zitiert in: Wolfgang Metzger (1986) Gestaltpsychologie, AusgewählteWerke 1950 - 1988. Frankfurt a. M., Waldemar Kramer
[4] W3B 2001, zitiert in der Wirtschaftwoche Nr. 10, 28.02. 2002. S. 132
[5] Shop-Stuide des TUEV Nord Security (2001) http://www.tuev-nord-security.de/unternehmen/aktuell_shopstudie.html

Kap. 2
[6] ARD/ZDF Online-Studie 2001, http://www.das-erste.de/studie/
[7] Markt und Daten GmbH (1999) Ergebnisbericht e-mail economy. http://www.mdir.net/emaileconomy/default.html
[8] WELT-Online High Potentials webweit gesucht: Personal-Recruiting im Netz, http://www.welt.de/redaktion/karriereregehalt/studien/artikel/artikel0009.php3
[9] Handelsblatt.com (2001) Jede vierte E-Mail-Anfrage von Bank-Kunden bleibt unbeantwortet, Meldung vom 24. Juli 2001 http://www.handelsblatt.com/hbiwwwangebot/fn/relhbi/sfn/buildhbi/cn/GoArt!200104,201231,442977/SH/0/depot/0/index.html
[10] Infratest Burke, Monitoring Informationswirtschaft, 2. Kernbericht 2001 http://193.202.26.202/bmwi/
[11] „Klartext" Usability-Studie über Navigations-Wording der „Argonauten" in Zusammenarbeit mit Webmiles. Nachzulesen im Web unter http://www.wuv-studien.de/wuv/studien/122001/430/index.htm

Kap. 3
[12] Preilowski, B. (1986) „Symmetrie – Asymmetrie und Gehirn." Beitrag im Katalog der Symmetrie-Ausstellung auf der Mathildenhöhe Darmstadt, 1986.
[13] Strothotte, C. & Strotthotte, T. (1997) „Seeing Between the Pixels – Pictures in Interactive Systems". Berlin, Heidelberg, New York, Springer. Seite 117
[14] Gudehus, J. (1997) Genesis. Lars Müller Publishers. Baden (CH)

Kap. 4
[15] Bühler, K. (1934) Sprachtheorie. Fischer Verlag, Jena. zit. in: Hörmann, H. (1994) Meinen und Verstehen. Grundzüge einer psychologischen Semantik. Frankfurt a. M., Suhrkamp.
[16] Langenscheidts Online-Fremdwörterbuch. http://www.langenscheidt.aol.de/
[17] Ohler, P. & Nieding, H. (1997) Kognitive Modellierung der Textverarbeitung und Informationssuche im World-Wide-Web. In Batinic, B. (Hrsg.) Internet für Psychologen. Göttingen: Hogrefe.
[18] Spool, J., Scanlon, T., Schroeder, W., Snyder, C. & DeAngelo, T. (1999) Web Site Usability. A Desiger's Guide. San Francisco, Morgan Kaufman.
[19] Osgood, Charles E., G. J. Suci and P. H. Tannenbaum. 1957. The Measurement of Meaning. Urbana: University of Illinois Press.
[20] Hörmann, H. (1994) Meinen und Verstehen. Grundzüge einer psychologischen Semantik. Frankfurt a. M., Suhrkamp.
[21] Küthe, E., Venn, A. (1996) Marketing mit Farben. Köln, Dumont, Seite 53.
[22] Greenman, C. (2000) Printed Page Beats PC Screen For Reading, Study Finds. New York Times vom 10. August 2000. Informationen zu der Studie finden sich auch im Web unter der Adresse: http://www.acs.ohio-state.edu/units/research/archive/comptext.htm

Kap. 5
[23] Lankau, R. (2000) Webdesign und -Publishing. Grundlagen und Designtechniken. München, Hanser.
[24] King, K.N., Boling E., Annelli, J., Bray, M. Cardenas, D., Frick, T. (undatiert) Mixed Modality and Single Modality Icons Interface Interest and Research Group (IIRG!) at Indiana University. http://www.indiana.edu/%7Eiirg/RESEARCH/modality.html
[25] Wandmacher, J. (1995) Software-Ergonomie. Berlin, New York, De Gruyter.
[26] Paivio, A. (1978). A dual coding approach to perception and cognition. In H.L. Pick & E. Saltzman (Eds.), Modes of perceiving and processing information (pp.39–52). Hillsdale, NJ: Erlbaum.
[27] SPIEGEL-Online „Benettons Bilder – Werbung, die provoziert. Sind kontroverse und ‚harte Bilder' in der Werbung akzeptabel?" (Stand 25. Januar 2002) http://www.spiegel.de/vote/1,1619,1200,00.html?channel=wirtschaft&choice=4&x=9&x=3
[28] Nielsen, J. & Tahir, M. (2002) Homepage Usability, ORT, New Riders.
[29] Zelazny, Gene (1999) Wie aus Zahlen Bilder werden. Der Weg zur visuellen Kommunikation. Wiesbaden: Gabler
[30] Meyer, Jörn-Axel (1999) Visualisierung von Informa-